German Through
Conversational
Patterns

Under the advisory editorship of
IAN C. LORAM
Professor of German, The University of Wisconsin

German Through Conversational Patterns
Third Edition

R. Max Rogers/Arthur R. Watkins
Brigham Young University

1817

HARPER & ROW, PUBLISHERS, New York
Cambridge, Hagerstown, Philadelphia, San Francisco,
London, Mexico City, São Paulo, Sydney

Project Editor: Brigitte Pelner
Designer: Helen Iranyi
Production Manager: Marion A. Palen
Compositor: Composition House Limited

Art Studio: Vantage Art, Inc.

GERMAN THROUGH CONVERSATIONAL PATTERNS, Third Edition

Library of Congress Cataloging in Publication Data

Rogers, R   Max, 1918–
    German through conversational patterns.

    First-2d eds. published in 1973 under title:
German through conversational patterns for classroom and laboratory.
    Includes index.
    1. German language—Conversation and phrase books.
2. German language—Grammar—1950–   I. Watkins,
Arthur R., joint author. II. Title.
PF3121.R62   1981   438.3′421   80-19303
ISBN 0-06-045551-9

Photo Acknowledgments

We express our appreciation to Professor Hans W. Kelling and the organizations listed below for permission to use their photographs:

Cover: Richard Steedman, The Image Bank

LESSON 1: (A), (C), (E) German Information Center; (B) Inter Nationes; (D) Austrian State Tourist Department. LESSON 2: (A), (B), (C), (D) German Information Center; (E) Inter Nationes. LESSON 3: (A), (C) Inter Nationes; (B), (D), (E) German Information Center; (F) Embassy of the German Democratic Republic. LESSON 4: (A) Kelling; (B) Embassy of the German Democratic Republic; (C) German Information Center; (D) Inter Nationes; (E) Swiss National Tourist Office; (F) Lufthansa. LESSON 5: (A), (C), (D), German Information Center; (B) Embassy of the German Democratic Republic. LESSON 6: (A) Inter Nationes; (B), (C), (D) German Information Center; (E), (F) Swiss National Tourist Office; (G) Embassy of the German Democratic Republic. LESSON 7: (A) Bundesbildstelle; (B), (C) Embassy of the German Democratic Republic; (D) German Information Center; (E) Inter Nationes; (F) Kelling; (G) Swiss National Tourist Office. LESSON 8: (A), (B), (C), (E) German Information Center; (D) Swiss National Tourist Office. LESSON 9: (A) Bundesbildstelle; (B), (C), (E) Embassy of the German Democratic Republic; (D) Inter Nationes; (F) Austrian State Tourist Department. LESSON 10: (A), (E) German Information Center; (B) Austrian State Tourist Department; (C) Swiss National Tourist Office; (D), (F) Inter Nationes. LESSON 11: (A) Volkswagen; (B) Inter Nationes; (C), (F) Embassy of the German Democratic Republic; (D) German Information Center; (E) Bundesbildstelle. LESSON 12: (A) Pan-American World Airways; (B) Kelling; (C), (E), Inter Nationes; (D), (F) German Information Center; (G) Embassy of the German Democratic Center. LESSON 13: (A), (D), (E) German Information Center; (B), (F), (G) Austrian State Tourist Department; (C) Swiss National Tourist Office. LESSON 14: (A), (E) German Information Center; (B) Embassy of the German Democratic Republic; (C) Kelling; (D) Pan-American World Airways. LESSON 15: (A), (C), (D), (E), (F) German Information Center; (B) Swiss National Tourist Office; (G) Inter Nationes. LESSON 16: (A), (B) Inter Nationes; (C), (E), (G), (G) German Information Center; (D), (F) Embassy of the German Democratic Republic. LESSON 17: (A), (B), (D), (E) Kelling; (C) Swiss National Tourist Office; (F) German Information Center. LESSON 18: (A), (B), (C), (D) Pan-American World Airways; (E)

German Information Center. LESSON 19: (A), (E) Inter Nationes; (B) Austrian State Tourist Department; (C), (D), (F), (G), (H) German Information Center. LESSON 20: (A), (B), (C), (D), (E) Swiss National Tourist Office. LESSON 21: (A), (B), (D), (E) German Information Center; (C) Inter Nationes. LESSON 22: (A), (B), (C), (D), (E) Austrian State Tourist Department. LESSON 23: (A), (B), (C), (D), (E), (F), (G) Austrian State Tourist Department. LESSON 24: (A), (D) Embassy of the German Democratic Republic; (B) German Information Center; (C) New York Public Library.

Contents

Aufgabe Drei *35*

Aufgabe Vier *55*

Aufgabe Fünf *75*

Aufgabe Sechs *91*

Review: Lessons 7–12 *223*

Aufgabe Dreizehn *227*

Aufgabe Vierzehn *245*

Aufgabe Fünfzehn *261*

Aufgabe Neunzehn *347*

Aufgabe Zwanzig *369*

Aufgabe Einundzwanzig *387*

Aufgabe Zweiundzwanzig *405*

Preface

The following improvements have been made in the third edition of *German Through Conversational Patterns:*

1. The Basic Dialogues have been updated and improved.
2. The Pronunciation Drills have been placed together in the Introduction of the text.
3. The Dialogue Variations have been shifted to the *Workbook.*
4. New basic vocabulary and idioms have been integrated more completely with the exercises.
5. The familiar forms of *you,* **du** and **ihr,** have been moved forward to Lesson Seven, in consideration of the more extensive use of the familiar forms by college-age people.
6. The former Review section has been replaced by a new type of review called *Communication Challenges.*
7. The former Verb Summary is replaced by a new Active Vocabulary list for each lesson.
8. The German Culture Through Pictures section now includes many new photos; the commentaries have been updated; more references are made to life and culture in the German Democratic Republic.
9. A review of both grammar and vocabulary has been added after every six of the 24 lessons.
10. The *Workbook, Instructor's Manual,* and laboratory tapes have been improved to enhance their value to both students and instructors.

ORGANIZATION OF THE TEXT

The lesson material has been organized in such a way that instructors may choose the type of emphasis that they prefer: general communication competence, grammar, reading, or writing. Although some sections of each lesson can, of course, be de-emphasized, the text is designed to provide a well-balanced introduction to all aspects of language learning.

Each lesson of *German Through Conversational Patterns* now consists of the following sections:

1. *Basic Dialogue*. Everyday vocabulary, modern idioms, and sentence patterns involving basic grammar are introduced in a conversation which has its setting in Germany.
2. *Vocabulary Building*. New vocabulary and idioms that are generally related to the main dialogue are introduced by means of basic sentence patterns.
3. *Conversational Patterns*. Basic German grammar is introduced item by item, and then each grammatical item is reinforced by an abundance of structural drills, which are generally arranged in conversational patterns.
4. *Communication Challenges:*
   a. *Personalized Questions*. The twenty or more personalized questions are designed for short, rapid responses that may prompt the instructor to ask additional questions that may be more challenging.
   b. *Directed Questions*. Seven or eight questions are provided for both individual and class involvement, beginning with Lesson Three.
   c. *Sentence Challenge*. Students are asked to use twenty German words in meaningful sentences of three, four, or more words.
   d. *Vocabulary Challenge*. Students are challenged to explain in German the meaning of six German words, using, especially in the early lessons, both pantomime skills and acting ability to the extent needed.
   e. *Original Story, Retold Story, Fairy Tale,* and *Twenty Questions Challenges.* One of these challenges is provided in each lesson, beginning with Lesson Seven. Variations are used in the first six lessons.
   f. *Directed Communication Challenge.* Suggestions are provided to help imaginative students develop their own dialogues or "mini-dramas," based on the vocabulary, idioms, and situations already introduced in each lesson.
   The Communication Challenges are organized in such a way that they encourage both individual and group participation in competitive "game-type" activities. Instructors who would like students to do more *writing* of German may require that one or more of the above challenges be written and handed in at the completion of each lesson.
5. *Active Vocabulary*. A complete list of new words, idioms, and helpful expressions is provided for each lesson, excluding, of course, the active vocabulary already introduced in the Vocabulary Building section.
6. *German Culture Through Pictures.* The pictures enhance student interest and provide conversational material for classroom discussions and question-and-answer sessions. The commentaries are designed to help students gain a greater understanding and appreciation of Germany, Austria, and Switzerland.
7. *Review Sections*. Four reviews are provided: one for every six of the 24 lessons. Each review section emphasizes the following: (1) a review of the grammar studied in the preceding six lessons; (2) a review of vocabulary, idioms, and helpful expressions; and (3) a speaking challenge, consisting of a verbal reaction to a statement in German and student response to pictures selected by the instructor from the six preceding lessons.

Featured in this text is a programmed treatment of the grammar and the structural drills. An answer column provides for immediate correction of all exercises, except the *English-German Patterns* and *Communication Challenges*. This makes it possible for the instructor to spend more class time conducting oral drills and encouraging free conversation, rather than checking homework. Most instructors and students who have used this text over a period of several years have appreciated especially this feature of the text. The instructor who wishes to provide an individualized learning or proficiency advancement program will find this text well adapted to his or her needs.

SUPPLEMENTARY MATERIALS

The *Workbook* which accompanies the basic text provides not only additional exercises and writing practice, but a well-integrated plan for use of the language laboratory. A 20 to 25-minute *Tape Program* read by native Germans for each of the 24 lessons consists of the following parts:

1. The Basic Dialogue. This is read first at normal speed. The dialogue is then reread at normal speed, allowing time for imitation for each short sentence or clause.
2. Pronunciation Drill (Lessons 1–13). These drills in the introduction of the text give emphasis to German pronunciation of individual speech sounds. Students practice these sounds with their model.
3. Dialogue Variations. Read at normal speed, these variations provide an opportunity for students to hear, see, and use words and idioms in a setting different from that of the Basic Dialogues.
4. Exercises. The exercises on the tapes are original and do not repeat the material found in the textbook.
5. German Songs. Each tape introduces one of the German songs found in the back of the textbook.
6. Dictation. Six or seven sentences, generally taken from the Dialogue Variations, are used as a dictation exercise.

The *Instructor's Manual* consists of three main sections:

1. Helpful suggestions for teaching *German Through Conversational Patterns*. Inasmuch as many college and university classes are taught by graduate assistants, the manual, which deals with problems of dialogue memorization, pronunciation, audio-lingual drills, testing, etc., should be especially helpful.
2. "Culture capsules" for classroom discussion. The "culture capsules" provide short, interesting items relating to German life and culture which the more inexperienced instructor may make use of in providing further cultural enrichment for his or her course.
3. Portions of the tapescript for *German Through Conversational Patterns*. The tapescript of most of the exercises provides a handy reference for instructors so that they may always be aware of the work required of students in the language laboratory. Inasmuch as all grammatical exercises are different from those found in the basic text and *Workbook*, the instructor may want to use some of these exercises in making up examinations for each lesson.

ACKNOWLEDGMENTS

To the many instructors who have used our materials in recent years, and particularly to our colleagues, Professors Marvin H. Folsom, Hans-Wilhelm Kelling, Garold N. Davis, Don V. Gubler, Paul F. Luckau, Randall L. Jones, Murray F. Smith, and Walter H. Speidel, we express our gratitude for many helpful suggestions. We also acknowledge the help of two colleagues overseas who have established excellent reputations for themselves in the teaching profession: Dr. Marga Wilfert, Oberrätin am Mädchengymnasium in Kempten, Germany, and Professor Walter Kacowsky of Salzburg, Austria, the highly respected author of several language textbooks. Both have made many helpful suggestions with regard to syntax and style.

We would also like to thank the reviewers who provided valuable contributions in the revision of the text: Professor Frank Keppeler of The University of Northern Colorado; Professor George Koenig of The State University of New York at Oswego; Professor Heimy Taylor of The Ohio State University; Professor Hazel Vardaman of The University of Illinois, Chicago Circle; Professor Philipp F. Veit of The State University of New York at Buffalo.

R. M. R.
A. R. W.

To the Student

The learning of German can be *fun*. Much depends on you. If you attend classes regularly, study consistently, and use the language laboratory as frequently as possible, you will find the learning of German a most enjoyable experience. Here are a few helpful suggestions:

1. Learn to pronounce German well. This you can accomplish by (a) imitating loudly and uninhibitedly every sound, shade of sound, and intonation pattern of your model, (b) doing the pronunciation drills regularly and conscientiously, and (c) consciously striving to prevent English speech habits from interfering in any way with the production of German sounds.

2. Do the memorizing required of you. Language is a set of habits that can be learned only through practice. Treat each lesson as a unit which should be learned as fluently and as thoroughly as one might learn a music lesson.

3. Take advantage of every opportunity to hear and speak German. Do your thinking aloud in German. Start in the morning with such expressions as: "It is 6:30. I must get up. Is the sun shining today? Will it rain? I am tired. Is my roommate still sleeping? Where are my shoes? I am hungry. What will we have for breakfast today?" While walking across campus, say to yourself, "Here comes my friend. His name is Paul. He is from Chicago. I have known him for a long time. We are in the same German class. I'll speak with him." Practice of this type will help you to speak German more fluently.

4. Be sure to cover the answer column on the right side of the page when you do the structural drills. Fold a piece of paper (size 8½ by 11) and place it over the answer column on the right; then say the answer, or, if you are writing the exercises, write your answer on the paper. By sliding your paper down one line at a time, you can check the answer and make certain that you have done it correctly. If you have made a mistake, encircle it and make the correction immediately, just above your mistake. Study aloud and mark in red those areas that you have trouble with so that you can come back and try them again and again until you have mastered all difficult structural items.

5. Be regular in your class and lab attendance. Never feel that you need to do exercises only once. For reinforcement of the patterns you should do them three or four times, or even more frequently if a particular structure seems especially difficult.

6. Always do the oral drills with gusto, just as though you were speaking with a native German. Pay special attention to sentence rhythm and intonational patterns.

7. Don't get behind! You cannot successfully "cram" your way through a language course, as you might be able to do in some other courses. Once you fall behind, it is very difficult to catch up.

8. Try to understand what is being said in *German Culture Through Pictures*, the reading section at the end of each lesson, without referring to the footnotes. German has thousands of words that are cognate with English words. Some, such as *Haus, Musik, Universität, Industrie, Familie, Amerika*, etc., are easier to recognize than *Vater, Mutter, Bruder, Nordamerika, Buch, Mechaniker, Büro*, etc. Learn to guess intelligently when reading German and refer to footnotes only when the meaning does not seem to "come through."

9. Listen attentively to your teacher's discussion of German life and culture. This will help you to understand spoken German and to gain a greater understanding and appreciation of the German-speaking countries and their cultural heritage.

Pronunciation Drills Lessons 1-13

PRONUNCIATION DRILL   (Lesson 1)

The *ach*-sound [x] and the *ich*-sound [ç]

This and subsequent phonetic drills are intended to help you improve your pronunciation by concentrating on a particular German sound. Practice with your model and imitate him or her as closely and uninhibitedly as you can.

The **ach**-sound [x] (spelled **ch**) is pronounced in the same part of the mouth as the [**k**] in English *poke,* but in the **ach**-sound the tongue never touches the roof of the mouth as it does in [**k**]. The **ach**-sound is produced by keeping the tongue still after pronouncing the preceding vowel and breathing out over it sharply. The following drills will give you practice both in producing the **ach**-sound and in distinguishing between the **ach**- and the **k**-sound:

| [x] | Bach | Buch | suchen | kochen | des Dachs | acht |
| | noch | wachen | brachen | hauchen | taucht | sucht |

| [k-x] | Rock—roch | lockt—locht | Pocken—pochen | Nacken—Nachen |

The **ich**-sound [ç] (spelled **ch,** and **g** in final **-ig**) is somewhat like the initial sound in English *hew* or *human.* Like the **ach**-sound, it is produced by breathing out sharply over the tongue, which is kept in the position it had for the preceding vowel. Do not substitute the **ach-, k-,** or **sh**-sound for the **ich**-sound:

| [ç] | mich | euch | Bücher | manch | Mädchen | fleißig |
| | Pech | riechen | Eiche | Milch | bißchen | ruhig |

[x-ç]	Dach—Dächer	Loch—Löcher	Brauch—Bräuche	sprach—spräche
[k-ç]	nickt—nicht	Streik—Streich	Kino—China	Grammatik—Essig
[ʃ-ç]	Tisch—dich	misch!—mich	fischt—ficht	keusche—keuche

PRONUNCIATION DRILL   (Lesson 2)

Uvular *r* [ʀ]; tongue-trilled *r* [ř]; final *r* [ʌ]

The uvular **r** [**R**], used by most Germans, is produced by vibrating the uvula (the small flap that hangs from the back of the mouth) against the back of the tongue. The sound produced resembles a light, dry gargle.

The tongue-trilled **r** [**ř**], used by many speakers and by some actors and singers, is produced by vibrating the tip of the tongue against the upper gums. Children often make this sound when imitating motors and airplanes.

A single, unstressed final **r** is really a vowel sound [ʌ], somewhat like the final vowel in the English word *sofa*.

Listen carefully to the difference between the American **r** and the German **r** in the following contrastive pairs:

ENGLISH	GERMAN	ENGLISH	GERMAN	ENGLISH	GERMAN	ENGLISH	GERMAN
reef	rief	fry	frei	hair	her	bitter	bitter
rote	rot	dry	drei	more	Mohr	wonder	Wunder
rice	Reis	price	Preis	tour	Tour	Tyler	Teiler

Practice with your model:

[**R**]	grau	Schrank	fahren	verloren	Ring
	Gruß	Schritt	lehren	riechen	Rhein
	Brot	Stroh	Scheren	rot	Raum

[ʌ]	hier	ihr	er	Uhr	Mutter	Schwester
	mir	vier	vor	Vater	Bruder	Lehrer

[R-ʌ]	ich studiere—er studiert	ich lehre—er lehrt	zwei Tiere—ein Tier

Distinguish between the unaccented **e** [ə] and the final **r** [ʌ] in the following pairs:

[ə-ʌ]	eine—einer	meine—meiner	liebe—lieber
	reiche—reicher	seine—seiner	kleine—kleiner

PRONUNCIATION DRILL   (Lesson 3)

Long and short vowels

Long vowels are very long, and short vowels are very short and clipped. A vowel letter represents a long vowel when it is doubled, when followed by an **h** in the same syllable, and usually when followed by a single consonant letter. A vowel letter followed by two or more consonant letters generally represents a short vowel. In the pronunciation of long vowels there is no off-glide such as that which can be heard in the English words *say* (sa-ee) and *so* (so-u).

LONG a [aː]   (spelled **aa, ah, a**) like **a** in *father*, but somewhat longer: **Saal, Waage, Haar, fahren, Fahne, sagen, raten, malen, Vater.**

SHORT a [a]	like **a** in *artistic:* **Mann, machen, rasch, Salz, Stamm, spalten, was**
LONG e [eː]	(spelled **ee, eh, äh, e**) resembles **a** in *gate,* but with the tongue more tense, the corners of the mouth drawn farther back, and with no diphthongal glide: **See, leer, gehen, sehen, sähen, mähen, Leben.**
SHORT e [e]	(spelled **e, ä**) like **e** in *set,* but more clipped: **nett, Lende, Wände.**
UNACCENTED e [ə]	like **e** in *the* in the combination *the man.* It occurs chiefly in unaccented prefixes and endings: **b**e**freunde, ge**w**inne, komme, fragte.**
LONG o [oː]	(spelled **oo, oh, o**) like **o** in *hope,* but more monophthongal and with rounded lips: **Moos, Boot, wohne, Ofen, Schoß, loben, Boden.**
SHORT o [o]	has no close equivalent in American English. It is shorter and more clipped than long **o** (oː): **offen, Bock, voll, Bonn, komm, Koch.**
LONG u [uː]	(spelled **u, uh**) resembles **u** in *rule,* but the tongue is pulled farther back, and the lips are more rounded: **gut, du, Pfuhl, Stufe, rufen.**
SHORT u [u]	like **u** in *put* but shorter: **Mutter, Butter, uns, Suppe, und.**

Practice with your model both vertically and horizontally:

LONG	SHORT	LONG	SHORT	LONG	SHORT	LONG	SHORT
Staat	Stadt	Beeren	Berta	Oper	Opfer	Mut	Mutter
Maat	Matte	Beten	Betten	Tor	Torte	Ruhm	Rum
Kahn	kann	den	denn	oben	ob	Schule	Schulter
fahl	Fall	Reeder	Retter	Bohne	Bonn	Buhle	Bulle

PRONUNCIATION DRILL   (Lesson 4)

The umlauts *ü* [yː y] and *ö* [øː ø]

LONG ü [yː]	(spelled **ü, üh, y**) is produced by pronouncing long **i** [iː] with rounded lips: **für, kühl, üben, typisch.**
SHORT ü [y]	(spelled **ü, y**) is produced by pronouncing short **i** [i] with rounded lips: **küssen, müssen, fünf, dünn, Mütter, Symbol.**

Practice with your model the following pairs:

[iː] - [yː]	LIPS ⬯	LIPS ◯	LIPS ⬯	LIPS ◯	LIPS ◯
	liegen	lügen	vier	für	Analyse
	Riemen	rühmen	Tier	Tür	mythisch
	Biene	Bühne	Kiel	kühl	Lyrik

[i] - [y]	LIPS ⬯	LIPS ◯	LIPS ⬯	LIPS ◯	LIPS ◯
	Mitte	Mütter	Binde	Bünde	Symbol
	missen	müssen	sticke	Stücke	Tyrann
	Liste	Lüste	Kissen	küssen	Mythologie

LONG ö [øː]   (spelled **ö, öh**) is produced by pronouncing long **e** [eː] with rounded lips: **böse, hören, schön, Höhle.**

SHORT ö [ø]   is produced by pronouncing short **e** [e] with rounded lips: **können, Löffel, Töchter, möchten.**

Practice the following pairs:

[eː] - [øː]	LIPS ⬯	LIPS ◯	LIPS ⬯	LIPS ◯
	lesen	lösen	Besen	böse
	Sehne	Söhne	hehlen	Höhlen
	flehe	Flöhe	verheeren	verhören

[e] - [ø]	LIPS ⬯	LIPS ◯	LIPS ⬯	LIPS ◯
	Mächte	möchte	bellen	Böller
	kennen	können	fällig	völlig

PRONUNCIATION DRILL   (Lesson 5)

The sounds [b], [d], and [g] and [p], [t], and [k] (spelled *b*, *d*, and *g*); the glottal stop

The consonant letters **b, d,** and **g** represent approximately the same sounds as their English counterparts; however, before **s** or **t** and when final in a word or syllable, the letters **b, d,** and **g** represent the sounds [p], [t], and [k], respectively. Practice with your model the following words both vertically and horizontally:

der Dieb	das Bad	der Tag	der König (ig=ich)	das Grab
des Diebs*	des Bads*	des Tags*	des Königs	des Grabs*
die Diebe	die Bäder	die Tage	die Könige	die Gräber

*In modern conversational German, the **e** in the genitive forms of **des Diebes, des Bades,** etc., is sometimes omitted.

lieben	senden	fragen	peinigen	laden
liebte	sandte	fragte	peinigte	lud
geliebt	gesandt	gefragt	gepeinigt	geladen

The *glottal stop* is a momentary stoppage of breath before syllables beginning with a vowel. It prevents words from running together, as often happens in English combinations such as: *a-negg, a-nother,* etc. Practice the following:

der Ochse	der Abend	ausgehen	eine alte Eule
das Ohr	das Amt	hereineilen	Ich esse einen Apfel
die Uhr	das Obst	umarmen	Erichs alter Onkel

PRONUNCIATION DRILL   (Lesson 6)

The sounds [s] (spelled *s, ss, β,*) and [z] (spelled *s*)

When final and medially before **t**, the German letter **s** represents the sound [s] in *sight;* elsewhere it is pronounced like **z** in *zebra.* Practice with your model the following words:

[s]	[z]	[z]	[z]	[z]
das	so	sein	Else	Besen
was	sagen	sechs	Hänsel	Weser
Nest	suchen	Sohn	bremsen	Esel
best	seit	Sommer	einsam	Hose
Lust	Sie	Suppe	also	leise

Practice vertically and horizontally:

lesen	reisen	blasen	lösen	niesen
liest	reist	bläst	löst	niest
las	reiste	blies	löste	nieste
gelesen	gereist	geblasen	gelöst	geniest

The consonant letters **ss** and **β** also represent the sound [s]. The symbol **β**, called *ess-tsett,* occurs after long vowels or diphthongs, at the end of words or syllables, and before consonants. The digraph **ss** occurs only between short vowels. Practice with your model the following combinations and note why **ss** is used in some words and **β** in others.

lassen	Bissen	Soße	wissen	essen	müssen
laß	Biß	Muße	weiß	ißt	muß
ließ	bißchen	Fleiß	wußte	aß	mußte

PRONUNCIATION DRILL   (Lesson 7)

The sound [l] (spelled *l*)

The German l is not as relaxed as its English counterpart; the tongue comes farther forward and touches the ridge above the upper teeth. Listen to the difference between the German l and the English l:

ENGLISH	GERMAN	ENGLISH	GERMAN
keel	Kiel	built	Bild
male	Mehl	leaf	lief
coal	Kohl	light	Leid
pool	Pfuhl	plots	Platz

Practice vertically and horizontally:

lachen	blind	Flamme	mahlen	Saal	Wahlen—Wahl
lernen	Blume	Fleck	Welle	Mehl	Schalen—Schal
lesen	glauben	Fluß	Seele	hell	fehlen—Fehl
Liebe	Plan	Pflanze	Wolle	wohl	viele—viel
loben	Klasse	Pflicht	Schüler	null	Seile—Seil
Lunge	Platz	Pflug	Zeile	kühl	holen—hohl

PRONUNCIATION DRILL   (Lesson 8)

Diphthongs

A diphthong is a combination of two vowels pronounced in one syllable. German diphthongs are very similar to their English counterparts except that they are never drawled.

au [aʊ] like **ow** in *cow* except that the first element [a] is very short.

ei [aɪ] (also spelled **ai, ey, ay**) like **i** in *kite* except that the first element is very short.

eu [ɔɪ] (also spelled **äu**) like **oi** in *oil* except that there is no drawl.

Listen to the difference between the English and German diphthongs in the following words of similar sound or meaning:

ENGLISH	GERMAN	ENGLISH	GERMAN	ENGLISH	GERMAN
mouse	Maus	mine	mein	boil	Beule
louse	Laus	ice	Eis	Hoyle	heul!
house	Haus	Rhine	Rhein	ahoy	Heu
fowl	faul	fine	fein	Troy	treu!

Practice with your model the following words:

auf	aus	auch	Augen	Haufen	Haut	Daumen	Bauer
Bein	Eisen	heiß	Heim	Geige	Eis	Seife	weinen
Eule	Euter	Häuser	Keule	Bräute	Scheune	Feuer	Läuse

PRONUNCIATION DRILL   (Lesson 9)

The sound [ʃ] (spelled *sch;* also *s* before *t* and *p* at the beginning of syllables)

Sch is like **sh** in *shine* except that the lips are more rounded. Listen, and then practice with your model:

ENGLISH	GERMAN	ENGLISH	GERMAN
she	Schi	fishing	fischen
sheer	Schier	caution	naschen
ship	Schiff	flashy	Flasche
shine	Schein	washing	waschen
fish	Fisch	rushing	rauschen

Practice horizontally and vertically:

Schaf	Schatten	schätzen	Schimmer	schon	Schule	schön
Flasche	waschen	fischen	zischen	Dusche	lauschen	Wäsche
rasch	englisch	Gemisch	Geräusch	Mensch	Fleisch	falsch

At the beginning of a word or syllable, the letters **st** and **sp** usually represent the sounds [ʃt] and [ʃp], respectively. Practice horizontally and vertically:

Stamm	Stahl	Stadt	Staat	stehlen	spät
bestellen	bestimmt	Verstand	gestanden	zerstören	verstehen
Spaß	Speer	spinnen	Spuk	Speise	Spule
ersparen	verspielen	zerspringen	anspornen	versprechen	Ansprache

PRONUNCIATION DRILL   (Lesson 10)

The sound [ts] (spelled *z, tz, c, ds* in final position, *ts,* and *t* in the suffix *-tion*); review of long and short vowels

The sound [ts] is pronounced like **ts** in *hats*. Limber up your tongue with this sentence: *He smacks his fists against the posts and still insists he sees the ghosts.* Practice the following words vertically and horizontally:

Blitz	Zacke	Celle	sitzen	schwitzen	Generation
Tanz	zart	Zelle	Katze	setzen	Nation
Netz	zaubern	Cäsar	Hitze	verletzen	Inflation
Lands	Zorn	Cicero	Warze	wälzen	Station
nichts	Zucht	Ziffer	kitzeln	ritzen	Revolution

Review long and short vowels by pronouncing the following words:

Bahn—Bann	Aal—All	Kahn—kann	Dame—Damm
bieten—bitten	lieben—Lippen	Wien—Wind	Miene—Minne
Meere—merken	wegen—wecken	dehnen—denn	Väter—Vetter
Uhr—Urne	Kur—kurz	Huhn—Hund	Mut—Mutter
vor—fort	Rose—Rosse	Mode—Motte	Tor—Torte

PRONUNCIATION DRILL   (Lesson 11)

The sound [f] (spelled *f*, *v*, *ph*) and the sound [v] (spelled *v*, *w*)

German **f**, **v**, and **ph** represent the sound [f] in *fight*.

[f]	Feder	Film	Fieber	fünf	Philosophie
	Vetter	viel	vierzig	Vogel	Photo
	fett	vier	Vieh	vor	Physiologie

German **v** in words of foreign origin such as verb and German **w** represent the sound [v] in *victory*.

[v]	wann	Verb	Wände	Vanille	Wonne
	wenig	Winter	Wiese	Wort	Venedig
	Welt	Villa	Woche	Weise	waschen
	Schwan	Schwester	zwanzig	Zwilling	November
	schwarz	schwimmen	Zweck	Zweifel	Novelle
	schwer	Schwindel	zwischen	zwingen	Provinz

Note, however, that the letter **v** in final position represents the sound [f], e.g., **Nerv**, **Motiv**.

PRONUNCIATION DRILL   (Lesson 12)

The sound [ŋ] (spelled *ng*) and the combination [kv] (spelled *qu*); review of *ü* and *ö*

The spelling combination **ng** represents the sound [ŋ] heard in English *singer,* never the combination [ŋg] heard in *finger.* Practice with your model: **Sänger, länger, Hunger, jünger, bange, Zange, Engel.**

Practice the combination [kv] by pronouncing the following words: **Quelle, Qual, Qualität, Quartett, bequem, Äquator, Quantität, Quatsch.**

Review **ü** and **ö** in the following combinations:

Riemen—rühmen	vier—für	spielen—spülen	Ziege—Züge
missen—müssen	sticken—stücken	Bitte—Bütte	Binde—Bünde
beten—böten	Hefe—Höfe	kehren—Chöre	Esel—Ösel
Welfe—Wölfe	kennen—können	Kellner—Köln	Männchen—Mönche

PRONUNCIATION DRILL   (Lesson 13)

The combinations *pf* and *kn;* review of *ach-* and *ich-*sounds

In the combinations **pf** and **kn,** the sounds represented by both letters are pronounced. Practice with your model:

fehlen—empfehlen fahl—Pfahl fort—Pforte Pfuhl Pfund Pfropf Pforte
Knie Knabe Knecht knicken knacken Knopf Knochen kneten kneipen

Review the **ach-** and **ich-**sounds in the following words:

Macht—Mächte	lachen—lächeln	Bach—Bäche	mochte—möchte
Woche—wöchentlich	Tochter—Töchter	Buch—Bücher	Frucht—Früchte

Licht	sechzehn	rechnen	Pflicht	endlich	sicher
leicht	riechen	feucht	Milch	Kindchen	gleich
Mäuschen	bißchen	fertig	sonnig	lustig	Eiche

Helpful Expressions for Classroom Use

Guten Morgen, Herr Kröger!	*Good morning, Mr. Kröger!*
Guten Tag, Fräulein Weber!	*Good day (hello), Miss Weber!*
Wie heißen Sie?	*What's your name?*
Ich heiße Schmidt.	*My name is Schmidt.*
Wie geht es Ihnen?	*How are you?*
Danke, gut.	*Fine, thanks.*
Was ist das?	*What's that?*
Das ist mein Buch.	*That's my book.*
Lesen Sie bitte auf Seite acht!	*Please read on page eight.*
Danke schön. (Danke sehr.)	*Thanks very much.*
Bitte schön. (Bitte sehr.)	*You're welcome.*
Haben Sie eine Frage?	*Do you have a question?*
Haben Sie Fragen?	*Do you have any questions?*
Antworten Sie bitte!	*Answer, please.*
Spreche ich zu schnell?	*Do I speak too fast?*
Nein, ich verstehe alles.	*No, I understand everything.*
Verstehen Sie das?	*Do you understand that?*
Ja, ich verstehe das.	*Yes, I understand that.*
Was bedeutet das?	*What does that mean?*
Ich weiß nicht.	*I don't know.*
Es bedeutet . . .	*It means . . .*
Auf deutsch bitte!	*In German, please.*
Wiederholen Sie das bitte!	*Repeat that, please.*
Alle zusammen bitte!	*All together, please.*
Das ist gut. Sehr gut.	*That's good. Very good.*
Bitte, sagen Sie das!	*Please say that.*
Noch einmal bitte!	*Once again, please.*
Lauter bitte!	*Louder, please.*
Klar und deutlich bitte!	*Clearly and distinctly, please.*
Bitte, sprechen Sie langsamer!	*Please speak more slowly.*

Sprechen Sie nicht so schnell!	*Don't speak so fast.*
Nehmen Sie bitte ein Stück Papier!	*Please take a piece of paper.*
Wie bitte?	*What was that?*
Schreiben Sie, was ich sage!	*Write what I say.*
Wie schreibt man . . . ?	*How does one write . . . . ?*
Ist das richtig?	*Is that correct?*
Nein, das ist falsch.	*No, that's wrong.*
Stehen Sie bitte auf!	*Stand up, please.*
Gehen Sie an die Tafel!	*Go to the blackboard.*
Schreiben Sie das Wort an die Tafel!	*Write the word on the blackboard.*
Wie sagt man . . . auf deutsch?	*How does one say . . . in German?*
Bitte, setzen Sie sich!	*Please sit down.*
Nehmen Sie bitte Platz!	*Take a seat, please.*
Wo ist Ihr Buch?	*Where's your book?*
Mein Buch ist hier.	*My book is here.*
Öffnen Sie das Buch bitte!	*Open the book, please.*
Bitte, machen Sie Ihr Buch auf!	*Please open your book.*
Lesen wir auf Seite vier, Zeile sechs!	*Let's read on page four, line six.*
Bitte, fangen Sie an, Herr Schmidt!	*Please begin, Mr. Schmidt.*
Das ist alles.	*That's all.*
Arbeiten Sie immer fleißig!	*Always work hard.*
Wie spät ist es?	*What time is it?*
Es ist neun Uhr.	*It's nine o'clock.*
So? Die Zeit ist um.	*Is that so? The time is up.*
Auf Wiedersehen!	*Good-bye!*
Bis morgen!	*See you tomorrow!*
Bis Montag!	*See you Monday!*

German Through Conversational Patterns

Aufgabe Eins

Ein Studentenheim in Deutschland

Rudi Wolf, ein Student aus Amerika, verbringt das Sommersemester in Deutschland. Dieses Semester beginnt im Mai. Heute besucht er einen deutschen Freund, Bruno Lehmann. Die beiden studieren deutsche Literatur. Bruno wohnt in einem Studentenheim. Die Hausmutter ist immer sehr freundlich. Sie heißt Frau Müller.

1. HERR WOLF: Guten Tag, Frau Müller!
2. FRAU MÜLLER: Guten Tag, Herr Wolf!
3. HERR WOLF: Frau Müller, ist Bruno Lehmann da?
4. FRAU MÜLLER: Nein, er ist nicht hier.
5. HERR WOLF: Wo ist er denn?
6. FRAU MÜLLER: Ich glaube, er ist in der Bibliothek.
7. HERR WOLF: Wann kommt er nach Hause?
8. FRAU MÜLLER: Er kommt fast immer sehr spät nach Hause.
9. HERR WOLF: So? Er lernt wohl sehr viel?
10. FRAU MÜLLER: Ja, er hat ein Seminar.
11. HERR WOLF: Wann ist Bruno denn zu Hause?
12. FRAU MÜLLER: Morgens bis zehn Uhr.
13. HERR WOLF: Dann spreche ich morgen früh mit Bruno.
14. FRAU MÜLLER: Ja gut, aber nicht zu früh.
15. HERR WOLF: Nein, nein, ich komme kurz vor zehn. Auf Wiedersehen, Frau Müller.
16. FRAU MÜLLER: Auf Wiedersehen, Herr Wolf. Bis morgen!

Dialogue Questions (Fragen)*

1. **Wie heißt** (*what's the name of*) der Student aus Amerika?   2. Was studiert er?   3. Wie heißt die Hausmutter?   4. Ist Herr Lehmann zu Hause?   5. **Wo** (*where*) ist er?   6. Lernt er viel?   7. Wann kommt er nach Hause?   8. Wann kommt Rudi **wieder** (*again*)?

* Use complete sentences in answering all questions.

[Handwritten notes in right margin:]
1. Er heist Rudi Wolf
2. Er studiert Deutche Literatur
3. Die Hausmutter heist Frau Müller
4. Nein, er ist nicht zu hause.
5. Er ist in der bibliothek
6. Ya, er lernt viel.
8. Rudi kommt morgen wieder.

Lesson One

A Student Residence Hall in Germany

Rudi Wolf, a student from America, is spending the summer semester in Germany. This semester begins in May. Today he is visiting a German friend, Bruno Lehmann. The two are studying German literature. Bruno lives in a student residence hall (dormitory). The resident director is always very friendly. Her name is Mrs. Müller.

1 MR. WOLF: Hello, Mrs. Müller!
2 MRS. MÜLLER: Good day, Mr. Wolf!
3 MR. WOLF: Mrs. Müller, is Bruno Lehmann here?
4 MRS. MÜLLER: No, he is not here.
5 MR. WOLF: Where is he then?
6 MRS. MÜLLER: I believe he is in the library.
7 MR. WOLF: When is he coming home?
8 MRS. MÜLLER: He almost always comes home very late.
9 MR. WOLF: Is that so? He's probably studying a lot?
10 MRS. MÜLLER: Yes, he has a seminar.
11 MR. WOLF: When is Bruno at home (in his room)?
12 MRS. MÜLLER: Mornings until ten o'clock.
13 MR. WOLF: Then I'll speak with Bruno tomorrow morning.
14 MRS. MÜLLER: (Yes) OK, but not too early.
15 MR. WOLF: No, no, I'll come shortly before ten. Good-bye, Mrs. Müller.
16 MRS. MÜLLER: Good-bye, Mr. Wolf. Until tomorrow!

VOCABULARY BUILDING

Greetings and Farewells

Guten Morgen![1]	Gute Nacht![3]
Guten Tag!	Auf Wiedersehen!
Guten Abend![2]	Grüß Gott![4] (So. Germany and Austria)

People

Der Mann
Der Freund
Der Lehrer[5] } ist hier, nicht wahr?[6]
Der Student

Die Frau
Die Freundin
Die Lehrerin } ist auch[7] hier.
Die Studentin   *also*

der Professor?
die Dame?[8]
Wie heißt { das Fräulein?[9]
das Kind?[10]
das Baby?

what's the name of?

Things

das Heft?[11]
das Buch?
Wo ist { das Papier?
das Fenster[12]
das Zimmer[13]
das Klassenzimmer?

wher

der Bleistift[14]
Ist { der Stuhl[15]
der Tisch[16]
der Kugelschreiber[17] } hier?

Die Kreide[18]
Die Tafel[19]
Die Tür[20]
Die Wand[21] } ist da drüben (dort drüben).[24]
Die Klasse
Die Schule[22]
Die Prüfung[23]

Numbers

(1) eins	(3) drei	(5) fünf
(2) zwei	(4) vier	(6) sechs

E

---

[1] Good morning! (Hello!)   [2] Good evening! (Hello!)   [3] Good night!   [4] Hello!
[5] teacher   [6] isn't that right?   [7] also, too   [8] lady   [9] young lady   [10] child
[11] notebook   [12] window   [13] room   [14] pencil   [15] chair   [16] table   [17] ballpoint
pen   [18] chalk   [19] blackboard   [20] door   [21] wall   [22] school   [23] test, exam
[24] over there

(7) sieben   (9) neun   (11) elf
(8) acht   (10) zehn   (12) zwölf

Das Mädchen[25] kommt um $\begin{Bmatrix} \text{zwei} \\ \text{fünf} \\ \text{elf} \end{Bmatrix}$ Uhr nach Hause.

Vocabulary Building Questions

1. Der Lehrer ist hier, nicht wahr?   2. Ist ein Kind hier?   3. Ist der Professor zu Hause?   4. Wo ist das Fenster?   5. Wo ist die Tafel?   6. Sieben und fünf ist zwölf, nicht wahr?

CONVERSATIONAL PATTERNS

I. NOUNS AND DEFINITE ARTICLES

The German equivalent of the English definite article *the* is **der** before masculine nouns, **das** before neuter nouns, and **die** before feminine nouns. The definite article should be learned with each noun as an aid in remembering the gender. Nouns denoting living beings usually have their natural gender. Notable exceptions are: **das Kind, das Baby, das Mädchen,** and **das Fräulein.** Nouns that end in the diminutive suffixes **-chen (Mädchen)** and **-lein (Fräulein)** are always neuter regardless of the gender of the original noun.

MASCULINE	NEUTER	FEMININE
der Mann (*the man*)	**das** Buch (*the book*)	**die** Frau (*the woman*)
der Tisch (*the table*)	**das** Fenster (*the window*)	**die** Tür (*the door*)

Note that in German all nouns are capitalized.

1. Repetition

Wann kommt der Student nach Hause?

Ist die Studentin heute zu Hause?

Ist das* der Lehrer?

Wie heißt die Lehrerin?

Wer (*who*) ist das Mädchen?

Die Tür ist da drüben.

Hier ist die Kreide.

Der Kugelschreiber ist nicht hier.

Wo ist das Buch?

Ist das Kind nicht da?

---

* Note that **das** can mean *that* or *this* as well as *the.*

[25] girl

2. Question-Answer*

Model Question	Model Answer

Ist das Heft hier? — *Ja, das Heft ist hier.*

_____ Buch _____? — Ja, das Buch ist hier.
_____ Kind _____? — Ja, das Kind ist hier.
_____ Mädchen _____? — Ja, das Mädchen ist hier.

Wo ist der Mann? — *Der Mann ist zu Hause.*

_____ Lehrer? — Der Lehrer ist zu Hause.
_____ Student? — Der Student ist zu Hause.
_____ Professor? — Der Professor ist zu Hause.

Kommt die Lehrerin um acht Uhr? — *Nein, die Lehrerin kommt um neun.*

_____ Frau _____? — Nein, die Frau kommt um neun.
_____ Studentin _____? — Nein, die Studentin kommt um néun.
_____ Dame _____? — Nein, die Dame kommt um neun.

Wo ist die Kreide? — *Die Kreide ist da drüben.*

_____ Tafel? — Die Tafel ist da drüben.
_____ Tür? — Die Tür ist da drüben.
_____ Schule? — Die Schule ist da drüben.
_____ Bibliothek? — Die Bibliothek ist da drüben.

Die Klasse ist hier, nicht wahr? — *Ja, die Klasse ist hier.*

_ Heft _____? — Ja, das Heft ist hier.
_ Kreide _____? — Ja, die Kreide ist hier.
_ Bleistift _____? — Ja, der Bleistift ist hier.
_ Buch _____? — Ja, das Buch ist hier.
_ Kugelschreiber _____? — Ja, der Kugelschreiber ist hier.
_ Aufgabe _____? — Ja, die Aufgabe ist hier.

Wo ist denn das Fenster? — *Das Fenster ist da drüben.*

_____ Tür? — Die Tür ist da drüben.
_____ Wand? — Die Wand ist da drüben.
_____ Tisch? — Der Tisch ist da drüben.
_____ Tafel? — Die Tafel ist da drüben.

3. Question-Answer (**Was? Wer?**)

Was ist das? (*Klassenzimmer*) — *Das ist das Klassenzimmer.*

Was ist das? (Bleistift) — Das ist der Bleistift.
Was ist das? (Tür) — Das ist die Tür.
Was ist das? (Stuhl) — Das ist der Stuhl.

* A model will generally be given for each drill so that you may know how to proceed.

Was ist das?	(Wand)	Das ist die Wand.
Was ist das?	(Prüfung)	Das ist die Prüfung.
Was ist das?	(Fenster)	Das ist das Fenster.
Was ist das?	(Buch)	Das ist das Buch.
Was ist das?	(Kugelschreiber)	Das ist der Kugelschreiber.
Was ist das?	(Bibliothek)	Das ist die Bibliothek.
Was ist das?	(Kreide)	Das ist die Kreide.
Was ist das?	(Papier)	Das ist das Papier.
Wer ist das?	*(Lehrer)*	*Das ist der Lehrer.*
Wer ist das?	(Student)	Das ist der Student.
Wer ist das?	(Mädchen)	Das ist das Mädchen.
Wer ist das?	(Mann)	Das ist der Mann.
Wer ist das?	(Studentin)	Das ist die Studentin.
Wer ist das?	(Kind)	Das ist das Kind.
Wer ist das?	(Hausmutter)	Das ist die Hausmutter.

II. INDEFINITE ARTICLES

> The indefinite articles are **ein** and **eine**; the form **ein** is used before neuter and masculine nouns and **eine** before feminine nouns. Both **ein** and **eine** mean *a*, *an*, or *one*. The negative form of the article **ein** is **kein** which means *not a* or *no* when it precedes a noun. **Kein** takes the same endings as **ein**.
>
> | MASCULINE | NEUTER | FEMININE |
> |---|---|---|
> | **ein** Mann (*a man*) | **ein** Buch (*a book*) | **ein**e Frau (*a woman*) |
> | **kein** Mann (*no man, not a man*) | **kein** Buch (*no book, not a book*) | **kein**e Frau (*no woman, not a woman*) |

4. Repetition

Heute ist eine Studentin krank.	Wo ist ein Buch?
Ein Heft ist oft **klein** (*small*).	Das ist kein Kugelschreiber.
Ist das eine Tür da drüben?	Hier ist ein Stuhl.

5. Question-Answer

Das ist ein Lehrer, nicht wahr?	*Nein, das ist kein Lehrer.*
_____ Student _____	Nein, das ist kein Student.
_____ Kugelschreiber _____?	Nein, das ist kein Kugelschreiber.
_____ Heft _____?	Nein, das ist kein Heft.
_____ Stuhl _____?	Nein, das ist kein Stuhl.
Ist das eine Studentin?	*Nein, das ist keine Studentin.*
_____ Lehrerin?	Nein, das ist keine Lehrerin.
_____ Frau?	Nein, das ist keine Frau.
_____ Dame?	Nein, das ist keine Dame.

Wo ist ein Klassenzimmer?	*Hier ist ein Klassenzimmer.*
_____ Tür?	Hier ist eine Tür.
_____ Stuhl?	Hier ist ein Stuhl.
_____ Bleistift?	Hier ist ein Bleistift.
_____ Fenster?	Hier ist ein Fenster.

6. Definite Article > Indefinite Article

Hier ist das Buch.	*Hier ist ein Buch.*
_____ Tür.	Hier ist eine Tür.
_____ Mädchen.	Hier ist ein Mädchen.
_____ Tisch.	Hier ist ein Tisch.
_____ Frau.	Hier ist eine Frau.
_____ Lehrerin.	Hier ist eine Lehrerin.
_____ Zimmer.	Hier ist ein Zimmer.

7. Indefinite Article > Definite Article

Da drüben ist eine Dame.	*Da drüben ist die Dame.*
_____ Freund.	Da drüben ist der Freund.
_____ Fenster.	Da drüben ist das Fenster.
_____ Tür.	Da drüben ist die Tür.
_____ Fräulein.	Da drüben ist das Fräulein.
_____ Tafel.	Da drüben ist die Tafel.
_____ Klassenzimmer.	Da drüben ist das Klassenzimmer.

III. PERSONAL PRONOUNS AND VERBS

Personal Pronouns

ich	*I*	wir	*we*
er	*he*	sie	*they*
sie	*she*	Sie*	*you (both sing. and pl.)*
es	*it*		

Pronouns agree in gender and number with the nouns that they represent:

Wo ist das Buch?	**Es** ist dort drüben.
Ist der Bleistift hier?	Nein, **er** ist auch dort drüben.
Ist die Kreide auch dort drüben?	Nein, **sie** ist hier.

Verbs

Most German verbs are regular in their conjugation and follow the pattern of stem (**komm-** of **kommen**, **geh-** of **gehen**, etc.) plus the endings **-e** for the first person

* **Sie**, meaning *you,* is always capitalized.

singular, **-t** for the third person singular, and **-en** for the plural:

ich komme   *I come*

er ⎫   *he* ⎫   wir ⎫   *we* ⎫
sie ⎬ kommt   *she* ⎬ *comes*   sie ⎬ kommen   *they* ⎬ *come*
es ⎭   *it* ⎭   Sie ⎭   *you* ⎭

There are no progressive or emphatic verb forms in German. For English present tense forms such as *I come, I am coming, I do come,* German has only one verb form: **ich komme.** Adverbs are frequently used, however, to indicate progressive action (**ich komme schon**) or to give special emphasis (**ich komme ja**).

8. Repetition

Ich **gehe** (*go*) nach Hause.
Er geht nach Hause.
Sie geht nach Hause.
Es (das Kind) geht nach Hause.

Wir gehen nach Hause.
Sie (*they*) gehen nach Hause.
Sie (*you*) gehen nach Hause.
Es geht mir gut. (*I am well.*)

Ich **heiß**e Meyer. (*My name is Meyer.*)
Er heißt Braun.
Sie heißt Hofmann.

Wir heißen Schmidt.
Sie (*they*) heißen Schultz.
Sie (*you*) heißen Kelling, nicht wahr?

Ich **glaube** alles. (*I believe everything.*)
Er glaubt alles.
Sie glaubt alles.

Wir glauben alles.
Sie (*they*) glauben alles.
Sie (*you*) glauben alles.

9. Question-Answer

Kommen Sie* heute?

_____ sie (*she*) _____?
_____ er _____?
_____ sie (*they*) _____?
_____ Sie (*pl.*) _____?
_____ ich _____?

Nein, ich komme morgen.

Nein, sie kommt morgen.
Nein, er kommt morgen.
Nein, sie kommen morgen.
Nein, wir kommen morgen.
Nein, Sie kommen morgen.

Wann geht er?

_____ sie (*they*)?
_____ sie (*she*)?
_____ Sie?
_____ Sie (*pl.*)?

Er geht um zwölf Uhr.

Sie gehen um zwölf Uhr.
Sie geht um zwölf Uhr.
Ich gehe um zwölf Uhr.
Wir gehen um zwölf Uhr.

Glauben Sie das?

_____ er _____?
_____ sie (*she*) _____?

Nein, ich glaube das nicht.

Nein, er glaubt das nicht.
Nein, sie glaubt das nicht.

* Always consider **Sie** singular unless the plural form is indicated.

_____ wir _____?	Nein, wir glauben das nicht.	
_____ sie (*they*) _____?	Nein, sie glauben das nicht.	
_____ ich _____?	Nein, Sie glauben das nicht.	

10. Noun > Pronoun

Ist der Student zu Hause?	*Nein, er ist hier.*
__ die Studentin _____?	Nein, sie ist hier.
__ das Kind _____?	Nein, es ist hier.
__ der Professor _____?	Nein, er ist hier.
__ die Dame _____?	Nein, sie ist hier.

Wo ist der Kugelschreiber?	*Er ist da drüben.*
____ die Tür?	Sie ist da drüben.
____ das Fenster?	Es ist da drüben.
____ der Stuhl?	Er ist da drüben.
____ die Schule?	Sie ist da drüben.

IV. THE VERB **SEIN**

> The verb **sein** is irregular in its conjugation:
>
> **sein**   *to be*
>
> ich **bin**   *I am*
>
> er ⎫   wir ⎫
> sie ⎬ **ist**   he/she/it is   sie ⎬ **sind**   we/they/you are
> es ⎭   Sie ⎭

11. Repetition

Ich bin heute **krank** (*sick*).	Wir sind immer freundlich.
Ist er **glücklich** (*happy*)?	Sie (*they*) sind zu Hause.
Das Kind ist heute hier.	Karla und Liese sind **hübsch** (*pretty*).
Wer (*who*) ist das?	Sind Sie **müde** (*tired*)?

12. Substitution

Sind Sie immer freundlich?	
____ er _____?	Ist er immer freundlich?
____ wir _____?	Sind wir immer freundlich?

_____ ich _____?	Bin ich immer freundlich?
_____ sie (*she*) _____?	Ist sie immer freundlich?
_____ sie (*they*) _____?	Sind sie immer freundlich?
_____ der Lehrer _____?	Ist der Lehrer immer freundlich?

13. Question-Answer

Sind Sie hier?	*Ja, ich bin hier.*
Bin ich hier?	Ja, Sie sind hier.
Sind Sie müde?	Ja, ich bin müde.
Bin ich müde?	Ja, Sie sind müde.
Gehen Sie heute nach Hause?	Ja, ich gehe heute nach Hause.
Gehe ich heute nach Hause?	Ja, Sie gehen heute nach Hause.
Sind Sie glücklich?	Ja, ich bin glücklich.
Bin ich intelligent?	Ja, Sie sind intelligent.
Ist er krank?	Ja, er ist krank.
Ist sie hübsch?	Ja, sie ist hübsch.

V. ENGLISH-GERMAN PATTERNS

Translate the following English sentences into German.
1. The pencil is over there.
2. The door is over there.
3. Where is a ballpoint pen?
4. Where is a blackboard?
5. The class is here, isn't it?
6. The girl is here, isn't she?
7. When are you coming home?
8. When is the teacher (*m.*) coming home?
9. What is the teacher's (*f.*) name?
10. What is your name?
11. Who is the professor?
12. Who is the resident director (*f.*)?
13. We are tired today.
14. The child is sick today.
15. Do you believe that?
16. Does she believe that?
17. I am going home at four o'clock.
18. We are going home at five o'clock.
19. Is he at home today?
20. Is the student (*f.*) at home today?
21. She is not at home today.
22. The teacher (*m.*) is not at home today.

COMMUNICATION
CHALLENGES*

Personalized Questions

The instructor may ask additional questions if the answer given encourages this.

1. Wie heißen Sie? 2. Wie geht's? 3. Wie heißt der Lehrer? 4. Wo wohnen Sie? 5. Besuchen Sie heute eine Freundin? 6. Ist die Freundin immer zu Hause? 7. Ist eine Hausmutter immer freundlich? 8. Wann gehen Sie nach Hause? 9. Ist Deutsch interessant? 10. Sind alle Mädchen hübsch? 11. Wer **sagt** (*says*) das? 12. Sind Sie ein Mann oder eine Maus? 13. Haben wir morgen eine Prüfung? 14. Studieren Sie in Heidelberg? 15. Wohnen Sie zu Hause? 16. Haben Sie heute ein Seminar? 17. Sind Sie heute krank? 18. Sind Sie oft müde? 19. Ist ein Studentenheim immer **groß** (*large*)? 20. Kommen Sie morgen früh? 21. Glauben Sie alles? 22. Wer ist groß? 23. Ist Amerika **klein**?

Sentence Challenge

Use each of the following words in a sentence of three or more words. The Active Vocabulary and Vocabulary Building sections of each lesson will prove most helpful.

Ist wohnen zu Buch.

1. wohnen 2. früh 3. gehen 4. nicht 5. morgen 6. sprechen 7. Zimmer 8. heißen 9. wann 10. Mädchen 11. da drüben 12. wer 13. Klasse 14. heute 15. Uhr 16. hübsch 17. Tisch 18. Tür 19. Frau 20. sagen

Vocabulary Challenge

Use only the words, idioms, and communicative patterns learned in this lesson in attempting to explain in German the meaning of each of the words given below. One's acting ability or use of pantomime will prove helpful, especially in the early lessons. In group competition, the instructor may need to judge which group explains the word best.

1. Hausmutter 2. gut 3. Klassenzimmer 4. freundlich 5. Professor 6. glücklich (Example: **krank**. Ich lerne Deutsch. Die Lehrerin ist freundlich. Sie sagt: „Deutsch ist interessant." Ich glaube alles. Aber die Prüfung ist nicht kurz. Die Prüfung ist **lang**! Ich bin **sehr krank**!)

---

* The instructor may wish to divide the class into two or more groups for competitive "communication challenges" in each lesson.

Directed Communication Challenge

You will be given a general setting, two or more characters, and a few suggestions regarding a "plot." Working in pairs, or three or four in a group if desired, feel free to make any changes that you think will improve your performance. *Spontaneous dialogue* is encouraged—within the range, of course, of your vocabulary and communicative skills. Be resourceful and imaginative. Performance can be scored on the basis of fluency and audience appeal.

A young man by the name of Kurt plans to visit Walter, a friend who lives in a student residence hall. He doesn't know whether Walter is there or not. When he enters, he is greeted by Frau Schmidt, the resident director of the hall. He tries to find out whether Walter is at home. Frau Schmidt is friendly but seems evasive. Where is Walter? Is he in the library? Is he studying? Does he have a seminar? Is he with (**mit**) Petra? (Petra is Kurt's girl friend who lives in a residence hall nearby.) When is he coming home? Does he always come home so late? But wait! What is that? Who is coming? Is it Walter? Is he with Petra? (Germans seem to prefer tragedies, but you complete the plot "as you like it.")

Limit your vocabulary to words and idioms that you have learned in this first lesson. Your acting and pantomime skills will once again prove helpful until you develop a larger vocabulary. This experience can be *fun* as well as provide an opportunity for developing communicative competence.

ACTIVE VOCABULARY*

aber but, however	**bis** until
alles everything	**da** here, there
(das) **Amerika** America	**dann** then (*time*)
auch also, too	**denn** then (*idiomatic particle*)
die **Aufgabe** lesson	**deutsch**† German
aus out (of), from	(das) **Deutschland** Germany
beginnen begin	**fast** almost
beide both	die **Frage** (*pl.* **Fragen**) question
besuchen visit	die **Frau** woman, wife, Mrs.
die **Bibliothek** library	**freundlich** friendly

* The Active Vocabulary list includes all new active words and idioms in each lesson except for those introduced in the Vocabulary Building section, which each student should learn equally well. Easily recognized cognates are generally included because of minor differences in spelling and the need for indicating gender with cognate nouns. In context, most of these words will be understood. Much of the vocabulary found in the cultural reading at the end of each lesson is passive vocabulary. A complete listing of both active and passive vocabulary is found under Vocabulary in the last section of the textbook.
† Capitalized when used as a noun.

früh   early
gehen   go, walk
glauben   believe
glücklich   happy
groß   large, tall
gut   good, well
das **Haus**   house
die **Hausmutter**   resident director (of a
   dormitory)
heißen   be named, be called
der **Herr**   gentleman, Mr.
heute   today
hier   here
hübsch   pretty
immer   always
interessant   interesting
ja   yes, you know
klein   small
kommen   come
krank   sick, ill
kurz   short(ly)
lang   long
lernen   learn
die **Literatur**   literature
der **Mai**   May (*month*)
die **Maus**   mouse
mit   with
morgen   tomorrow
morgens   mornings, in the morning
müde   tired
nach   to, toward
nein   no
nicht   not

oder   or
oft   often
sagen   say
sehr   very
sein   be (*verb*)
sein   his
das **Semester**   semester
das **Seminar**   seminar
Sie   you (*sing. and pl.*)
so   so
das **Sommersemester**   summer semester
spät   late
sprechen   speak
der **Student**   student
das **Studentenheim**   student residence
   hall, dormitory
studieren   study (at a college or
   university)
der **Tag**   day
um   at, around
und   and
verbringen   spend (*time*)
viel   much, a lot
vor   before (*prep.*)
wann?   when?
was?   what?
wer?   who?
wie?   how?
wieder   again
wo?   where?
wohl   probably, well
wohnen   live, dwell
zu   to, at (*prep.*), too (*adv.*)

Idioms and Helpful Expressions

Wann kommt er nach Hause?   When is he coming home?
Wir sind zu Hause.   We are at home.
morgen früh   tomorrow morning
Bis morgen!   Until tomorrow!
Was ist das?   What is that?
Wer ist das?   Who is that?
Wie heißen Sie?   What is your name?
Ich heiße . . .   My name is . . .
Wie geht's?   How is everything? (How goes it?)
Danke, gut.   Fine, thank you.

A

Studenten in Deutschland

Heute besuchen[1] über 900 000 Studenten Universitäten und Hochschulen[2] in Westdeutschland. Von den 900 000 Studenten sind nicht alle junge Männer. Es gibt[3] heute in Deutschland nicht nur[4] ein „Wirtschaftswunder"[5], sondern auch[6] ein „Fräuleinwunder": die Emanzipation der deutschen Frau. Ungefähr[7] 300 000 Frauen, wie die junge Dame auf dem Foto (**A**), besuchen eine Universität oder eine Hochschule. Außerdem[8] arbeiten[9] Millionen von anderen[10] Frauen in der Industrie oder irgendwo anders[11].

Die Universität Heidelberg, im Jahre[12] 1386 gegründet[13], ist Deutschlands älteste[14] Universität. Aber[15] nicht alle deutschen Universitäten sind alt. Jedes[16] Jahr baut man[17] neue[18] Hochschulen, wie[19] zum Beispiel[20] die Universität Bochum (**B**) oder die Universität Konstanz am Bodensee[21] (**C**).

---

[1] attend   [2] colleges, schools of higher education   [3] there is (are)   [4] only, just
[5] economic miracle   [6] but also   [7] approximately   [8] besides   [9] work   [10] other
[11] somewhere else, elsewhere   [12] in the year   [13] founded   [14] oldest   [15] but, however
[16] each   [17] one builds (they build)   [18] new   [19] as, like   [20] for example
[21] Lake Constance

B

C

BITTE GESCHIRR ZURÜCKBRINGEN

E

Wo finden[22] die 900 000 Studenten in Deutschland eine Wohnung[23]?
Das ist immer ein Problem! Sie wohnen gewöhnlich[24] bei Familien und in
Studentenheimen. In einer deutschen Universitätsstadt[25] gibt es nicht so viele[26]
Studentenheime wie in Amerika, aber einige[27] sind sehr modern. Viele Studenten
arbeiten auf ihren Zimmern[28], aber einige arbeiten lieber[29] in der Bibliothek
(Universitätsbibliothek in Wien[30], **D**).

Von[31] den 900 000 Studenten, die[32] westdeutsche Hochschulen besuchen,
sind ungefähr 6% (sechs Prozent) aus anderen europäischen Ländern, und aus
Afrika, Asien und Amerika. Diese Studenten verbringen gern[33] ein Semester oder
ein Jahr in Deutschland. In der Mensa, einem Studentenrestaurant, sprechen[34] die
Studenten miteinander[35] über ihre Studien[36], über ihre Probleme und über die
Probleme der Welt[37] (**E**).

---

[22] find   [23] apartment, place to live   [24] usually   [25] university city   [26] many
[27] some   [28] in their rooms   [29] prefer to study   [30] Vienna   [31] of, from   [32] who
[33] like to spend   [34] speak, talk   [35] with each other   [36] about their studies
[37] of the world

Aufgabe Zwei

Sie sprechen gut Deutsch

Rudi Wolf und Emil Rösch, der Vater von Hans Rösch, sprechen über Fremdsprachen.

1 RÖSCH: Sie sprechen gut Deutsch, Herr Wolf.
2 WOLF: Danke schön.
3 RÖSCH: Wie lange sprechen Sie schon Deutsch?
4 WOLF: Seit drei Jahren. Ich will es aber noch besser lernen.
5 RÖSCH: Aber Sie verstehen doch beinah alles, nicht wahr?
6 WOLF: Wenn man langsam spricht, kann ich alles verstehen.
7 RÖSCH: Spreche ich zu schnell?
8 WOLF: Nein, ich verstehe Sie sehr gut.
9 RÖSCH: Sprechen Sie auch Französisch?
10 WOLF: Ja, ein bißchen, aber ich finde die Aussprache schwer.
11 RÖSCH: Mein Sohn möchte gern mehr Englisch lernen.
12 WOLF: Vielleicht kann ich ihm helfen.
13 RÖSCH: Das wäre schön. Kommen Sie doch morgen zu uns!
14 WOLF: Gern. Wann ist Hans zu Hause?
15 RÖSCH: Am Abend, nach sieben.
16 WOLF: Ich komme dann morgen abend.
17 RÖSCH: Das ist nett von Ihnen. Auf Wiedersehen!
18 WOLF: Auf Wiedersehen, Herr Rösch!

Fragen

1. Wie heißt der Vater von Hans Rösch? 2. Wie lange spricht Rudi schon Deutsch? 3. Versteht er beinah alles? 4. Spricht Herr Rösch zu schnell? 5. Spricht Rudi Französisch? 6. Wie findet er die Aussprache? 7. Wer möchte gern mehr Englisch lernen? 8. Wann ist Hans zu Hause?

Lesson Two

You Speak German Well

Rudi Wolf and Emil Rösch, the father of Hans Rösch, talk about foreign languages.

1 RÖSCH: You speak German well, Mr. Wolf.
2 WOLF: Thank you very much.
3 RÖSCH: How long have you been speaking German?
4 WOLF: For three years. I want to learn it still better, though.
5 RÖSCH: But you understand almost everything, don't you?
6 WOLF: If (whenever) one speaks slowly, I can understand everything.
7 RÖSCH: Do I speak too fast?
8 WOLF: No, I understand you very well.
9 RÖSCH: Do you speak French too?
10 WOLF: Yes, a little; but I find the pronunciation difficult.
11 RÖSCH: My son would like to learn more English.
12 WOLF: Perhaps I can help him.
13 RÖSCH: That would be fine. Why don't you come to our place tomorrow.
14 WOLF: Gladly. When is Hans at home?
15 RÖSCH: In the evening, after seven.
16 WOLF: I'll come tomorrow evening then.
17 RÖSCH: That's nice of you. Good-bye!
18 WOLF: Good-bye, Mr. Rösch!

VOCABULARY BUILDING

Nein aber ich spreche, Deutsh.

Languages

Ya ich spreche Deutsch.

Sprechen Sie { Deutsch? / Russisch? / Portugiesisch? / Holländisch? }

Nein, aber ich spreche { Englisch. / Spanisch. / Italienisch. / Französisch. }

nicht
or
Kein Französisch.

Lernen Sie { Schwedisch? / Norwegisch? / Dänisch? }

Nein, ich lerne { Latein. / Japanisch. / Chinesisch. }

Ya, Ich kann Englisch { sprechen. / verstehen. / lesen.[1] *(layzen)* / schreiben.[2] }

Können Sie Englisch lesen?

Continents, Countries, and Nationalities

Kommen Sie aus { Amerika? / Europa? / Afrika? / Asien? / Australien? }

Mein Freund kommt aus { Nordamerika. / Südamerika. / Westdeutschland. / Ostdeutschland. / Nordafrika. }

Ein { Amerikaner / Engländer / Deutscher / Italiener } lebt { in Amerika. / in England. / in Deutschland. / in Italien. }

Lebt ein { Franzose in Frankreich? / Spanier in Spanien? / Österreicher[3] in Österreich? / Russe in Rußland? }

Ein Schweizer[4] lebt in **der**[5] Schweiz.

Only Switzerland (**die Schweiz**), Turkey (**die Türkei**), and Czechoslovakia (**die Tschechoslowakei**) are feminine and require an article; other countries and continents are neuter and require no article.

---

[1] read   [2] write   [3] Austrian   [4] Swiss   [5] **Der** is the dative form of the feminine definite article. The dative case is explained in Lessons 4 and 5.

Vocabulary Building Questions*

1. Sprechen Sie Italienisch? 2. Lernen Sie Russisch? 3. Können Sie Spanisch verstehen? 4. Können Sie Latein lesen? 5. Können Sie Französisch schreiben? 6. Kommen Sie aus Westdeutschland? 7. Lebt ein Amerikaner in Amerika? 8. Wo lebt ein Engländer?

Amerikanerin

CONVERSATIONAL PATTERNS

I. MORE VERBS

INFINITIVE						
finden (*find*)		finde		findet		finden
leben (*live*)		lebe	er	lebt	wir	leben
lernen (*learn*)	ich	lerne	sie	lernt	sie	lernen
schreiben (*write*)		schreibe	es	schreibt	Sie	schreiben
verstehen (*understand*)		verstehe		versteht		verstehen

If the stem ends in **d, t,** or separately pronounced consonants, the ending for the third person singular is **-et; finden, er findet; arbeiten** (*work*), **er arbeitet; öffnen** (*open*), **er öffnet**.

1. Repetition

Ich lerne Deutsch.
Sie schreibt Französisch.
Wer versteht Spanisch?
Wie finden Sie Deutsch?

Wir verstehen das **Wort** (*word*).
Ein Engländer lebt in England.
Leben Sie in Europa?
Er findet Russisch schwer.

2. Verb Substitution

Ich lerne Deutsch. (schreiben)

Ich schreibe Deutsch.

Wir schreiben es. (lernen)
Er lernt das Wort. (schreiben)
Fritz versteht das Mädchen. (finden)
Wer lernt Latein? (schreiben)
Klara versteht Spanisch. (lernen)
Max studiert in Heidelberg. (leben)
Ich lebe in Amerika. (studieren)

Wir lernen es.
Er schreibt das Wort.
Fritz findet das Mädchen.
Wer schreibt Latein?
Klara lernt Spanisch.
Max lebt in Heidelberg.
Ich studiere in Amerika.

* Use complete sentences in answering the questions, not just "ja" or "nein".

II. VERBS WITH SOME IRREGULARITIES

Most German verbs are regular and follow the pattern of stem plus endings (**ich komm***e*, **er / sie / es komm***t*, **wir / sie / Sie komm***en*). Note, however, the irregularity in the following verbs:

INFINITIVE

	ich	er sie es	wir sie Sie
haben (*have*)	habe	**hat**	**haben**
helfen (*help*)	helfe	**hilft**	**helfen**
lesen (*read*)	lese	**liest**	**lesen**
sprechen (*speak*)	spreche	**spricht**	**sprechen**

3. Repetition

Er hat kein Buch.
Sprechen Sie Deutsch?
Er liest die **Zeitung** (*newspaper*).

Sie haben recht (*You're right*).
Sie spricht Dänisch.
Der Lehrer hilft Fräulein Vogel.

4. Question-Answer

haben

Hat Kurt ein Buch?

Hat Sie ein Buch?
Ja, ich habe ein Buch.

Ja, er hat ein Buch.
Nein, er hat kein Buch.

____ Sie _____?

Ja, ich habe ein Buch.
Nein, ich habe kein Buch.

____ Sie (*pl.*) _____?

Ja, wir haben ein Buch.
Nein, wir haben kein Buch.

____ ich _____?

Ja, Sie haben ein Buch.
Nein, Sie haben kein Buch.

____ Anna _____?

Ja, sie hat ein Buch.
Nein, sie hat kein Buch.

helfen

Hilft Karl Onkel Heinrich?

Hilft Greg Tim? Ja, er hilft Tim.

Ja, er hilft Onkel Heinrich.

____ Anna _____?
____ Sie _____?
____ sie (*they*) _____?
____ ich _____?
____ das Kind _____?

Ja, sie hilft Onkel Heinrich.
Ja, ich helfe Onkel Heinrich.
Ja, sie helfen Onkel Heinrich.
Ja, Sie helfen Onkel Heinrich.
Ja, es hilft Onkel Heinrich.

sprechen

Sprechen Sie Spanisch?

Nein, ich spreche kein Spanisch.

_____ er _____?
_____ sie (*she*) _____?
_____ Sie (*pl.*) _____?

Nein, er spricht kein Spanisch.
Nein, sie spricht kein Spanisch.
Nein, wir sprechen kein Spanisch.

_____ Hans _____?   Nein, er spricht kein Spanisch.

_____ wir _____?   Nein, Sie sprechen kein Spanisch.

lesen

Lesen Sie eine Zeitung?   *Ja, ich lese eine Zeitung.*
Nein, ich lese keine Zeitung.

_____ Anna _____?   Ja, sie liest eine Zeitung.
Nein, sie liest keine Zeitung.

_____ sie (*they*) _____?   Ja, sie lesen eine Zeitung.
Nein, sie lesen keine Zeitung.

_____ er _____?   Ja, er liest eine Zeitung.
Nein, er liest keine Zeitung.

_____ ich _____?   Ja, Sie lesen eine Zeitung.
Nein, Sie lesen keine Zeitung.

5. Verb Substitution

Emil spricht Deutsch. (lesen)   *Emil liest Deutsch.*

Berta liest eine Zeitung. (haben)   Berta hat eine Zeitung.
Sie versteht Französisch. (sprechen)   Sie spricht Französisch.
Ich spreche Russisch. (lesen)   Ich lese Russisch.
Jakob hat eine Zeitung. (finden)   Jakob findet eine Zeitung.
Wir sprechen Italienisch. (schreiben)   Wir schreiben Italienisch.
Wer liest Deutsch? (sprechen)   Wer spricht Deutsch?
Versteht sie Frau Barsch? (helfen)   Hilft sie Frau Barsch?

III. MODAL VERBS

German modal auxiliaries, like English modals, are verbs that indicate the manner or mode in which something is done.

Basic Meanings

Ich **will** gehen.   *I want (intend) to go. (Will or volition)*
Ich **muß** gehen.   *I must (have to) go. (Force or compulsion)*
Ich **kann** gehen.   *I can (am able to) go. (Ability or capability)*
Ich **darf** gehen.   *I may (am permitted to) go. (Permission)*
Ich **mag** das Buch.   *I like the book. (Liking or inclination)*
Ich **soll** gehen.   *I am supposed to go. (I am to go.) (Obligation)*

Können and **mögen** may also be used to indicate possibility: **Das *kann* sein** or **das *mag* sein.** (*That **may** be.*)

Forms

INFINITIVE

wollen *want*		**will**		wollen
müssen *have to, must*	ich	**muß**	wir	müssen
können *be able, may*	er	**kann**	sie	können
dürfen *be permitted*	sie	**darf**	Sie	dürfen
mögen *like, may*	es	**mag**		mögen
sollen *be obliged*		**soll**		sollen

(handwritten margin note: wer — 3rd person sing. "who")

Just as in English, a modal auxiliary is generally accompanied by the infinitive of another verb: **Ich *muß* heute *gehen*.** Note that this infinitive is usually found at the end of the clause and is never preceded by *zu* (*to*):

Ich will gehen.   *I want to go.*

The sentence above can be made negative by inserting *nicht* before the infinitive:

Ich will *nicht* gehen.   *I do not want to go.*

Müssen is usually replaced by **brauchen** plus **zu** in negative statements:

Sie muß gehen.   *She must (has to) go.*
Sie braucht *nicht* zu gehen.   *She does not need (have) to go.*

6. Repetition

Wir **können** es **schreiben.**
Er **will** zu Hause **bleiben** (*stay*).
Darf er **kommen**?
Wir **dürfen** nicht **kommen.**
Soll ich Frau Meyer **helfen**?

Ich **mag** das Buch.
Ich **muß** es **verstehen.**
Er **braucht** es nicht **zu verstehen.**
Müssen Sie es **lesen**?
Nein, ich **brauche** es **nicht zu lesen.**

7. Question-Answer

können

Kann Hans heute kommen?

_____ sie (*they*) _____?
_____ Sie _____?
_____ Sie (*pl.*) _____?
_____ Liese _____?

Nein, er kann heute nicht kommen.

Nein, sie können heute nicht kommen.
Nein, ich kann heute nicht kommen.
Nein, wir können heute nicht kommen.
Nein, sie kann heute nicht kommen.

wollen

Wer will Deutsch lernen? (ich)*

_____ Französisch ____? (wir)
_____ Spanisch _____?
(Ernst)

Ich will Deutsch lernen.

Wir wollen Französisch lernen.

Ernst will Spanisch lernen.

_____ Russisch _____?   Hans und ich wollen Russisch lernen.
(Hans und ich)
_____ Italienisch _____?   (Benno)   Benno will Italienisch lernen.

müssen

Wann müssen Sie zu Hause sein?   *Ich muß morgen zu Hause sein.*

_____ sie (*she*) _____?   Sie muß morgen zu Hause sein.
_____ wir _____?   (Sie)   Sie müssen morgen zu Hause sein.
_____ er _____?   Er muß morgen zu Hause sein.
_____ sie (*they*) _____?   Sie müssen morgen zu Hause sein.

müssen

Muß ich kommen?   *Nein, Sie brauchen nicht zu kommen.*
Müssen wir gehen?   Nein, sie brauchen nicht zu gehen.
Muß er bleiben?   Nein, er braucht nicht zu bleiben.
Müssen sie beginnen?   Nein, sie brauchen nicht zu beginnen.
Muß er es glauben?   Nein, er braucht es nicht zu glauben.

8. Replacement

Er muß heute hier sein.

Wir _____.   Wir müssen heute hier sein.
__ wollen _____.   Wir wollen heute hier sein.
Sie (*she*) _____.   Sie will heute hier sein.
__ kann _____.   Sie kann heute hier sein.
Sie (*you*) _____.   Sie können heute hier sein.

Heute muß ich Frau Bopp helfen.

_____ wir _____.   Heute müssen wir Frau Bopp helfen.
_____ wollen _____.   Heute wollen wir Frau Bopp helfen.
_____ er _____.   Heute will er Frau Bopp helfen.
_____ kann _____.   Heute kann er Frau Bopp helfen.
_____ sie (*they*) _____. Heute können sie Frau Bopp helfen.

9. Question-Answer

dürfen

Wann darf ich kommen?   *Sie dürfen jetzt kommen.*

_____ wir _____? (Sie)   Sie dürfen jetzt kommen.
_____ er _____?   Er darf jetzt kommen.
_____ sie (*they*) _____?   Sie dürfen jetzt kommen.
_____ sie (*she*) _____?   Sie darf jetzt kommen.

---

* Clues are given whenever one particular answer is desired or when more than one answer is
possible.

10. Replacement

Er darf jetzt bleiben.

_____ nicht _____ .	Er darf nicht bleiben.
_____ kommen.	Er darf nicht kommen.
Wir _____ .	Wir dürfen nicht kommen.
_____ heute _____ .	Wir dürfen heute kommen.
__ müssen _____ .	Wir müssen heute kommen.
Ich _____ .	Ich muß heute kommen.

Er will morgen hier sein.

__ kann _____ .	Er kann morgen hier sein.
Sie (*they*) _____ .	Sie können morgen hier sein.
__ wollen _____ .	Sie wollen morgen hier sein.
Anna _____ .	Anna will morgen hier sein.

11. Question-Answer

sollen and **wollen**

Wann soll (shall) *Hans kommen?*	*Um drei Uhr, wenn er will.*
_____ Inge _____ ?	Um drei Uhr, wenn sie will.
_____ Klara und Lili __ ?	Um drei Uhr, wenn sie wollen.
_____ wir _____ ? (Sie)	Um drei Uhr, wenn Sie wollen.
_____ ich _____ ?	Um drei Uhr, wenn Sie wollen.

12. Replacement

Soll ich Frau König helfen?

Muß _____ ?	Muß ich Frau König helfen?
__ wir _____ ?	Müssen wir Frau König helfen?
Können _____ ?	Können wir Frau König helfen?
__ er _____ ?	Kann er Frau König helfen?
Darf _____ ?	Darf er Frau König helfen?
__ sie (*they*) _____ ?	Dürfen sie Frau König helfen?
Wollen _____ ?	Wollen sie Frau König helfen?
__ Anna _____ ?	Will Anna Frau König helfen?

13. Question-Answer

mögen

Mögen Sie das?	*Nein, ich mag das nicht.*
_____ er _____ ?	Nein, er mag das nicht.
_____ sie (*they*) _____ ?	Nein, sie mögen das nicht.
_____ sie (*she*) _____ ?	Nein, sie mag das nicht.

IV. THE FORM **MÖCHTE**

> **Möchte**, which means *would like*, is a popular conversational subjunctive form of **mögen** that is used to express a polite wish:
>
> ich ⎤
> er ⎥
> sie ⎬ möcht*e*   wir ⎤
> es ⎦   sie ⎬ möcht*en*
>   Sie ⎦

14. Repetition

Ich (er) **möchte** die Zeitung lesen.	I (he) *would like* to read the paper.
Was **möchten** Sie sagen?	What *would* you *like* to say?
Möchten Sie jetzt gehen?	*Would* you *like* to go now?

15. Question-Answer

Möchten Sie heute gehen?   *Nein, ich möchte morgen gehen.*

_____ er _____?   Nein, er möchte morgen gehen.
_____ sie (*they*) _____?   Nein, sie möchten morgen gehen.
_____ sie (*she*) _____?   Nein, sie möchte morgen gehen.
_____ Sie (*pl.*) _____?   Nein, wir möchten morgen gehen.

V. ENGLISH-GERMAN PATTERNS

1. Is he helping Mrs. Hohlfeld?
2. Is she reading a newspaper?
3. Does she find Spanish difficult?
4. Do you have the newspaper?
5. Do you speak German?
6. I don't understand that.
7. He doesn't like that.
8. They want to go now.
9. We can go now.
10. He is permitted to go now.
11. She has to go now.
12. He can't come today.
15. Anna isn't supposed to go today.
16. I am not allowed to go today.
17. I would like to read the book.
18. We would like to stay home.
19. Do you speak French?
20. Does she like to write?
21. Does he like to speak German?
22. He is coming tomorrow evening, isn't he?

23. You are right.
24. Thank you very much.

COMMUNICATION CHALLENGES

Personalized Questions

1. Sprechen Sie Deutsch?   2. Sprechen Sie es gut?   3. Sprechen Sie schon lange Deutsch?   4. Wollen Sie es besser lernen?   5. Verstehen Sie alles?   6. Spreche ich zu schnell?   7. Sprechen Sie Französisch?   8. Ist die Aussprache schwer? 9. Finden Sie Deutsch schwer?   10. Sprechen Sie auch Spanisch?   11. Kommen Sie aus Italien?   12. Wo leben Sie? In Rußland?   13. Spricht der Lehrer über die Aufgabe?   14. Möchten Sie heute singen?   15. Singen Sie gern?   16. Wann müssen Sie zu Hause sein?   17. **Welche** (*which*) Aufgabe sollen Sie für heute lernen?   18. Können Sie Deutsch besser lernen?   19. Wollen Sie Fremdsprachen lernen?   20. Mögen Sie Sprachen?   21. Können Sie Latein schreiben? 22. Dürfen Sie hier Englisch sprechen?   23. Ist Deutschland in Asien?   24. Ist Kanada in Amerika?

Sentence Challenge

Use each of the following words in a sentence of three or more words.

1. singen   2. öffnen   3. nett   4. morgen abend   5. schwer   6. vielleicht 7. schnell   8. schön   9. möchte   10. beinah   11. lang   12. schon   13. lesen 14. Wort   15. Zeitung   16. arbeiten   17. langsam   18. mehr   19. müssen 20. dürfen

Vocabulary Challenge

Explain in your basic, limited German (plus pantomime if necessary) each of the following words.

1. öffnen   2. Spanisch   3. Zeitung   4. bleiben   5. schnell   6. ein bißchen

Directed Communication Challenge

Two of you young men are flying a private plane from London to Rome. The weather reports that you heard earlier were in a language that you didn't understand. Finding yourselves lost in a snow storm that you didn't expect, you suddenly see a road down below where, with unusually good luck, you land your plane, then taxi to an open spot just off the road. As two girls and their father and mother hurry over to your plane, you try to find out in your best German where you are, what country you are in, and what language they are speaking. Is it German? They seem to be speaking German, but they speak so fast! They are fascinated by your German. They want to know who you are, where you live, how long you have been speaking German (use present tense), and how long you are staying in Austria. They invite you to come to their house to get warm. The family (**die Familie**) is very friendly. And everything is so beautiful in Austria! After all, who wants to go to Rome? Why not spend a week in Austria first?

Feel free to make any changes or additions. Creativity on the part of students is encouraged.

ACTIVE VOCABULARY

der **Abend** evening
arbeiten work
die **Aussprache** pronunciation
beinah(e) almost
besser better
bleiben stay, remain
brauchen need
doch however, nevertheless, yet
dürfen be permitted
englisch* English
die **Familie** family
finden find
französisch* French
die **Fremdsprache** (*pl. add* **-n**) foreign
    language
gern gladly
haben have
helfen help
ihm (to) him
Ihnen (*dative case*) (to) you
das **Jahr** (*pl. add* **-e**) year
können be able (can), may (possibility)
lang(e) long
langsam slow
leben live
lesen read
man (*indef. pronoun*) one, people in
    general, they
mehr more

mein my
möchte would like
mögen like, may (possibility)
müssen have to (must), be compelled
die **Mutter** mother
nett nice
noch still, yet
öffnen open
schnell fast
schon already
schön beautiful, fine
schreiben write
schwer hard, difficult
singen sing
der **Sohn** son
sollen be obliged
über about, over
uns us
der **Vater** father
verstehen understand
vielleicht perhaps
von of, from
wäre would be
welch which
wenn if, whenever
wollen want
das **Wort** word
die **Zeitung** newspaper

* Capitalized when used as a noun.

Idioms and Helpful Expressions

Danke schön (sehr). Thank you very much.

Das wäre schön. That would be fine.

ein bißchen a little (bit)

am Abend in the evening

morgen abend tomorrow evening ← *adverbial time expression*

Ich singe gern. I like to sing.

Sie haben recht. You are right.

In der Schule

Seit[1] Kriegsende[2] hat man viele moderne Schulen in Deutschland gebaut[3]. Auf dem Foto (**A**) sieht man eine neue Grundschule[4] in Berlin.

Wenn ein Kind sechs Jahre alt ist, kommt es in die Grundschule. Es lernt lesen, schreiben, rechnen[5] und so weiter[6], wie die Kinder in Amerika.

[1] since   [2] end of the war   [3] built   [4] elementary school   [5] to do arithmetic
[6] and so forth

A

B

Die kleinen[7] Schulkinder tragen[8] ihre Bücher, Hefte und Bleistifte[9] in Schultaschen[10] (**B**). Um ein Uhr[11] gehen sie nach Hause, wo sie ihre Schulaufgaben[12] machen[13]. Samstags[14] gehen sie auch in die Schule. Viele Kinder (40%) bleiben fünf Jahre in der Hauptschule.[15] Dann lernen sie drei Jahre als Lehrlinge[16] in der Industrie und werden[17] Deutschlands Mechaniker und Handwerker (**C**).

In den deutschen Schulen spielt[18] eiserne[19] Disziplin nicht mehr[20] eine so große[21] Rolle wie früher[22]. Die heutigen Lehrer streben nach[23] einer freundlichen Atmosphäre im Klassenzimmer, wie man hier auf dem Foto sieht[24] (Physik durch Spiele[25], **D**). Nur dann kann das empfindsame[26] Kind sein Bestes tun.

[7] little   [8] carry   [9] plural forms of these nouns   [10] satchels for books, pencils, etc.
[11] at one o'clock   [12] their school lessons, homework   [13] do   [14] on Saturday
[15] preparatory program for trade school   [16] as apprentices   [17] become   [18] plays
[19] iron   [20] no longer   [21] such a great   [22] as before   [23] strive for   [24] sees
[25] learning physics through games   [26] sensitive

C

D

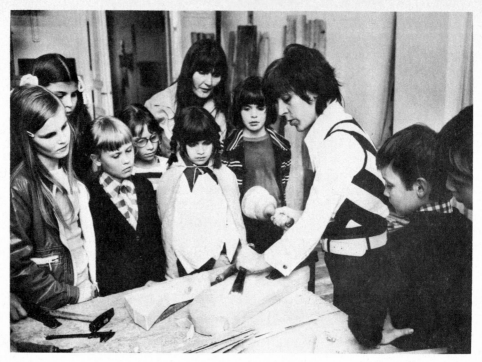

E

Mit zehn Jahren gehen ungefähr 60% der Grundschüler in die Mittelschule[27] oder in die Oberschule (Gymnasium). Die meisten[28] Büroarbeiter[29] und Geschäftsleute[30] kommen aus diesen Schulen. Wenn der Oberschüler aber Medizin, Philosophie, Mathematik, Literatur usw. (und so weiter) studieren will, muß er zuerst[31] neun Jahre in der Oberschule fleißig[32] lernen, das Schlußexamen[33] (das Abitur) bestehen[34] und dann zur Universität gehen. Wenn der Oberschüler ein Fach[35], wie Mathematik zum Beispiel, nicht besteht, dann muß er das ganze[36] Jahr wiederholen[37]. Oft gibt es beim Bestehen des Abiturs eine kleine Feier[38] unter[39] den Schülern. Ungefähr 75% von ihnen[40] besuchen im folgenden[41] Jahr eine Universität oder eine Hochschule.

In einigen[42] Jahren werden alle Kinder in Deutschland nur eine Schule besuchen: die Gesamtschule[43]. Es wird[44] keine separaten Hauptschulen, Mittelschulen und Oberschulen mehr geben. Über hundertfünfzig (150) Gesamtschulen sind schon als[45] Experimentier-Modelle in Betrieb[46]. In dieser Schule wird jedes Kind die Fächer belegen[47], die es interessieren[48] und die es leicht lernen kann (Kunststunde bei Ursula Sax, Bildhauerin[49], **E**).

[27] secondary school with a six-year program   [28] most   [29] office workers   [30] business people   [31] first   [32] diligently   [33] final examination   [34] pass   [35] subject   [36] whole   [37] repeat   [38] party, celebration   [39] among   [40] of them   [41] following   [42] several, a few   [43] comprehensive school   [44] there will   [45] as   [46] in operation   [47] take the subjects   [48] which interest him   [49] art class with Ursula Sax, sculptress

Aufgabe Drei

Können Sie mir sagen...?

Rudi Wolf sucht eine Buchhandlung, denn er möchte ein Buch über den Schwarzwald kaufen.

1 WOLF: Verzeihung! Können Sie mir sagen, wo die nächste Buchhandlung ist?

2 POLIZIST: Die Buchhandlung von Nadler ist gleich um die Ecke.

3 WOLF: Rechts oder links?

4 POLIZIST: Rechts um die Ecke und dann geradeaus! Sie ist ungefähr zwei Minuten von hier. *or Sie ist gar nicht weit von hier.*

5 WOLF: Danke schön!

6 POLIZIST: Bitte schön!

7 VERKÄUFERIN: Guten Morgen, mein Herr! Sie wünschen?

8 WOLF: Ich möchte ein Buch über den Schwarzwald.

9 VERKÄUFERIN: Es tut mir leid; über den Schwarzwald haben wir kein Buch.

10 WOLF: Können Sie mir vielleicht sagen, wo ich eines bekommen kann?

11 VERKÄUFERIN: Versuchen Sie es einmal bei Pfisters, die erste Straße links!

12 WOLF: Wie bitte? Wie heißt das Geschäft?

13 VERKÄUFERIN: Die Buchhandlung von Pfister; sie ist gar nicht weit von hier.

14 WOLF: Danke sehr. Auf Wiedersehen!

15 VERKÄUFERIN: Auf Wiedersehen!

Fragen

1. Was sucht Rudi?   2. Wo ist die Buchhandlung von Nadler?   3. Rechts oder links?   4. Wie weit ist sie von hier?   5. Was sagt die Verkäuferin zu Rudi?   6. Hat sie ein Buch über den Schwarzwald?   7. Wo ist Pfisters Buchhandlung?

1. Rudi sucht eine Buchhandlung.
2. Die Buchhandlung von Nadler ist rechts um die Ecke und dann geradeaus.
5. Versuchen Sie es einmal bei Pfisters, für ein Buch über den Schwarzwald.
6. Nein, sie hat ein Buch über den Schwarzwald nicht.
7. Pfisters Buchhandlung ist erste Straße links.

Lesson Three

Can You Tell Me...?

Rudi Wolf is looking for a bookstore, for he would like to buy a book about the Black Forest.

1 WOLF: Pardon me. Can you tell me where the nearest bookstore is?
2 POLICEMAN: Nadler's Bookstore is just around the corner.
3 WOLF: To the right or to the left?
4 POLICEMAN: Around the corner to the right and then straight ahead. It's about two minutes from here.
5 WOLF: Thanks very much.
6 POLICEMAN: You are very welcome.

7 SALESWOMAN: Good morning, sir! May I help you? (What do you wish?)
8 WOLF: I would like a book about the Black Forest.
9 SALESWOMAN: I'm sorry; we don't have a book about the Black Forest.
10 WOLF: Can you perhaps tell me where I can get one?
11 SALESWOMAN: Try Pfister's, the first street to the left.
12 WOLF: I beg your pardon. What is the name of the store?
13 SALESWOMAN: Pfister's Bookstore; it's not at all far from here.
14 WOLF: Thanks a lot. Good-bye!
15 SALESWOMAN: Good-bye!

VOCABULARY BUILDING

Expressing Appreciation

Danke.	Bitte.
Danke sehr.	Bitte sehr.
Danke schön.	Bitte schön.
Besten Dank.	Nichts zu danken.[1]
Vielen Dank.	Gern geschehen.[2]

Asking Directions

Wo ist
{
ein Herrenfriseur[3] (*m.*)
ein Damenfriseur[3] (*m.*)
ein Hotel? (*n.*)
ein Restaurant? (*n.*)
das Krankenhaus?[4]
das Museum?
das Rathaus?[5]
das Schwimmbad?[6]
das Studentenheim?
das Theater?
}

Können Sie mir sagen, wo
{
eine Apotheke[7]
eine Bank
eine Buchhandlung
die Bibliothek
die Post[8]
die Schule
die Universität
}
ist?

Wie komme ich
{
zum Bahnhof?[9] (*m.*)
zum Dom?[10] (*m.*)
zum Stadtpark?[11] (*m.*)
zur Bibliothek? (*f.*)
zur Post? (*f.*)
zur Kirche?[12] (*f.*)
}

Gehen Sie rechts um die Ecke.

Giving Directions

Wo ist die Post?
{
Gleich um die Ecke.
Rechts (links) um die Ecke.
Geradeaus.
}

---

[1] Don't mention it.   [2] You're quite welcome.   [3] barber; hairdresser (*for women*)
[4] hospital   [5] town hall   [6] swimming pool   [7] pharmacy   [8] post office   [9] railroad
station   [10] cathedral   [11] city park   [12] church

$$\text{Wo wohnt er?} \begin{cases} \text{Die zweite Tür}^{13} \text{ rechts.} \\ \text{In der Parkstraße.} \\ \text{Oben.}^{14} \\ \text{Unten.}^{15} \end{cases} \qquad \text{Wo ist sie?} \begin{cases} \text{Draußen.}^{16} \\ \text{Drinnen.}^{17} \\ \text{Hier.} \\ \text{Da (dort) drüben.} \end{cases}$$

Vocabulary Building Questions

1. Wo ist die Universität? 2. Wie komme ich zum Studentenheim?
3. Können Sie mir sagen, wo die Bibliothek ist? 4. Wo wohnen Sie? 5. Gehen
Sie heute zum Friseur? 6. Ist der Bahnhof weit von hier?

CONVERSATIONAL PATTERNS

I. NOMINATIVE CASE

The subject of a sentence is always in the nominative case:

Sie ist nicht hier.
Der Student ist da drüben.

A predicate noun, i.e., a noun that follows any form of the verb **sein**, **bleiben** (*to remain*), or **werden** (*to become*), is also in the nominative:

Der Herr da drüben ist **der Bürgermeister** (*mayor*).
Er bleibt **(ein) Fußballspieler**.
Sie wird **(eine) Hausmutter**.

1. Repetition

Wo ist das Restaurant?	Die Apotheke ist dort drüben.
Wie heißt die Schule?	Der Stadtpark ist nicht weit von hier.
Das Krankenhaus ist um die Ecke.	Wie komme ich zum Schwimmbad?
Gehen Sie jetzt zur Post? *preposition*	Ist das ein Museum?
Wohnt er in der Parkstraße?	Der Herr ist mein Vater. *predicate nom.*
Hier ist das Rathaus.	Das ist das Rathaus, nicht wahr?
Wo ist die Kirche?	Ist das die Buchhandlung?

II. ACCUSATIVE CASE

A direct object is in the accusative case:

Ich suche **den Bleistift**.
Klara hat **das Buch**.
Wir lesen **die Zeitung**.

---

^{13} second door ^{14} upstairs ^{15} downstairs ^{16} outside ^{17} inside

Note that only the masculine articles change in the accusative; the others are the same as in the nominative case.

	MASCULINE	NEUTER	FEMININE
NOM.	der ein kein	das ein	die eine
ACC.	**den** **einen** **keinen**	kein	keine

2. Repetition

Er hat den Bleistift.

Er hat einen Bleistift.

Er hat keinen Bleistift.

Ich lese das Buch.

Ich lese ein Buch.

Ich lese kein Buch.

Sie sucht die Zeitung.

Sie sucht eine Zeitung.

Sie sucht keine Zeitung.

Wir kaufen den **Roman** (*novel*).

Wir kaufen einen Roman.

Wir kaufen keinen Roman.

3. Definite Article > Indefinite Article

Ich suche die Bibliothek.

Er sucht einen Kugelschreiber.

Ich suche eine Bibliothek.

Er sucht den Kugelschreiber.

Wir suchen das Museum.

Sie sucht einen Bleistift.

Oskar sucht einen Herrenfriseur.

Der Herr sucht den Roman.

Axel und Heinz suchen eine Zeitung.

Sie suchen das Theater.

Wir suchen den Lehrer.

Ich suche ein Studentenheim.

Wir suchen ein Museum.

Sie sucht den Bleistift.

Oskar sucht den Herrenfriseur.

Der Herr sucht einen Roman.

Axel und Heinz suchen die Zeitung.

Sie suchen ein Theater.

Wir suchen einen Lehrer.

Ich suche das Studentenheim.

4. Question-Answer

Was hat das Mädchen? (Buch)

Das Mädchen hat ein Buch.

_____ Anna? (Kugelschreiber)

_____ Hans? (Roman)

_____ Sie? (Heft)

_____ das Kind? (Bleistift)

_____ die Mutter? (Zeitung)

Anna hat einen Kugelschreiber.

Hans hat einen Roman.

Ich habe ein Heft.

Das Kind hat einen Bleistift.

Die Mutter hat eine Zeitung.

Hat er einen Roman?	*Nein, er hat keinen Roman.*
Sucht er ein Buch?	Nein, er sucht kein Buch.
Haben sie einen Lehrer?	Nein, sie haben keinen Lehrer.
Suchen Sie eine Zeitung?	Nein, ich suche keine Zeitung.
Kauft er einen Kugelschreiber?	Nein, er kauft keinen Kugelschreiber.
Was sucht er? (*Bahnhof*)	*Er sucht den Bahnhof.*
Was sucht sie? (Bibliothek)	Sie sucht die Bibliothek.
Was suchen sie? (Roman)	Sie suchen den Roman.
Was suchen Sie? (Dom)	Ich suche den Dom.
Was suchen Sie (*pl.*)? (Rathaus)	Wir suchen das Rathaus.
Hat Kurt eine Lehrerin? (*Lehrer*)	*Nein, Kurt hat einen Lehrer.*
Kauft Anna einen Kugelschreiber? (Bleistift)	Nein, Anna kauft einen Bleistift.
Lesen Sie ein Drama? (Roman)	Nein, ich lese einen Roman.
Hat Hans eine Freundin? (Freund)	Nein, Hans hat einen Freund.
Sucht der Herr den Bahnhof? (Dom)	Nein, der Herr sucht den Dom.

III. ACCUSATIVE PREPOSITIONS

> The accusative is used after the following prepositions:
>
> **durch** *through* **ohne** *without*
> **für** *for* **um** *around, at*
> **gegen** *against* (bis) · until
>
> Er geht **um die Kirche**.
> Das ist **für einen Freund**.
>
> It should be noted that prepositions will often have a very different meaning when used in certain idiomatic expressions.

5. Repetition

Wer kommt durch die Tür?	Ich habe **nichts** (*nothing*) gegen das Mädchen.
Für den Lehrer ist Deutsch leicht.	
Da kommt mein Freund um die Ecke!	Ohne einen Lehrer lernt man langsam.
Er **bittet um** (*asks for*) ein Buch.	Gehen Sie oft durch den Stadtpark?

6. Question-Answer

Was hat er gegen den Mann?	*Er hat nichts gegen den Mann.*
_____ Hotel?	Er hat nichts gegen das Hotel.
_____ Friseur?	Er hat nichts gegen den Friseur.

_____ Roman?	Er hat nichts gegen den Roman.
_____ Universität?	Er hat nichts gegen die Universität.
_____ Bürgermeister?	Er hat nichts gegen den Bürgermeister.

Kaufen Sie das für einen Freund?   *Nein, für einen Freund kaufe ich das nicht.*

_____ Lehrer?	Nein, für einen Lehrer kaufe ich das nicht.
_____ Kind?	Nein, für ein Kind kaufe ich das nicht.
_____ Frau?	Nein, für eine Frau kaufe ich das nicht.

Lernen Sie oft ohne einen Lehrer?   *Nein, ich lerne nie* (never) *ohne einen Lehrer.*

Sind Sie um vier Uhr zu Hause?	Nein, ich bin nie um vier Uhr zu Hause.
Gehen Sie (*pl.*) durch den Park?	Nein, wir gehen nie durch den Park.
Haben Sie etwas für das Kind?	Nein, ich habe nie etwas für das Kind.
Ist er gegen den Vater?	Nein, er ist nie gegen den Vater.
Bittet sie um ein **Wörterbuch** (*dictionary*)?	Nein, sie bittet nie um ein Wörterbuch.

IV. ACCUSATIVE PERSONAL PRONOUNS

Only three accusative forms are different from the nominative pronouns:

Singular

Nom.	ich (*I*)	er (*he*)	sie (*she*)	es (*it*)
Acc.	**mich** (*me*)	**ihn** (*him*)	sie (*her*)	es (*it*)

Plural

Nom.	wir (*we*)	sie (*they*)	Sie (*you*)
Acc.	**uns** (*us*)	sie (*them*)	Sie (*you*)

Das ist **für mich**.
Ich habe nichts **gegen ihn**.

7. Repetition

Haben Sie **etwas** (*something*) für mich?   Ohne sie kann ich nicht leben.
Wir haben nichts für Sie.   Ich glaube, er mag uns nicht.
Ich habe nichts gegen ihn.   Wir können es nicht verstehen.
Kennen Sie (*do you know*) mich?   Morgen besuchen wir ihn.

8. Noun > Pronoun

Ich habe etwas für Paul.   *Ich habe etwas für ihn.*

Er hat etwas für Anna.	Er hat etwas für sie.
Ich lese den Roman.	Ich lese ihn.
Er liest die Zeitung.	Er liest sie.
Ich habe nichts gegen den Lehrer.	Ich habe nichts gegen ihn.
Ich suche die Bibliothek.	Ich suche sie.
Ich kann das Krankenhaus nicht finden.	Ich kann es nicht finden.
Sie kennen den Bürgermeister.	Sie kennen ihn.
Wir bringen das Wörterbuch.	Wir bringen es.

9. Question-Answer

Ist das für Hans?   *Ja, das ist für ihn.*

Haben Sie etwas für Ilse?	Ja, ich habe etwas für sie.
Kennen Sie Hans und Fritz?	Ja, ich kenne sie.
Suchen Sie den Bleistift?	Ja, ich suche ihn.
Kommt er ohne Ilse und Fritz?	Ja, er kommt ohne sie.
Lesen Sie die Zeitung?	Ja, ich lese sie.

Hat er etwas für Sie?   *Nein, er hat nichts für mich.*

Haben Sie etwas für mich?	Nein, ich habe nichts für Sie.
Hat er etwas gegen Sie?	Nein, er hat nichts gegen mich.
Hat er etwas gegen Sie (*pl.*)?	Nein, er hat nichts gegen uns.
Haben Sie etwas für uns?	Nein, ich habe nichts für Sie.
Haben sie etwas für Sie?	Nein, sie haben nichts für mich.

V. WORD ORDER PATTERNS

Subject-verb word order is a common pattern of speech:

Das ist sehr interessant.
Er kommt um acht Uhr.

After the coordinating conjunctions **und** (*and*), **aber** (*but*), **oder** (*or*), **denn** (*for*), and **sondern** (*but on the contrary*), *subject-verb word order* is used:

Ich lerne **jetzt** (*now*) Französisch, **aber ich finde** es schwer.

Verb-subject word order is *generally* used in a question:

Kommt er nach Hause? (Also possible: **Er kommt** nach Hause?)
Wann kommt er nach Hause?

> *Verb-subject word order* is also used if an element other than the subject begins the main clause, which is often the case. *Regardless of which element stands at the beginning, the conjugated verb is position-fixed in second place in a main clause.**
>
> Heute **bleibt er** zu Hause.
> Das **verstehe ich** schon.
> Über den Schwarzwald **haben wir** kein Buch.

10. Repetition

Die Musik **spielt** (*plays*), und wir beginnen zu **tanzen** (*dance*).

Ich kenne ihn gut, aber er hat **wenig** (*little*) zu sagen.

Das ist interessant, aber ich glaube es nicht.

Er ist heute nicht hier, denn er ist krank.

Bleiben Sie hier, oder gehen Sie nach Hause?

Heute kommt er nicht, sondern er bleibt zu Hause.

11. Coordinating Conjunctions

Er kennt mich. (*aber*) *Er spricht nicht mit mir.*

Uli und Hans kommen. (und) Wir gehen zur Schule.

Peter ist nicht hier. (aber) Fritz ist schon hier.

Können Sie jetzt kommen? (oder) Müssen Sie zu Hause bleiben?

Ist das Herr Braun? (oder) Ist das Herr Keller?

Sie kann nicht kommen. (denn) Sie ist krank.

Er geht heute nicht **fort** (*away*). (sondern) Er bleibt zu Hause.

Er kennt mich, aber er spricht nicht mit mir.

Uli und Hans kommen, und wir gehen zur Schule.

Peter ist nicht hier, aber Fritz ist schon hier.

Können Sie jetzt kommen, oder müssen Sie zu Hause bleiben?

Ist das Herr Braun, oder (ist das) Herr Keller?

Sie kann nicht kommen, denn sie ist krank.

Er geht heute nicht fort, sondern er bleibt zu Hause.

12. Word Order

Begin with the word in boldface type.

*Er kommt **heute** nach Hause.*
Er kann **das** nicht verstehen.
Heute geht **sie** nach Hause.
Er kommt **wann**?
Jetzt geht **er** nach Hause.
Sie ist nicht **hier**.
Er kommt **morgen**.

***Heute** kommt er nach Hause.*
Das kann er nicht verstehen.
Sie geht heute nach Hause.
Wann kommt er?
Er geht jetzt nach Hause.
Hier ist sie nicht.
Morgen kommt er.

---

* Words such as **ja**, **nein**, and the coordinating conjunctions do not belong to the main sentence and consequently do not change the word order.

Er arbeitet **jetzt**.   **Jetzt** arbeitet er.

Sie (*they*) helfen uns **morgen abend**.   **Morgen abend** helfen sie uns.

VI. MORE WORD ORDER PATTERNS

Word order with modal auxiliaries (**wollen**, **können**, etc.) generally requires that the dependent infinitive be placed at the end of the clause:

Er **kann** das nicht **verstehen**.

Time before place is the usual word order whenever adverbs or adverbial phrases of both time and place are found in the same clause:

Sie geht **heute nach Hause**.

The negative **nicht** generally stands at or near the end of the sentence. It precedes, however, the infinitive, an adverb of place, a prepositional phrase, a predicate adjective, or the particular element that it negates.

Ich kann das **nicht** glauben.   Er ist heute **nicht** krank.

Sie ist **nicht** hier.   Warum kommt er **nicht**?

Wir gehen **nicht** nach Hause.   Sie ist **nicht** immer da.

Note, however, that **nicht** usually follows a direct object, provided the sentence contains no adverbs or prepositional phrases:

Er kennt das Mädchen **nicht**.

13. Repetition

Das kann ich nicht glauben.	Es ist nicht weit von hier.
Es tut mir nicht leid.	Ich habe das Buch nicht.
Kennen Sie mich nicht?	Können sie nicht gut singen?
Warum können Sie ihn nicht	Sie geht heute nicht zur Post.
verstehen?	Er geht nicht immer zur Bank.
Wir bleiben heute nicht zu Hause.	Ist sie nicht hübsch?

14. Word Order

Er versteht das nicht. (können)   *Er kann das nicht verstehen.*

Er lernt Deutsch. (wollen)   Er will Deutsch lernen.

Sie bleibt zu Hause. (müssen)   Sie muß zu Hause bleiben.

Spricht er mit dem Lehrer? (dürfen)   Darf er mit dem Lehrer sprechen?

Was tut er heute? (sollen)   Was soll er heute tun?

tun – infinitive – to do

Begin with the word in boldface type.

Heute geht sie nach Hause.   *Sie geht heute nach Hause.*

Morgen gehe **ich** zur Schule.   Ich gehe morgen zur Schule.

Heute geht **er** zur Post.   Er geht heute zur Post.

Um drei Uhr geht **Ulrich** zum Stadtpark.	Ulrich geht um drei Uhr zum Stadtpark.
Jetzt geht **sie** zum Bahnhof.	Sie geht jetzt zum Bahnhof.
Um halb vier gehen **wir** zum Schwimmbad.	Wir gehen um halb vier zum Schwimmbad.

15. Affirmative > Negative

Er kommt heute nach Hause. (nicht)	*Er kommt heute nicht nach Hause.*
Das kann ich verstehen.	Das kann ich nicht verstehen.
Er kommt.	Er kommt nicht.
Sie ist hier.	Sie ist nicht hier.
Wir gehen nach Hause.	Wir gehen nicht nach Hause.
Er **liebt** (*loves*) mich.	Er liebt mich nicht.
Ich kenne ihn gut.	Ich kenne ihn nicht gut.
Er will zu Hause bleiben.	Er will nicht zu Hause bleiben.
Hans ist jung.	Hans ist nicht jung.
Gehen Sie zum Hotel?	Gehen Sie nicht zum Hotel?
Wir haben die Kreide.	Wir haben die Kreide nicht.
Sind Sie immer zu Hause?	Sind Sie nicht immer zu Hause?

16. **Ein** > **kein**

Ich habe ein Buch.	*Ich habe kein Buch.*
Er hat einen Kugelschreiber.	Er hat keinen Kugelschreiber.
Ich habe eine **Schwester** (*sister*).	Ich habe keine Schwester.
Er hat ein **Rad** (*bicycle*).	Er hat kein Rad.
Wir haben einen **Wagen** (*car*).	Wir haben keinen Wagen.

VII. ENGLISH-GERMAN PATTERNS

1. The hospital is around the corner.
2. The bookstore is over there.
3. The barber is downstairs.
4. The cathedral isn't far from here.
5. How do I get to the railroad station?
6. How do we get to the library?
7. Do you have a pencil?
8. Does he have a newspaper?
9. Are you looking for a restaurant? (**suchen**)
10. Are they looking for him?
11. Do you have to go now?
12. Is he able to go now?
13. May he go now?
14. Are they supposed to go now?
15. She is upstairs.

16. They are inside.
17. Karl is outside.
18. Where is the post office?
19. He has something for me.
20. We have nothing against them.
21. I am going home without him.
22. I'm sorry.
23. When are you taking a trip?
24. I'm going to the swimming pool now.

COMMUNICATION CHALLENGES

Personalized Questions

1. Wo ist die nächste Buchhandlung? 2. Ist sie weit von hier? 3. Möchten Sie einen Roman kaufen? 4. Wieviel kostet ein Roman? 5. Was kostet ein Heft? 6. Haben Sie ein Buch über den Schwarzwald? 7. Kennen Sie die Buchhandlung von Pfister? 8. Können Sie mir sagen, wo der Bahnhof ist? 9. Wie komme ich zum Krankenhaus? 10. Wo ist die Post? 11. Wo wohnen Sie? 12. Wohin gehen Sie morgen? 13. Gehen Sie heute **schwimmen** (*swimming*)? 14. Möchten Sie heute eine Zeitung kaufen? 15. Arbeiten Sie zu Hause? 16. Haben Sie einen Freund? Eine Freundin? 17. **Essen** (*eat*) Sie gern Wiener Schnitzel? 18. Haben Sie ein Wörterbuch? 19. Kann man in der Bibliothek eine Zeitung kaufen? 20. Lieben Sie Musik? 21. Tanzen Sie gern? 22. Haben Sie etwas gegen den Lehrer (die Lehrerin)? 23. Müssen Sie heute abend die Aufgabe lesen? 24. Welche Aufgabe haben wir morgen?

Directed Questions*

1. **Fragen** Sie (*ask*) Fräulein _____, wie sie heißt!
2. Fragen Sie Herrn† _____, wo er wohnt!
3. Fragen Sie den Lehrer, wo das nächste Restaurant ist!
4. Fragen Sie Herrn _____, wo ein Herrenfriseur ist!
5. Fragen Sie Fräulein _____, was sie liest!

* Use the following pattern for all **Fragen Sie**... exercises in this and subsequent lessons:

    LEHRER: Fragen Sie Fräulein _____, wie sie heißt!
    STUDENT: Wie heißen Sie?
    FRÄULEIN _____: Ich heiße _____.
    LEHRER: Wie heißt sie?
    DIE GANZE (*whole*) KLASSE: Sie heißt _____.

† In all cases other than the nominative, **Herr** becomes **Herrn**.

Accusative Challenge (Review of Nouns)

You are taking a trip to Europe. (**Sie machen eine Reise nach Europa.**) What do you want to take with you? (**Was wollen Sie mitnehmen?**) Each student must add one item to what has already been mentioned.

Example: 1. Ich mache eine Reise nach Europa, und ich will ein Wörterbuch mitnehmen.
2. Ich mache eine Reise nach Europa, und ich will ein Wörterbuch und einen Roman mitnehmen.
3. Ich mache . . .

Sentence Challenge

Use each of the following words in a sentence of four or more words.

1. Rathaus 2. links 3. leid 4. möchte 5. Apotheke 6. ungefähr 7. Post
8. gegen 9. ohne 10. wenig 11. spielen 12. bitten 13. tun 14. gerade
15. oben 16. kaufen 17. bekommen 18. arbeiten 19. Park 20. Ecke

Vocabulary Challenge

Explain in German the meaning of each of the following words.

1. Buchhandlung 2. Musik 3. geradeaus 4. suchen 5. weit 6. lieben

Directed Communication Challenge

The day is beautiful. Why don't you go swimming? Unfortunately, you don't know where the swimming pool is. But there is a policemen just around the corner; he can help. Ask him where the swimming pool is. Is it to the left, to the right, or straight ahead from where you are now? Oh yes, what's the name of the swimming pool? Is it in the (**im**) city park? You thank him and start on your way. But there, straight ahead, is the bookstore that you were looking for yesterday. You need a dictionary. Why don't you buy it now? How much does it cost? Ask the young saleswoman. But who is the man over there by her? He is friendly, almost too friendly. Perhaps they are *married* (**verheiratet**)!

Well, you can't wait if you want to go swimming. It's already late. Perhaps your friend Max is already there; he likes to swim. You can buy the book tomorrow.

ACTIVE VOCABULARY

bekommen get, receive
bitte please, you're welcome
bitten ask, request
die **Buchhandlung** bookstore
der **Bürgermeister** mayor
denn (*conj.*) for, because
dort there

das **Drama** drama
die **Ecke** corner
einmal one time, once, just
erst first
essen eat
etwas something
fort away

fragen   ask (a question)
der **Fußballspieler**   football (*soccer*) player
ganz   entire, whole, quite
gar nicht   not at all
gerade   just, straight
geradeaus   straight ahead
das **Geschäft**   shop, store, business
gleich   just, right away
jetzt   now
jung   young
kaufen   buy
kennen   know, be acquainted with
kosten   cost
lieben   love
links   to the left
machen   make, do
die **Minute**   minute
mitnehmen   take along
die **Musik**   music
nächst-   next, nearest
nichts   nothing
nie   never
der **Park**   park
der **Polizist**   policeman
das **Rad**   bicycle

rechts   to the right
die **Reise**   trip
der **Roman**   novel
der **Schwarzwald**   Black Forest
die **Schwester**   sister
schwimmen   swim
sondern (*conj.*)   but on the contrary
spielen   play
die **Straße**   street
suchen   seek, look for
tanzen   dance
tun   do
ungefähr   about, approximately
verheiratet   married
der **Verkäufer**   salesman
die **Verkäuferin**   saleswoman
versuchen   try
der **Wagen**   car, wagon
warum?   why?
weit   far
wenig   little
das **Wiener Schnitzel**   veal cutlet (Viennese style)
das **Wörterbuch**   dictionary
wünschen   wish

Idioms and Helpful Expressions

Verzeihung!   Pardon me please!
Besten Dank!   Thanks a lot!
Bitte schön (sehr)!   You're very welcome!
Es tut mir leid.   I'm sorry.
Wie bitte?   How's that? What did you say? Pardon?

Er geht schwimmen.   He goes swimming.
Er bittet um ein Buch.   He asks for a book.
Ich mache eine Reise.   I'm taking a trip.

In der Stadt

Wenn man eine fremde[1] Stadt besucht, muß man viele Fragen stellen[2], z.B. (zum Beispiel): Wo ist der Dom? Bitte, können Sie mir sagen, wo der Bahnhof ist? Kein Mann kann dem Ausländer[3] besser helfen als der Polizist[4] (**A**).

---

[1] strange, foreign   [2] ask many questions   [3] foreigner   [4] policeman

Der schöne Kölner[5] Dom (**B**) ist der größte gotische[6] Dom Nordeuropas. Er wurde 1248 begonnen[7] und 1880 vollendet[8]. Seine beiden Türme[9] sind 160 Meter hoch[10].

[5] Cologne   [6] Gothic   [7] was begun   [8] was completed   [9] its two towers   [10] high

A

B

Die schöne Stadt München, ein Mekka für Touristen, Studenten und Künstler[11], ist über 800 Jahre alt. Besonders[12] schön ist das Rathaus und die Frauenkirche[13] (**C**). Aber heute kommen auch viele Leute nach München, um die

[11] artists   [12] especially   [13] Church of our Lady

C

Stadt zu besuchen, wo die XX. Olympischen Spiele im Sommer 1972 stattgefunden haben[14].

Hamburg, Deutschlands zweitgrößte[15] Stadt und größte Hafenstadt[16], war

D

[14] have taken place   [15] second largest   [16] seaport

E

einmal[17] eine Stadtrepublik, eine Hansestadt[18]. Hier sehen wir ein schönes Panorama von Geschäftshäusern[19] auf der anderen Seite der Alster[20] (**D**). Es ist Abend und bald beginnt im Vergnügungsviertel[21] das interessante Nachtleben für Matrosen[22], Touristen und einige Hamburger.

Auf der Straße sieht man in jeder großen deutschen Stadt viele Touristen und auch viele Gastarbeiter[23] (**E**). Es gibt ungefähr 500 000 Kinder von vier Millionen Gastarbeitern in der Bundesrepublik[24] (Westdeutschland). Sie sprechen Italienisch, Türkisch, Griechisch, Spanisch und andere Sprachen. In Frankfurt am Main, zum Beispiel, sprechen 50% der Kinder in der Grundschule kein Deutsch zu Hause. Jedes siebte Kind in Deutschland hat Eltern[25], die Ausländer[26] sind.

[17] once   [18] one of several free German merchant cities dealing abroad in the medieval period and later organized to secure greater safety and privileges in trading   [19] business houses [20] side of the Alster River which forms a lovely lake in the downtown part of the city [21] amusement quarter   [22] sailors   [23] guest workers   [24] Federal Republic of Germany [25] parents   [26] foreigners

F

In der Deutschen Demokratischen Republik[27] (DDR) gibt es Arbeit für alle, aber auch Freizeit[28]. Nach Ostberlin, Hauptstadt[29] der DDR, kommen Millionen von Touristen, um die schönen neuen Gebäude[30], Parks, Brunnen[31] und andere Sehenswürdigkeiten[32] zu sehen. (Brunnen am Fuße des 365 Meter hohen Fernsehturms[33], **F**).

[27] German Democratic Republic   [28] leisure time   [29] capital   [30] buildings
[31] fountains   [32] other places of interest   [33] fountain at the foot of the TV tower, 365 meters high

Aufgabe Vier

Wie spät ist es?

Rudi Wolf spricht mit seiner Hausmutter. Er hat wenig Zeit, denn er hat eine Verabredung mit Professor Werner.

1   WOLF: Wie spät ist es, Frau Keller?
2   FRAU KELLER: Viertel nach acht.
3   WOLF: O, so spät schon?
4   FRAU KELLER: Haben Sie nicht eine Verabredung mit Professor Werner?
5   WOLF: Ja, um halb neun.
6   FRAU KELLER: Da müssen Sie sich aber beeilen, der Herr Professor wartet nicht gern.
7   WOLF: Soll ich die Straßenbahn oder den Bus zur Universität nehmen?
8   FRAU KELLER: Nehmen Sie lieber den Bus!
9   WOLF: Ist die Haltestelle nicht drüben an der Ecke?
10   FRAU KELLER: Ja, direkt vor dem Hotel Bayrischer Hof.
11   WOLF: Ach, wenn ich nur ein Fahrrad hätte!
12   FRAU KELLER: Ja, viele Studenten fahren mit dem Rad zur Universität. Nun machen Sie aber schnell, da kommt der Bus.
13   WOLF: Danke sehr! Auf Wiedersehen!
14   FRAU KELLER: Bis heute abend! Viel Erfolg!

Fragen

1. Warum hat Rudi wenig Zeit?   2. Wie spät ist es?   3. Wann hat er eine Verabredung?   4. Kann er den Bus zur Universität nehmen?   5. Wo ist die nächste Haltestelle?   6. Wie fahren viele Studenten zur Universität?   7. Warum muß Rudi schnell machen?

Lesson Four

What Time Is It?

Rudi Wolf is talking with the resident director of his dormitory. He has little time, for he has an appointment with Professor Werner.

1 WOLF: What time is it, Mrs. Keller?
2 MRS. KELLER: Quarter after eight.
3 WOLF: Oh, that late already?
4 MRS. KELLER: Don't you have an appointment with Professor Werner?
5 WOLF: Yes, at eight-thirty.
6 MRS. KELLER: Then you must hurry; the professor doesn't like to wait.
7 WOLF: Shall I take the streetcar or the bus to the university?
8 MRS. KELLER: You'd better take the bus.
9 WOLF: Isn't the bus stop over there on the corner?
10 MRS. KELLER: Yes, directly in front of the Hotel Bayrischer Hof.
11 WOLF: Oh, if I only had a bicycle!
12 MRS. KELLER: Yes, many students get to the university by bicycle. But hurry now; here comes the bus.
13 WOLF: Thanks a lot! Good-bye!
14 MRS. KELLER: See you tonight (this evening)! Good luck (*lit.*: much success)!

VOCABULARY BUILDING

Time Expressions

Wie spät ist es?
Wieviel Uhr ist es?
- Es ist ein Uhr.
- Es ist eins.
- Es ist zehn Minuten nach[1] sechs.
- Es ist fünf Minuten vor[2] neun.

Wann essen wir?
- Wir essen um zwölf (Uhr).
- Wir essen um halb acht.[3]
- Um Viertel nach[4] sieben.
- Um Viertel vor acht (drei Viertel acht).[5]
- Morgens[6] um sechs Uhr.
- Abends[7] um sieben Uhr.

Wie lange bleibt er hier?
- Fünf Minuten.
- Eine Stunde.[8]
- Zwei Stunden.

Kommt er bald?[9]
- Ja, er kommt gerade.[10] *right now*
- Ja, er kommt heute.
- Ja, er kommt heute nachmittag.[11]
- Ja, er kommt heute morgen.
- Ja, er kommt gewöhnlich[12] früh[13] nach Hause.
- Nein, er kommt heute spät nach Hause.
- Ja, er kommt gleich (sogleich, sofort).[14]

Theater time and train, bus, and plane schedules are usually announced by the twenty-four-hour clock: **20 Uhr (acht Uhr abends)**, **13.30 (halb zwei nachmittags)**.

Mode of Travel

idiomatic - always "mit" *Sie fahren mit*

Fahren Sie
- mit dem Wagen?[15] (*m.*)
- mit dem Zug?[16] (*m.*)
- mit dem Rad (Fahrrad)? (*n.*)
- mit dem Auto? (*n.*)
- mit dem Taxi? (*n.*)
- mit dem Bus (Autobus)? (*m.*)
- mit dem Schiff?[17] (*n.*)
- mit dem Boot? (*n.*) *Boot*
- mit der Straßenbahn? (*f.*)
- mit der Bahn (Eisenbahn)?[18] (*f.*)

Wie fahren Sie - how are you going to get?

[1] after [2] to [3] half past seven [4] quarter after [5] a quarter to [6] in the morning [7] in the evening [8] hour [9] soon [10] just now [11] this afternoon [12] usually [13] early [14] immediately [15] car, vehicle [16] train [17] ship [18] by rail

Vocabulary Building Questions

1. Wieviel Uhr ist es? 2. Wann essen Sie morgens? 3. Wie lange bleiben Sie gewöhnlich in der Bibliothek? 4. Kommen Sie immer früh nach Hause? 5. Wer kommt gewöhnlich spät nach Hause? 6. Fahren Sie oft mit dem Taxi? 7. Wie fahren Sie gewöhnlich? 8. Kommt der Lehrer bald?

CONVERSATIONAL PATTERNS

I. DATIVE CASE

In German an indirect object is in the dative case:

Ich schreibe **einem Freund** einen Brief.
*I'm writing **a friend** a letter.*

Sie erzählt **dem Kind** eine Geschichte.
*She tells **the child** a story.*

Er bringt **der Lehrerin** einen Apfel.
*He brings **the teacher** (ƒ.) an apple.*

Wir geben **dem Arzt** das **Geld**.
*We give **the doctor** the money.*

The definite and indefinite articles for the dative case are different from those used in the nominative and accusative cases. Note that the masculine and neuter dative forms are alike.

	MASCULINE AND NEUTER	FEMININE
DAT.	dem einem keinem	der einer keiner

In regard to the word order of indirect object nouns and direct object nouns, note that *whichever one is stressed must come last*, unless the direct object noun is modified by **ein** or **kein**. For example:

Ich gebe dem Lehrer **das Buch**.
Or: Ich gebe das Buch **dem Lehrer**.
But: Ich gebe dem Lehrer **ein Buch**.

1. Repetition

Wie geht es dem Professor?

Können Sie dem Mann sagen, wo das Krankenhaus ist?

Er möchte dem **Arzt** (*doctor*) etwas **erzählen** (*tell*).

Was soll ich dem Kind bringen?

Das sage ich keinem Mann!

Wem (*to whom*) will er alles erzählen?

Soll ich der Lehrerin das Heft **zeigen** (*show*)?

2. Question-Answer

bringen: bringe / bringt / bringen

Wem bringt er ein Buch? (*der Mann*)

Er bringt dem Mann ein Buch.

Wem bringen Sie eine Zeitung? (die Frau)

Ich bringe der Frau eine Zeitung.

Wem bringen sie einen Stuhl? (die Dame)

Sie bringen der Dame einen Stuhl

Wem bringt sie ein Heft? (das (Mädchen)

Sie bringt dem Mädchen ein Heft.

Wem bringt er eine Zeitung? (der Lehrer)

Er bringt dem Lehrer eine Zeitung.

geben: gebe / gibt / geben

Wem gibt er das Buch? (*der Lehrer*)

Er gibt dem Lehrer das Buch.

Wem gibt er die Kreide? (die Studentin)

Er gibt der Studentin die Kreide.

Wem gibt sie das Heft? (eine Freundin)

Sie gibt einer Freundin das Heft.

Wem geben Sie Geld? (ein Kind)

Ich gebe einem Kind Geld.

Wem geben Sie den Bleistift? (die Lehrerin)

Ich gebe der Lehrerin den Bleistift.

zeigen: zeige / zeigt / zeigen

Wem zeigt Otto den Park? (*eine Engländerin*)

Er zeigt einer Engländerin den Park.

Wem zeigt Jürgen das Museum? (ein Spanier)

Er zeigt einem Spanier das Museum.

Wem zeigen Sie das Rathaus? (eine Amerikanerin)

Ich zeige einer Amerikanerin das Rathaus.

Wem zeigen Oskar und Erna den Dom? (eine Österreicherin)

Sie zeigen einer Österreicherin den Dom.

Wem zeigen Sie (*pl.*) die Universität? (ein Italiener)

Wir zeigen einem Italiener die Universität.

erzählen: erzähle / erzählt / erzählen

Wem erzählt der Lehrer eine　　　　　*Er erzählt der Klasse eine Geschichte.*
　　Geschichte? (die Klasse)

Wem erzählt die Mutter eine　　　　　Sie erzählt dem Kind eine Geschichte.
　　Geschichte? (das Kind)
Wem erzählen Sie eine Geschichte?　　Ich erzähle einer Freundin eine
　　(eine Freundin)　　　　　　　　　　　Geschichte.
Wem erzählt Paul eine Geschichte?　　Er erzählt einem Freund eine
　　(ein Freund)　　　　　　　　　　　　Geschichte.
Wem erzählen Sie (*pl.*) eine　　　　　Wir erzählen dem Lehrer eine
　　Geschichte? (der Lehrer)　　　　　　Geschichte.

II. DATIVE PRONOUNS

The personal pronouns for the dative case are given below, along with a review of the nominative and accusative pronouns:

PRONOUN SUMMARY

Singular			
NOM.	**ich** (*I*)	**er** (*he*)	**sie** (*she*)	**es** (*it*)
ACC.	**mich** (*me*)	**ihn** (*him*)	**sie** (*her*)	**es** (*it*)
DAT.	**mir** (*me*)	**ihm** (*him*)	**ihr** (*her*)	**ihm** (*it*)

Plural		
NOM.	**wir** (*we*)	**sie** (*they*)	**Sie** (*you*)
ACC.	**uns** (*us*)	**sie** (*them*)	**Sie** (*you*)
DAT.	**uns** (*us*)	**ihnen** (*them*)	**Ihnen** (*you*)

Pronouns precede object nouns:

Ich gebe **ihm** das Buch.
Ich gebe **es** dem Lehrer.

If both objects are pronouns, the accusative precedes:

Ich gebe **es** ihm.

The only exception to this rule is that *indefinite* accusative pronouns (**etwas**, **alles**, **nichts**) *always* follow the dative object:

Ich gebe ihm **etwas**.
Er gibt ihr **alles**.
Ich kann Ihnen **nichts** geben.

3. Repetition*

Der Vater gibt mir Geld.
Können Sie ihm sagen, wo der
   Bahnhof ist?
Was darf ich Ihnen bringen? *what may I bring you?*
Was wollen Sie ihr geben?
Er will ihnen etwas zeigen. *show*
Sie will es mir geben.

Es tut mir leid.
Ich bin ihm **dankbar** (*grateful*).
Es ist mir **gleich** (**egal**) (*all the same*).
Ist es Ihnen **recht** (*all right*)?
Ist Ihnen **kalt** (*cold*)?
Mir ist **zu warm** (*too warm*).
Das ist ihm **zu viel** (*too much*).

4. Dative Noun > Dative Pronoun

Dative Expressions !! know!!

Ich bin dem Lehrer dankbar.

Ich bin ihm dankbar.

Es tut Luise leid.
Es ist Onkel Otto gleich. *It's all the same to Onkel Otto.*
Ist es Paula und Kurt recht? *Is it alright with them.*
Tut es dem Professor leid? *too much for*
Ist es Klara zu viel? *Is it too much for*
Dem Baby ist kalt.
Es ist Jürgen und Emil egal.

Es tut ihr leid.
Es ist ihm gleich.
Ist es ihnen recht?
Tut es ihm leid?
Ist es ihr zu viel?
Ihm ist kalt.
Es ist ihnen egal.

hot + cold always in dative.

5. Question-Answer

Was wollen Sie dem Mann sagen?

Ich will ihm nichts sagen.

Was wollen Sie der Frau geben?
Was will er Rolf und Peter erzählen?
Was wollen Sie (*pl.*) dem Kind zeigen?
Was will er Maria kaufen?
Was wollen Sie der Lehrerin bringen?
Was können Sie (*pl.*) Olga und Helga
   sagen?

Ich will ihr nichts geben.
Er will ihnen nichts erzählen.
Wir wollen ihm nichts zeigen.
Er will ihr nichts kaufen.
Ich will ihr nichts bringen.
Wir können ihnen nichts sagen.

Ist es Ihnen recht?

Ja, es ist mir recht.

Ist es Ihnen gleich?
Tut es Ihnen (*pl.*) leid?
Ist Ihnen kalt?

Ja, es ist mir gleich.
Ja, es tut uns leid.
Ja, mir ist kalt.

Tut es Hilde leid?

Nein, es tut ihr nicht leid.

Ist es Heinz recht?
Ist es Liese gleich?
Ist es Ihnen recht?
Ist das Ihnen (*pl.*) zu viel?

Nein, es ist ihm nicht recht.
Nein, es ist ihr nicht gleich.
Nein, es ist mir nicht recht.
Nein, das ist uns nicht zu viel.

* Note that all of the idioms used in the second column require the dative case.

6. Direct Object Noun > Direct Object Pronoun

Er gibt dem Mann das Buch.   *Er gibt es dem Mann.*

Sie zeigt dem Lehrer die Aufgabe.   Sie zeigt sie dem Lehrer.
Er bringt der Dame einen Stuhl.   Er bringt ihn der Dame.
Sie zeigen einem Amerikaner das   Sie zeigen es einem Amerikaner.
  Museum.
Er gibt dem Kind Geld.   Er gibt es dem Kind.

7. Response with Pronouns

Zeigt sie der Mutter die Bibliothek?   *Ja, sie zeigt sie ihr.*

Zeigt sie Bruno das Fahrrad?   Ja, sie zeigt es ihm.
Will er dem Kind die Straßenbahn   Ja, er will sie ihm zeigen.
  zeigen?
Bringt sie der Mutter einen Stuhl?   Ja, sie bringt ihn ihr.
Wollen Sie der Studentin das Buch   Ja, ich will es ihr geben.
  geben?
Zeigt er Grete und Karin das   Ja, er zeigt es ihnen.
  Klassenzimmer?

III. DATIVE VERBS

> The verbs **glauben**, **helfen**, **danken** (*to thank*), **antworten** (*to answer*), **gefallen** (*to please*), and **gehören** (*to belong*) require the dative case whenever the object denotes a person.
>
> Er dankt **dem Professor**.   Antworten Sie **ihm**!
> Wollen Sie **mir** helfen?   Das gefällt **mir**.
> Ich kann **der Frau** nicht glauben. Das Buch gehört **Ihnen**.
>
> Other verbs that take the dative case will be so designated in the active vocabulary section of each lesson.

8. Repetition

Soll ich ihm heute helfen?   Er dankt mir für alles.
Er hilft mir nicht.   Antworten Sie dem Lehrer?
Glauben Sie mir?   Warum antworten Sie ihm nicht?
Ich glaube Ihnen.   Gefällt Ihnen diese **Stadt** (*city*)?
Danken Sie dem Lehrer, wenn er   Gehört Ihnen dieses Buch?
  Ihnen hilft?

9. Dative Noun > Dative Pronoun

gefallen: gefalle / gefällt / gefallen

Die Stadt gefällt dem Mann.   *Die Stadt gefällt ihm.*

Der Dom gefällt der Frau.   Der Dom gefällt ihr.
Das Buch gefällt dem Kind.   Das Buch gefällt ihm.

Die Bibliothek und das Museum gefallen dem Professor.	Die Bibliothek und das Museum gefallen ihm.
Die Lehrerin gefällt Hans und Anna.	Die Lehrerin gefällt ihnen.

Er will Lotte helfen.	*Er will ihr helfen.*

Sie wollen Karl helfen.	Sie wollen ihm helfen.
Der Lehrer hilft Karl und Anna.	Der Lehrer hilft ihnen.
Wir helfen Frau Müller.	Wir helfen ihr.
Die Mutter hilft dem Kind.	Die Mutter hilft ihm.

Das Buch gehört Erika.	*Das Buch gehört ihr.*

Der Bleistift gehört Karl.	Der Bleistift gehört ihm.
Der Kugelschreiber gehört dem Lehrer.	Der Kugelschreiber gehört ihm.
Der Roman gehört der Studentin.	Der Roman gehört ihr.

10. Question-Answer

Glauben Sie der Verkäuferin?	*Nein, ich glaube ihr nicht.*

Glauben Sie (*pl.*) Gerd und Emil?	Nein, wir glauben ihnen nicht.
Antwortet sie dem Lehrer?	Nein, sie antwortet ihm nicht.
Danken sie der Lehrerin?	Nein, sie danken ihr nicht.
Dankt er Ihnen?	Nein, er dankt mir nicht.
Glaubt sie dem Herrn?	Nein, sie glaubt ihm nicht.
Glaubt er Ihnen (*pl.*)?	Nein, er glaubt uns nicht.

IV. DATIVE PREPOSITIONS

The dative is used after the following prepositions:

aus *out of, from*	**mit** *with*	**von** *of, from*
außer *except for*	**nach** *to, toward, after,*	**zu** *to, at*
bei *by, near, at*	*according to, about*	
the place of	**seit** *since, for*	

Fahren Sie **mit der Straßenbahn**?
Sie wohnt **bei einem Onkel von mir**.

Er wohnt **seit einem Jahr** in Berlin.*
*He has been living in Berlin **for a year**.*

Although masculine and neuter nouns of one syllable may add **-e** in certain idioms such as **zu Hause** and **nach Hause**, the forms **zu Haus, nach Haus, aus dem Haus**, etc., are becoming more prevalent.

---

* In German one must use the present tense to denote an action beginning in the past and continuing in the present, whereas in English the present perfect tense is required.

11. Repetition

Er geht aus dem Haus.
Er kommt aus Hamburg.
Alle außer ihm verstehen Deutsch.
Er wohnt bei einem Onkel.
Ich habe kein Geld bei mir.
Darf ich mit Ihnen sprechen?
Ist er ein Freund von Ihnen?
Was ist los mit der Straßenbahn?

Meine Schwester fährt nach Berlin.   *travel*
Er fragt **nach** (*about*) Ihnen.
Das ist **nett** (*nice*) von Ihnen.
Er kommt oft zu mir.
Seit einem Jahr studiert er Medizin.
Aus den **Augen**, aus dem **Sinn**.
(*Out of sight*, *out of mind*.)

12. Dative Noun > Dative Pronoun

Ich spreche mit Karl.

Er kommt mit Anna.
Er wohnt bei Onkel Walter.
Alle verstehen es außer Erika.
Oft sprechen wir von dem Lehrer.
Was ist los mit Jürgen?
Das ist sehr nett von Klara.

Ich spreche mit ihm.

Er kommt mit ihr.
Er wohnt bei ihm.
Alle verstehen es außer ihr.
Oft sprechen wir von ihm.
Was ist los mit ihm?
Das ist sehr nett von ihr.

13. Question-Answer

Wie fährt Georg? (*der Bus*)

Wie fahren Sie (*pl.*)? (*das Schiff*)
Wie fährt Tante Maria? (*der Zug*)
Wie fährt Kurt? (*das Fahrrad*)
Wie fahren Otto und Franz? (*der Wagen*)

Er fährt mit dem Bus.

Wir fahren mit dem Schiff.
Sie fährt mit dem Zug.
Er fährt mit dem Fahrrad.
Sie fahren mit dem Wagen.

Von wem sprechen Sie? (*eine Freundin*)

Von wem spricht er? (*ein Mädchen*)
Von wem spricht sie? (*ein Kind*)
Von wem sprechen Sie (*pl.*)? (*der Lehrer*)
Von wem sprechen sie? (*der Arzt*)

Ich spreche von einer Freundin.

Er spricht von einem Mädchen.
Sie spricht von einem Kind.
Wir sprechen von dem Lehrer.

Sie sprechen von dem Arzt.

Bei wem wohnt er? (*ein Professor*)

Bei wem wohnen Sie? (*ein Freund*)
Bei wem wohnt sie? (*eine Freundin*)
Bei wem wohnen sie? (*ein Lehrer*)
Bei wem wohnt Fritz? (*eine Schwester*)

Er wohnt bei einem Professor.

Ich wohne bei einem Freund.
Sie wohnt bei einer Freundin.
Sie wohnen bei einem Lehrer.
Er wohnt bei einer Schwester.

Zu wem geht er? (*der Lehrer*)

Zu wem geht sie? (*die Lehrerin*)
Zu wem gehen sie? (*der Arzt*)

Er geht zu dem Lehrer.

Sie geht zu der Lehrerin.
Sie gehen zu dem Arzt.

| Zu wem gehen Sie? (ein Freund von mir) | Ich gehe zu einem Freund von mir. |
| Zu wem gehen Sie (*pl.*)? (ein Onkel von uns) | Wir gehen zu einem Onkel von uns. |

Mit wem spricht er? (ein Arzt)	*Er spricht mit einem Arzt.*
Mit wem fährt sie? (eine Tante von mir)	Sie fährt mit einer Tante von mir.
Mit wem geht er? (eine Studentin)	Er geht mit einer Studentin.
Mit wem arbeitet er? (ein Freund)	Er arbeitet mit einem Freund.
Mit wem ißt sie? (eine Freundin)	Sie ißt mit einer Freundin.

V. COMMAND FORMS

A formal command or a request is expressed simply by inverting the word order of the pronoun **Sie** and its verb form: **Sagen Sie das**! **Glauben Sie mir**!

A command equivalent to English "Let's . . ." is expressed by inverting the word order of the pronoun **wir** and its verb form: **Gehen wir**! (*Let's go.*) **Essen wir**! (*Let's eat.*)

14. Repetition

Lernen Sie Deutsch!	Gehen wir um halb acht!
Helfen Sie mir!	Fahren wir mit dem Wagen!
Suchen Sie das Buch!	Essen wir um zwölf!
Bleiben Sie fünf Minuten hier!	Sagen wir es ihr!
Machen Sie schnell!	Nehmen Sie den Bus!

15. Statement > Command

| *Sie lesen schnell.* | *Lesen Sie schnell!* |

Sie kommen um halb acht.	Kommen Sie um halb acht!
Sie lesen die Zeitung.	Lesen Sie die Zeitung!
Sie **besprechen** (*discuss*) den Roman.	Besprechen Sie den Roman!
Sie essen um halb acht.	Essen Sie um halb acht!
Sie fahren mit dem Rad.	Fahren Sie mit dem Rad!

| *Wir bleiben hier.* | *Bleiben wir hier!* |

Let's stay here

Wir spielen Tennis.	Spielen wir Tennis!
Wir sprechen mit dem Lehrer.	Sprechen wir mit dem Lehrer!
Wir gehen gleich nach Hause.	Gehen wir gleich nach Hause!
Wir singen nicht.	Singen wir nicht!

VI. BRIEF INTRODUCTION TO DEPENDENT (VERB-LAST) WORD ORDER

Inasmuch as dependent word order is sometimes used in the Basic Dialogues and is always used in the Directed Questions section of the Communication Challenges, a brief explanation of dependent word order is appropriate at this time. Lesson 13 will provide a complete discussion of dependent conjunctions and their use.

A dependent clause contains a subject and a verb, but it does not form a sentence that can stand *alone*; it depends on the main clause for its complete meaning. Here are six examples (main clauses in parentheses):

(Er sagt,) **daß er morgen eine Verabredung hat.**
Wenn man langsam spricht, (kann ich alles verstehen.)
(Fragen Sie Herrn Ludwig,) **ob** (*whether*) **er müde ist**!
(Fragen Sie Fräulein Günther,) **was sie heute abend macht**!
(Fragen Sie Fräulein Böll,) **wann sie nach Hause geht**!
(Fragen Sie Herrn Zorn,) **wo er jetzt wohnt**!

Note that the conjunctions **daß**, **wenn**, and **ob** in the first three sentences, introduce clauses that cannot stand alone:

. . . , daß er morgen eine Verabredung hat.
Wenn man langsam spricht, . . .
. . . , ob er müde ist.

There are other dependent conjunctions like these that will be introduced from time to time.

The dependent clauses in the last three of the six examples given above are *indirect questions* introduced by the interrogatives **was**, **wann**, and **wo**. They, too, cannot stand alone:

. . . , was sie heute abend macht!
. . . , wann sie nach Hause geht!
. . . , wo er jetzt wohnt!

Other interrogatives such as **wer**, **wie**, **warum**, etc., also introduce dependent clauses when used in indirect questions.

Note the position of the verb in all six dependent clauses. *Dependent conjunctions and indirect questions require a verb-last word order.* If there is more than one verb in the dependent clause, both verbs come at the end of the clause, but the conjugated verb must come last:

(Können Sie mir sagen,) wo ich das Buch **kaufen kann**?

16. Repetition

Fragen Sie ihn, **ob er** um acht Uhr **kommt**!
Ich glaube, **daß sie** mit dem Auto **fährt**.
Fragen Sie den Professor, **warum er** eine Reise nach Afrika **macht**!
Ich möchte ihn auch fragen, **wie er** nach Afrika **fährt**.

Sagen Sie ihr, **daß sie** schnell **machen muß**!
Ich will ihn fragen, **wo ich** einen Damenfriseur **finden kann**.

17. Dependent Word Order

Make dependent clauses of the sentences that follow using the pattern indicated:

Sie hat ein Buch. (ob)	*Hans fragt, ob sie ein Buch hat.*
Er arbeitet heute fleißig. (ob)	Hans fragt, ob er heute fleißig arbeitet.
Sie wartet auf ihn. (ob)	Hans fragt, ob sie auf ihn wartet.
Er spielt Fußball. (warum)	Hans fragt, warum er Fußball spielt.
Sie kommt heute abend. (wann)	Hans fragt, wann sie heute abend kommt.
Er ißt schnell. (was)	Hans fragt, was er schnell ißt.
Sie will mit der Bahn fahren. (warum)	Hans fragt, warum sie mit der Bahn fahren will.
Er kann zum Krankenhaus fahren. (wie)	Hans fragt, wie er zum Krankenhaus fahren kann.

VII. ENGLISH-GERMAN PATTERNS

1. He shows the student* the newspaper.
2. She is bringing the teacher (*f.*) a chair.
3. He is telling me something. (**sagen**)
4. We show her the city park.
5. Does he want to help me today?
6. Does she want to thank the teacher (*m.*)?
7. Does he believe you?
8. Do you always answer him?
9. He likes the novel. (**gefallen**)
10. The notebook doesn't belong to her.
11. He's grateful to me.
12. Is it too warm for you?
13. That's all the same to me.
14. He lives with an uncle of mine.
15. She is speaking with the teacher (*f.*).
16. They often speak of the teacher (*m.*).
17. She often goes to the doctor.
18. Come this afternoon!
19. Buy me a pencil!
20. Let's stay here!
21. She has been reading since seven thirty. (*pres. tense*)
22. I have been helping her since this morning. (*pres. tense*)
23. I travel by rail.

* **Student** has the ending **-en** in all cases except the nominative singular.

24. He travels by ship.
    (*Dependent clauses*)
25. He says *that* he is coming tomorrow.
26. Ask her *why* she is waiting for him.

COMMUNICATION CHALLENGES

Personalized Questions

1. Wie spät ist es? 2. Haben Sie heute eine Verabredung? 3. Um wieviel Uhr gehen Sie gewöhnlich nach Hause? 4. Nehmen Sie den Bus oder fahren Sie mit dem Rad? 5. Wie fahren viele Studenten zur Universität? 6. Essen Sie heute abend? 7. Gehen Sie sofort nach Hause? 8. Bleiben Sie abends zu Hause? 9. Haben Sie eine Verabredung für heute abend? 10. Finden Sie alle **Männer** (*men*) intelligent? 11. Besuchen Sie heute abend einen Freund (eine Freundin)? 12. Kennen Sie einen Fußballspieler? 13. Möchten Sie Fußball spielen? 14. Kann man mit dem Zug von Kanada nach Mexiko fahren? 15. Kann man mit einem Wagen von Amerika nach Europa fahren? 16. Kann man von hier nach Europa **zu Fuß** (*on foot*) gehen? 17. Ist es besser, mit dem Rad zu fahren? 18. Arbeiten Sie immer **fleißig** (*hard*)? 19. Bringen Sie **manchmal** (*sometimes*) dem Lehrer einen Apfel? 20. Wie lange arbeiten Sie abends? 21. Wo arbeiten Sie denn? 22. Danken Sie dem Professor, wenn Sie eine Prüfung schreiben? 23. Geht es immer gut? 24. Warum lernen Sie Deutsch?

Directed Questions

1. Fragen Sie Herrn —————, **ob** (*whether*) er abends zu Hause bleibt!*
2. Fragen Sie Fräulein —————, was sie heute abend **macht** (*is doing*)!
3. Fragen Sie Fräulein ————, warum sie nicht fleißig arbeitet!
4. Fragen Sie Herrn —————, ob er verheiratet ist!
5. Fragen Sie Fräulein —————, wann sie nach Hause geht!

Dative Challenge (Review of Nouns)

A. You are taking a trip to South America. (**Sie machen eine Reise nach Südamerika.**) How are you traveling? (**Wie fahren Sie?**) Each student is to add a *different way of travel* until all possibilities learned up to this point are exhausted.

Example: 1. Ich mache eine Reise nach Südamerika, und ich fahre mit dem Schiff.
            2. Ich mache . . .

---

* Note the position of the conjugated verb in all dependent clauses.

B. With whom are you traveling to South America? (**Mit wem fahren Sie nach Südamerika?**) Add a different person each time.

Example: 1. Ich mache eine Reise nach Südamerika, und ich reise mit einem Professor.
2. Ich mache . . .

Sentence Challenge

Use each of the following words in a sentence of four or more words. Begin with something other than the subject.

1. glauben 2. spät 3. Verabredung 4. Straßenbahn 5. bei 6. morgens
7. Zeit 8. wieviel 9. Viertel 10. halb 11. gewöhnlich 12. sofort
13. Schiff 14. bald 15. Arzt 16. erzählen 17. dankbar 18. gehören
19. gefallen 20. antworten

Vocabulary Challenge

Explain in German the meaning of the following words.

1. Rad 2. Hotel 3. fleißig 4. Verabredung 5. kalt 6. besprechen

Directed Communication Challenge

You have just arrived at the West Railroad Station (**Westbahnhof**) in *Vienna* (**Wien**). A friend is supposed to meet you at the railroad station and help you find your way to the university. For some reason, he doesn't show up. You are greatly concerned because you have an appointment with Frau Professor Jung, *a professor of psychology* (**Professorin für Psychologie**), at 11:30 a.m. It is already 11:05. Inasmuch as this is your first trip to Vienna, you try to find out how far the *University of Vienna* (**die Universität Wien**) is from there. You also ask several people how one can get there best. Each one has a different suggestion. Just as you are about to take a taxi, your friend comes in his Volkswagen. He tells you that Professor Jung doesn't like to wait. You must hurry. Your friend drives fast, but will you arrive by 11:30? Only when you complete this "plot" will we know.

ACTIVE VOCABULARY

ach! oh! alas!
antworten (*dat. of person*) answer
der **Apfel** apple
der **Arzt** physician
das **Auge** (*pl.* **-n**) eye
Bayrischer Hof name of a hotel (*lit.*: Bavarian Court)
beeilen (*reflex. verb*) hurry

besprechen (er bespricht) discuss
der **Brief** letter
bringen bring
der **Bus** bus
dankbar thankful, grateful
danken (*dat.*) thank
direkt direct
egal alike, all the same

der **Erfolg**   success
erzählen   tell, relate
das **Fahrrad**   bicycle
fahren (er fährt)   travel, drive
fleißig   industrious(ly)
der **Fuß**   foot
der **Fußball**   football
geben (er gibt)   give
gefallen (es gefällt) (*dat.*)   please
gehören (*dat.*)   belong to
das **Geld**   money
die **Geschichte**   story
halb   half
die **Haltestelle**   (bus or streetcar) stop
hätte (*subjunctive*)   had, would have
kalt   cold
manchmal   sometimes
meist   most

nehmen (er nimmt)   take
nun   now, well
nur   only, just
ob   whether
die **Professorin**   professor (*f.*)
die **Psychologie**   psychology
der **Sinn**   mind, sense
die **Stadt**   city
die **Straßenbahn**   streetcar
die **Verabredung**   appointment
viele   many
das **Viertel**   quarter
warten   wait
wem? (*dat.*)   (to) whom?
Wien   Vienna
zeigen   show
die **Zeit**   time

Idioms and Helpful Expressions

um halb neun   at eight-thirty
Viertel nach zehn   quarter after ten
Sie müssen sich beeilen.   You must hurry.
Er muß schnell machen.   He must hurry.
Sie nehmen am besten den Bus.   It's best for you to take the bus.
Bis heute abend!   See you this evening! (Until this evening!)
Viel Erfolg!   Good luck!
Ich bin ihm dankbar.   I am grateful to him.
Es ist mir gleich (egal).   It's all the same to me.
Ist es ihnen recht?   Is it all right with them?
Es ist uns zu viel.   It's too much for us.
Mir ist kalt.   I'm cold.
Ihm ist zu warm.   It's too warm for him.   *Es ist ihm zu warm. (softer)*
Er fragt nach Ihnen.   He is asking for you.
Warten Sie auf mich?   Are you waiting for me?
Gehen Sie zu Fuß?   Are you going on foot?

Wie fährt man?

Viele Leute[1] in Europa fahren mit dem Rad: Schüler, Studenten, Arbeiter, Touristen und oft sogar Mütter mit ihren Kindern (**A**, Salzburg).

In vielen Städten fährt keine Straßenbahn mehr, aber in Ostberlin kann man schnell und billig (20 Pfennig)[2] mit der Straßenbahn oder mit dem Bus fahren (**B**).

---

[1] people   [2] inexpensively (approx. 10 cents)

A

Man wartet auf sie[3] an derselben[4] Haltstelle. In der Stadt hat es jeder eilig[5]. Viele Leute kaufen ein Auto, damit[6] sie schneller fahren können, aber dann finden sie keinen Parkplatz. Der Autofahrer[7] führt[8] oft einen kleinen Monolog: „Wo kann ich heute parken? Ich suche schon seit zehn Minuten. Dort drüben ist es verboten[9], und hier stehen schon viele Autos! Das nächste Mal[10] fahre ich mit dem Bus!"

Jedes Jahr sieht man[11] mehr Autos auf den Straßen. In einigen Großstädten, wie Frankfurt, München und Wien[12] sind jeden Tag über hundert weitere[13] Autos auf den Straßen. Kein Wunder, daß es immer mehr[14] Einbahnstraßen[15] gibt, und daß man in diesen Städten eine Untergrundbahn[16] baut! In Berlin ist die U-Bahn sehr modern (**C**). Wie wir auf dem Bild[17] sehen können, sind die Wagen neu und sauber[18]. Die Leute rauchen[19] nicht, denn sie nehmen einen Nichtraucher. Die Fahrt[20] ist schnell und ruhig[21], weil[22] diese Wagen auf Gummirädern[23] rollen.

---

[3] one waits for them   [4] the same   [5] everyone is in a hurry   [6] so that   [7] driver of a car
[8] recites   [9] forbidden   [10] time   [11] one sees   [12] Vienna   [13] additional   [14] more and more   [15] one-way streets   [16] subway, underground railway   [17] picture   [18] clean
[19] smoke   [20] trip   [21] quiet, peaceful   [22] because   [23] rubber wheels

B

   Auf der Autobahn[24] (**D**) kann man sehr schnell von einem Ort[25] zum andern
fahren. Wenn man müde wird[26], kann man, wie auf unseren[27] „freeways", eine
angenehme[28] Stunde in einer Raststätte[29] verbringen. Auch mit dem Zug kommt
man schnell von einer Stadt zur nächsten, und mit dem T.E.E. (Trans-Europa-
Express) kann man von einem Land zum anderen reisen[30] (**E**, vor dem Schloß
Chillon[31] am Genfersee[32] in der Schweiz).

   Früher[33] reiste man[34] gewöhnlich mit dem Schiff, wenn man von Amerika
nach Europa oder von Europa nach Amerika fahren wollte[35]. Eine Seereise[36] ist
vielleicht gut für die Gesundheit[37] und kann bei gutem Wetter sehr romantisch
sein. Aber heutzutage[38] haben die meisten Menschen[39] wenig Zeit und wollen so
schnell wie möglich reisen. Wer es eilig hat[40], nimmt das Flugzeug[41] (**F**).

   [24] German expressway   [25] place   [26] becomes   [27] our   [28] pleasant   [29] service area
   [30] travel   [31] Castle of Chillon   [32] Lake Geneva   [33] formerly, earlier   [34] one traveled
   [35] wanted to go   [36] ocean voyage   [37] health   [38] nowadays   [39] people   [40] whoever
   is in a hurry   [41] plane

C

D

E

F

Aufgabe Fünf

Eine Verabredung

Heute ist Dienstag, der elfte Mai. Rudi Wolf hat um halb neun eine Verabredung mit Professor Werner. Der Professor ist Studienberater für Ausländer. Rudi spricht zuerst mit einer Sekretärin und dann mit Professor Werner.

1 WOLF: Verzeihen Sie!
2 SEKRETÄRIN: Bitte schön? Kann ich Ihnen helfen?
3 WOLF: Mein Name ist Wolf, ich . . .
4 SEKRETÄRIN: O, Herr Wolf! Herr Professor Werner wartet schon auf Sie.
5 WOLF: Es tut mir leid, daß ich mich verspätet habe.
6 SEKRETÄRIN: Ja, der Herr Professor wartet nicht gern. Einen Moment bitte, ich melde Sie. Herr Professor, Herr Wolf ist da.
7 PROFESSOR: Bitte schicken Sie ihn herein!
8 WOLF: Guten Tag, Herr Professor! Entschuldigen Sie bitte, daß ich zu spät komme. Ich habe den Bus verpaßt.
9 PROFESSOR: Das kann ja vorkommen, in einer fremden Stadt. Bitte setzen Sie sich! Wo wohnen Sie hier in der Stadt?
10 WOLF: In einem kleinen Studentenheim in der Schloßstraße. Es gefällt mir dort gut.
11 PROFESSOR: Das freut mich. Haben Sie schon Vorlesungen besucht?
12 WOLF: Ja, einige.
13 PROFESSOR: Deutsche Literaturgeschichte ist Ihr Hauptfach?
14 WOLF: Ja.
15 PROFESSOR: Schön. Kommen Sie wieder zu mir, wenn Sie Schwierigkeiten haben.
16 WOLF: Danke sehr, Herr Professor. Das werde ich tun.

Fragen

1. Mit wem (*whom*) spricht Rudi zuerst? 2. Kennt er sie? 3. Kann sie ihm helfen? 4. Kommt er zu spät? 5. Wohnt Rudi bei einer Familie? 6. Besucht er alle Vorlesungen? 7. Was ist Rudis Hauptfach?

Lesson Five

An Appointment

Today is Tuesday, the eleventh of May. Rudi Wolf has an appointment with Professor Werner at eight-thirty. The professor is curriculum adviser for foreign students. Rudi speaks first with a secretary and then with Professor Werner.

1. WOLF: I beg your pardon.
2. SECRETARY: Yes? Can I help you?
3. WOLF: My name is Wolf, I . . .
4. SECRETARY: Oh, Mr. Wolf! Professor Werner is already waiting for you.
5. WOLF: I'm sorry that I'm late.
6. SECRETARY: Yes, the professor doesn't like to wait. One moment please; I'll announce you. Professor, Mr. Wolf is here.
7. PROFESSOR: Please send him in.
8. WOLF: Hello, Professor! Please excuse me for being late. I missed the bus.
9. PROFESSOR: That can certainly happen in a foreign city. Please sit down. Where do you live here in the city?
10. WOLF: In a small student dormitory on Schloßstraße. I like it there a lot.
11. PROFESSOR: I'm glad. Have you attended any lectures yet?
12. WOLF: Yes, some.
13. PROFESSOR: German literature is your major?
14. WOLF: Yes.
15. PROFESSOR: Fine. Come see me again if you have difficulties.
16. WOLF: Thanks a lot, professor. I'll do that.

VOCABULARY BUILDING

Days of the Week, Months, and Seasons (all masculine)

Die Woche hat sieben Tage.

Wann kommt er? Er kommt {
am Montag.
am Dienstag.
am Mittwoch.
am Donnerstag.
am Freitag.
am Samstag (Sonnabend).
am Sonntag.
}

Das Jahr hat zwölf Monate[1]

Wann sind Sie geboren?[2] {
Im Januar?
Im Februar?
Im März?
Im April?
Im Mai?
Im Juni?
} Nein, ich bin {
im Juli
im August
im September
im Oktober
im November
im Dezember
} geboren.

Das Jahr hat vier Jahreszeiten.[3]

Machen Sie {
im Sommer
im Winter
im Herbst[4]
im Frühling[5] (Frühjahr)
} eine Reise?

Cardinal Numerals

null	(0)	dreizehn	(13)	vierzig	(40)
eins	(1)	vierzehn	(14)	fünfzig	(50)
zwei	(2)	fünfzehn	(15)	sechzig	(60)
drei	(3)	sechzehn	(16)	siebzig	(70)
vier	(4)	siebzehn	(17)	achtzig	(80)
fünf	(5)	achtzehn	(18)	neunzig	(90)
sechs	(6)	neunzehn	(19)	hundert	(100)
sieben	(7)	zwanzig	(20)	hunderteins	(101)
acht	(8)	einundzwanzig	(21)	zweihundert	(200)
neun	(9)	zweiundzwanzig	(22)	dreihunderteins	(301)
zehn	(10)	siebenundzwanzig	(27)	tausend	(1 000)
elf	(11)	dreißig	(30)	eine Million	(1 000 000)
zwölf	(12)	einunddreißig	(31)	eine Milliarde	(1 000 000 000)

[1] months   [2] born   [3] seasons   [4] autumn   [5] spring

Note that one does not ordinarily say **ein hundert** or **ein tausend** unless **ein** is being stressed; however, one does say **eine Million**. For dates, use: **neunzehnhundertvierundsechzig** (1964).

Vocabulary Building Questions

1. Kommt der Professor am Sonntag zur Universität? 2. **Wie viele** (*how many*) Monate hat das Jahr? 3. Kennen Sie die Monate? 4. Wann sind Sie geboren? 5. Wann kann man am besten eine Reise machen? 6. Wohin reist man gern im Winter? 7. Wieviel **ist** einundzwanzig und fünfundsechzig?

CONVERSATIONAL PATTERNS

I. PREPOSITIONS WITH THE DATIVE OR ACCUSATIVE CASE

The following prepositions take either the dative or the accusative case:

an *at, to, by*	**in** *in, into*	**unter** *under, among*
auf *on, on top of*	**neben** *next to, near*	**vor** *before, in front of*
hinter *behind*	**über** *over, about*	**zwischen** *between*

If the verb indicates action or movement toward a definite goal or place, the preposition requires the accusative. However, if the verb expresses rest or action not directed toward a definite goal or place, the preposition requires the dative.

ACCUSATIVE: **Wohin . . .?**	DATIVE: **Wo . . .?**
(destination)	(location)
Karl geht in **das** Haus.	Karl ist in **dem** Haus.
Die Mutter geht an **das** Fenster.	Die Mutter **steht** (*stands*) an **dem** Fenster.
Sie **legt** (*puts, lays*) das Buch auf **die** **Schreibmaschine** (*typewriter*).	Das Buch **liegt*** (*is*) schon auf **der** Schreibmaschine.

1. Repetition

Georg studiert an (auf) der Universität.	Wohnen Sie unter ihm?
Der **Junge** (*boy*) geht in das Haus.	Er **stellt** (*places*) den Stuhl neben das Fenster.
Ein Stuhl steht zwischen dem Sofa und dem Fenster.	Er **setzt** (*puts*) die **Katze** (*cat*) auf den Stuhl.
Herr Schmidt wohnt oben; er wohnt über mir.	Das **Hündchen** (*puppy*) **läuft** (*runs*) hinter das Sofa.

* Note that **liegt** is used instead of **ist** when the meaning indicates *is situated* or *is lying*.

Das **Bild** (*picture*) **hängt** (*hangs*) an der Wand.

Der Bleistift **fällt** (*falls*) unter den Stuhl.

2. Accusative Noun > Dative Noun

Ich stelle den Stuhl neben die Tür.

Der Stuhl steht neben der Tür.

Er stellt den Stuhl neben das Fenster.
Wir stellen den Stuhl neben das Sofa.
Sie stellt den Stuhl neben den Tisch.
Ich stelle den Stuhl neben die Stehlampe (*floor lamp*).

Der Stuhl steht neben dem Fenster.
Der Stuhl steht neben dem Sofa.
Der Stuhl steht neben dem Tisch.
Der Stuhl steht neben der Stehlampe.

3. Question-Answer

Wohin legt der Lehrer das Buch? (auf . . . Tisch)
Wo liegt das Buch?

Der Lehrer legt das Buch auf den Tisch.

Das Buch liegt auf dem Tisch.

Wohin legt er die Zeitung? (auf . . . Stuhl)
Wo liegt die Zeitung?
Wohin legt er die Kreide? (auf . . . Papier)
Wo liegt die Kreide?
Wohin legt er den Bleistift? (auf . . . Buch)
Wo liegt der Bleistift?

Er legt die Zeitung auf den Stuhl.

Die Zeitung liegt auf dem Stuhl.
Er legt die Kreide auf das Papier.

Die Kreide liegt auf dem Papier.
Er legt den Bleistift auf das Buch.

Der Bleistift liegt auf dem Buch.

Wohin geht der Junge? (in . . . Haus)

Der Junge geht in das Haus.

Wo ist der Junge?
Wohin geht der Tourist? (in . . . Hotel)
Wo wohnt der Tourist?

Der Junge ist in dem Haus.
Der Tourist geht in das Hotel.
Der Tourist wohnt in dem Hotel.

Wohin hängt die Mutter das Bild? (an . . . Wand)

Die Mutter hängt das Bild an die Wand.

Wo hängt das Bild?
Wohin stellt sie den Stuhl? (an . . . Fenster)
Wo steht der Stuhl?
Wohin stellt sie den Tisch? (an . . . Wand)
Wo steht der Tisch?

Das Bild hängt an der Wand.
Sie stellt den Stuhl an das Fenster.

Der Stuhl steht an dem Fenster.
Sie stellt den Tisch an die Wand.

Der Tisch steht an der Wand.

Wohin setzt der Junge die Katze? (hinter . . . Stuhl)

Der Junge setzt die Katze hinter den Stuhl

Wo sitzt die Katze?

Die Katze sitzt hinter dem Stuhl.

Wohin läuft die Katze? (hinter . . . Sofa) | Die Katze läuft hinter das Sofa.

Wo ist die Katze? | Die Katze ist hinter dem Sofa.

Wohin läuft das Hündchen? (unter . . . Tisch) | *Das Hündchen läuft unter den Tisch.*

Wo liegt das Hündchen? | Das Hündchen liegt unter dem Tisch.
Wohin fällt der Bleistift? (unter . . . Stuhl) | Der Bleistift fällt unter den Stuhl.

Wo liegt der Bleistift? | Der Bleistift liegt unter dem Stuhl.

Wohin geht das Kind? (vor . . . Haus) | *Das Kind geht vor das Haus.*

Wo steht das Kind? | Das Kind steht vor dem Haus.
Wohin setzt der Junge die Katze? (vor . . . Tür) | Der Junge setzt die Katze vor die Tür.

Wo liegt die Katze? | Die Katze liegt vor der Tür.

Wohin stellt der Vater den Stuhl? (zwischen . . . Tisch . . . Sofa) | *Der Vater stellt den Stuhl zwischen den Tisch und das Sofa.*

Wo steht der Stuhl? | Der Stuhl steht zwischen dem Tisch und dem Sofa.

Wohin stellt er die Stehlampe? (zwischen . . . Stuhl . . . Fenster) | Er stellt die Stehlampe zwischen den Stuhl und das Fenster.
Wo steht die Stehlampe? | Die Stehlampe steht zwischen dem Stuhl und dem Fenster.

4. Replacement

Auf dem Tisch liegt ein Bleistift.

Unter _____ . | Unter dem Tisch liegt ein Bleistift.
_____ die Kreide. | Unter dem Tisch liegt die Kreide.
Hinter _____ . | Hinter dem Tisch liegt die Kreide.
_____ Stuhl _____ . | Hinter dem Stuhl liegt die Kreide.
_____ das Heft. | Hinter dem Stuhl liegt das Heft.
Neben _____ . | Neben dem Stuhl liegt das Heft.
_____ Wand _____ . | Neben der Wand liegt das Heft.
_____ der Roman. | Neben der Wand liegt der Roman.

Ich lege den Bleistift auf den Tisch.

_____ Buch _____ . | Ich lege das Buch auf den Tisch.
_____ unter _____ . | Ich lege das Buch unter den Tisch.
_____ Zeitung. | Ich lege das Buch unter die Zeitung.
_____ Kreide _____ . | Ich lege die Kreide unter die Zeitung.
_____ neben _____ . | Ich lege die Kreide neben die Zeitung.
_____ Sofa. | Ich lege die Kreide neben das Sofa.
_____ Roman _____ . | Ich lege den Roman neben das Sofa.
_____ hinter _____ . | Ich lege den Roman hinter das Sofa.

_____ Stuhl.	Ich lege den Roman hinter den Stuhl.
_____ Zeitung _____ .	Ich lege die Zeitung hinter den Stuhl.
_____ vor _____ .	Ich lege die Zeitung vor den Stuhl.
_____ Tür.	Ich lege die Zeitung vor die Tür.

II. IDIOMS REQUIRING THE ACCUSATIVE CASE

The prepositions **an**, **auf**, and **über** govern the accusative case and have figurative meanings in the following common expressions: *fragen*

Sie denkt **an mich**.	*She thinks **of me**.*
Sie ist stolz (eifersüchtig, neidisch) **auf mich**.	*She is proud (jealous, envious) **of me**.*
Wir sprechen oft **über das Wetter**.	*We often speak **about the weather**.*
Er wartet **auf Sie**.	*He is waiting **for you**.*

warten auf + acc.
sprechen über + acc.
denken an + acc.

5. Repetition

Der Junge denkt an das Hündchen.	Erich ist neidisch auf mich.
Der Lehrer ist stolz auf die Klasse.	Ich bin nicht stolz auf ihn.
Er spricht über Deutschland.	Ist Inge eifersüchtig auf Sie?
Wir denken an Deutschland.	Warten Sie auf mich?

Ich warte auf der Mann.

stolz auf
neidisch auf – envious
eifersüchtig – jelous

6. Accusative Noun > Accusative Pronoun

Wir sprechen über einen Freund.	*Wir sprechen über ihn.*
Sie denkt an einen Freund.	Sie denkt an ihn.
Wir warten auf eine Dame.	Wir warten auf sie.
Er ist stolz auf die Klasse.	Er ist stolz auf sie.
Ist sie neidisch auf Helene?	Ist sie neidisch auf sie?
Denken Sie oft an Viktor?	Denken Sie oft an ihn?
Wartet sie auf die Mutter?	Wartet sie auf sie?
Er spricht oft über den Lehrer.	Er spricht oft über ihn.

7. Question-Answer

An wen denkt der Lehrer? (ein Student)	*Er denkt an einen Studenten.*
Auf wen wartet sie? (der Vater)	Sie wartet auf den Vater.
An wen denkt die Mutter? (das Kind)	Sie denkt an das Kind.
Über wen spricht er? (das Mädchen)	Er spricht über das Mädchen.
Auf wen ist sie stolz? (das Baby)	Sie ist stolz auf das Baby.
Über wen sprechen Sie? (eine Frau)	Ich spreche über eine Frau.
Auf wen ist sie eifersüchtig? (ein Mädchen)	Sie ist eifersüchtig auf ein Mädchen.
An wen denkt der Junge? (ein Freund)	Er denkt an einen Freund.

Auf wen wartet das Mädchen? (eine   Sie wartet auf eine Freundin.
Freundin)

III. PREPOSITIONAL CONTRACTIONS

Some prepositions are generally contracted with definite articles if the article is unstressed. The contractions used most frequently are:

am	= an dem		**ins**	= in das
ans	= an das		**vom**	= von dem
beim	= bei dem		**zum**	= zu dem
im	= in dem		**zur**	= zu der

8. Repetition

Am Montag* kann er nicht kommen.   Gehen wir zum Bahnhof?
Sprechen Sie oft im **Schlaf** (*sleep*)?   Der Lehrer geht ans Fenster.
Er kommt vom Rathaus.   Die Mutter geht ins Haus.
Lesen Sie gern im **Bett** (*bed*)?   Das Kind geht morgens zur Schule.

9. Prepositional Phrase > Contraction

Geht er in das Haus?   *Geht er ins Haus?*

Ich fahre zu dem Rathaus.   Ich fahre zum Rathaus.
Das Mädchen geht zu der Apotheke.   Das Mädchen geht zur Apotheke.
In dem Sommer ist es warm.   Im Sommer ist es warm.
Ich nehme das Buch von dem Tisch.   Ich nehme das Buch vom Tisch.
Wir sitzen an dem Tisch.   Wir sitzen am Tisch.

IV. DA-COMPOUNDS

If a pronoun that refers to an inanimate object (or objects) is used with a preposition, it is often replaced by **da-** (or by **dar-** if the preposition begins with a vowel) and is compounded with the preposition:

Schreiben Sie mit dem Bleistift? Ja, ich schreibe **damit** (*with it*).

10. Repetition

Ich habe ein Haus auf dem Land.   Ich denke oft **daran**.
Der Lehrer kennt Berlin.   Oft spricht er **darüber**.
Hier ist das Sofa.   Ich sitze oft **darauf**.
Das ist mein Deutschbuch.   Ich lerne viel **daraus**.

* In reference to time, the prepositions **in**, **an**, and **vor** generally take the dative case.

11. Substitution

Change prepositional phrases to **da**-compounds wherever possible.

Liegt das Buch auf dem Tisch?   *Ja, es liegt darauf.*

Schreiben Sie mit dem Kugelschreiber?   Ja, ich schreibe damit.

Sitzt er zwischen der Wand und dem   Ja, er sitzt dazwischen.
   Tisch?

Arbeitet er an Aufgabe fünf?   Ja, er arbeitet daran.

Ist sie im Haus?   Ja, sie ist darin (drinnen).

Ist die Katze hinter dem Sofa?   Ja, sie ist dahinter.

Wartet er vor dem Theater?   Ja, er wartet davor.

Denken Sie an die Liebe (*love*)?   Ja, ich denke daran.

Sprechen Sie gern über die Liebe?   Ja, ich spreche gern darüber.

Sitzen Sie gern unter dem Baum (*tree*)?   Ja, ich sitze gern darunter.

Sitzt er in dem Wagen?   Ja, er sitzt darin.

Lernen Sie viel aus dem Buch?   Ja, ich lerne viel daraus.

Spricht sie oft von dem Lehrer?   Ja, sie spricht oft **von ihm.**

V. ENGLISH-GERMAN PATTERNS

1. Is he sitting next to the window?
2. Yes, he's sitting next to it.
3. Who is standing in front of the bookstore?
4. She is standing in front of it.
5. Does the boy lay the book on the chair?
6. Yes, he often lays the book on it.
7. Are we working on Lesson Five? (**an**)
8. Yes, we are working on it.
9. The newspaper is lying under the table.
10. The boy is playing in front of the house.
11. She hangs the picture on the wall.
12. He lives in a hotel.
13. Shall I go to the door?
14. Is the teacher proud of the class?
15. Do they often speak about the weather?
16. Is she jealous of you?
17. She's coming on Thursday.
18. Is Uncle Fritz coming in July?
19. Peter is coming at three-thirty.
20. Now I can understand a lot.
21. Today we are learning German.
22. Tomorrow he is coming home.
23. On Wednesday she has to stay home.
24. Erika doesn't go to school tomorrow.
25. Where are you going?
26. I'm glad.

COMMUNICATION
CHALLENGES

Personalized Questions

1. Ist es Montag? 2. Ist es Sommer? 3. Wann sind Sie geboren? 4. Haben Sie heute abend eine Verabredung? 5. Haben Sie eine Sekretärin? 6. Möchten Sie eine hübsche Sekretärin haben? 7. Wohnen Sie bei einer Tante? 8. Finden Sie Deutsch interessant? 9. Was ist Ihr Hauptfach? 10. Warum haben Sie manchmal Schwierigkeiten? 11. Seit wann wohnen Sie schon hier in der Stadt? 12. Wie gefällt sie Ihnen? 13. Reisen Sie im Sommer nach Europa? 14. Sind Sie Student oder Tourist?* 15. Kommen Sie manchmal zu spät zu einer Verabredung? 16. Verpassen Sie oft den Bus? 17. Sprechen Sie gewöhnlich über das Wetter, wenn Sie eine Verabredung haben? 18. Wie ist das Wetter heute? 19. Wann ist es Ihnen zu warm? 20. Ist der Lehrer (die Lehrerin) stolz auf Sie? 21. Wo ist die nächste Bushaltestelle? 22. Wie lange muß man gewöhnlich auf den Bus warten? 23. Wie oft denken Sie an die Mutter? 24. Haben Sie ein Hündchen? Eine Katze?

Directed Questions

1. Fragen Sie Herrn ——————, wo er im Sommer arbeitet!
2. Fragen Sie Fräulein ————, ob sie auf einen Freund wartet!
3. Fragen Sie Herrn ————, ob er neben einem Mädchen sitzt!
4. Fragen Sie Herrn ——————, ob der Lehrer vor dem Tisch sitzt!
5. Fragen Sie Fräulein ——————, ob sie heute abend eine Verabredung hat!
6. Fragen Sie Herrn ——————, ob die Woche zehn Tage hat!
7. Fragen Sie Fräulein ——————, wann sie eine Reise macht!
8. Fragen Sie Fräulein ————, ob sie eine Blondine (Blonde) ist!

Miscellaneous Challenges†
(Days, Months, and Numbers)

A. When the instructor or student gives you a sentence such as, „Ich glaube, er kommt am Donnerstag," you must reply, „Nein, er kommt am Mittwoch." The day must be one day earlier than the one given by the instructor or student.

B. Follow a similar procedure for months. „Kommen Sie im März?" „Nein, ich komme im Februar," etc. The question „Wann sind Sie geboren?" can also be used, to which you will reply, giving your month of birth, „Ich bin im —————— geboren."

C. The instructor will give several dates in English. The student will respond by giving the German equivalent.

---

* The indefinite article is generally omitted before an *unmodified* predicate noun denoting vocation, rank, or station in life.

† These are a little different from other communication challenges, but they do provide a good review plus competitive fun.

D. The instructor may ask you and others to do times tables in German.

Example: Sieben mal eins ist sieben, sieben mal zwei ist _____, etc.

Sentence Challenge

Use each of the following words in a sentence of four or more words.

1. Jahr 2. Woche 3. reisen 4. schicken 5. Stehlampe 6. Frühling
7. fallen 8. Blonde 9. laufen 10. sehen 11. hängen 12. denken 13. stolz
14. melden 15. verpassen 16. wohin 17. warten 18. neidisch 19. darüber
20. damit

Vocabulary Challenge

Explain in German the following words.

1. Sommer 2. Tourist 3. denken 4. Bett 5. Hündchen 6. Sofa

Directed Communication Challenge

You and your American friend are scheduled for an informal *interview* (**das Interview**) with Dr. Meyer. Fortunately, you didn't miss your bus, so you arrive at his office early. His secretary has completed her typing, which gives both of you an opportunity to ask several questions about German student life: Do German students (**deutsche Studenten**) study hard? Do they work in the summer? Do many live in a student dormitory? Do they like to play football? Do many play tennis? Are many married? Can one study music at the university? etc. Finally, it is time for your interview with Professor Meyer. He now asks many similar questions of both of you. Finally, he asks you if you have any difficulties (**Schwierigkeiten**). You have been hoping someone would ask that question. Why not tell all?

ACTIVE VOCABULARY

der **Ausländer** foreigner (*m.*)
die **Ausländerin** foreigner (*f.*)
der **Baum** tree
das **Bett** bed
das **Bild** picture
die **Blondine (Blonde)** blond
die **Bushaltestelle** bus stop
denken think
eifersüchtig jealous
einige some
entschuldigen excuse
fallen (er fällt) fall
fremd foreign, strange
freuen (*acc.*) please, make glad
hängen hang

häufig frequent(ly)
das **Hauptfach** major (field of study)
hoffentlich I hope, it is to be hoped
der **Hund** dog
das **Hündchen** puppy
das **Interview** interview
die **Jahreszeit** (*pl.* **-en**) season
der **Junge** boy
die **Katze** cat
laufen (er läuft) run
legen lay, put
die **Liebe** love
liegen lie, be situated
die **Literaturgeschichte** history of
    literature

melden announce
der **Moment** moment
der **Monat** (*pl.* **-e**) month
neidisch envious
regnen rain
reisen travel
schicken send
der **Schlaf** sleep
schlafen (**er schläft**) sleep
die **Schloßstraße** name of a street
  (Castle Street)
die **Schreibmaschine** typewriter
die **Schwierigkeit** (*pl.* **-en**) difficulty
sehen (**er sieht**) see
die **Sekretärin** secretary
setzen set, put
sitzen sit
das **Sofa** sofa
stark strong, hard

stehen stand
die **Stehlampe** floor lamp
stellen put, place
stolz proud
der **Studienberater** curriculum adviser
das **Theater** theater
der **Tourist** tourist (*m.*)
vergessen (**er vergißt**) forget
verpassen miss (bus, train, etc.)
verspäten (*reflex.*) be late
verzeihen (*dat.*) pardon, forgive
vorkommen happen
die **Vorlesung** (*pl.* **-en**) lecture
werden (*fut.*) shall, will
das **Wetter** weather
die **Woche** (*pl.* **-n**) week
wohin? where? (movement away from
  the speaker)
zuerst at first

Idioms and Helpful Expressions

Bitte schön? Yes? (May I help you?)
Ich habe mich verspätet. I'm late.
Schicken Sie ihn herein! Send him in!
Entschuldigen Sie! Excuse me!
Das kann ja vorkommen. That can certainly happen.
Setzen Sie sich! Sit down!
Das freut mich. I'm glad.
Das werde ich tun. I'll do that. (future tense)
Wann sind Sie geboren? When were you born?
Wohin gehen Sie? Where are you going?
Ich denke an ihn. I'm thinking of him.
Er ist stolz auf Sie. He is proud of you.
Spricht sie über das Wetter? Is she talking about the weather?
Es regnet stark. It's raining hard.

Deutsche Hochschulen

Im allgemeinen[1] achtet[2] man einen Professor in Deutschland mehr als einen Politiker, General, Filmstar oder Fußballspieler. Unter den Staatsmännern[3] sind viele ehemalige[4] Professoren. An der Universität, und in seiner Nachbarschaft[5], wo

---

[1] in general   [2] respects   [3] statesmen   [4] former   [5] neighborhood

A

ein Professor bekannt[6] ist, zeigt man großen Respekt vor ihm. „Herr Professor"
heißt es immer. Wenn er spricht, unterbricht[7] man ihn gewöhnlich nicht mit
Fragen, und man applaudiert[8] am Ende seiner Vorlesung. Man kommt nur zu ihm
ins Büro, wenn er Sprechstunden hat, denn es wäre schade[9], den „Herrn Professor"
bei der Arbeit zu stören[10]. Auf dem Foto (**A**) sehen wir Studenten an der
Universität Bonn bei einer Vorlesung. Sie sitzen ruhig und machen sich Notizen[11],
während[12] der Professor eine Vorlesung in der Universitätsklinik hält[13]. Wie die
Bundesrepublik hat auch die Deutsche Demokratische Republik viele Studenten
aus anderen Ländern, die Medizin studieren (**B**).

Nach bestandenem Abschlußexamen[14] oder Abitur darf man an einer
deutschen Universität oder Hochschule studieren, wenn man dort zum Studium
zugelassen wird[15]. Wie in der Hauptschule und in den höheren[16] Schulen braucht
ein Student keine hohen Unterrichtsgebühren[17] zu bezahlen[18]. Er muß einige
Vorlesungen belegen[19], braucht sie aber nicht jeden Tag zu besuchen, wenn er nicht
will, denn der Professor kontrolliert nie[20], welche Studenten vor ihm sitzen. An
deutschen Universitäten gibt es gewöhnlich kein Semester-Schlußexamen[21]. Bevor
der Student ein Seminar besuchen darf, muß er aber oft eine Prüfung machen.

---

[6] known   [7] interrupts   [8] shows approval (by shuffling one's feet or by rapping one's
knuckles on wood)   [9] it would be too bad   [10] disturb   [11] take notes   [12] while
[13] gives   [14] with the final examinations passed   [15] is admitted for study   [16] higher
[17] high tuition   [18] pay   [19] enroll for   [20] never checks   [21] final examination

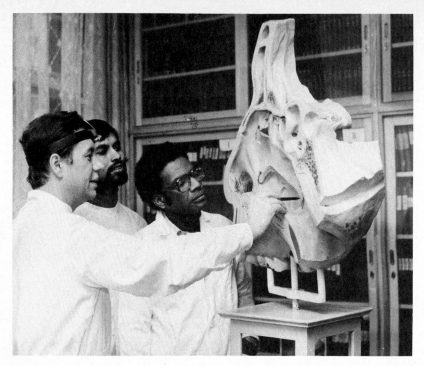

B

Nach acht bis zehn Semestern und nachdem[22] er seine Dissertation geschrieben hat, kommt er zu der großen mündlichen[23] Doktorprüfung. Wenn er diese Prüfung besteht[24], ist er „Doktor".

Viele Studenten beenden[25] ihr Studium in bestimmten[26] Fächern nach sechs Semestern. Sie machen dann eine Staatsprüfung[27] oder eine Diplomprüfung[28] Wenn ein Student sie besteht, bekommt er ein Diplom und ist zum Beispiel Diplomchemiker[29], Diplomingenieur[30] oder Diplomkaufmann[31].

Was tut ein Student abends, wenn er nicht mehr lesen und lernen will? Manchmal[32] geht er in einen Studentenkeller[33], um[34] sich mit anderen Studenten eine Jazzband anzuhören, oder er verbringt den Abend in einer Diskothek. Man kann nicht nur arbeiten, sondern muß auch ein bißchen Vergnügen[35] haben. Das sagen auch diese Studenten, die den Nachmittag in der Waldbühne[36] in Berlin verbringen (**C**). Andere sitzen gern vor einem Universitätsgebäude[37] und spielen Gitarre (**D**).

[22] after   [23] oral   [24] passes   [25] end, finish   [26] certain   [27] State exam   [28] exam for certification   [29] college graduate with an advanced degree in chemistry   [30] college graduate with an advanced degree in engineering   [31] college graduate with an advanced degree in business administration and/or economics   [32] sometimes   [33] student "hangout"   [34] in order   [35] fun, pleasure   [36] name of an outdoor amphitheater   [37] university building

C

D

E

Deutschland hat viele Technische Hochschulen, sowie[38] Hochschulen für Lehrerbildung[39] (Pädagogische Hochschulen) und für Landwirtschaft[40], Bergakademien[41], Forstakademien[42] und Kunstakademien[43], Musikhochschulen, Tierärztliche[44] Hochschulen, Handelshochschulen[45] und Sporthochschulen. In Deutschland ist es kaum[46] möglich, wie bei uns, Musik oder Kunst an einer Universität zu studieren; man besucht eine Kunstakademie (E) oder eine Musikhochschule.

[38] as well as   [39] teacher training   [40] agriculture   [41] schools of mining   [42] schools of forestry   [43] art academies   [44] veterinary   [45] business colleges   [46] hardly, scarcely

Aufgabe Sechs

Tennis oder Schwimmen?

Rudi Wolf und Bruno Lehmann kennen einander seit einigen Wochen. Die beiden hören Professor Benns Vorlesungen über die deutsche Lyrik. Heute sehen sie einander wieder, aber diesmal auf der Straße vor dem Studentenheim, wo Bruno wohnt.

1. BRUNO: Guten Tag! Schönes Wetter heute, nicht wahr?
2. RUDI: Ja, einfach herrlich, trotz des Regens in der Nacht.
3. BRUNO: Hast du Lust, Tennis zu spielen? Der Tennisplatz ist am Stadtpark, nicht weit von hier.
4. RUDI: Ich spiele nicht gut Tennis.
5. BRUNO: Na, dann gehen wir schwimmen. Das Schwimmbad ist auch nicht weit.
6. RUDI: Das ist eine gute Idee; ich schwimme gern.
7. BRUNO: Früher konnten wir im Fluß schwimmen, aber jetzt ist das Wasser zu schmutzig.
8. RUDI: Das ist bei uns zu Hause dasselbe. Alle Flüsse sind verschmutzt. Es ist eine Schande.
9. BRUNO: Komm mit, ich hole schnell Handtuch und Badehose.
10. RUDI: Hast du ein Handtuch für mich?
11. BRUNO: Ja, aber keine Badehose.
12. RUDI: Das ist zu dumm, dann müssen wir erst noch bei mir vorbei.
13. BRUNO: Das ist ja kein großer Umweg.
14. RUDI: Schön. Gehen wir!

Fragen

1. Welche Vorlesungen hören Rudi und Bruno? 2. Wo sehen sie einander wieder? 3. Wie ist das Wetter? 4. Wer möchte Tennis spielen? 5. Wo ist der Tennisplatz? 6. Wer schwimmt gern? 7. Warum kann man nicht im Fluß schwimmen? 8. Wo ist Rudis Badehose?

Lesson Six

Tennis or Swimming?

Rudi Wolf and Bruno Lehmann have known each other for several weeks. The two attend Professor Benn's lectures about German lyric poetry. Today they see each other again, but this time on the street in front of the student hostel where Bruno lives.

1 BRUNO: Hello! Nice weather today, isn't it?
2 RUDI: Yes, simply magnificent, in spite of the rain during the night.
3 BRUNO: Do you want to play tennis? The tennis court is in the municipal park, not far from here.
4 RUDI: I don't play tennis very well.
5 BRUNO: Well, then let's go swimming. The swimming pool isn't far either.
6 RUDI: That's a good idea; I like to swim.
7 BRUNO: Formerly we could swim in the river, but now the water is too polluted.
8 RUDI: It's the same with us back home. All rivers are polluted. It's a disgrace (shame).
9 BRUNO: Come along; I'll quickly get my towel and swimming trunks.
10 RUDI: Do you have a towel for me?
11 BRUNO: Yes, but no swimming trunks.
12 RUDI: That's really a bother; then we'll have to go by my place first.
13 BRUNO: That's no great detour, you know.
14 RUDI: Fine. Let's go!

VOCABULARY BUILDING

Die Familie

Meine Familie	⎫	Mein Großvater	⎫
Mein Vater	⎬ wohnt hier.	Meine Großmutter	
Meine Mutter		Mein Onkel	
Mein Bruder		Meine Tante	⎬ wohnt dort.
Meine Schwester	⎭	Mein Vetter[1]	
		Meine Kusine	⎭

Mein Mann[2]	⎫
Meine Frau[3]	
Mein Sohn[4]	
Meine Tochter[5]	⎬ bleibt heute zu Hause.
Der Junge[6] (n)	
Das Mädchen	
Das Kind	
Das Baby	⎭

in law — Schwiegervater

The possessive adjective **mein** takes the same endings as **ein** and **kein**.

Das Wetter *(Weather)*

Wie ist das Wetter heute? Es ist
- warm.
- kalt.
- kühl.
- heiß.[7]
- schön.
- wunderbar.
- herrlich.[8]
- angenehm.[9]
- unangenehm.

Es donnert.[10]	Der Wind ist stark.[16]
Es blitzt.[11]	Es ist sonnig.[17]
Es regnet.[12]	Die Sonne scheint heute.
Es schneit.[13]	Der Sonnenschein ist warm.
Es hagelt.[14]	Das Klima ist sehr angenehm.
Es ist windig.[15]	Die Temperatur ist oft sehr hoch.[18]

---

[1] cousin (male)   [2] husband   [3] wife   [4] son   [5] daughter   [6] boy   [7] hot
[8] magnificent, splendid   [9] pleasant   [10] it's thundering   [11] it lightnings   [12] rains
[13] snows   [14] hails   [15] windy   [16] strong   [17] sunny   [18] high

Vocabulary Building Questions

1. Haben Sie einen Onkel und eine Tante? 2. Wie viele Autos hat er?
3. Ist Ihre (*your*) Schwester hübsch? 4. Wo wohnt Ihr Großvater? 5. Wie ist
das Wetter heute? 6. Schneit es? 7. Ist das Klima in Kanada immer
angenehm?

CONVERSATIONAL PATTERNS

I. GENITIVE CASE

GENITIVE ARTICLES

des Mannes (*of the man*)   **des** Buches (*of the book*)
eines Mannes (*of a man*)   **eines** Buches (*of a book*)
keines Mannes (*of no man*) **keines** Buches (*of no book*)

der Frau (*of the woman*)
einer Frau (*of a woman*)
keiner Frau (*of no woman*)

The genitive case expresses possession or relationship. Usually the *possessor* stands after the *thing possessed.*

Das Buch **des Kindes** liegt auf dem Tisch.   *The child's book . . .*
Das Haus **der Frau** ist klein.   *The woman's house . . .*
Der Vater **des Mädchens** ist nicht zu Hause.   *The father of the girl . . .*

Masculine and neuter nouns generally add **-s** in the genitive singular: **des Bruders**, **des Mädchens**. If the noun ends in a sibilant sound, **-es** is used: **des Hauses, des Blitzes** (*of the lightning*). Monosyllabic masculine and neuter nouns usually add **-es**: **des Freundes, des Mannes, des Kindes**. In spoken German, however, the **e** is frequently not pronounced. Feminine nouns always remain unchanged in the singular.

Note that proper names add **-s**, without an apostrophe, in the genitive:

Karls Bleistift, **Karlas** Mutter, *etc.*

The only exception is the proper noun that ends in a *sibilant* (**s, ss, ß, tz**), in which case either a genitive article (**des Fritz**) or a preposition (**von Fritz**) is used.

---

1. Repetition

Das Buch des Lehrers liegt hier.   Der **Hut** (*hat*) des Kindes liegt hier.
Das Buch eines Lehrers liegt hier.   Der Hut eines Kindes liegt hier.
Das Heft der Studentin liegt hier.   Kennen Sie den Freund meines
Das Heft einer Studentin liegt hier.   Onkels?

2. Definite Article > Indefinite Article

Hier ist das Buch des Lehrers.   *Hier ist das Buch eines Lehrers.*

Hier ist der Tisch der Lehrerin.   Hier ist der Tisch einer Lehrerin.

Hier ist das Geld des Mannes.   Hier ist das Geld eines Mannes.
Hier ist der Hut der Frau.   Hier ist der Hut einer Frau.
Hier ist der Hut des Kindes.   Hier ist der Hut eines Kindes.

3. Question-Answer

Wessen (whose) *Buch ist das? (Lehrer)*   *Es ist das Buch des Lehrers.*

Wessen Bleistift ist das? (Studentin)   Es ist der Bleistift der Studentin.
Wessen Roman ist das? (Mädchen)   Es ist der Roman des Mädchens.
Wessen Hut ist das? (Kind)   Es ist der Hut des Kindes.
Wessen Kugelschreiber ist das?   Es ist der Kugelschreiber der Lehrerin.
(Lehrerin)

4. Substitution

Der Bruder des Lehrers ist Arzt. (die   *Der Bruder der Lehrerin ist Arzt.*
Lehrerin)

Der Vater meiner Lehrerin ist   Der Vater meines Lehrers ist
Apotheker. (mein Lehrer)   Apotheker.
Der Freund meines Vaters ist Arzt.   Der Freund meines Onkels ist Arzt.
(mein Onkel)
Die Freundin meiner Schwester heißt   Die Freundin meiner Kusine heißt
Hilde. (meine Kusine)   Hilde.
Der Lehrer meiner Tochter heißt Erich   Der Lehrer meines Sohnes heißt Erich
Schmidt. (mein Sohn)   Schmidt.

II. GENITIVE PREPOSITIONS

> The genitive is also used with certain prepositions. Those frequently used are:
>
> **(an)statt**   *instead of*   **während**   *during*
> **trotz**   *in spite of*   **wegen**   *because of*

5. Repetition

Während eines Semesters lernt **man**   Wegen der Arbeit kann er heute nicht
(one) viel.   kommen.
Morgen kommt meine Schwester statt   Trotz meines Hungers esse ich nur
meines Bruders.   wenig.
Was machen Sie während des   Wegen meiner Mutter muß ich zu
Sommers?   Hause bleiben.

6. Genitive Turnabout

Heute kommt meine Mutter statt   *Heute kommt mein Vater statt meiner*
meines Vaters.   *Mutter.*

Heute kommt mein Bruder statt   Heute kommt meine Schwester statt
meiner Schwester.   meines Bruders.

Heute kommt meine Tante statt meines Onkels.

Heute kommt mein Großvater statt meiner Großmutter.

Heute kommt die Lehrerin statt des Lehrers.

Heute kommt ein Student statt einer Studentin.

Heute kommt mein Onkel statt meiner Tante.

Heute kommt meine Großmutter statt meines Großvaters.

Heute kommt der Lehrer statt der Lehrerin.

Heute kommt eine Studentin statt eines Studenten.

7. Noun Substitution

Wegen (die Schule) kann ich nicht kommen.

Wegen der Schule kann ich nicht kommen.

_____ (das Klima) _____ .

Wegen des Klimas kann ich nicht kommen.

_____ (die Arbeit) _____ .

Wegen der Arbeit kann ich nicht kommen.

_____ (meine Mutter) _____ .

Wegen meiner Mutter kann ich nicht kommen.

_____ (das Examen) _____ .

Wegen des Examens kann ich nicht kommen.

Trotz (meine Arbeit) gehe ich schwimmen.

Trotz meiner Arbeit gehe ich schwimmen.

_____ (das Examen) _____ .

Trotz des Examens gehe ich schwimmen.

_____ (der Regen) _____ .

Trotz des Regens gehe ich schwimmen.

_____ (die Warnung meines Arztes) _____ .

Trotz der Warnung meines Arztes gehe ich schwimmen.

III. FUTURE TENSE

The future tense is formed with the present tense of **werden** plus an infinitive at the end of the clause:

Ich **werde** zu Hause **bleiben.** *I will stay home.*

Er
Sie } **wird** zu Hause **bleiben.**
Es

He
She } *will stay home.*
It

Wir
Sie } **werden** zu Hause **bleiben.**
Sie

We
They } *will stay home.*
You

Note that **werden** means *become* when used alone, but when it precedes an infinitive, as illustrated above, it means *will.*

Das Wetter **wird** (*is becoming*) kalt.

The present tense is frequently used in place of the future, especially if there is an adverb that indicates future time:

Morgen fahre ich mit der Straßenbahn.
Er kommt heute abend nach Hause.

When used with **wohl**, the future tense expresses present probability:

Das wird wohl wahr sein.　　　*That is probably true.*

8. Repetition

Ich werde meinen Vetter besuchen.
Meine Frau wird heute nicht zu
　Hause sein.
Wird es heute regnen?
Morgen wird es schön sein.

Werden wir bald essen?
Wann wird mein Großvater kommen?
Ich werde meiner Schwester helfen.
Mein Sohn und meine Tochter werden
　nicht gehen.

9. Present > Future

Wir sind zu Hause.

Er arbeitet.
Wir gehen fischen.
Die Sonne scheint.
Meine Kusine besucht uns.
Es ist kühl.

Wir werden zu Hause sein.

Er wird arbeiten.
Wir werden fischen gehen.
Die Sonne wird scheinen.
Meine Kusine wird uns besuchen.
Es wird kühl sein.

Sie wartet auf mich.

Er spielt gut.
Sie hört uns nicht.
Das glauben sie nicht.
Sie liebt die Kinder.

Sie wird wohl auf mich warten.

Er wird wohl gut spielen.
Sie wird uns wohl nicht hören.
Das werden sie wohl nicht glauben.
Sie wird die Kinder wohl lieben.

IV. INTERROGATIVE PRONOUNS

People

NOM.	**wer?**	*who?*	**Wer** kommt heute?
ACC.	**wen?**	*whom?*	**Wen** sehen Sie auf der Straße?
DAT.	**wem?**	*whom?*	Mit **wem** sprechen Sie?
GEN.	**wessen?**	*whose?*	**Wessen** Buch ist das?

Things

NOM.	**was?**	*what?*	**Was** ist das?
ACC.	**was?**	*what?*	**Was** hat er in der Hand?
DAT.	＿＿＿	＿＿＿	(*See Section V.*)
GEN.	**wessen?**	*of what?*	(*Seldom used.*)

10. Repetition

Wer wird Ihnen helfen?
An wen denken Sie?
Für wen arbeiten Sie?
Wem helfen Sie?

Bei wem wohnen Sie?
Wessen Hut ist das?
Was ist denn los? (*What's wrong?*)
Was wollen Sie?

11. Statement > Question

Mein Onkel Joachim gibt mir Geld.
  (who?)

Wer gibt Ihnen Geld?

Ich helfe meinem Deutschlehrer.
  (*whom?*)

Wem helfen Sie?

Karl Theodors Bruder wird nach
  Deutschland reisen. (*whose?*)

Wessen Bruder wird nach Deutschland
  reisen?

Hannelore sehe ich nicht oft. (*whom?*)

Wen sehen Sie nicht oft?

Herr Speidel hat nach Ihnen gefragt.
  (*who?*)

Wer hat nach mir gefragt?

Ich gehe zu meinem Onkel Sebastian.
  (*to whom?*)

Zu wem gehen Sie?

Ich denke an Walter Eisenstedt. (*of
  whom?*)

An wen denken Sie?

Bärbel Schempps Vetter ist dort
  drüben. (*whose?*)

Wessen Vetter ist dort drüben?

V. **WO**-COMPOUNDS

> When the interrogative pronoun **was** is preceded by a preposition, it is replaced
> by **wo-** (**wor-** before vowels) and is compounded with the preposition:
>
> **Womit** (*with what*) schreiben Sie?
> **Worauf** (*on what*) sitzt er?

12. Repetition

Womit schreiben Sie gewöhnlich?
Worauf warten wir?
Wofür danken Sie Peter?

Woran denken Sie?
Wovon spricht der Lehrer?
Woran arbeiten Sie?

13. Statement > Question
    with **Wo**-Compound

Ich fahre mit dem Zug.

Womit fahren Sie?

Ich warte auf den Bus.
Wir arbeiten an Aufgabe sechs.
Ich denke an die Aufgabe.

Worauf warten Sie?
Woran arbeiten Sie?
Woran denken Sie?

Frau - An wen denken Sie?

Ich schreibe gewöhnlich mit einem
    Kugelschreiber.

Womit schreiben Sie gewöhnlich?

Ich spreche gern über Politik.

Worüber sprechen Sie gern?

VI. THE VERBS **WISSEN**, **KENNEN**, AND **KÖNNEN**

Wissen expresses *knowledge of fact* in the sense of *to be aware of*:

Ich **weiß** das.	*I **know** that.*
Wir **wissen**, wer er ist.	*We **know** who he is.*

ich			
er		wir	
sie	**weiß**	sie	**wissen**
es		Sie	

Kennen means *to know* in the sense of *to be acquainted with*:

Ich **kenne** den Mann nicht.	*I don't **know** the man.*
Kennen Sie dieses Buch?	*Are you **acquainted** with this book?*

ich **kenne**

er		wir	
sie	**kennt**	sie	**kennen**
es		Sie	

The modal **können** is also used to mean *know* or *have a capability* in expressions such as:

Ich **kann** (*know*) Deutsch.	
Ich **kann** Mathematik gut.	
Ich **kann** das Gedicht nicht.	*I don't **know** (can't recite) the poem.*

14. Repetition

Ich kenne den Mann gut.	Anna kann Deutsch; das wissen wir.
Ich weiß, wie er heißt.	Sie kann auch Mathematik.
Er kennt mich gut.	Ich weiß, wie man Sprachen lernt.
Er weiß, wo ich wohne.	Kennen Sie die Stadt Ulm?

15. Question-Answer

Können Sie Deutsch?	*Ja, ich kann Deutsch.*
Kennen Sie Chicago?	Ja, ich kenne Chicago.
Kennen Sie mich?	Ja, ich kenne Sie.
Wissen Sie, wie ich heiße?	Ja, ich weiß, wie Sie heißen.
Können Sie Mathematik?	Ja, ich kann Mathematik.

Wissen Sie, wo Karl wohnt?   *Nein, ich weiß nicht, wo er wohnt.*

Kennen Sie diese Dame?   Nein, ich kenne sie nicht.
Wissen Sie, wie der Junge heißt?   Nein, ich weiß nicht, wie er heißt.
Kennen Sie Herrn Schmidt?   Nein, ich kenne ihn nicht.
Können Sie Russisch? (kein)   Nein, ich kann kein Russisch.

VII. ENGLISH-GERMAN PATTERNS

1. That's my aunt's car (**Wagen**).
2. Where's the teacher's (*m.*) book?
3. Is she the teacher's (*f.*) sister?
4. She is my daughter's girl friend.
5. Is it snowing?
6. The sun isn't shining today.
7. Do you like to dance?
8. Do you like to play cards (**Karten**)?
9. The student works during the summer.
10. He is here in spite of the rain.
11. My son is coming instead of my daughter.
12. Because of my family I want to go today.
13. Tomorrow I will stay at home.
14. My cousin (*f.*) will be here tomorrow.
15. She will go swimming with you.
16. It is getting warm. (**werden**)
17. What do you write with?
18. What is he talking about?
19. What are you thanking him for?
20. With whom are you dancing?
21. Of whom are you speaking?
22. Whose hat is that?
23. What are you doing today? (**machen**)
24. Do you know where he works?
25. Does she know him?
26. Does he know German?

COMMUNICATION CHALLENGES

Personalized Questions

1. Spielen Sie gern Tennis?   2. Wann gehen Sie schwimmen?   3. Haben Sie Lust, eine Reise zu machen?   4. Wohin möchten Sie reisen?   5. Wie ist das

Wetter heute? 6. Regnet es? 7. Scheint die Sonne Tag und Nacht?
8. Warum ist das Klima in Kalifornien angenehm? 9. Wie ist das Wetter in
Florida? 10. Ist der Sonnenschein auch im Winter warm? 11. Donnert es
immer, wenn es blitzt? 12. Schneit es heute? 13. Ist es heute ein bißchen
windig? 14. Haben Sie **Glück** (*luck*), wenn Sie Karten spielen? 15. Wie weit ist
es zum Schwimmbad? 16. Was tun Sie, wenn ein Mädchen **um Hilfe ruft** (*calls
for help*)? 17. Schwimmen Sie manchmal in einem Fluß? 18. Wann ist das
Wasser beinah immer kalt? 19. Haben Sie eine Verabredung mit der Tochter
(dem Sohn) des Lehrers? 20. Sind Sie die Schwester (der Bruder) meines
Freundes? 21. Tanzen Sie gut oder schlecht? 22. Warum finden Sie einige
Mädchen (Herren) **langweilig** (*boring*)? 23. Kennen Sie meine Tante Bertha?
24. Kennen Sie meine Familie?

Directed Questions

1. Fragen Sie Herrn _____, wann er zu Bett geht!
2. Fragen Sie Fräulein _____, auf wen sie wartet!
3. Fragen Sie Herrn _____, womit er schreibt!
4. Fragen Sie Herrn _____, ob das Wetter kalt ist!
5. Fragen Sie Fräulein _____, ob sie tanzen möchte!
6. Fragen Sie Fräulein _____, ob sie alle Herren langweilig findet!
7. Fragen Sie Fräulein _____, woran sie denkt!
8. Fragen Sie Herrn _____, wann er wieder fischen geht!

Sentence Challenge

Use each of the following words in a sentence of four or more words. Begin each
sentence with an adverb or interrogative.

1. (an)statt 2. rufen 3. langweilig 4. Glück 5. wegen 6. schmutzig
7. hageln 8. diesmal 9. trotz 10. Badehose 11. Sonne 12. Fluß
13. dumm 14. während 15. schlecht 16. Gedicht 17. Warnung
18. einfach 19. wessen 20. wissen

Vocabulary Challenge

Explain in German the following words.

1. Hut 2. langweilig 3. Schande 4. Glück 5. Umweg 6. Stadtpark

Word-Sentence Challenge

The instructor (or a student in competitive games) will provide the first word of
a sentence. Each student, in turn, will add one more word until the sentence is completed. Conjunctions such as **und**, **aber**, **denn**, **oder**, and **sondern** (all requiring regular
word order) will help to make each sentence rather long. When one sentence is
completed, begin another one.

Directed Communication Challenge

One of the students in your class invites you to go fishing with him. If you are going fishing, why not take your swimming trunks or *bathing suit* (der Badeanzug) along? That's a good idea. Perhaps you can go swimming too. In the morning the weather is magnificent. You can't keep from talking about the weather as you sit there in the boat. The sun is shining, and the weather is very warm. At about twelve-thirty, however, the weather becomes unpleasant; it begins to thunder and lightning. The lake is rather small, but the wind is becoming strong, and it *carries* (tragen) you away from the *shore* (das Ufer). Soon the weather becomes cold, and it begins to rain very hard (stark). Is that a *motorboat* (das Motorboot) by the shore? Will the people in it see you and hopefully save you? Only you can answer this question, but we shall hope for the best.

ACTIVE VOCABULARY

der **Badeanzug**   bathing suit
die **Badehose**   swimming trunks
der **Blitz**   lightning
blitzen   lightning
dasselbe   the same
dich   you (*acc. of* **du**)
diesmal   this time
donnern   thunder
du   you (*familiar sing. form*)
dumm   stupid (dumb)
einander   each other
einfach   simple, simply
der **Fluß** (*pl.* **Flüsse**)   river
das **Gedicht**   poem
das **Glück**   luck, happiness
hageln   hail
das **Handtuch**   towel
herrlich   splendid, magnificent
die **Hilfe**   help
holen   bring, get, fetch
hören   hear
der **Hut**   hat
die **Idee**   idea
die **Karte** (*pl.* **-n**)   card
konnten (*past of* **können**)   could
langweilig   boring, dull

die **Lust**   desire
die **Lyrik**   lyric poetry
die **Mathematik**   mathematics
das **Motorboot**   motorboat
na!   well!
der **Regen**   rain
rufen   call, shout
die **Schande**   disgrace, shame
scheinen   shine, seem
schlecht   bad
schmutzig   dirty
schneien   snow
sinken   sink
der **Stadtpark**   city park
das **Tennis**   tennis
der **Tennisplatz**   tennis court
tragen (**er trägt**)   carry, wear
das **Ufer**   shore, bank
der **Umweg**   detour
verschmutzt   polluted
die **Warnung**   warning
das **Wasser**   water
wen? (*acc.*)   whom?
werden (**es wird**)   become
wessen? (*gen.*)   whose?
wissen (**er weiß**)   know (for a fact)

Idioms and Helpful Expressions

Hast du Lust zu spielen?   Do you want to play?
Wir müssen bei mir vorbei.   We must go by my place.
Das ist zu dumm.   That's really a bother (annoying).
Ich kann Deutsch.   I know (can speak) German.
Was ist denn los?   What's wrong?
Sie haben Glück.   You are lucky.
Sie ruft um Hilfe.   She calls for help.

Der Sport

In Deutschland, wie in anderen europäischen Ländern, ist Fußball der große Volkssport[1]. Er spielt dieselbe[2] Rolle wie „baseball" bei uns. Wir haben dasselbe Spiel, aber wir nennen es „soccer". Fast jeder deutsche Schuljunge[3] ist ein begeisterter[4] Fußballspieler. Alle großen Städte haben ein Stadion, in dem Zehntausende[5] dem Spiel zuschauen[6] können. Oft kommt die gegnerische Mannschaft[7] aus einem Nachbarland[8], wie Dänemark oder Frankreich. Bei einem Meisterschaftsspiel[9] ist jeder Platz besetzt[10]. Auf diesem Bild spielen einige der besten deutschen Fußballspieler gegeneinander[11], wie z.B. in diesem Kopfballduell[12] zwischen De Vlugt (Essen) und Gustl Jung (Wuppertal) (**A**).

Heutzutage[13] importieren viele Bundesliga-Vereine[14] Sport-Stars aus vielen Ländern in beinahe allen Sportarten[15]: Fußball, Basketball, Eishockey, Boxen Tischtennis usw. Die „Superstars" bekommen im Jahr wenigstens[16] eine halbe Million Mark für ihre „Arbeit" am Wochenende.

Wie in anderen Ländern haben viele Männer großes Interesse an Boxen und Ringen[17], während einige Frauen diese Sportarten für roh halten[18]. Aber das Interesse an Leichtathletik[19] haben Männer und Frauen gemeinsam[20]: Laufen, Hochsprung[21], Weitsprung, Speerwerfen[22] usw. Auch Frauen nehmen daran teil[23].

Im Sommer 1972 war München die Hauptstadt[24] der Sportwelt. In der 1,4-Millionen-Stadt[25], der drittgrößten[26] Stadt Deutschlands nach[27] Berlin und

---

[1] national sport   [2] the same   [3] schoolboy   [4] enthusiastic   [5] in which tens of thousands   [6] watch   [7] opposing team   [8] neighboring country   [9] championship game [10] occupied   [11] against each other   [12] header duel   [13] nowadays   [14] national league clubs   [15] types of sports   [16] at least   [17] wrestling   [18] consider cruel   [19] track [20] in common   [21] high jump   [22] javelin throwing   [23] take part in it   [24] capital [25] city of 1,400,000 population   [26] third-largest   [27] after

A

Hamburg, baute[28] man für die Olympiade viele schöne olympische Stätten[29].
Besonders schön sind die neue Schwimmhalle für 10 000 Zuschauer[30] und das
Olympiastadion (**B**) mit 47 000 Sitzplätzen[31] und 33 000 Stehplätzen[32].

[28] built   [29] Olympic competition sites   [30] spectators   [31] seats   [32] standing places

B

C

D

E

F

Auch Segeln[33] macht viel Spaß[34] und wird immer beliebter[35]. Auf jedem deutschen, österreichischen und schweizerischen See[36] sieht man viele Segelboote, und auf den größeren Seen gibt es auch Ausflugsschiffe[37]. Auf dem schönen Bodensee[38] zwischen Deutschland, Österreich und der Schweiz ist Segeln besonders populär (**C**).

[33] sailing   [34] fun   [35] more and more popular   [36] lake   [37] excursion ships   [38] Lake Constance

G

    Die deutschen Schiläufer[39] finden ihr Paradies in den Bayrischen Alpen[40]. Garmisch-Partenkirchen ist ein Winterkurort[41] und ein Zentrum[42] für Wintersport (**D**). Im Jahre 1936 fanden hier die olympischen Winterspiele statt[43]. Innsbruck, eine österreichische Stadt, die nicht weit von der deutschen und italienischen Grenze[44] liegt, hatte 1964 und 1976 dieselbe Ehre[45].

    In der Schweiz wie in Österreich fahren an einem Winterwochenende so viele Schiläufer in die Berge, daß jeder Zug extra Wagen haben muß. Hier sieht man drei Schiläufer im Schigebiet[46] von Zermatt (**E**). Im Hintergrund[47] steht das berühmte[48] Matterhorn. Auch Eislaufen[49] ist ein beliebter Sport, vor allem[50] in den Alpenländern (**F**, Eisläufer vor einem Berghotel im Berner Oberland).

---

[39] skiers   [40] Bavarian Alps   [41] winter health resort   [42] center   [43] (*fanden . . . statt*) took place   [44] border   [45] honor   [46] ski area   [47] in the background   [48] famous   [49] ice skating   [50] especially

Alle Sportarten sind in der Deutschen Demokratischen Republik beliebt. In den olympischen Spielen in Montreal und Moskau z.B. haben ihre Athleten viele Medaillen[51] gewonnen[52]. Einige, wie diese Mädchen (**G**), warten hoffnungsvoll[53] auf das nächste Turnfest[54] und Sportfest der DDR, vielleicht auch auf die internationalen Spiele oder die olympischen Spiele im Jahr 1984.

[51] medals   [52] won   [53] full of hope   [54] gymnastics festival

Review Lessons 1-6

I. GRAMMAR REVIEW

A. *Gender, Articles, and Cases*

1. Wo ist (*the*) _____ Bibliothek?
2. Wie heißt (*the*) _____ Kind?
3. Ist das (*a*) _____ Seminar?
4. Englisch ist (*no*) _____ Fremdsprache.
5. Helfen Sie (*the*) _____ Bürgermeister?
6. Braucht er (*a*) _____ Zeitung?
7. Wann kommt (*the*) _____ Polizist?
8. Wer ist (*the*) _____ Schwester (*of the*) _____ Kind____?
9. Lesen Sie (*a*) _____ Roman oder (*a*) _____ Drama?
10. (*The*) _____ Geschäft ist gar nicht weit von (*the*) _____ Kirche.
11. Besuchen wir heute (*the*) _____ Park?
12. Ist (*the*) _____ Wort in (*the*) _____ Wörterbuch?
13. Sie hängt (*a*) _____ Bild an (*the*) _____ Wand.
14. Er bittet um (*a*) _____ Buch.
15. Wann machen wir (*a*) _____ Reise?
16. Wir machen während (*the*) _____ Woche (*no*) _____ Reise.
17. Ich bespreche (*the*) _____ Aufgabe mit (*the*) _____ Professor (*m.*).
18. Er spricht von (*the*) _____ Erfolg (*of the*) _____ Arzt____.
19. (*The*) _____ Geschichte gefällt (*the*) _____ Lehrerin.
20. Warten Sie auf (*the*) _____ Mädchen an (*the*) _____ Haltestelle?
21. Fährt er mit (*the*) _____ Bus, mit (*the*) _____ Straßenbahn oder mit (*the*) _____ Zug?
22. Ist das (*a*) _____ Brief von (*a*) _____ Freund oder von (*a*) _____ Freundin?
23. Er fragt immer nach (*the*) _____ Sekretärin (*of the*) _____ Professorin.
24. (*The*) _____ Tourist spricht häufig über (*the*) _____ Wetter in _____ Schweiz.
25. Haben Sie (*no*) _____ Handtuch und (*no*) _____ Badehose?
26. Wegen (*the*) _____ Regen____ spielen wir heute (*no*) _____ Tennis auf (*the*) _____ Tennisplatz in (*the*) _____ Stadtpark.
27. Wir haben (*no*) _____ Glück, wenn wir Fußball spielen.

28. Ich habe (*no*) _____ Lust, in (*the*) _____ Fluß zu schwimmen.
29. Ist (*the*) _____ Wasser in (*the*) _____ Schwimmbad warm oder kalt?
30. (*The*) _____ Umweg durch (*the*) _____ Stadt ist zu lang.

B. *Verb Forms*

1. (Können) _____ er uns helfen?
2. Er (dürfen) _____ mit uns kommen, wenn er (wollen) _____ .
3. Wann (beginnen) _____ das Semester?
4. Wie (heißen) _____ das Fräulein?
5. (Sprechen) _____ er gut Deutsch?
6. (Finden) _____ er es schwer?
7. (Wohnen) _____ der Vater und die Mutter in der Stadt?
8. Wir (bleiben) _____ nicht gern zu Hause.
9. Er (arbeiten) _____ fleißig, aber er (können) _____ nicht alles lernen.
10. Ich (müssen) _____ dem Vater einen Brief schreiben.
11. (Fahren) _____ sie (*she*) mit dem Rad?
12. Warum (warten) _____ er auf Sie vor der Buchhandlung?
13. (Wissen) _____ der Bürgermeister, daß wir hier (sein) _____ ?
14. Was (werden) _____ er wohl tun, wenn ich auf der Straße (tanzen) _____ ?
15. Wann gehen wir wieder (schwimmen) _____ ?
16. (Besprechen) _____ sie (*she*) häufig das Drama von Schiller?
17. Hat er es gern, wenn sie (*she*) auf ihn (warten) _____ ?
18. Er (nehmen) _____ sie oft mit.
19. Wohin (laufen) _____ er mit dem Hund?
20. Das Kind (setzen) _____ die Katze auf das Bett.
21. (Werden) _____ es das Bett schmutzig machen?
22. Der Junge (fallen) _____ in den Fluß.
23. (Sehen) _____ er das Motorboot?
24. Der Lehrer (lesen) _____ die Zeitung.
25. (Dürfen) _____ ich Sie melden?
26. Wir (sein) _____ nie neidisch auf Sie.
27. (Schlafen) _____ er im Klassenzimmer?
28. Der Professor (vergessen) _____ immer, wo er ist.
29. Es (donnern) _____ und (blitzen) _____ heute abend.
30. (Holen) _____ Sie meine Badehose! Ich (möchte) _____ schwimmen gehen.

II. VOCABULARY REVIEW

A. *Sentence Challenge.* Use each of the following words in a meaningful sentence of four or more words.

1. Aufgabe 2. glücklich 3. etwa 4. schicken 5. verbringen 6. morgens
7. Italiener 8. Asien 9. Schweiz 10. stolz 11. vielleicht 12. Dom

13. Ecke 14. Post 15. draußen 16. Verkäufer 17. bitten 18. verheiratet
19. verzeihen 20. allein 21. früh 22. Eisenbahn 23. Wiener Schnitzel
24. verpassen 25. beeilen 26. fleißig 27. Monat 28. angenehm 29. melden
30. Schwierigkeiten (*pl.*) 31. schmutzig 32. Gedicht

B. *Idiom and Helpful Expression Challenge*

1. Wann kommt er (*home*) _____?
2. Wie lange bleibt er (*at home*) _____?
3. Das (*would be*) _____ schön.
4. Regnet es (*a litte bit*) _____, oder regnet es (*hard*) _____?
5. Holt er es (*this evening*) _____?
6. Gewöhnlich (*he likes to sing*) _____.
7. (*I'm sorry.*) _____.
8. Wann (*are you taking*) _____ eine Reise?
9. Es ist (*too much for us*) _____.
10. Ich muß (*hurry*) _____.
11. Gehen Sie immer (*on foot*) _____?
12. Sie wartet (*for*) _____ mich, nicht wahr?
13. Wir (*would like*) _____ über die Aufgabe sprechen.
14. Ich bin stolz (*of him*) _____.
15. (*Do you know*) _____ Russisch?
16. Was (*is wrong*) _____?
17. Sie hat (*no desire*) _____, Karten zu spielen.
18. Wir (*are lucky*) _____.
19. (*Where*) _____ gehen Sie morgen?
20. Wie spät ist es, (*eleven-thirty*) _____?

III. SPEAKING CHALLENGE

A. *Statement-Rejoinder.* Give in complete German sentences your verbal reaction to each of the following statements.

1. Der Lehrer heißt John Denver.
2. Ich möchte gern zehn Fremdsprachen sprechen.
3. Er liest das Wörterbuch und findet die Geschichte sehr interessant.
4. Er will mit seinem Volkswagen von New York nach Paris fahren.
5. Der Tourist hat Glück; er verpaßt den Zug und muß eine Woche in Heidelberg verbringen.
6. Wenn man eine gute Badehose hat, kann man sehr leicht von Frankreich nach England schwimmen.

B. *Picture Response.* The instructor will select one picture from each of the first six lessons for student response. Students will be asked to say anything that they can say in German about each picture. The instructor may also choose to ask questions about these or other pictures.

Aufgabe Sieben

Auf der Strasse

Rudi Wolf begegnet einem Bekannten, Klaus Menzer, auf der Straße.

1. KLAUS: Servus,* Rudi, wo gehst du hin?†
2. RUDI: Ich muß zum Bahnhof.‡ Willst du mitkommen?
3. KLAUS: Ich möchte schon, aber ich muß erst noch zur Post.‡
4. RUDI: Gut! Ich werde dich begleiten. Ich will nämlich diese Briefe aufgeben.
5. KLAUS: Hast du schon Briefmarken?
6. RUDI: Nein, noch nicht.
7. KLAUS: Schade, sonst könntest du die Briefe dort drüben in den gelben Briefkasten werfen.
8. RUDI: Weißt du, ob hier irgendwo eine Bank in der Nähe ist? Ich muß einen Scheck einlösen.
9. KLAUS: Wenn es ein Reisescheck ist, dann kannst du ihn im Bahnhof einlösen.
10. RUDI: Richtig! Daran hab' ich gar nicht gedacht.
11. KLAUS: Komm nur! Wir wollen hier über die Straße gehen.
12. RUDI: Paß auf! Da kommt ein Auto!
13. KLAUS: Jetzt ist rotes Licht und die Autos müssen halten. Schnell! Beeilen wir uns!

Fragen

1. Mit welchem Freund spricht Rudi? 2. Wo geht Rudi hin? 3. Wohin muß Klaus gehen? 4. Hat er Briefmarken? 5. Wo kann man einen Reisescheck einlösen? 6. Wann kann man über die Straße gehen?

---

* Bavarian and Austrian greeting.
† Same meaning as **Wohin gehst du?**
‡ The infinitive **gehen** is understood.

Lesson Seven

On the Street

Rudi Wolf meets an acquaintance, Klaus Menzer, on the street.

1 KLAUS: Hi, Rudi! Where are you going?
2 RUDI: I have to go to the railroad station. Do you want to come along?
3 KLAUS: I would certainly like to, but I have to go to the post office first.
4 RUDI: Good! I'll go with (accompany) you. I want to mail these letters, anyway.
5 KLAUS: Do you already have stamps?
6 RUDI: No, not yet.
7 KLAUS: Too bad; otherwise you could put the letters in that yellow mailbox over there.
8 RUDI: Do you know whether there is a bank somewhere near here? I have to cash a check.
9 KLAUS: If it's a traveler's check, then you can cash it in the railroad station.
10 RUDI: Right! I didn't think of that at all.
11 KLAUS: Come on! Let's cross (over) the street here.
12 RUDI: Watch out! Here comes a car!
13 KLAUS: Now the light is red, and cars have to stop. Quick! Let's hurry!

VOCABULARY BUILDING

Farben *(Colors)*

Ein Apfel ist meistens[1] rot.
Das Gras ist im Sommer grün.
Eine Banane ist gelb.
Meine Schuhe sind braun.
Kohlen[2] sind schwarz.[3]
Der Himmel[4] ist im Sommer blau.
Im Winter ist der Himmel grau.
Das Stück Papier[5] ist weiß.
Die Blumen[6] sind bunt.[7]

Die Post *(Mail)*

Schreiben Sie einen Brief an einen Freund?
Ich schreibe eine Postkarte an meine Mutter.
Wissen Sie die Adresse meines Lehrers?
Wo kann ich Briefmarken bekommen?
Wollen Sie ein Paket[8] aufgeben?
Gewöhnliche Post[9] oder Luftpost?[10]
Werfen Sie diesen Brief in den Briefkasten!
Da kommt der Briefträger.[11]

Die Bank *(The Bank)*

Gehen Sie zur Bank?
Meine Schwester ist schon auf der Bank.
Haben Sie viel Geld auf der Bank?
Ich möchte einen Scheck einlösen.
Haben Sie Reiseschecks?
Kann man hier Geld wechseln?[12]
Ich habe kein Geld bei mir.
Sie kennen meine Unterschrift,[13] nicht wahr?

Vocabulary Building Questions

1. Essen Sie gern einen grünen Apfel?   2. Ist eine Banane immer gelb?
3. Sind Ihre Schuhe weiß?   4. Wissen Sie die Adresse des Lehrers?   5. Wo kann
man Briefmarken bekommen?   6. Schreiben Sie heute eine Postkarte an einen

---

[1] generally   [2] coal   [3] black   [4] sky   [5] piece of paper   [6] flowers   [7] many-colored
[8] package   [9] regular mail   [10] air mail   [11] mailman   [12] exchange   [13] signature

Freund? 7. Sind Sie immer glücklich, wenn der Briefträger kommt? 8. Wo kann man Geld wechseln?

CONVERSATIONAL PATTERNS

I. THE FAMILIAR PRONOUNS **DU** AND **IHR**

So far, you have been using only one form for *you*, the pronoun **Sie**, which is generally referred to as the formal or polite form of *you*. The familiar pronouns **du** (singular) and **ihr** (plural) are the forms of **you** that are used in speaking to members of one's immediate family, friends, children, animals, and inanimate objects. **Du** is also used in addressing the Deity.

The verb forms that accompany these pronouns are very easy to learn. The pronoun **du** has the same verb form in the present tense as **er** / **sie** / **es** but adds the ending **-st** rather than **-t**. The exceptions are **sein** and **werden**: **du bist** and **du wirst**. Study the examples below:

PRESENT

er lernt	du lernst	er hat	du hast
er nimmt	du nimmst	er heißt	du heißt
er will	du willst	er ist	du bist
er wartet	du wartest	er wird	du wirst

Note that verb stems that end in a sibilant sound (**s**, **ß**, **tz**) add just **-t** rather than **-st** (**du heißt**).

With **ihr**, verbs generally take the ending **-t** (**-et**, if required by the syllabic structure). Study the following examples:

PRESENT

sie lernen	ihr lernt	sie warten	ihr wartet
sie nehmen	ihr nehmt	sie sind	ihr seid
sie wollen	ihr wollt	sie werden	ihr werdet
sie sehen	ihr seht	sie haben	ihr habt

1. Repetition

Hörst du, was ich sage?   Lest ihr dieses Buch?
Hört ihr, was ich sage?   Sprichst du oft mit Karl?
Wie heißt du?   Sprecht ihr oft mit Karl?
Wie heißt ihr?   Du ißt zu viel!
Fährst du heute ab?   Ihr eßt zu viel!
Fahrt ihr heute ab?   Kannst du morgen kommen?
Liest du dieses Buch?   Könnt ihr morgen kommen?

Ihr seid immer vorbereitet.
Du bist immer **vorbereitet** (*prepared*).

Weißt du das schon?
Wißt ihr das schon?

2. er > du

Use the present tense.

Sucht er etwas?

Suchst du etwas?

Kennt er jedes Mädchen in der
  Klasse?
Liest er dieses Buch?
Badet er jeden Tag?
Glaubt er alles, was er hört?
Wann ißt er gewöhnlich?
Schläft er gut bei diesem Wetter?
Was gibt er mir für meine Hilfe?
Was sieht er?
Er hilft dem Lehrer, nicht wahr?
Wann nimmt er den Bus?
Er spricht zu schnell.
Er kommt um acht Uhr, nicht wahr?
Wie findet er Deutsch?
Wo ist er?
Weiß er das schon?
Kann er auch Französisch?
Muß er hier bleiben?

Kennst du jedes Mädchen in der
  Klasse?
Liest du dieses Buch?
Badest du jeden Tag?
Glaubst du alles, was du hörst?
Wann ißt du gewöhnlich?
Schläfst du gut bei diesem Wetter?
Was gibst du mir für meine Hilfe?
Was siehst du?
Du hilfst dem Lehrer, nicht wahr?
Wann nimmst du den Bus?
Du sprichst zu schnell.
Du kommst um acht Uhr, nicht wahr?
Wie findest du Deutsch?
Wo bist du?
Weißt du das schon?
Kannst du auch Französisch?
Mußt du hier bleiben?

3. Sie > du

Use the present tense.

Fahren Sie heute ab?

Fährst du heute ab?

Wissen Sie, was dieses Wort **bedeutet**
  (*means*)?
Nehmen Sie jetzt ein Taxi?
Wo arbeiten Sie?
Wie lange warten Sie schon?
Lesen Sie immer diese Zeitung?
Sie sprechen gut Deutsch.
Wollen Sie mir helfen?
Mögen Sie diesen Mann?
Sie sehen ihn jeden Tag, nicht wahr?
Essen Sie gewöhnlich um sechs Uhr?
Wo sitzen Sie gewöhnlich?
Sie vergessen immer meinen Namen!
Sie laufen aber schnell!

Weißt du, was dieses Wort bedeutet?

Nimmst du jetzt ein Taxi?
Wo arbeitest du?
Wie lange wartest du schon?
Liest du immer diese Zeitung?
Du sprichst gut Deutsch.
Willst du mir helfen?
Magst du diesen Mann?
Du siehst ihn jeden Tag, nicht wahr?
Ißt du gewöhnlich um sechs Uhr?
Wo sitzt du gewöhnlich?
Du vergißt immer meinen Namen!
Du läufst aber schnell!

4. Sie > du

Use the future tense. *Will*

Wohin werden Sie gehen? *bring, get*   *Wohin wirst du gehen?*

Werden Sie das Heft holen?

Wie werden Sie fahren, mit dem Zug
   oder mit dem Auto?

Werden Sie morgen arbeiten?

Wann werden Sie kommen?

Werden Sie oft Tennis spielen?

Wo werden Sie auf uns warten?

Wirst du das Heft holen?

Wie wirst du fahren, mit dem Zug
   oder mit dem Auto?

Wirst du morgen arbeiten?

Wann wirst du kommen?

Wirst du oft Tennis spielen?

Wo wirst du auf uns warten?

5. Sie (*pl.*) > ihr

*Wann gehen Sie gewöhnlich in die
   Stadt?*

Wann geht ihr gewöhnlich in die Stadt?

Was machen Sie heute?

Wann kommen Sie?

Wieso wissen Sie das? *noun*

Wann essen Sie zu Mittag?

Glauben Sie alles, was Sie hören?

Wissen Sie immer, was Sie wollen?

Was macht ihr heute?

Wann kommt ihr?

Wieso wißt ihr das?

Wann eßt ihr zu Mittag?

Glaubt ihr alles, was ihr hört?

Wißt ihr immer, was ihr wollt?

Use the future tense.

*Werden Sie morgen in die Stadt
   fahren?*

Werdet ihr morgen in die Stadt fahren?

Wo werden Sie nächstes Jahr
   studieren?

Werden Sie die Prüfung schreiben?

Werden Sie morgen zu Hause
   bleiben?

Wann werden Sie uns besuchen?

Wie werden Sie reisen?

Wo werdet ihr nächstes Jahr studieren?

Werdet ihr die Prüfung schreiben?

Werdet ihr morgen zu Hause bleiben?

Wann werdet ihr uns besuchen?

Wie werdet ihr reisen?

II. THE COMMAND FORMS FOR **DU** AND **IHR**

The **du** command form is like the present tense form except that the ending **-st**
and the pronoun **du** are dropped:

du gehst   **Geh** nach Hause!

du nimmst   **Nimm** das Buch!

du siehst   **Sieh** das Baby!

Two exceptions to this rule should be noted: 1) irregular verbs that have an
umlaut **ä** in the present tense **du** form, drop the umlaut in the command form; 2) verbs

that end in **d, t**, or separately pronounced consonants add **e**:

du fährst	**Fahr** in die Stadt!
du läufst	**Lauf** schnell!
du antwortest	**Antworte** mir!
du öffnest	**Öffne** die Tür!

The du imperative of the verb **sein**, however, is **sei**:
The **ihr** command form is the same as the indicative:

Sei brav, mein Kind! (*Be good, my child!*)

ihr bleibt	**Bleibt** hier!
ihr schlaft	**Schlaft** gut!
ihr seid	**Seid pünktlich** (*punctual*)!
ihr nehmt	**Nehmt** das Buch!

6. Repetition

Kommen Sie! Komm! Kommt!
Setzen Sie sich neben mich!
  Setz dich neben mich!
  Setzt euch neben mich!
Sprechen Sie nicht so langsam!
  Sprich nicht so langsam!
  Sprecht nicht so langsam!

Gehen Sie an die Tafel! Geh an die
  Tafel! Geht an die Tafel!
Passen Sie auf! Paß auf! Paßt auf!
Öffnen Sie die Tür! Öffne die Tür!
  Öffnet die Tür!
Laufen Sie nach Hause!
  Lauf nach Hause!
  Lauft nach Hause!

7. **Sie** Command > **du** Command

Sprechen Sie langsam!

Geben Sie mir das Buch!
Helfen Sie mir!
Essen Sie nicht so schnell!
Trinken Sie diese Milch!
Schlafen Sie gut!
Kommen Sie wieder!
Lesen Sie diesen Satz!
Vergessen Sie mich nicht!
Seien Sie pünktlich da!

Sprich langsam!

Gib mir das Buch!
Hilf mir!
Iß nicht so schnell!
Trink diese Milch!
Schlaf gut!
Komm wieder!
Lies diesen Satz!
Vergiß mich nicht!
Sei pünktlich da!

8. **du** Command > **ihr** Command

Iß langsamer!

Lauf nicht so schnell!
Komm herein!
Geh nicht über die Straße!
Öffne das Fenster!
Melde uns!
Hilf dem Kind!

Eßt langsamer!

Lauft nicht so schnell!
Kommt herein!
Geht nicht über die Straße!
Öffnet das Fenster!
Meldet uns!
Helft dem Kind!

III. ACCUSATIVE AND DATIVE FORMS OF **DU** AND **IHR**

Nom.	Acc.	Dat.
du	dich	dir
ihr	euch	euch

9. Repetition

Wer sagt es dir?

Wer sagt es euch?

Wir wollen dich etwas fragen.

Wir wollen euch etwas fragen.

Darf ich dir helfen?

Darf ich euch helfen?

10. **Ihnen** > **dir** or **euch**

Ich danke Ihnen.

Ich danke dir.

Gehört Ihnen dieses Buch?

Er sitzt neben Ihnen.

Wir schicken Ihnen (*pl.*) eine
   Stehlampe.

Ich danke Ihnen sehr.

Gefällt Ihnen (*pl.*) der Film?

Wie geht es Ihnen?

Antwortet er Ihnen?

Ich verzeihe Ihnen (*pl.*).

Gehört dir dieses Buch?

Er sitzt neben dir.

Wir schicken euch eine Stehlampe.

Ich danke dir sehr.

Gefällt euch der Film?

Wie geht es dir?

Antwortet er dir?

Ich verzeihe euch.

11. **Sie** > **dich** or **euch**

Ich kann Sie verstehen.

Ich kann dich verstehen.

Dürfen wir Sie besuchen?

Wann können wir Sie (*pl.*) sehen?

Das wird Sie nicht interessieren.

Mein Freund kennt Sie nicht.

Wer liebt Sie (*pl.*)?

Wir suchen Sie.

Dürfen wir dich besuchen?

Wann können wir euch sehen?

Das wird dich nicht interessieren.

Mein Freund kennt dich nicht.

Wer liebt euch?

Wir suchen dich.

IV. REFLEXIVE PRONOUNS

When the subject and the pronoun object of a verb denote one and the same person or thing, the pronoun object is called a reflexive pronoun. Note in the examples below that there is only one new form to be learned, the reflexive pronoun **sich**.

Ich wasche **mich** (*myself*).

Du wäschst **dich** (*yourself*).

Er ⎫
Sie ⎬ wäscht **sich** ⎰ (*himself*)
Es ⎭   ⎱ (*herself*).
                   ⎱ (*itself*).

Wir waschen **uns** (*ourselves*).

Ihr wascht **euch** (*yourselves*).

Sie (*they*) waschen **sich** (*themselves*).

Sie (*you*) waschen **sich** (*yourself, yourselves*).

Although there are many transitive verbs in both English and German that can be used reflexively, such verbs are more common in German. Certain verbs *always* take the reflexive construction to convey a particular meaning: **Ich erkälte mich** (*I catch cold*), **er freut sich** (*he is glad*), **wir fühlen uns viel besser** (*we feel much better*), **sie fürchten sich** (*they are afraid*).

If the reflexive pronoun is used as an indirect object, the regular dative pronoun serves as a reflexive except for the substitution of **sich** in the third person and in the polite form of *you*.

Ich kaufe **mir** (*myself*) ein Buch.
Du kaufst **dir** (*yourself*) ein Buch.
Er ⎫
Sie ⎬ **kauft sich** ⎰ (*himself*) ein Buch.
Es ⎭ ⎱ (*herself*) ein Buch.
⎱ (*itself*) ein Buch.

Wir kaufen **uns** (*ourselves*) ein Buch.
Ihr kauft **euch** (*yourselves*) ein Buch.
Sie (*they*) kaufen **sich** (*themselves*) ein Buch.
Sie (you) kaufen **sich** (*yourself, yourselves*) ein Buch.

Note in the above sentences that the same rules of word order apply to reflexive pronouns as to all other object pronouns.

12. Repetition

Rasieren Sie sich (*do you shave*) jeden Morgen?
Interessierst du dich für Politik?
Erkälten Sie **sich** oft?
Setzen Sie **sich**, bitte!
Er **freut sich auf** (*looks forward to*) die Deutschstunde.
Er **freut sich über** (*is happy about*) die Kinder.

Kannst du **dich** an das Klima **gewöhnen** (*get used to*)?
Ich kann **mich an** das **Datum** (*date*) nicht **erinnern** (*remember*).
Wird er **sich** ein Radio kaufen?
Jeden Morgen **putze ich mir die Zähne** (*brush my teeth*).
Ich fühle **mich** nicht wohl.
Schäm dich! (*Shame on you!*)

13. Pronoun Substitution

Ich kann mich für Politik interessieren.

Er _____.
Wir _____.

Du _____.

Sie (*they*) _____.

Willi _____.

Sie (*you*) _____.

Er kann sich für Politik interessieren.
Wir können uns für Politik interessieren.
Du kannst dich für Politik interessieren.
Sie können sich für Politik interessieren.
Willi kann sich für Politik interessieren.
Sie können sich für Politik interessieren.

Oft erkältet er sich im Winter.

_____ Sie (*you*) _____ .	Oft erkälten Sie sich im Winter.
_____ ich _____ .	Oft erkälte ich mich im Winter.
_____ wir _____ .	Oft erkälten wir uns im Winter.
_____ du _____ .	Oft erkältest du dich im Winter.
_____ ihr _____ .	Oft erkältet ihr euch im Winter.
_____ Dora _____ .	Oft erkältet sich Dora im Winter.*
_____ meine Schwestern (*pl.*) _____ .	Oft erkälten sich meine Schwestern im Winter.*

14. Ich > er

Ich interessiere mich für alles.   *Er interessiert sich für alles.*

Ich freue mich auf alles.	Er freut sich auf alles.
Ich erinnere mich an alles.	Er erinnert sich an alles.
Ich gewöhne mich an alles.	Er gewöhnt sich an alles.
Ich kaufe mir alles.	Er kauft sich alles.
Ich freue mich über alles.	Er freut sich über alles.

15. Question-Answer

Wofür interessieren Sie sich?   *Ich interessiere mich für Sprachen.*
     (*Sprachen*)

Worüber freust du dich? (mein Wagen)	Ich freue mich über meinen Wagen.
Wie fühlt er sich? (besser)	Er fühlt sich besser.
Wie oft erkälten Sie sich? (zu oft)	Ich erkälte mich zu oft.
Wie oft rasierst du dich? (jeden Morgen	Ich rasiere mich jeden Morgen.
Woran können Sie (*pl.*) sich nicht gewöhnen? (das Klima)	Wir können uns nicht an das Klima gewöhnen.
Worauf freuen sie sich? (auf den Sommer)	Sie freuen sich auf den Sommer.
Wohin setzt sie sich gewöhnlich? (auf das Sofa)	Sie setzt sich gewöhnlich auf das Sofa.
Was werdet ihr euch kaufen? (ein Buch)	Wir werden uns ein Buch kaufen.
Wie oft verspäten Sie sich? (nie)	Ich verspäte mich nie.
Wann fühlt ihr euch krank? (jeden Tag)	Wir fühlen uns jeden Tag krank.
Wovor fürchtest du dich? (vor dem Hund)	Ich fürchte mich vor dem Hund.

* Note that the reflexive precedes a noun subject when there is inverted (verb-subject) word order.

V. ENGLISH-GERMAN PATTERNS

1. Do you (**du**) know every girl in the class?
2. Do you (**du**) bathe every Saturday?
3. Do you (**du**) sleep well in (**bei**) this weather?
4. Do you (**du**) like this girl?
5. Do you (**ihr**) want to help that woman?

   Give three command forms for 6–15.

6. Don't talk so fast!
7. Be there at six o'clock!
8. Open the window!
9. Read that letter!
10. Answer me immediately!
11. Wash yourself!
12. Shame on you!
13. Sit down on this chair!
14. Don't catch cold!
15. Watch out!
16. When do you (**du**) shave?
17. How do you (**ihr**) feel?
18. Are you (**du**) happy about it?
19. I'm not interested in politics.
20. What are you (**du**) afraid of?
21. I can't get used to this weather.
22. We don't remember it at all.
23. Where are you (**Sie**) going this morning?
24. Are they looking forward to summer?
25. I have no money with me.
26. Why that's too bad!

COMMUNICATION
CHALLENGES

Personalized Questions

1. **Duzen** Sie Ihre Mutter (*do you use **du** with your mother*), wenn Sie mit ihr Deutsch sprechen? 2. Duzen Sie Ihren Deutschlehrer? 3. Gehen Sie gern zur Post? 4. Müssen Sie sich beeilen und über die Straße laufen, wenn die Autos schnell fahren? 5. Wie oft schreiben Sie einen Brief an einen Freund? 6. Wie oft bekommen Sie Briefe? 7. Wann kommt Ihr Briefträger? 8. Wo kann man Briefmarken bekommen? 9. Freuen Sie sich auf den Sommer? 10. Ist der Himmel im Sommer immer blau? 11. Warum erkälten Sie sich im Winter? 12. Was möchten Sie sich kaufen? 13. Kostet ein Wagen zu viel? 14. Wieviel

Geld haben Sie auf der Bank? 15. Haben Sie Geld **bei sich** (*with you*)? 16. Wo können Sie einen Scheck einlösen? 17. Muß man die Unterschrift kennen? 18. Wo kann man Geld wechseln? 19. Ist eine Bank irgendwo in der Nähe? 20. Wo gehen Sie heute abend hin? 21. Warum interessieren Sie sich für Geld? 22. Denken Sie häufig daran? 23. Erinnern Sie sich an Scrooge? 24. Kann man Glück kaufen?

Directed Questions

1. Fragen Sie Herrn _____, wen er duzt!
2. Fragen Sie Fräulein _____, ob der Himmel grau ist!
3. Fragen Sie Fräulein _____, wo das Gras im Winter grün ist!
4. Fragen Sie Herrn _____, wie oft sein Briefträger kommt!
5. Fragen Sie Herrn _____, ob er sich wohl fühlt!
6. Fragen Sie Herrn _____, wann er sich rasiert!

Sentence Challenge

Use each of the following words in a sentence of four or more words. As a special challenge, use a form of **du** (**dir**, **dich**) in the uneven sentences: 1, 3, 5, etc.

1. begegnen 2. waschen 3. stecken 4. freuen (*reflex.*) 5. duzen
6. interessieren 7. Briefmarke 8. Luftpost 9. Papier 10. schämen (*reflex.*)
11. Licht 12. Post 13. putzen 14. erinnern 15. irgendwo 16. gewöhnen
(*reflex.*) 17. fühlen (*reflex.*) 18. halten 19. einlösen 20. fürchten (*reflex.*)

Vocabulary Challenge

Explain in German the meaning of each of the following words.

1. schlafen 2. Bank 3. werfen 4. Unterschrift 5. schwarz 6. Geld

Fairy Tale Challenge

The instructor will provide the first sentence of a well-known fairy tale. Each student, according to the seating arrangement or competitive side, will add one additional sentence until each person has had an opportunity to participate, or until the story is finished. Occasionally it may be necessary for the instructor to provide a key word or expression for a fairy tale: der **Bär** (*pl.* **Bären**), der **Wolf**, **hungrig** (*hungry*), **fressen** (*eat, devour—of animals*), etc. Inasmuch as the narrative past tense has not been introduced yet, students will be expected to use only the present and future tenses.

Directed Communication Challenge

You and your friend are going to the bank, but first you must mail a letter. In your conversation, he or she wants to know whom you are writing to, what the address is, how much stamps cost for regular mail or airmail, how one can mail a package, whether you have money, or whether you must exchange money first.

You decide to go to the bank first because you may not have enough money to buy *a few* (**ein paar**) stamps; they are very *expensive* (**teuer**). He or she then wants to know whether you have money in the bank, whether you must cash a check, or whether you have traveler's checks. Just as you come around the corner by the bank, you see two policemen (**Polizisten**). They hurry from their car into the bank. We shall wait in suspense until you find out what is happening.

ACTIVE VOCABULARY

aufgeben mail, give up
die **Bank** bank
der **Bär** (*pl.* **-en**) bear
bedeuten mean, signify
begegnen (*dat.*) meet (by chance)
begleiten accompany
der **Bekannte** acquaintance
die **Bekannte** acquaintance
die **Blume** (*pl.* **-n**) flower
brav good, well-behaved
der **Briefkasten** letter box
die **Briefmarke** (*pl.* **-n**) stamp
das **Datum** (*pl.* **Daten**) date (time)
die **Deutschstunde** German class
duzen address someone with **du**
einlösen cash (a check)
die **Eltern** (*pl.*) parents
erinnern remind; (*reflex.*) remember
erkälten (*reflex.*) catch cold
fressen (**er frißt**) eat, devour (of animals)
freuen (*reflex.*) be glad
fühlen feel
fürchten (*reflex.*) be afraid
gewöhnen (*reflex.*) get used to
halten (**er hält**) hold, stop
hungrig hungry
interessieren interest; (*reflex.*) be interested
irgendwo somewhere
jeder each, every
das **Licht** light
die **Luftpost** airmail

meinen mean, think
die **Milch** milk
mitkommen come along
die **Nähe** nearness, vicinity
nämlich anyway, you see
ein paar a few
das **Paket** (*pl.* **-e**) parcel, package
die **Post** mail, post office
die **Postkarte** (*pl.* **-n**) postcard
pünktlich punctual
putzen polish, clean
das **Radio** radio
rasieren (*reflex.*) shave
reden talk
der **Reisescheck** traveler's check
richtig right, correct
rot red
der **Satz** (*pl.* **ᵉe**) sentence
schade! too bad!
schämen (*reflex.*) be ashamed
der **Schuh** (*pl.* **-e**) shoe
Servus! Hello! Hi! So long! (Bavarian and Austrian)
siezen address someone with **Sie**
sonst otherwise
stecken stick, place
das **Stück** piece, play
teuer expensive
vorbereitet prepared
waschen (**er wäscht**) wash
werfen (**er wirft**) throw
der **Wolf** wolf

Idioms and Helpful Expressions

Wo gehst du jeden Tag hin?   Where do you go every day?

Ich muß erst noch zur Post.   I have to go to the post office first.

Die Bank ist in der Nähe.   The bank is close by.

Ich habe gar nicht daran gedacht.   I haven't thought of it at all.

Pass auf!   Watch out!

Beeilen wir uns!   Let's hurry!

Wo ist das Stück Papier?   Where is the piece of paper?

Er freut sich darauf.   He is looking forward to it.

Sie freut sich darüber.   She is happy about it.

Wir fühlen uns besser.   We feel better.

Gewöhnen Sie sich daran?   Are you getting used to it?

Erinnerst du dich an mich?   Do you remember me?

Schäm dich!   Shame on you!

Interessieren Sie sich dafür?   Are you interested in it?

Ich habe kein Geld bei mir.   I have no money with me.

Das ist aber schade.   Why, that's too bad.

Sie fürchtet sich vor mir.   She is afraid of me.

Auf der Strasse

An einem Sonntagmorgen sind in Deutschland die meisten Straßen leer[1]. Der ältere[2] Herr auf dem Bilde (**A**) macht einen Spaziergang[3] mit seinem Hund. Jede dritte Familie hat ein Haustier[4], gewöhnlich einen Hund oder eine Katze. Wir sagen: „*That's for the birds!*" und in Deutschland sagt man: „Das ist für die Katze!" Während der Hund an der Litfaßsäule[5] schnuppert[6], schaut sich der Herr das Theaterprogramm an.

Wer geht hier über die Straße einer Großstadt im Sommer (**B**)? Erwartungsvolle Freude[7] spiegelt sich[8] in den Gesichtern[9] dieser jungen Sportler[10] aus allen Bezirken[11] der DDR, während sie auf den Anfang[12] des Leipziger Sportfestes warten.

Man begegnet oft alten Freunden auf der Straße, wie z.B. auf der Einkaufsstraße[13] Schönhauser Allee[14] in Ostberlin (**C**). Natürlich[15] muß man eine Zeitlang[16] stehenbleiben und über andere Freunde, Nachbarn[17], Verwandte[18] usw. sprechen. Der kleine Hund wartet geduldig[19], bis das Gespräch[20] zu Ende[21] ist.

---

[1] empty   [2] elderly   [3] walk   [4] domestic animal, pet   [5] pillar for posters or advertisements   [6] sniffs   [7] joy of anticipation   [8] is mirrored (reflected)   [9] faces   [10] sports enthusiasts, athletes   [11] districts   [12] start   [13] shopping street   [14] Schönhauser Avenue (popular shopping street)   [15] naturally   [16] while   [17] neighbors   [18] relatives   [19] patiently   [20] conversation   [21] at an end

A

B

C

Die Hauptstraße Westberlins heißt Kurfürstendamm oder „Kudamm", wie
die Berliner sagen. Hier auf dieser breiten[22] Straße sehen wir einen
„Verkehrssalat"[23] (**D**). Am besten haben es die Leute, die mit dem Bus oder der
U-Bahn (Untergrundbahn) fahren, denn sie können ruhig sitzen und die Zeitung
lesen, während sie fahren. Im Jahre 1952 gab es ein Auto auf je[24] 100 Personen.
Heute fährt jeder dritte deutsche Bürger[25] seinen eigenen[26] Wagen. Bald wird es
jeder zweite Bürger sein. Der Verkehr in Berlin und in anderen großen Städten wird
mit der Zeit natürlich noch stärker[27].

Die Schilder[28] aus Schmiedeeisen[29] erinnern an das Mittelalter[30] (**E**,
Dinkelsbühl). Damals[31] konnten die meisten Bürger noch nicht lesen. Nur wenige
konnten z.B. das Wort „Löwe"[32] lesen, aber das Abbild[33] eines Löwen konnte
jeder verstehen. Mit diesen Schildern machte man den Namen des Geschäfts[34]
bekannt. Auf dem anderen Bild (**F**) erkennt man sofort, daß man hier Schlüssel

---

[22] broad   [23] traffic jam (salad)   [24] every   [25] citizen   [26] own   [27] even heavier
[28] signs   [29] of wrought iron   [30] are reminiscent of the Middle Ages   [31] at that time
[32] lion   [33] image   [34] store, business

D

E

F

G

und Schlösser[35] kaufen kann. Heute dienen[36] solche Schilder nur zur Verzierung[37] eines Geschäfts.

Einige alte Straßen haben Kopfsteinpflaster[38]. Man kann sie leicht reparieren, und wenn es regnet, verläuft sich[39] das Wasser im Sand zwischen den

[35] keys and locks   [36] serve   [37] decoration   [38] cobblestone pavement   [39] runs away

Steinen[40]. Das Foto zeigt uns Straßen mit Kopfsteinen in der alten schweizerischen Hauptstadt Bern (**G**). Auch die berühmte alte Turmuhr[41] ist zu sehen. Es ist jetzt zwanzig Minuten vor zwölf und um zwölf Uhr bewegen sich[42] unten[43] neben der astronomischen Uhr kleine Figuren. Im Sommer stehen viele Touristen auf der Straße, um sich dieses Figurenspiel anzuschauen, das sich seit 1530 jede Stunde wiederholt[44].

---

[40] stones   [41] tower clock   [42] move   [43] below   [44] (*sich . . . wiederholt*) is repeated

Aufgabe Acht

(handwritten: spannend)

(handwritten: dative)
(handwritten: Es macht mir Spaß, I had fun.)
(handwritten: Das macht ihm Spaß, He had fun.)

(handwritten: die Konditorei - cakes + choc.)
(handwritten: die Bäckerei - breads)

Ein Ausflug

Rudi macht mit der Familie Rösch einen Sonntagnachmittagsausflug. Herr Rösch hat den Wagen geparkt, und sie sind nun auf dem Waldweg zum Café beim alten Forsthaus. Hans, seine Schwester Luise und Rudi gehen voran. Herr und Frau Rösch kommen langsam nach.

1 RUDI: Diese Luft ist herrlich!
2 LUISE: Ich mag auch die Stille im Wald so gern.
3 HANS: Nach einer Woche in der Stadt braucht man das.
4 LUISE: Und das Studium kann auch ziemlich anstrengend sein.
5 HANS: Ja, darum muß man sich ab und zu entspannen.
6 RUDI: Macht ihr jeden Sonntag so einen Ausflug?
7 LUISE: Fast jeden Sonntag, aber manchmal ist das Wetter zu schlecht, dann bleiben wir zu Hause.
8 HANS: Oft machen wir aber einen Spaziergang im Stadtpark. *(handwritten: take a walk)*
9 LUISE: Oder wir machen einfach einen Bummel durch die Innenstadt.
10 RUDI: Das macht hier bei euch Spaß, denn die Schaufenster sind alle so schön dekoriert.
11 LUISE: Ah, da vorne ist das Forsthaus.
12 HANS: Die haben ganz ausgezeichnete Käsetorte . . .
13 LUISE: Und Kirschtorte mit Schlagsahne . . .
14 RUDI: Und hoffentlich auch Apfelstrudel.

Fragen

1. Wer macht einen Ausflug?   2. Wie heißen Rudis Freunde?   3. Was gefällt Luise?   4. Was kann anstrengend sein?   5. Wie oft macht die Familie Rösch einen Ausflug?   6. Welche Fenster sind schön dekoriert?   7. Was essen die jungen Menschen gern?

Lesson Eight

An Outing

Rudi goes with the Rösch family on a Sunday afternoon outing. Mr. Rösch has parked the car, and they are now on the forest path to the café by the old house belonging to the forester. Hans, his sister Luise, and Rudi go on ahead. Mr. and Mrs. Rösch walk slowly behind them.

1 RUDI: This air is great!
2 LUISE: I like so much the quiet in the forest, too.
3 HANS: After a week in the city one needs that.
4 LUISE: And study can also be rather strenuous.
5 HANS: Yes, for that reason one must relax now and then.
6 RUDI: Do you go on such an outing (excursion) every Sunday?
7 LUISE: Almost every Sunday, but sometimes the weather is too bad; then we stay home.
8 HANS: But often we take a walk in the city park.
9 LUISE: Or we simply take a stroll through the downtown area.
10 RUDI: That's fun here where you live because the shop windows are all decorated so beautifully.
11 LUISE: Ah, up ahead is the forest house.
12 HANS: They have very excellent cheese cake . . .
13 LUISE: And cherry cake with whipped cream . . .
14 RUDI: And I hope apple strudel, too.

VOCABULARY BUILDING

Ein Ausflug *(An Outing)*

Machst du heute
$\begin{cases} \text{eine Reise?} \\ \text{eine Wanderung?}^1 \\ \text{einen Spaziergang?} \\ \text{einen Bummel?} \\ \text{einen Ausflug?} \\ \text{ein Picknick?} \end{cases}$

Camping ist sehr angenehm
$\begin{cases} \text{im Wald. } (m.) \\ \text{am See.}^2 (m.) \\ \text{an der See.}^3 (f.) \\ \text{in den Bergen.}^4 \end{cases}$

Wo ist
$\begin{cases} \text{das Picknick?} \\ \text{das Essen?} \\ \text{das Schwimmbad?} \\ \text{das Zelt?}^5 \\ \text{der See?} \\ \text{der Berg?} \\ \text{der Campingplatz?} \\ \text{der Zeltplatz?}^6 \\ \text{der Zeltstuhl?} \end{cases}$

Wir gehen ab und zu
$\begin{cases} \text{spazieren.}^7 \\ \text{schwimmen.} \\ \text{fischen (angeln)} \\ \text{picknicken.} \\ \text{zelten.}^8 \end{cases}$

$\left. \begin{array}{l} \text{Das Café} \\ \text{Das Restaurant} \\ \text{Das Forsthaus} \\ \text{Der Waldweg}^9 \\ \text{Der Parkplatz} \end{array} \right\}$ ist nicht weit von dem See.

In Deutschland spricht man oft über
$\begin{cases} \text{frische Luft.}^{10} (f.) \\ \text{Sommerluft.} \\ \text{Winterluft.} \\ \text{Frühlingsluft.} \\ \text{Landluft.}^{11} \\ \text{Seeluft.} \\ \text{Waldluft.} \\ \text{Bergluft.} \end{cases}$

Vocabulary Building Questions

1. Ist ein Spaziergang gut für die **Gesundheit** (*health*)? 2. Wo ist Camping sehr angenehm? 3. Gehen Sie heute schwimmen? 4. Ist das Schwimmbad in

---

[1] hike [2] lake [3] sea [4] dat. pl. of *der Berg*, mountain [5] tent [6] camp grounds
[7] walking [8] camping [9] forest path [10] fresh air [11] country air

der Nähe? 5. Wie weit ist es zum See? 6. Kann man ein Picknick im Wald machen? 7. Ist die Luft in den Bergen gewöhnlich kalt?

CONVERSATIONAL PATTERNS

I. DER-WORDS

> The following words take the same declensional endings as the definite article (**der**, **das**, **die**) and are generally referred to as **der**-words:
>
> **dieser** *this, pl. these*   **welcher** *which, pl. which*
> **jener** *that, pl. those (somewhat archaic)**   **mancher** *many a, pl. some*
> **jeder** *each, every (no pl.)*   **solcher** *such a, pl. such*
>
> The definite articles, when stressed, are sometimes used as demonstrative adjectives:
>
> **Der Wagen** (**da**) (*that car*) gehört meinem Freund.
> **Der Mann** (**da**) (*that man*) redet zu viel.
>
> The presence of **da** lends extra force to the demonstrative. When used in reference to a person, this form may be rather impolite.

1. Repetition

NOMINATIVE

Dieser Apfel ist grün.
Diese Banane ist braun.
Das Geld da (jenes Geld) gehört
  meiner Tochter.

ACCUSATIVE

Kennen Sie jede Studentin hier?
Kennen Sie jedes Mädchen hier?
Gehen Sie jeden Tag† nach Hause?

DATIVE

Von welchem Brief sprechen Sie?
Von welcher Bank sprechen Sie?
Von welchem Paket sprechen Sie?

GENITIVE

Ich kenne die Unterschrift dieses
  Lehrers.
Ich weiß die Adresse dieser Frau.
Ich habe das Buch dieses Kindes nicht.

2. Noun Substitution

Welcher Mann spricht Deutsch?

_____ (Frau) _____?
_____ (Mädchen) _____?
_____ (Lehrerin) _____?
_____ (Kind) _____?
_____ (Student) _____?

Welche Frau spricht Deutsch?
Welches Mädchen spricht Deutsch?
Welche Lehrerin spricht Deutsch?
Welches Kind spricht Deutsch?
Welcher Student spricht Deutsch?

---

* Now usually replaced by **der**.
† The accusative case is used in expressions such as this which indicate definite time or duration of time.

Jeden Lehrer kenne ich nicht.

____ (Lehrerin) _____.   Jede Lehrerin kenne ich nicht.

____ (Student) _____.   Jeden Studenten kenne ich nicht.

____ (Mädchen) _____.   Jedes Mädchen kenne ich nicht.

____ (Kind) _____.   Jedes Kind kenne ich nicht.

Welchem Mann helfen Sie?

_____ (Frau) _____?   Welcher Frau helfen Sie?

_____ (Kind) _____?   Welchem Kind helfen Sie?

_____ (Bruder) _____?   Welchem Bruder helfen Sie?

_____ (Schwester) ___?   Welcher Schwester helfen Sie?

Wie heißt der Bruder dieses Lehrers?

_____ (Lehrerin)?   Wie heißt der Bruder dieser Lehrerin?

_____ (Kind)?   Wie heißt der Bruder dieses Kindes?

_____ (Mädchen)?   Wie heißt der Bruder dieses Mädchens?

_____ (Frau)?   Wie heißt der Bruder dieser Frau?

    3. **Der**-Words

Er tanzt gern mit ____ *Studentin.*   *Er tanzt gern mit jeder Studentin.*
    (*jeder*)

Nicht ____ Roman ist interessant.   Nicht jeder Roman ist interessant.
    (jeder)

Nicht ____ Vorlesung ist interessant.   Nicht jede Vorlesung ist interessant.
    (jeder)

____ Lehrer gefällt Ihnen nicht?   Welcher Lehrer gefällt Ihnen nicht?
    (welcher)

____ Sprache ist nicht schwer. (dieser)   Diese Sprache ist nicht schwer.

____ Bleistift wollen Sie? (welcher)   Welchen Bleistift wollen Sie?

Mit ____ Studentin spricht er oft.   Mit dieser Studentin spricht er oft.
    (dieser)

Er spricht nicht mit ____ Mädchen.   Er spricht nicht mit jedem Mädchen.
    (jeder)

Finden Sie ____ Buch interessant?   Finden Sie manches Buch interessant?
    (mancher)

____ Sprache ist schwer? (welcher)   Welche Sprache ist schwer?

Willst du ____ Bleistift? (dieser)   Willst du diesen Bleistift?

II. PLURAL ARTICLES

> There is only one set of articles for the plural regardless of gender. Inasmuch as there is no plural form for **ein**, **kein** is used here to illustrate the endings. The nouns used to illustrate the plural articles (**Amerikaner**, **Engländer**, **Österreicher**, **Schweizer**) have no plural endings except for the addition of an **n** in the dative plural.

Plural

NOM. & ACC.	**die** Amerikaner (*the Americans*)	**keine** Amerikaner (*no Americans*)
DATIVE	**den** Amerikaner**n**	**keinen** Amerikaner**n**
GENITIVE	**der** Amerikaner	**keiner** Amerikaner

Except for the dative, the plural articles are the same as the feminine singular articles. All nouns that do not end in **-n** or **-s** add an **-n** in the dative plural.

Der-words have the same endings in the plural as the plural definite articles.

NOM. & ACC.	(**die**) dies**e** Engländer (*these Englishmen*)
DATIVE	(**den**) dies**en** Engländer**n**
GENITIVE	(**der**) dies**er** Engländer

4. Repetition

Wo sind die Österreicher?
Mit den Österreichern spreche ich gern.
Schreiben Sie an die beiden Österreicher?
Welche Österreicher **meinen Sie** (*do you mean*)?
Ich bin diesen Österreichern dankbar.

Mein Freund kennt keine Österreicher.
Wissen Sie die Adresse der beiden Österreicher?
Manche Österreicher sprechen gut Englisch.
Mit solchen Österreichern spreche ich gern.

5. Singular > Plural

Wo ist der Schweizer?

Kennen Sie den Schweizer?
Ich warte auf den Schweizer.
Ich bin dem Schweizer dankbar.
Kennen Sie den Bruder des Schweizers?

Wo sind die Schweizer?

Kennen Sie die Schweizer?
Ich warte auf die Schweizer.
Ich bin den Schweizern dankbar.
Kennen Sie den Bruder der Schweizer?

Wie heißt dieser Engländer?

Welchen Engländer meinen Sie?
Ich bin manchem Engländer dankbar.
Kennen Sie die Mutter dieses Engländers?

Wie heißen diese Engländer?

Welche Engländer meinen Sie?
Ich bin manchen Engländern dankbar.
Kennen Sie die Mutter dieser Engländer?

III. NOUNS THAT HAVE NO PLURAL ENDINGS

In German there are several ways of forming the plural of nouns. The following nouns that have been introduced add no endings to form their plurals (**das Fenster, die Fenster**, etc.):

NEUTER   das Mädchen, die Mädchen; das Zimmer, die Zimmer

MASCULINE der Amerikaner, die Amerikaner; der Briefträger, die Briefträger; der Bummel, die Bummel; der Engländer, die Engländer; der Österreicher, die Österreicher; der Schweizer, die Schweizer; der Lehrer, die Lehrer; der Onkel, die Onkel; der Kugelschreiber, die Kugelschreiber; der Wagen, die Wagen

Some nouns that add no endings to form the plural do, however, add an umlaut (**der Bruder**, **die Brüder**, etc.):

MASCULINE der Vater, die Väter; der Apfel, die Äpfel
FEMININE die Mutter, die Mütter; die Tochter, die Töchter

Except for **Mutter** and **Tochter**, all these nouns are masculine or neuter and end in **-el**, **-en**, or **-er**.

6. Repetition

Nicht alle Äpfel sind rot.
Wo sind die Mütter und Väter?
Das Haus hat sieben Zimmer, nicht wahr?
Wie viele Brüder hast du?

Karl spricht gern mit den Mädchen.
Wie geht es den beiden Österreichern?
Die Fenster dieser Zimmer sind groß.
Kennen Sie die Töchter meiner Lehrer?

7. Noun Substitution

Viele Amerikaner sind hier.

_____ (Engländer) _____.	Viele Engländer sind hier.
_____ (Mutter) _____.	Viele Mütter sind hier.
_____ (Vater) _____.	Viele Väter sind hier.
_____ (Mädchen) _____.	Viele Mädchen sind hier.
_____ (Tochter) _____.	Viele Töchter sind hier.
_____ (Bruder) _____.	Viele Brüder sind hier.

Welche Zimmer meinen Sie?

_____ (Fenster) _____?	Welche Fenster meinen Sie?
_____ (Tochter) _____?	Welche Töchter meinen Sie?
_____ (Kugelschreiber) _____?	Welche Kugelschreiber meinen Sie?
_____ (Wagen) _____?	Welche Wagen meinen Sie?
_____ (Apfel) _____?	Welche Äpfel meinen Sie?

Soll ich mit den Engländern sprechen?

_____ (Mutter)_____?	Soll ich mit den Müttern sprechen?
_____ (Bruder) _____?	Soll ich mit den Brüdern sprechen?
_____ (Tochter) _____?	Soll ich mit den Töchtern sprechen?
_____ (Vater) _____?	Soll ich mit den Vätern sprechen?
_____ (Mädchen) _____?	Soll ich mit den Mädchen sprechen?

Ich kenne den Bruder dieser Amerikaner.

_____ (Engländer).   Ich kenne den Bruder dieser Engländer.
_____ (Schweizer).   Ich kenne den Bruder dieser Schweizer.
_____ (Mädchen).   Ich kenne den Bruder dieser Mädchen.
_____ (Lehrer).   Ich kenne den Bruder dieser Lehrer.

8. Singular > Plural

Ich spreche mit dem Schweizer.   *Ich spreche mit den Schweizern.*

Spricht er mit der Mutter?   Spricht er mit den Müttern?
Mein Lehrer weiß viel.   Meine Lehrer wissen viel.
Wollen Sie diesen Apfel?   Wollen Sie diese Äpfel?
Welches Zimmer meinen Sie?   Welche Zimmer meinen Sie?
In welchem Zimmer arbeitet er?   In welchen Zimmern arbeitet er?
Diesen Briefträger kenne ich.   Diese Briefträger kenne ich.

IV. NOUN PLURALS WITH -E

> The following common nouns add **-e** to form their plurals (**das Jahr**, **die Jahre**, etc.):
>
> NEUTER   das Heft, die Hefte; das Schiff, die Schiffe; das Wort, die Worte *(connected words in a phrase or sentence)*
>
> MASCULINE   der Abend, die Abende; der Autobus, die Autobusse; der Berg, die Berge; der Bleistift, die Bleistifte; der Brief, die Briefe; der Freund, die Freunde; der Tag, die Tage; der Tisch, die Tische; der Weg, die Wege
>
> Several nouns add an umlaut in addition to **-e** (**der Baum**, **die Bäume**, etc.):
>
> MASCULINE   der Ausflug, die Ausflüge; der Hut, die Hüte; der Sohn, die Söhne; der Stuhl, die Stühle; der Zug, die Züge
>
> FEMININE   die Nacht, die Nächte; die Stadt, die Städte; die Wand, die Wände

9. Repetition

Manche Städte haben **wenige** (*few*) Bäume.   Bleistifte, Briefe, Hefte und Hüte liegen auf den Tischen und Stühlen.
In diesen Zimmern sind viele Stühle blau.   Welche **Farbe** (*color*) haben die Busse in Berlin?
Heute schreibe ich Briefe an Freunde.

10. Noun Substitution

Diese Schiffe fahren schnell.

_____ (Zug) _____.   Diese Züge fahren schnell.

_____ (Autobus) _____ .   Diese Autobusse fahren schnell.
_____ (Bus) _____ .   Diese Busse fahren schnell.

Liese hat viele Bleistifte.

_____ (Freund).   Liese hat viele Freunde.
_____ (Heft).   Liese hat viele Hefte.
_____ (Hut).   Liese hat viele Hüte.
_____ (Brief).   Liese hat viele Briefe.

Auf den Tischen sehe ich Hefte.

_____ (Bleistift).   Auf den Tischen sehe ich Bleistifte.
_____ (Brief).   Auf den Tischen sehe ich Briefe.
_____ (Hut).   Auf den Tischen sehe ich Hüte.
_____ (Wort).   Auf den Tischen sehe ich Worte.

11. Singular > Plural

Was hängt an der Wand?   *Was hängt an den Wänden?*

Ich kenne diese Stadt gut.   Ich kenne diese Städte gut.
Der Zug ist lang.   Die Züge sind lang.
Siehst du den Stuhl da?   Siehst du die Stühle da?
Er spricht mit meinem Sohn.   Er spricht mit meinen Söhnen.
Wo liegt mein Hut?   Wo liegen meine Hüte?
Was liegt auf dem Stuhl?   Was liegt auf den Stühlen?
Unter dem Baum sitzen einige   Unter den Bäumen sitzen einige
  Mädchen.   Mädchen.
Der Weg ist kurz.   Die Wege sind kurz.

V. NOUN PLURALS WITH -ER

> The nouns that add **-er** in forming their plurals also add an umlaut in the stem syllable whenever possible:
>
> NEUTER   das Bild, die Bilder; das Kind, die Kinder; das Buch, die Bücher; das Haus, die Häuser; das Fahrrad, die Fahrräder; das Schwimmbad, die Schwimmbäder; das Wort, die Wörter (*isolated or unconnected words*)
>
> MASCULINE   der Mann, die Männer; der Wald, die Wälder

12. Repetition

Viele Bilder hängen an den Wänden.   Diese Stadt hat zwei Schwimmbäder.
Die Häuser dieser Städte sind alt.   Ich spreche gern mit Kindern.
In welchen Häusern wohnen die   Diese Männer sind meine Freunde.
  Studenten?   Kennst du die Söhne dieser Männer?
Viele Fahrräder stehen vor den
  Häusern.

13. Singular > Plural

Hier ist mein Bild.   *Hier sind meine Bilder.*

Das liest man in keinem Buch.	Das liest man in keinen Büchern.
Es steht in diesem Buch.	Es steht in diesen Büchern.
Ich weiß nicht, wo das Haus ist.	Ich weiß nicht, wo die Häuser sind.
Wo ist der Wald?	Wo sind die Wälder?
Weißt du, wer in diesem Haus wohnt?	Weißt du, wer in diesen Häusern wohnt?
Welches Haus gehört Professor Müller?	Welche Häuser gehören Professor Müller?
Das Fahrrad ist grün.	Die Fahrräder sind grün.
Ich habe kein Kind.	Ich habe keine Kinder.
Welchen Mann kennen Sie?	Welche Männer kennen Sie?
Ich spreche gern mit diesem Kind.	Ich spreche gern mit diesen Kindern.
Kennen Sie die Freunde meines Kindes?	Kennen Sie die Freunde meiner Kinder?
Kennst du die Kinder dieses Mannes?	Kennst du die Kinder dieser Männer?
Mancher Mann weiß das.	Manche Männer wissen das.
Wo ist das Schwimmbad?	Wo sind die Schwimmbäder?

VI. **DER**-WORDS AS PRONOUNS

> When used as pronouns, the **der**-words (**der**, **das**, **die**, **dieser**, **jener**, etc.) take their usual declensional endings:
>
> Kennen Sie diese Frau? Nein, **die** kenne ich nicht.
> Kennen Sie den Bürgermeister? Nein, **den** kenne ich nicht.
> Die Studenten sind schon hier, und **jeder** hat ein Buch.
> Da sind die Bücher. **Welches** möchten Sie denn lesen?
>
> **Das** is often used at or near the beginning of a sentence to refer to nouns of all genders and numbers:
>
> **Das** ist mein Bruder.
> **Das** ist meine Schwester.
> **Das** (*those*) sind meine Bücher.
>
> The pronoun **dies** is sometimes used in a similar manner:
>
> **Dies** (*this*) ist mein Buch; **dies** (*these*) sind meine Bücher.

14. Repetition

Kennst du Rolf? Ja, **den** kenne ich.	Kennen Sie jedes Mädchen in der Klasse? Nein, **jedes** kenne ich nicht.
Ist die Prüfung schwer? Ja, **die** ist schwer.	Kennen Sie jeden Lehrer in der Schule? Nein, **jeden** kenne ich nicht.
Das sind meine Eltern.	

15. Statement > Question

Hier sind die Bücher.   *Welches wollen Sie?*

Hier sind die Bleistifte.   Welchen wollen Sie?
Hier sind die Hefte.   Welches wollen Sie?
Hier sind die Äpfel.   Welchen wollen Sie?
Hier sind die Kugelschreiber.   Welchen wollen Sie?
Hier sind die Zimmer.   Welches wollen Sie?

16. Question-Answer

Kennen Sie jeden Lehrer?   *Nein, ich kenne nicht jeden.*

_____ (Lehrerin)?   Nein, ich kenne nicht jede.
_____ (Kind)?   Nein, ich kenne nicht jedes.
_____ (Vetter)?   Nein, ich kenne nicht jeden.

Kennst du Oskar?   *Ja, den kenne ich gut!*

Kennst du Trudi?   Ja, die kenne ich gut!
Kennst du Kurt und Dieter?   Ja, die kenne ich gut!
Kennst du den Deutschlehrer?   Ja, den kenne ich gut!

17. Singular > Plural

Das ist mein Bruder.   *Das sind meine Brüder.*

Das ist mein Apfel.   Das sind meine Äpfel.
Das ist mein Freund.   Das sind meine Freunde.
Das ist meine Tochter.   Das sind meine Töchter.
Das ist mein Brief.   Das sind meine Briefe.
Das ist mein Bus.   Das sind meine Busse.
Das ist mein Kind.   Das sind meine Kinder.

VII. ENGLISH-GERMAN PATTERNS

1. I'm writing to my friends. (**an** + accusative)
2. Do you (**du**) know the address of these friends?
3. Put (**du** form) this letter in that mailbox, please.
4. Where are the friends of these men?
5. Are children's books in this room?
6. Who are the teachers of my sons?
7. Why are you (**du**) traveling with such men?
8. Which girl is staying home?
9. We visit many a city.
10. They are sleeping under those trees.
11. Who is sitting down next to that gentleman?
12. My teacher (*m.*) has two sons and three daughters.

Wieviel hast du
Brüder?

13. How many brothers do you (**du**) have?
14. Do you (**Sie**) have two cars? (**Wagen**)
15. Those apples are not red.
16. Which ones do you mean?
17. Those on the table.
18. The windows in these rooms are large.
19. Some (**manche**) houses have only five rooms.
20. The teacher hangs many pictures on the walls.
21. Are you (**du**) making an excursion to the lake?
22. How often do you (**du**) take a stroll through the city?
23. Where can you (**ihr**) find a parking place?
24. Do you (**du**) know where the tent is?

COMMUNICATION CHALLENGES

Personalized Questions

1. Wie oft machen Sie Ausflüge?   2. Wo reisen Sie hin?   3. Ist die Luft in einem Wald auch im Winter herrlich?   4. Warum ist es besser, im Sommer einen Ausflug zu machen?   5. Wie kann man in die Berge fahren?   6. Mögen Sie die Stille im Wald?   7. Gefällt es Ihnen, einen Bummel durch die Innenstadt zu machen?   8. Finden Sie einen Spaziergang im Park sehr angenehm?   9. Sind alle Schaufenster, wo Sie wohnen, schön dekoriert?   10. Essen Sie gern Apfelstrudel? 11. Kennen Sie ein Café oder ein Restaurant, wo man Käsetorte verkauft? 12. Gehen Sie ab und zu picknicken?   13. Wann machen Sie gern ein Picknick? 14. Gefällt es lhnen besser, in **dem** See oder in **der** See zu schwimmen?   15. Wie ist das Wasser in einem Bergsee?   16. Ist es schwer, einen Campingplatz zu finden?   17. Wie ist die Sommerluft in Kalifornien?   18. Wie ist die Winterluft in Chicago?   19. Warum bleiben Sie im Klassenzimmer, wenn das Wetter herrlich ist?   20. Wie entspannen Sie sich?

Directed Questions

1. Fragen Sie Herrn _____, ob er gern eine Reise nach Europa macht!
2. Fragen Sie Fräulein _____, wie oft sie schwimmen geht!
3. Fragen Sie Fräulein _____, ob sie nicht weit von einem See wohnt!
4. Fragen Sie Herrn _____, wann er fischen (angeln) geht!
5. Fragen Sie Herrn _____, ob die Luft in diesem Klassenzimmer zu warm ist!
6. Fragen Sie Fräulein _____, ob sie heute einen Spaziergang machen möchte!

7. Fragen Sie Herrn _____, warum Camping Spaß macht!
8. Fragen Sie Fräulein _____, ob sie diese Klasse zu anstrengend findet!

Sentence Challenge

Use each of the following words in a sentence of four or more words. Begin with something other than the subject.

1. dekorieren 2. Spaß 3. vorne 4. zelten 5. Bummel 6. Forsthaus
7. wandern 8. Kirschtorte 9. Spaziergang 10. ausgezeichnet
11. Schlagsahne 12. Waldweg 13. brauchen 14. ab und zu 15. entspannen
(*reflex.*) 16. Innenstadt 17. Schaufenster 18. picknicken 19. Zeltplatz
20. Wanderung

Vocabulary Challenge

Explain in German the meaning of each of the following words.

1. Spaziergang 2. Restaurant 3. wandern 4. herrlich
5. Sonntagnachmittagsausflug 6. Waldweg

Original Story Challenge

The instructor will provide the first sentence of a story. Each student, in turn, will add one additional sentence until each one has had an opportunity to participate.

Example: 1. Ein Mädchen wohnt in einem Forsthaus.
2. Sie heißt Liese.
3. Sie ist sehr schön.
4. Das Forsthaus ist nicht weit von einem See.
5. (**Und so weiter**—*and so on*).

Directed Communication Challenge

You and two friends take a trip into the mountains. You hope to find a nice mountain lake where you can fish, swim, and perhaps camp for the night. Finally you see a lake up ahead. You ask each other many questions: Is there a camping place? (Use **Gibt es?** for *Is there?* followed by the accusative case.) Are there *fish* (**Fische**) in the lake? Can one swim in the lake? Is the water too cold? Where can one camp? Does it become very cold at night? Where are the campgrounds? Two of you decide to go fishing in a small boat. If the water isn't too cold, you may go swimming too. The other member of your group wants to go hiking *alone* (**allein**). One can hike through a small forest to a nearby mountain. You are to meet at the campground at six o'clock in the evening. At seven o'clock your friend is still not there. Where can he be? It's getting *dark* (**dunkel**) too, and it's rather cold. Are there *bears* (**Bären**) in the woods? Can't he find the lake or the campground? Who will help you find your friend? What can you do? Don't keep us in suspense. Tell us whether you ever find your friend, or whether he ever finds you.

ACTIVE VOCABULARY

alt old
angeln fish
anstrengend strenuous
der **Apfelstrudel** apple strudel
der **Ausflug** outing, excursion
ausgezeichnet excellent
der **Bummel** stroll
das **Café** café
darum therefore
dekorieren decorate
dunkel dark
entspannen (*reflex.*) relax
die **Farbe** (*pl.* **-n**) color
der **Fisch** (*pl.* **-e**) fish
fischen fish
das **Forsthaus** forester's house
die **Gesundheit** health
die **Innenstadt** downtown
die **Käsetorte** cheese cake
die **Kirschtorte** cherry cake
die **Luft** air

mancher many a; (*pl.*) some
parken park
picknicken picnic
das **Schaufenster** shop window
die **Schlagsahne** whipped cream
solcher such (a)
der **Sonntagnachmittagsausflug**
     Sunday afternoon outing
der **Spaß** fun
der **Spaziergang** walk
die **Stille** quiet, tranquility
das **Studium** study
vorne ahead
der **Wald** forest
der **Waldweg** forest road or path
wandern hike, go on foot, wander
weiter farther
wenige few
zelten camp
ziemlich rather, fairly

Idioms and Helpful Expressions

Sie gehen voran. They walk ahead.
Er kommt langsam nach. He comes slowly after (them).
ab und zu now and then
Machst du einen Spaziergang? Are you taking a walk?
Das macht Spaß. That's fun.
Und so weiter and so forth
Gibt es . . .? Are there . . .?

Die gute Luft

In keinem anderen Land spricht man so viel über Luft[1] wie in Deutschland. Man unterscheidet[2] zwischen Sommerluft, Winterluft, Landluft, Seeluft, Bergluft

---

[1] air   [2] distinguishes

A

usw. Für viele Deutsche ist die Luft eine Medizin, die Lungen, Magen-, Nerven- und Blutkrankheiten verhindern[3] oder kurieren[4] kann. Westerland auf der Insel Sylt[5] in der Nordsee ist ein berühmter Kurort[6] (**A**). Die beiden Mädchen schauen sich die Badegäste an, die sich in ihrem Strandkorb umgekleidet haben[7] und jetzt ein Sonnenbad nehmen oder im Wasser spielen. Wegen der guten Luft ist der Strand[8] auf dieser Insel auch im Winter beliebt.

   Auch die Seen ziehen viele Besucher an[9], besonders im Sommer. Westberliner gehen gern an ihr beliebtes Strandbad Wannsee (**B**).

   Da ein Luftkurort nur reine[10] Luft zu haben braucht, sind viele Dörfer in den Bergen zu Kurorten geworden. Mancher unternehmungslustige[11] Bauer verkauft heute seine Landluft an die Stadtleute, indem er Zimmer an sie vermietet[12].

   Bei den Stadtbewohnern[13] ist Camping (**C**) in den letzten Jahren sehr beliebt geworden[14]. Es ist für einen Städter ein schönes Erlebnis[15], abends unter den

---

[3] prevent lung, stomach, nerve, and blood diseases   [4] cure   [5] Island of Sylt   [6] famous health resort   [7] have changed clothes in their large wicker beach chair   [8] strand, beach [9] (*ziehen . . . an*) attract   [10] pure   [11] enterprising   [12] (*indem er . . . vermietet*) in that he rents   [13] city inhabitants   [14] has become   [15] experience

B

C

D

Sternen[16] zu schlafen und die frische Bergluft oder Waldluft einzuatmen[17]. Zum Camping gehören ein Auto, ein Zelt, Proviant[18] und eine Straßenkarte, die zeigt, wo die Zeltplätze liegen. Man kann auch außer Landes fahren, denn Campingplätze gibt es seit dem Zweiten Weltkrieg[19] überall[20] in Europa.

Schon im letzten Jahrhundert[21] begannen europäische Ärzte[22] Alpenluft als Heilmittel[23] gegen Tuberkulose zu verschreiben[24]. Um die Lungenkranken unterzubringen[25], baute[26] man Sanatorien[27], die als Heilanstalten[28] in der ganzen Welt berühmt wurden. Zur gleichen Zeit[29] entdeckte[30] man die Schönheit der Berge. Zuerst[31] kamen die Reichen in Kutschen[32]; später reisten Touristen aus aller Welt mit der Eisenbahn (**D**), dem Auto und dem Flugzeug in die Alpenländer, um die Bergluft zu genießen[33] und die schneebedeckten[34] Alpen zu bewundern[35] und zu besteigen[36].

---

[16] stars   [17] to breathe in   [18] provisions, food   [19] World War II   [20] everywhere
[21] last century   [22] physicians   [23] medicine, cure   [24] prescribe   [25] house, shelter
[26] built   [27] sanatoriums   [28] hospitals   [29] at the same time   [30] discovered   [31] at first   [32] the rich people in coaches   [33] enjoy   [34] snow-covered   [35] admire
[36] climb

E

Daß junge Menschen gerne im Sonnenschein sitzen, oder vielleicht liegen, wissen wir schon lange. Auch diese Studenten in Westberlin nutzen[37] jede freie Minute zwischen den Vorlesungen, um sich in Luft und Sonne zu entspannen (**E**).

[37] use

Aufgabe Neun

Unter Freunden

Bruno Lehmann besucht Rudi Wolf in seinem Zimmer und spricht mit ihm über dieses und jenes.

1 RUDI: (Es klopft.) Herein!
2 BRUNO: Guten Abend, Rudi! Stör' ich?
3 RUDI: Nein, gar nicht. Setz dich doch! Was gibt's Neues? *Es gibt's nichts Neues.*
4 BRUNO: Wenig. Wo ist dein Nachbar, Kurt Wagner?
5 RUDI: Keine Ahnung. Vielleicht ist er immer noch im Konzert.
6 BRUNO: Im Konzert? Ich würde lieber ins Kino gehen!
7 RUDI: Ich höre, du kennst Luise Rösch.
8 BRUNO: Ja, wir gehen morgen abend ins Kino.
9 RUDI: So? Ich wünsche dir viel Spaß.
10 BRUNO: Danke.
11 RUDI: H—ha—hatschi!
12 BRUNO: Gesundheit! Hoffentlich erkältest du dich nicht.
13 RUDI: Zu spät! Mein Hals tut mir weh, und Kopfschmerzen habe ich auch!
14 BRUNO: Am besten, du gehst gleich ins Bett! Morgen fängt eine neue Woche an.
15 RUDI: Ja, ich weiß, und ich freue mich schon darauf. Es wird schon mit dem Schnupfen gehen.
16 BRUNO: Gute Nacht! Ich will auch ins Bett. Schlaf gut!
17 RUDI: Danke, gleichfalls.

Fragen

1. Was sagt man gewöhnlich, wenn es klopft?   2. Sprechen Rudi und Bruno über das Wetter?   3. Wo ist Kurt Wagner?   4. Wohin geht Bruno mit Luise? 5. Wer hat sich erkältet?   6. Wo hat er Schmerzen?   7. Wohin soll Rudi sofort gehen?   8. Wohin will Bruno auch gehen?

Lesson Nine

Among Friends

Bruno Lehmann visits Rudi Wolf in his room and talks with him about this and that.

1 RUDI: (Someone knocks.) Come in!
2 BRUNO: Good evening! Am I disturbing you?
3 RUDI: No, not at all. Sit down! What's new?
4 BRUNO: Not much (little). Where's your neighbor, Kurt Wagner?
5 RUDI: (I have) no idea. Perhaps he's still at the concert.
6 BRUNO: At the concert? I'd rather go to the movies!
7 RUDI: I hear that you know Luise Rösch.
8 BRUNO: Yes, we're going to the movies tomorrow night.
9 RUDI: You are? I hope you have a good time. (I wish you lots of fun.)
10 BRUNO: Thanks.
11 RUDI: A—ach—achoo!
12 BRUNO: Gesundheit! Let's hope you're not catching cold!
13 RUDI: Too late! My throat is sore, and I have a headache, too.
14 BRUNO: You'd better go straight to bed. Tomorrow a new week begins.
15 RUDI: Yes, I know, and I'm surely looking forward to it. My cold won't trouble me.
16 BRUNO: Good night! I want to get to bed, too. Have a good sleep!
17 RUDI: Thanks. Same to you (likewise).

VOCABULARY BUILDING

Der menschliche Körper *(The Human Body)*

Jeder normale Mensch[1] hat
- zwei Augen. (das Auge)[2]
- zwei Ohren. (das Ohr)[3]
- zwei Beine. (das Bein)[4]
- zwei Knie. (das Knie)
- zwei Arme. (der Arm)
- zwei Ellbogen. (der Ellbogen)
- zwei Füße. (der Fuß)
- zwei Hände. (die Hand)
- zwei Schultern. (die Schulter)
- zwei Lippen. (die Lippe)

Er hat aber nur
- ein Gesicht.[5] *(n.)*
- ein Kinn.[6] *(n.)*
- ein Herz.[7] *(n.)*
- einen Kopf.[8] *(m.)*
- einen Hals.[9] *(m.)*
- einen Magen.[10] *(m.)*
- einen Mund.[11] *(m.)*
- eine Zunge.[12] *(f.)*
- eine Nase.[13] *(f.)*

Er hat auch zehn Finger und zehn Zehen. (der Finger, die Zehe)[14]

Das Haar dieses Mädchens gefällt mir.

Finden Sie manchmal Haare in der Suppe?[15]

Gesundheit *(Health)*

Wie fühlen Sie sich?
- Sehr schlecht![16]
- Ich fühle mich heute viel besser.
- Ich fühle mich nicht sehr wohl.[17]

Was fehlt Ihnen?[18] Ich habe
- Zahnschmerzen (Zahnweh).[19]
- Halsschmerzen (Halsweh).
- Kopfschmerzen (Kopfweh).

Haben Sie
- einen Schnupfen?[20]
- eine Erkältung?[21]
- sich erkältet?
- Fieber? *(n.)*

Nehmen Sie
- diese Medizin!
- diese Kopfschmerztabletten!
- diese Pillen!

---

[1] human being　　[2] eye　　[3] ear　　[4] leg　　[5] face　　[6] chin　　[7] heart　　[8] head　　[9] neck
[10] stomach　　[11] mouth　　[12] tongue　　[13] nose　　[14] toe　　[15] soup　　[16] Very bad!
[17] well　　[18] What's the matter?　　[19] toothache　　[20] head cold　　[21] cold

Vocabulary Building Questions

1. Haben Sie nur ein Kinn oder zwei?   2. Wie viele Finger haben Sie?   3. Haben Sie oft Halsschmerzen?   4. Was fehlt Ihnen heute?   5. Was tun Sie, wenn Sie Fieber haben?   6. Wann nehmen Sie Medizin?

CONVERSATIONAL PATTERNS

I. **EIN**-WORDS

The possessive adjectives have the same endings as **ein** and **kein**. For this reason they are usually called **ein**-words.

mein	*my*	**unser**	*our*
dein	*your* (*fam. sing.*)	**euer**	*your* (*fam. pl.*)
sein	*his*	**ihr**	*their*
ihr	*her*	**Ihr**	*your* (*sing. and pl.*)
sein	*its*		

1. Repetition

Mein Arzt heißt Doktor Gerken.
Sein Sohn arbeitet auf der Bank.
Wo ist **deine** Medizin?

Unsere Großmutter fühlt sich nicht wohl.
Ihre (*her*) Medizin liegt auf dem Tisch.
Nehmt **eure** Pillen, Kinder!

2. **Ein**-Word Substitution

Das ist meine **Krankenschwester** (*nurse*).

_____ (unser) _____.
_____ (sein) _____.
_____ (ihr, *her*) _____.
_____ (Ihr) _____.

Das ist unsere Krankenschwester.
Das ist seine Krankenschwester.
Das ist ihre Krankenschwester.
Das ist Ihre Krankenschwester.

Das ist sein Arzt.

_____ (unser) _____.
_____ (mein) _____.
_____ (ihr, *their*) _____.
_____ (euer) _____.

Das ist unser Arzt.
Das ist mein Arzt.
Das ist ihr Arzt.
Das ist euer Arzt.

Kennen Sie meinen Vater?

_____ (unser) _____?
_____ (sein) _____?
_____ (ihr, *their*) _____?

Kennen Sie unseren Vater?
Kennen Sie seinen Vater?
Kennen Sie ihren Vater?

Wollen Sie mit unserer Mutter sprechen?

_____ (sein) _____?   Wollen Sie mit seiner Mutter sprechen?
_____ (ihr, *her*) _____?   Wollen Sie mit ihrer Mutter sprechen?
_____ (mein) _____?   Wollen Sie mit meiner Mutter
                                        sprechen?
_____ (Ihr) _____?   Wollen Sie mit Ihrer Mutter sprechen?

Wollen Sie mit meinem Arzt sprechen?

_____ (unser) _____?   Wollen Sie mit unserem Arzt sprechen?
_____ (ihr, *their*) _____?   Wollen Sie mit ihrem Arzt sprechen?
_____ (sein) _____?   Wollen Sie mit seinem Arzt sprechen?

Das ist der Arzt ihrer (*their*) Mutter.

_____ (unser) _____.   Das ist der Arzt unserer Mutter.
_____ (sein) _____.   Das ist der Arzt seiner Mutter.
_____ (mein) _____.   Das ist der Arzt meiner Mutter.
_____ (dein) _____.   Das ist der Arzt deiner Mutter.

Hier ist das Buch meines Kindes.

_____ (ihr, *her*) _____.   Hier ist das Buch ihres Kindes.
_____ (sein) _____.   Hier ist das Buch seines Kindes.
_____ (unser) _____.   Hier ist das Buch unseres Kindes.
_____ (Ihr) _____.   Hier ist das Buch Ihres Kindes.
_____ (euer) _____.   Hier ist das Buch eures Kindes.

Meine Eltern sind hier.

(Unser) _____.   Unsere Eltern sind hier.
(Sein) _____.   Seine Eltern sind hier.
(Ihr, *their*) _____.   Ihre Eltern sind hier.
(Dein) _____.   Deine Eltern sind hier.

Kennen Sie meine Freunde?

_____ (unser) _____?   Kennen Sie unsere Freunde?
_____ (sein) _____?   Kennen Sie seine Freunde?
_____ (ihr, *their*) _____?   Kennen Sie ihre Freunde?

Sprechen Sie oft mit meinen Eltern?

_____ (unser) ____?   Sprechen Sie oft mit unseren Eltern?
_____ (sein) ____?   Sprechen Sie oft mit seinen Eltern?
_____ (ihr, *her*) ____?   Sprechen Sie oft mit ihren Eltern?

Kennen Sie die Lehrer meiner Kinder?

_____ (unser) ____?   Kennen Sie die Lehrer unserer Kinder?
_____ (sein) ____?   Kennen Sie die Lehrer seiner Kinder?

_____ (ihr,
their) ___?

Kennen Sie die Lehrer ihrer Kinder?

_____ (Ihr) ___?

Kennen Sie die Lehrer Ihrer Kinder?

3. Question-Answer

Haben Sie meinen Bleistift?

Nein, ich habe Ihren Bleistift nicht.

Haben Sie meine Bücher?

Nein, ich habe Ihre Bücher nicht.

Haben Sie mein Heft?

Nein, ich habe Ihr Heft nicht.

Kennen Sie meinen Vater?

Nein, ich kenne Ihren Vater nicht.

Kennen Sie den Bruder meines Vaters?

Nein, ich kenne den Bruder Ihres Vaters nicht.

Kennen Sie meine Lehrerin?

Nein, ich kenne Ihre Lehrerin nicht.

Ist das sein Bleistift?

Nein, das ist nicht sein Bleistift, sondern ihr Bleistift.

Ist das seine Mutter?

Nein, das ist nicht seine Mutter, sondern ihre Mutter.

Ist das der Freund seines Vaters?

Nein, das ist nicht der Freund seines Vaters, sondern ihres Vaters.

Kennen Sie seinen Vater?

Nein, ich kenne nicht seinen Vater, sondern ihren Vater.

Ist das der Wagen Ihres Vaters?

Nein, das ist nicht der Wagen meines Vaters, sondern ihres (of their) *Vaters.*

Ist das dein Bleistift?

Nein, das ist nicht mein Bleistift, sondern ihr Bleistift.

Ist das Ihre Mutter?

Nein, das ist nicht meine Mutter, sondern ihre Mutter.

Schreiben Sie Ihrem Freund?

Nein, ich schreibe nicht meinem Freund, sondern ihrem Freund.

Gehört dieses Buch Ihrem Lehrer?

Nein, das gehört nicht meinem Lehrer, sondern ihrem Lehrer.

Ist das die Mutter deiner Freundin?

Nein, das ist nicht die Mutter meiner Freundin, sondern ihrer Freundin.

II. EIN-WORDS AS PRONOUNS

> Possessive adjectives, as well as **ein** and **kein**, are sometimes used as pronouns, in which case they take the same endings as the **der**-words; however, in spoken German the **e** preceding the ending **-s** is often omitted.
>
> Nur zwei Männer sind hier; **einer** (*one*) ist krank.
> Meine Mutter ist hier, und **seine** (*his*) kommt heute abend.
> Wo ist Ihr Buch? **Mein(e)s** ist zu Hause.

4. Repetition

Mein Vater ist hier. Wo ist **Ihrer**?
Meiner ist zu Hause.
Ich habe ein Buch, Karl hat auch **eins**,
  aber Gerd hat **keins**.

Stefans Lehrer spricht Spanisch, aber
  unserer spricht Deutsch.
Ich möchte Ihnen **eines** (*one thing*)
  sagen.
Da liegt sein Buch. Wo ist **Ihres**?

5. Question-Answer

Ist das Ihr Heft?

Ja, das ist meines.

Haben Sie einen Bleistift?

Ja, ich habe einen.

Haben Sie ein Buch?

Ja, ich habe eines.

Ist das Ihre (*pl.*) Schreibmaschine?

Ja, das ist unsere.

Ist das sein Kugelschreiber?

Ja, das ist seiner.

Haben Sie eine **Füllfeder** (*fountain
  pen*)?

Ja, ich habe eine.

Hast du einen Wagen?

Ja, ich habe einen.

III. NOUN PLURALS WITH -N, -EN, -NEN

The following nouns add **-n** to form their plurals:

FEMININE   die Aufgabe, die Aufgaben; die Blume, die Blumen; die Briefmarke, die Briefmarken; die Farbe, die Farben; die Klasse, die Klassen; die Krawatte, die Krawatten; die Kusine, die Kusinen; die Lippe, die Lippen; die Minute, die Minuten; die Pille, die Pillen; die Rose, die Rosen; die Schule, die Schulen; die Straße, die Straßen; die Stunde, die Stunden; die Tante, die Tanten; die Woche, die Wochen; die Nummer, die Nummern; die Schulter, die Schultern; die Schwester, die Schwestern

MASCULINE   der Junge, die Jungen; der Neffe, die Neffen; der Vetter, die Vettern

Some nouns add **-en** to form their plurals (**die Tür, die Türen,** etc.):

FEMININE   die Frau, die Frauen; die Universität, die Universitäten; die Buchhandlung, die Buchhandlungen; die Vorlesung, die Vorlesungen; die Zeitung, die Zeitungen

MASCULINE   der Herr, die Herren; der Mensch, die Menschen; der Student, die Studenten; der Professor, die Professoren (*shift of stress*)

Those nouns that end in **-in** add **-nen** to form their plurals (**die Studentin, die Studentinnen,** etc.):

FEMININE   die Freundin, die Freundinnen; die Sekretärin, die Sekretärinnen

The nouns **Junge, Knabe, Neffe,** and **Herr** also add **-n** in the accusative, dative, and genitive singular; **Mensch** and **Student** add **-en.**

6. Repetition

Wie viele Sprachen sprichst du?
Kennen Sie seine Kusinen?
Gustav hat viele Freundinnen.
Wie viele Universitäten gibt es bei
Ihnen?

Jeder Mensch hat zwei Lippen und
zwei Schultern.
Diese Aufgaben sind leicht, nicht
wahr?
Kennen Sie diese Jungen?
Findest du die Vorlesungen
interessant?

7. Singular > Plural

Wollen Sie diese Briefmarke?

Wollen Sie diese Briefmarken?

Gefällt Ihnen die Farbe dieser
Krawatte?
Ist das die Freundin seiner Schwester?

Gefallen Ihnen die Farben dieser
Krawatten?
Sind das die Freundinnen seiner
Schwestern?

Steht das in der Zeitung?
Kennen Sie unseren Vetter gut?
Unsere Schule ist modern.
Diese Straße ist **breit** (*broad*).
Nimm diese Pille!
Welche Rose gefällt dir?
Bei welcher Buchhandlung kaufen Sie
Ihre Bücher?
Wie heißt Ihre Sekretärin?
Ich kann diese Frau nicht verstehen.
Wartest du auf diesen Herrn?
Ist die Vorlesung interessant?
Wie lange kennen Sie schon diese
Familie?
Welche Universität will er besuchen?

Steht das in den Zeitungen?
Kennen Sie unsere Vettern gut?
Unsere Schulen sind modern.
Diese Straßen sind breit.
Nimm diese Pillen!
Welche Rosen gefallen dir?
Bei welchen Buchhandlungen kaufen
Sie Ihre Bücher?
Wie heißen Ihre Sekretärinnen?
Ich kann diese Frauen nicht verstehen.
Wartest du auf diese Herren?
Sind die Vorlesungen interessant?
Wie lange kennen Sie schon diese
Familien?
Welche Universitäten will er besuchen?

IV. NOUN PLURALS WITH -S

The following nouns of foreign origin that have already been introduced add
-s in the plural:

NEUTER   das Auto, die Autos; das Baby, die Babys; das Büro, die Büros; das
Hotel, die Hotels; das Restaurant, die Restaurants; das Sofa, die Sofas; das
Taxi, die Taxis
MASCULINE   der Scheck, die Schecks
FAMILIES   Schmidts, Müllers, *etc.*

8. Repetition

Reisen Sie manchmal ohne
  Reiseschecks?

Vor dem Bahnhof stehen viele Taxis
  und Autos.

Um sechs Uhr kommen viele
  Menschen aus den Büros.

Sind Meyers und Schmidts Ihre
  Freunde?

Die Hotels mancher Städte sind nicht
  groß.

Touristen wohnen in Hotels und essen
  in Restaurants.

9. Noun Substitution

In dieser Stadt gibt es viele Autos.

_____ (Büro).	In dieser Stadt gibt es viele Büros.
_____ (Hotel).	In dieser Stadt gibt es viele Hotels.
_____ (Restaurant).	In dieser Stadt gibt es viele Restaurants.
_____ (Baby).	In dieser Stadt gibt es viele Babys.
_____ (Taxi).	In dieser Stadt gibt es viele Taxis.

V. ENGLISH-GERMAN PATTERNS

1. What is wrong with your (**Sie** form) secretary?
2. Do you (**du**) know our doctor?
3. Does your (**du** form) cousin know their family?
4. He buys my sister flowers.
5. I remember the books.
6. I'm glad to see you. (**du** form)
7. What do you (**du**) want to buy yourself?
8. I want to buy myself two neckties.
9. How often do you (**du**) brush your teeth, my child?
10. Her father is here. Where is his?
11. Do you (**Sie**) have a pencil? I have one.
12. Do you have your (**Sie** form) book? Mine is at home.
13. The professor's books are on those two tables.
14. They are waiting for their families.
15. What's new?
16. Is someone knocking?
17. I have no idea.
18. Do you (**Sie**) have a headache?
19. Why don't you (**Sie**) go to bed?
20. Are you (**du**) still here?
21. She is staying with her sisters.
22. They spend a lot of time on our streets.
23. Is your (**du** form) uncle's money in the bank?
24. All except these men may go home.
25. How do you (**du**) feel today?
26. What's wrong with you? (**ihr** form)

COMMUNICATION
CHALLENGES

Personalized Questions

1. Was sagen Sie, wenn ein Freund an die Tür klopft?   2. Störe ich Sie, wenn ich **eine Frage stelle** (*ask a question*)?   3. Setzen Sie sich gewöhnlich auf den Tisch oder an den Tisch, wenn Sie essen?   4. Wie oft gehen Sie ins Kino?
5. Interessieren Sie sich für Musik?   6. Erkälten Sie sich oft im Frühjahr?
7. Gehen Sie immer um neun Uhr ins Bett?   8. Wann fängt eine neue Woche an?
9. Wie fühlen Sie sich heute?   10. Haben Sie einen Schnupfen?   11. Welche Pillen oder Tabletten nehmen Sie?   12. Haben Sie Fieber?   13. Haben Sie Kopfweh (Kopfschmerzen), wenn Sie eine Prüfung machen?   14. Fühlen Sie sich oft schlecht?   15. Kostet es viel oder wenig, wenn man zum Arzt (Doktor der Medizin) geht?   16. Ist es besser, ins Krankenhaus zu gehen?   17. Ist es **billiger** (*cheaper*), wenn man **stirbt** (*dies*)?   18. Finden Sie alle Krankenschwestern sehr nett?   19. Werden Sie **böse** (*angry*), wenn Sie Haare in der Suppe finden?
20. Haben Sie braune, schwarze, weiße, grüne, blaue, graue oder rote Augen?

Directed Questions

1. Fragen Sie Fräulein _____, ob jeder normale Mensch vier Augen hat!
2. Fragen Sie Herrn _____, ob er sich das Bein **gebrochen** (*broken*) hat!
3. Fragen Sie Herrn _____, wie er sich heute fühlt!
4. Fragen Sie Fräulein _____, ob sie sich auf den Sommer freut!
5. Fragen Sie Herrn _____, wie oft er Kopfschmerzen hat!
6. Fragen Sie Fräulein _____, wie ihre **Zimmerkollegin** (*roommate*) heißt!

Sentence Challenge

Use each of the following words in a sentence of four or more words. Make questions of the uneven numbers: 1, 3, 5, etc.

1. Konzert   2. Nachbar   3. Kino   4. Nacht   5. weh   6. wünschen
7. Zimmerkollegin   8. hoffentlich   9. böse   10. Arzt   11. sterben
12. Krankenschwester   13. Magen   14. Ohren   15. Zunge   16. Zahnschmerzen
17. Erkältung   18. normal   19. schlecht   20. allein

Vocabulary Challenge

Explain in German the meaning of each of the following words.

1. Schnupfen   2. Bett   3. klopfen   4. Prüfung   5. Konzert
6. Krankenschwester

Retold Story Challenge

The instructor will tell a short story. Students will then be expected to retell the story. Each student, by competitive group or by seating arrangement, should add one sentence to whatever has already been related until the whole story has been retold.

Directed Communication Challenge

While visiting a friend, you suddenly feel ill. What is wrong? (Was ist los?) Do you have a headache, head cold, sore throat, stomach-ache, or fever? You are too young to die. Where does the doctor (physician) live? What time is it? Is his *office* (**das Büro**) far from here? Perhaps he is still in the office. Your friend calls a taxi. You drive fast to the address of the doctor, then hurry into his office. The nurse tells you to sit down for a few minutes; the doctor will see you soon. Now you begin to feel better. Perhaps you can hurry home and go to bed right away; then you will feel still better. *Besides* (**außerdem**), it's much cheaper. It costs *a lot* (**viel**) to visit the doctor's office. Let's go! It's probably just a stomachache (future tense plus **wohl**). *Next time* (**nächstes Mal**) you won't eat so much *sauerkraut* (**das Sauerkraut**).

ACTIVE VOCABULARY*

die **Ahnung, -en**   idea, notion
anfangen   begin
außerdem   besides, moreover
billig   inexpensive, cheap; **billiger**
  cheaper
böse   angry
brechen (er bricht)   break; **gebrochen**
  broken
breit   broad
das **Büro, -s**   office
fehlen   be missing, be absent
die **Füllfeder, -n**   fountain pen
gleichfalls   likewise, the same to you
der **Hals, ⸚e**   neck
herein!   come in!
das **Kino, -s**   movie theater
klopfen   knock

das **Konzert, -e**   concert
der **Kopfschmerz, -en**   headache
die **Krankenschwester, -n**   nurse
die **Krawatte, -n**   tie
lieber (*adv.*)   preferably, rather
das **Mal, -e**   time, occasion
der **Nachbar, (s** or **n), -n**   neighbor
neu   new
das **Sauerkraut**   sauerkraut
der **Schnupfen, -**   head cold
sterben (er stirbt)   die
stören   disturb
der **Zimmerkollege, (n), -n**   roommate
  (*m.*)
die **Zimmerkollegin, -nen**   roommate
  (*f.*)

Idioms and Helpful Expressions

Er spricht über dieses und jenes.   He talks about this and that.
Es klopft.   Someone is knocking.
Was gibt's Neues?   What's new?
Bist du immer noch hier?   Are you *still* here?
Keine Ahnung.   (I have) no idea.

* The plurals of nouns are generally given unless they are rarely used or nonexistent: **der Mann,**
⸚ er = die Männer. A dash following a noun indicates that nothing is added to form the plural:
das Fenster, - = die Fenster. Irregular genitive forms are placed in parentheses: **der Student,**
(en), -en = (*gen.*) **des Studenten,** (*pl.*) **die Studenten.**

Ich würde lieber ins Kino gehen.   I would prefer to go to the movies.
Mein Hals tut mir weh.   My throat hurts.
Gehst du ins (zu) Bett?   Are you going to bed?
Morgen fängt eine neue Woche an.   Tomorrow a new week begins.
Er möchte eine Frage stellen.   He would like to ask a question.
Was fehlt Ihnen?   What's wrong with you?
Ich habe Kopfweh (Kopfschmerzen).   I have a headache.
nächstes Mal   next time

Die deutsche Familie

Die große Familie der Deutschsprechenden in Mitteleuropa umfaßt[1] etwa
90 Millionen Menschen. Es leben rund[2] 62 Millionen in der Bundesrepublik

[1] comprises   [2] approximately

A

B

Deutschland (im Westen), 17 Millionen in der Deutschen Demokratischen Republik (im Osten), 7 Millionen in Österreich und 4 Millionen in der Schweiz. Alle sprechen Deutsch als Muttersprache.

Die 62 Millionen Westdeutschen leben in 22 Millionen Haushalten[3] oder Familien. Die deutschen Männer heiraten[4] durchschnittlich[5] mit 29 Jahren, Frauen mit 25 Jahren. Die durchschnittliche deutsche Familie hat vier Mitglieder[6]: Vater, Mutter und zwei Kinder. Das Bild (**A**) zeigt eine Arbeiter–Familie: einen Vater und drei Kinder beim Spiel. Der Vater scheint[7] etwa 40 Jahre alt zu sein. Er verdient[8] rund 2800 Mark im Monat und bekommt einen extra Monat bezahlt[9], damit[10] er auf Urlaub[11] gehen kann.

Weil die meisten deutschen Familien gut verdienen[12], haben sie es zu Hause auch schön: 99% haben ein Radio, 100% einen Kühlschrank[13] und 80% eine

---

[3] households [4] marry [5] on the average [6] members [7] seems [8] earns
[9] receives an extra month's pay [10] so that [11] vacation [12] earn [13] refrigerator

C

Waschmaschine. Die Deutschen wollen gut informiert sein; 35 Millionen in der Bundesrepublik lesen regelmäßig[14] eine Zeitung. Rund 20% der Erwachsenen[15] gehören einer Buchgemeinschaft an[16]. Nur die Vereinigten Staaten[17] und Rußland veröffentlichen[18] mehr Bücher im Jahr als Westdeutschland. In der Deutschen Demokratischen Republik findet man ein ähnliches[19] Interesse für Bücher. Im Jahr 1979 hat der Sachsendruck Plauen[20] zehn Millionen Kinderbücher hergestellt[21] (**B**). Das ist aber nicht nur, weil 1979 „das Jahr des Kindes" war (kleine Ostberliner, **C**); im vorhergehenden[22] Jahr hatte man neun Millionen Kinderbücher hergestellt.

   Es ist kein Geheimnis[23], daß die meisten Deutschen ein kleines Haus mit viel Sonne und Grün[24] haben möchten, hoffentlich auch mit netten Nachbarn und wenig Lärm[25]. Aber heute wohnen nur ungefähr 40% der westdeutschen Bürger in

[14] regularly   [15] adults   [16] belong to a book club   [17] United States   [18] publish   [19] similar   [20] name of the printing company   [21] produced   [22] preceding   [23] secret   [24] foliage, greenery   [25] noise

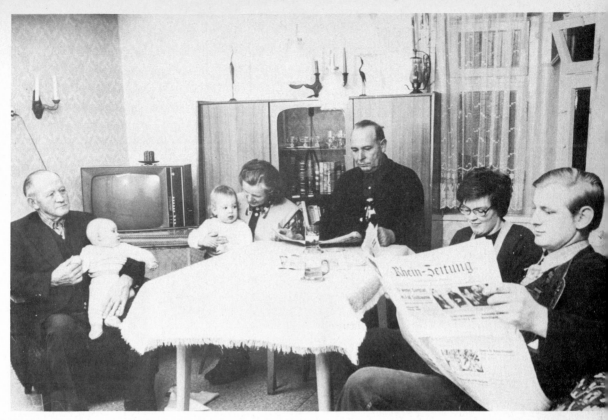

D

E

F

Einfamilienhäusern[26]. Häufig wohnen zwei, drei oder vier Generationen im selben[27] Haus, wie hier bei dieser deutschen Bauernfamilie[28] im Rheinland (**D**). Daß ein Fernseher[29] in der Ecke steht, ist nicht unerwartet[30], weil er gewöhnlich der beliebteste Apparat im ganzen Haus ist. Von 100 Familien haben 97 einen Fernsehapparat, der durchschnittlich[31] $2\frac{1}{2}$ Stunden pro Tag läuft. Besonders an einem Wochenende steht das Fernsehen an der Spitze[32] der Beschäftigungen[33], weit vor Verwandtenbesuch[34] oder Spazierengehen.

Man darf aber nicht sagen, daß alle Deutschen faul[35] geworden sind; es gibt

[26] one-family houses   [27] same   [28] farm (peasant) family   [29] TV set   [30] unexpected   [31] on an average   [32] head (top, apex)   [33] activities   [34] visiting relatives   [35] lazy

viele Hobby-Sportler, die gerne schwimmen, wandern und dahintrotten[36]. Daß
Jogging und Wettlaufen[37] populär geworden sind, kann man sofort erkennen[38],
wie hier in Leipzig (DDR), wo 23 000 Männer, Frauen und Kinder an der
„Spartakiad"[39] teilnehmen[40] (E). Wegen der Energiekrise[41] fährt man auch immer
mehr mit dem Rad (F), was besonders[42] gut für die Gesundheit ist. Zur Zeit[43] gibt
es 30 Millionen Fahrräder in der Bundesrepublik.

[36] jog   [37] racing, competitive running   [38] recognize   [39] mass competition in sports
[40] participate   [41] energy crisis   [42] especially   [43] at the present time

Aufgabe Zehn

Beim Aufstehen

Rudi Wolf ist ziemlich müde und kann die Augen kaum aufmachen. Sein Nachbar im Studentenheim, Kurt Wagner, kommt vorbei, um Rudi zu wecken.

1 KURT: Na, endlich wachst du auf!
2 RUDI: Endlich? Es ist doch immer noch dunkel!
3 KURT: Natürlich! Du hast ja auch die Augen noch nicht aufgemacht.
4 RUDI: (Beginnt sich anzuziehen) Wie spät ist es denn eigentlich?
5 KURT: Ungefähr halb sieben. Wie fühlst du dich heute morgen?
6 RUDI: Danke, es geht mir viel besser. Mußt du immer so früh aufstehen?
7 KURT: Selbstverständlich. „Morgenstund' hat Gold im Mund'."
8 RUDI: Wann bist du übrigens gestern abend zurückgekommen?
9 KURT: Gegen Mitternacht. Das Konzert war einfach herrlich!
10 RUDI: Nächstes Mal gehe ich bestimmt mit.
11 KURT: Schön! Ist deine Jacke im Kleiderschrank? Du mußt dich nämlich beeilen.
12 RUDI: Nein, die habe ich an die Tür gehängt.
13 KURT: Ich will schon nach unten gehen und vor dem Studentenheim auf dich warten.
14 RUDI: Nur noch einen Augenblick bitte! Ich will mir nur die Hände waschen und komme dann gleich mit.
15 KURT: Gut! Du kannst dich dann nach dem Frühstück rasieren.

Fragen

1. Warum kann Rudi die Augen nicht aufmachen?   2. Wer will ihn wecken?
3. Warum findet Rudi das Zimmer so dunkel?   4. Wie spät ist es denn eigentlich?
5. Wie fühlt er sich heute morgen?   6. Wann ist Hans zurückgekommen?   7. Ist Rudis Jacke im Kleiderschrank?   8. Was will er noch vor dem Frühstück tun?

Lesson Ten

Getting Up

Rudi Wolf is rather tired and can hardly open his eyes. His neighbor in the student dormitory, Kurt Wagner, comes by to wake Rudi up.

1 KURT: Well, you're finally waking up!

2 RUDI: Finally? Why, it's still dark!

3 KURT: Of course! You haven't opened your eyes yet.

4 RUDI: (Begins to get dressed) What time is it actually?

5 KURT: About six thirty. How do you feel this morning?

6 RUDI: I am much better, thanks. Do you always have to get up so early?

7 KURT: Of course. "The early bird gets the worm." (The morning hour has gold in its mouth.)

8 RUDI: By the way, when did you get in (come back) last night?

9 KURT: About midnight. The concert was simply magnificent.

10 RUDI: Next time I'll definitely go with you.

11 KURT: Fine! Is your coat in the wardrobe? You'll have to hurry, you know.

12 RUDI: No, I hung it on the door.

13 KURT: I'll go downstairs and wait for you in front of the dormitory.

14 RUDI: Just a moment, please! I just want to wash my hands, and then I'll come right with you.

15 KURT: Good! You can shave after breakfast, then.

VOCABULARY BUILDING

Kleidung *(Clothing)*

Wo ist
- das Hemd?[1]
- das Kleid?[2]
- das Abendkleid?
- das Kostüm?[3]
- das Taschentuch?[4]

Der Rock[5]
Der Anzug[6]
Der Schlafanzug
Der Hut
Der Mantel[7]
Der Regenmantel

ist hier.

Wo kann ich
- eine Bluse[8]
- eine Handtasche[9]
- eine Hose[10]
- eine Jacke
- eine Mütze[11]
- eine Sportjacke

kaufen?

Gibt es einen Ausverkauf[12] im Warenhaus (Kaufhaus)[13]

Ich kaufe mir
- ein Paar Schuhe.
- ein Paar Handschuhe.[14]
- ein Paar Socken.
- ein Paar Strümpfe.[15]

Kleider machen Leute.[16]

Vocabulary Building Questions

1. Darf man einen Schlafanzug tragen, wenn man zum Frühstück geht?
2. Haben Sie ein Taschentuch in der **Tasche** (*pocket*)?   3. Wo kann man sich einen Mantel kaufen?   4. Gefällt Ihnen eine rote Sportjacke?   5. Tragen Sie Schuhe oder gehen Sie oft **barfuß** (*barefoot*)?   6. Gibt es heute einen Ausverkauf in der Buchhandlung?   7. Wo ist das nächste Warenhaus?

German Particles

English has several adverbial particles, such as *well, well then, indeed, after all, of course*, which are difficult for the foreigner to use properly. In like manner, German has the particles **also, denn, doch, ja, nämlich,** and **schon**, which are used idiomatically in German to convey subtle shades of meaning and which are difficult for non-Germans to use correctly. Frequently it is hard to find good English translations for these expressions, other than a gesture or facial expression.

---

[1] shirt   [2] dress   [3] woman's suit, costume   [4] handkerchief   [5] skirt   [6] man's suit   [7] overcoat   [8] blouse   [9] purse   [10] trousers   [11] cap, "hat" (informal attire)   [12] sale   [13] department store   [14] gloves   [15] stockings   [16] Clothes make the man (people).

Also often means *therefore* and *well then* in the sense of summing up:

Also! Beginnen wir Aufgabe sieben!	***Well then,*** *let's begin Lesson Seven.*
Sie wollen **also** nicht kommen?	*You won't come* ***then****?*

Denn implies an intense interest on the part of the speaker asking a question:

Wo ist sie **denn**?	*Where* ***can*** *she be?*
Wie heißt er **denn**?	*What* ***is*** *his name?*

Doch implies a strong assertion or a contradiction:

Das Semester fängt **doch** erst morgen an!	*Why, the semester doesn't begin until tomorrow!*
Sie wollen nicht kommen?—**Doch!**	*You don't want to come? Of course I do!*

Ja often adds force to the verb or another particle:

Kommen Sie **ja** nicht zu spät!	*Be sure you're not late!*
Sie wissen es **ja** doch!	*Why, you know it all right!*

Nämlich often implies *I want you to know*:

Mein Geschäft ist **nämlich** nicht weit von hier.	*My store is not far from here, you know.*

Schon often makes the statement more emphatic:

Er wird es **schon** wissen.	*He'll know it all right.*
Hans wird **schon** kommen.	*Hans will be sure to come.*

CONVERSATIONAL PATTERNS

I. PRESENT PERFECT TENSE OF REGULAR (WEAK) VERBS

In German the present perfect tense is much broader in scope than in English; it is generally used in question-answer situations when referring to past events and in reporting an event as a fact, detached from its context:

Was haben Sie gesagt?	*What did you say?*
Ich habe gar nichts gesagt.	*I didn't say anything at all.*
Es hat gestern geregnet.	*It rained yesterday.*
Ich habe Hans schon danach gefragt.	*I have already asked Hans about it.*

Note that the pattern used for all present perfect forms in this lesson is: a form of **haben** plus past participle.

Most German verbs have a simple pattern for forming past participles:

ge + *stem* + **t**

(ge/sag/t, ge/wohn/t, ge/hab/t, *etc.***)**

This is the pattern for regular verbs. Of the regular verbs, the following have already been introduced:

blitzen	fühlen	leben	sagen	suchen
brauchen	glauben	legen	schauen	tanzen
danken	haben*	lernen	schneien	wechseln
donnern	hängen	lieben	setzen	winken
fischen	hören	machen	spielen	wohnen
fragen	kaufen	meinen	stecken	wünschen
freuen	klopfen	nicken	stören	zeigen

If the stem of a regular verb ends in **t**, **d**, or two separately pronounced consonants, **-et** is added to the stem in forming the past participle. The following verbs add **-et**:

antworten
arbeiten   er hat { geantwort**et** gearbeit**et** geöffn**et** }
öffnen

baden (*bathe*)
warten   er hat { gebad**et** gewart**et** }

kosten   **es** hat gekost**et**

regnen   **es** hat geregn**et**

1. Repetition

Hast du den Anzug gekauft?
Nein, ich habe ihn nicht gekauft.
Hast du deinen Hut gesucht?
Nein, ich habe ihn nicht gesucht.
Hast du heute Tennis gespielt?
Nein, ich habe keine Zeit gehabt.
Wer hat das Fenster geöffnet?
Ich habe es geöffnet.

Hast du die Aufgabe gelernt?
Nein, ich habe sie nicht gelernt.
Hast du den Lehrer gefragt?
Nein, ich habe ihn nicht gefragt.
Wann hat sie sich das Kleid gekauft?
Sie hat es sich gestern gekauft.
Wie lange hat er gearbeitet?
Er hat den ganzen Tag gearbeitet.

2. Present > Present Perfect

Ich kaufe das Hemd.

Ich habe das Hemd gekauft.

Die Dame kauft einen Hut.
Ich suche eine Bluse.
Er sucht einen Regenmantel.
Wir lernen diese Aufgabe.
Was lernt Fritz heute?
Was fragt der Lehrer denn?

Die Dame hat einen Hut gekauft.
Ich habe eine Bluse gesucht.
Er hat einen Regenmantel gesucht.
Wir haben diese Aufgabe gelernt.
Was hat Fritz heute gelernt?
Was hat der Lehrer denn gefragt?

* Often treated as a semi-irregular verb.

3. Question-Answer
(Future > Present Perfect)

Wird er die Aufgabe lernen?   *Er hat sie schon gelernt.*

Wirst du ihn fragen?	Ich habe ihn schon gefragt.
Wird sie das Fenster öffnen?	Sie hat es schon geöffnet.
Werden Sie heute baden?	Ich habe heute schon gebadet.
Wird er den Mantel kaufen?	Er hat ihn schon gekauft.
Werden Sie es dem Lehrer sagen?	Ich habe es ihm schon gesagt.
Werden Sie es mir zeigen?	Ich habe es Ihnen schon gezeigt.
Werden Sie mit Maria tanzen?	Ich habe schon mit ihr getanzt.
Werden Sie mir antworten?	Ich habe Ihnen schon geantwortet.
Wird er dem Lehrer danken?	Er hat ihm schon gedankt.
Wirst du es glauben?	Ich habe es schon geglaubt.

4. Present > Present Perfect

Warum antwortet er dem Lehrer nicht?   *Warum hat er dem Lehrer nicht geantwortet?*

Ich danke ihm immer für seine Hilfe.	Ich habe ihm immer für seine Hilfe gedankt.
Er kauft sich eine Jacke.	Er hat sich eine Jacke gekauft.
Sie kauft sich einen Rock.	Sie hat sich einen Rock gekauft.
Wo wechselt er das Geld?	Wo hat er das Geld gewechselt?
Regnet es?	Hat es geregnet?
Zeigt er dem Lehrer sein Heft?	Hat er dem Lehrer sein Heft gezeigt?
Warten Sie auf einen Verkäufer?	Haben Sie auf einen Verkäufer gewartet?
Suchen Sie eine Handtasche?	Haben Sie eine Handtasche gesucht?
Er legt das Taschentuch auf den Tisch.	Er hat das Taschentuch auf den Tisch gelegt.
Es donnert.	Es hat gedonnert.
Wir lernen neue Wörter.	Wir haben neue Wörter gelernt.
Ich kaufe mir einen Anzug.	Ich habe mir einen Anzug gekauft.
Wieviel kostet ein Paar Handschuhe?	Wieviel hat ein Paar Handschuhe gekostet?

5. Future > Present Perfect

Er wird einen Anzug kaufen.   *Er hat einen Anzug gekauft.*

Ich werde meiner Mutter die Jacke zeigen.	Ich habe meiner Mutter die Jacke gezeigt.
Wir werden etwas lernen.	Wir haben etwas gelernt.
Er wird seine Hose auf den Stuhl legen.	Er hat seine Hose auf den Stuhl gelegt.

Joachim und Peter werden schwer
  arbeiten.

Was wirst du denn machen?

Liese wird sich eine Bluse kaufen.

Was werden Sie sagen?

Ich werde mir nämlich eine
  Schreibmaschine kaufen.

Es wird regnen.

Sie wird auf mich warten.

Trudi wird sich ja freuen.

Joachim und Peter haben schwer
  gearbeitet.

Was hast du denn gemacht?

Liese hat sich eine Bluse gekauft.

Was haben Sie gesagt?

Ich habe mir nämlich eine
  Schreibmaschine gekauft.

Es hat geregnet.

Sie hat auf mich gewartet.

Trudi hat sich ja gefreut.

6. Replacement

Wie lange hat er gestern getanzt?

_____ Sie _____?

_____ **vorgestern** (*day before*
  yesterday) _____?

_____ gearbeitet?

Wo haben _____?

_____ sein Freund _____?

_____ heute morgen ____?

_____ gespielt?

Wie lange haben Sie gestern getanzt?

Wie lange haben Sie vorgestern
  getanzt?

Wie lange haben Sie vorgestern
  gearbeitet?

Wo haben Sie vorgestern gearbeitet?

Wo hat sein Freund vorgestern
  gearbeitet?

Wo hat sein Freund heute morgen
  gearbeitet?

Wo hat sein Freund heute morgen
  gespielt?

Es hat gestern abend geregnet.

____ heute morgen _____.

_____
  gedonnert.

____ heute nachmittag ____.

_____ geblitzt.

____ **heute früh** (*early today*) ____.

_____ gehagelt.

____ vor zwei Tagen ____.

Es hat heute morgen geregnet.

Es hat heute morgen gedonnert.

Es hat heute nachmittag gedonnert.

Es hat heute nachmittag geblitzt.

Es hat heute früh geblitzt.

Es hat heute früh gehagelt.

Es hat vor zwei Tagen gehagelt.

II. VERBS OF FOREIGN ORIGIN

> Most verbs of foreign origin are regular in their conjugation except for the omission of the **ge-** prefix in the past participle:
>
> | | | |
> |---|---|---|
> | analysieren (*analyze*) | | analysiert |
> | dekorieren | | dekoriert |
> | diktieren (*dictate*) | er hat | diktiert |
> | korrespondieren | | korrespondiert |
> | (*correspond*) | | |
> | korrigieren (*correct*) | | korrigiert |

studieren		studiert
telefonieren	er hat	telefoniert
telegrafieren		telegrafiert
amüsieren		amüsiert
interessieren	er hat **sich**	interessiert
rasieren		rasiert

7. Repetition

Wie lange hast du denn studiert?

Sie hat mir von Frankfurt telegrafiert.

Hat sie also telefoniert?

Haben Sie sich schon rasiert?

Er hat sich nie für Mathematik interessiert.

Der Lehrer hat den **Fehler** (*mistake*) korrigiert.

Haben Sie sich heute amüsiert?

Hast du das Problem analysiert?

Mit dieser **Firma** (*firm*) haben wir oft korrespondiert.

Hat der Lehrer den **Satz** (*sentence*) diktiert?

Amüsieren Sie sich doch!

Er hat das **Schaufenster** (*shop window*) dekoriert.

8. Present > Present Perfect

Der Lehrer diktiert einen Satz.

Fritz amüsiert sich sehr.

Wir korrespondieren mit dieser Firma.

Der Professor analysiert das Problem.

Der Lehrer korrigiert die Hefte.

Er interessiert sich für Politik.

Hugo rasiert sich heute nicht.

Telefoniert er heute?

Er telegrafiert nicht oft.

Dekoriert er das Schaufenster?

Der Lehrer hat einen Satz diktiert.

Fritz hat sich sehr amüsiert.

Wir haben mit dieser Firma korrespondiert.

Der Professor hat das Problem analysiert.

Der Lehrer hat die Hefte korrigiert.

Er hat sich für Politik interessiert.

Hugo hat sich heute nicht rasiert.

Hat er heute telefoniert?

Er hat nicht oft telegrafiert.

Hat er das Schaufenster dekoriert?

9. Future > Present Perfect

Er wird auf der Universität studieren.

Wofür wird er sich interessieren?

Der Lehrer wird die Klassenarbeit (*classwork*) korrigieren.

Er wird mit seiner Freundin telefonieren.

Sie wird ihrem Vater telegrafieren.

Wird er den Satz diktieren?

Wir werden uns in der Deutschstunde amüsieren.

Er hat auf der Universität studiert.

Wofür hat er sich interessiert?

Der Lehrer hat die Klassenarbeit korrigiert.

Er hat mit seiner Freundin telefoniert.

Sie hat ihrem Vater telegrafiert.

Hat er den Satz diktiert?

Wir haben uns in der Deutschstunde amüsiert.

III. REGULAR (WEAK) VERBS WITH INSEPARABLE PREFIXES

> Many German verbs begin with an unaccented prefix such as **be-** (**besuchen**), **emp-** (**empfehlen**, *recommend*), **ent-** (**entgehen**, *escape*), **er-** (**erzählen**), **ge-** (**gehören**), **ver-** (**versuchen**), **zer-** (**zerbrechen**, *break to pieces*).
>
> These prefixes change the meaning of the verb and remain attached to it in all tenses. All verbs of this type omit the **ge-** prefix in the past participle.
>
> | begleiten | | | begleitet | erzählen *tell* | | | erzählt |
> | bemerken (*notice*) | er hat | { | bemerkt | gehören | er hat | { | gehört |
> | besuchen | | | besucht | verkaufen (*sell*) | | | verkauft |
> | erklären (*explain*) | | | erklärt | versuchen | | | versucht |
>
> | erinnern | | | erinnert |
> | erkälten | er hat **sich** | { | erkältet |
> | gewöhnen | | | gewöhnt |

10. Repetition

Er hat mich gestern besucht.
Er hat sich an den Ausverkauf erinnert.
Der Lehrer hat das Problem erklärt.

Hast du ihm deine Bücher verkauft?
Haben Sie einen Fehler bemerkt?
Wer hat dich begleitet?

11. Present > Present Perfect

Er gewöhnt sich an das Wetter.

Sie versucht Wiener Schnitzel.
Erinnern Sie sich an das Datum?
Was erklärt der Lehrer heute?
Erkältest du dich oft?
Wen besuchen Sie?
Bemerken Sie etwas?
Gehört es Ihnen also?

Er hat sich an das Wetter gewöhnt.

Sie hat Wiener Schnitzel versucht.
Haben Sie sich an das Datum erinnert?
Was hat der Lehrer heute erklärt?
Hast du dich oft erkältet?
Wen haben Sie besucht?
Haben Sie etwas bemerkt?
Hat es Ihnen also gehört?

12. Future > Present Perfect

Er wird mir sein Rad verkaufen.

Er wird sich an unser Klima gewöhnen.
Wird er sich an den **Titel** (*title*) erinnern?
Werden Sie sich bei diesem Wetter erkälten?
Wann wird er dich besuchen?
Wird er unsere Fehler bemerken?
Wird er versuchen, Deutsch zu lernen?
Wird er eine Geschichte erzählen?

Er hat mir sein Rad verkauft.

Er hat sich an unser Klima gewöhnt.

Hat er sich an den Titel erinnert?

Haben Sie sich bei diesem Wetter erkältet?

Wann hat er dich besucht?
Hat er unsere Fehler bemerkt?
Hat er versucht, Deutsch zu lernen?
Hat er eine Geschichte erzählt?

IV. DIMINUTIVES

> The suffixes **-chen** and **-lein** are added to nouns to form diminutives. Usually these diminutives, which are always neuter, have an umlaut if the stem vowel is capable of change. They may also be used to express affection rather than smallness:
>
> die Stadt   das Städtchen (*small city*)
> das Buch   das Büchlein (*small book*)
> der Brief   das Brieflein (*short letter*)
> die Mutter   das Mütterchen (*small or dear mother*)
> der Schlaf   das Schläfchen (*nap*)

13. Repetition

Er hat das Brieflein gar nicht bemerkt.
Hinter dem Häuschen liegt ein Garten.
Kennen Sie das Fräulein?
Das Kindchen spielt vor dem Sofa.

Sehen Sie das Bäumchen da drüben?
Ich liebe mein Mütterchen.
Was Hänschen nicht lernt, lernt Hans
   nimmermehr (*never*).

V. ES GIBT

> **Es gibt** means *there is* or *there are* in reference to general existence:
>
> **Es gibt** einen Gott.   *There is a God.*
> In jeder Zeitung **gibt es** Fehler.   *There are mistakes in every newspaper.*
>
> **Es** is the true subject, and the noun that follows is always in the accusative case.
> For a limited area, rather than for general existence, use **sein** or a verb that indicates location:
>
> Viele Studenten **sind** in diesem Zimmer.   *There are many students in this room.*
> Ein Buch **liegt** auf dem Tisch.   *There is a book on the table.*

14. Repetition

Morgen gibt es Regen.
Es gibt keine Bank hier.
An der nächsten Ecke ist eine Bank.
Was gibt's Neues?

Was gibt's **zum Abendessen** (*for
   dinner*)?
Es gibt einen Ausverkauf im Kaufhaus.
In dieser Arbeit sind zu viele Fehler.

VI. ENGLISH-GERMAN PATTERNS

1. Did he explain the lessons?
2. Did she sell her books?
3. Did that belong to you (**du** form)?
4. Did you (**du**) remember the word?

5. Did you (**ihr**) catch cold?
6. The teacher corrected the mistakes.
7. He became interested in politics.
8. Has she already telephoned?
9. Have you (**Sie**) corresponded with this firm?
10. What did they buy themselves today?
11. What did you (**du**) learn today?
12. There is a God.
13. There are such people. (**Menschen**)
14. What is there for dinner?
15. We are having Wiener Schnitzel this evening.
16. What's new?
17. He got used to the weather.
18. We thanked him for the book.
19. The teacher told the class a story.
20. I bought his bicycle.
21. Did he answer you (**ihr** form)?
22. Did you (**du**) thank him for the book?
23. Did he sell you (**Sie** form) his jacket?
24. I'm going downstairs.
25. One moment please!
26. I looked for you (**Sie** form) everywhere.

COMMUNICATION CHALLENGES

Personalized Questions

1. Warum sind Sie oft ziemlich müde?   2. Wie heißt Ihr Zimmerkollege, Herr
_____?   3. Wie spät ist es?   4. Wo ist Ihre Jacke?   5. Werfen Sie Ihre
Kleider auf den **Fußboden** (*floor*), wenn Sie ins Bett gehen?   6. Haben Sie gestern
abend Ihre Kleider an die Tür gehängt?   7. Wie oft essen Sie Ihr Frühstück im
Bett?   8. Wann haben Sie sich heute rasiert, Herr _____?   9. Haben Sie
sich das Gesicht nach dem Frühstück gewaschen?   10. Wann haben Sie sich die
Zähne geputzt?   11. Wie oft schreiben Sie ein Briefchen an Ihre Freundin?
12. Braucht man heute einen Regenmantel?   13. Ist Ihr Hemd (Ihre Bluse) neu?
14. Haben Sie einen Kleiderschrank?   15. Hat es heute gedonnert oder geblitzt?
16. Wie haben Sie sich heute morgen gefühlt?   17. Haben Sie heute eine
Wanderung gemacht?   18. Haben Sie gestern abend getanzt?   19. Warum haben
Sie gestern abend nicht gearbeitet?   20. Hat der Lehrer die Grammatik erklärt?
21. Wann haben Sie sich ein Paar Schuhe gekauft?   22. Wie oft tragen Sie eine
Sportjacke?

Directed Questions

1. Fragen Sie Herrn _____, wer ihn heute geweckt hat!
2. Fragen Sie Herrn _____, ob er heißes Wasser braucht, um sich zu rasieren!
3. Fragen Sie Fräulein _____, wohin sie ihre Handtasche gelegt hat!
4. Fragen Sie Fräulein _____, ob sie ein Abendkleid hat!
5. Fragen Sie Herrn _____, wie oft er seine Socken wäscht!
6. Fragen Sie Herrn _____, ob er heute morgen einen Spaziergang gemacht hat!
7. Fragen Sie Fräulein _____, ob sie die Aufgabe für heute gelernt hat!
8. Fragen Sie Fräulein _____, ob sie sich für Deutschland interessiert!

Sentence Challenge

Use each of the following words in a sentence of four or more words.

1. Mantel 2. Schlafanzug 3. Mal 4. dunkel 5. baden 6. Fehler
7. bemerken 8. korrespondieren 9. amüsieren 10. eigentlich 11. übrigens
12. Taschentuch 13. Anzug 14. Bluse 15. kaum 16. endlich 17. Mütze
18. Handschuhe 19. Kleid 20. heute früh

Vocabulary Challenge

Explain in German the meaning of each of the following words.

1. Kleiderschrank 2. Kaufhaus 3. Mitternacht 4. Ausverkauf 5. Satz
6. selbstverständlich

Fairy Tale Challenge

Just as before, the instructor will give the first sentence of a well-known fairy tale. Each student, in turn or as a representative of his or her group, will continue the tale by adding one sentence. Use this procedure until the whole story has been told. A few new key words can be provided in advance by the instructor.

Directed Communication Challenge

There is a big sale at the **Kaufhaus** Horten (*department store*) in Heidelberg. Two of your friends knock on your door. It's ten minutes after nine, and you are still in bed. Hurry, get dressed fast, there's a big sale at the Kaufhaus Horton! But you are still tired; you didn't get home from the theater until midnight. Your friends help you find your clothes and get dressed.

There are *hundreds* (**Hunderte**) of people already in the store when you arrive. You must find out where the *men's clothing* (**Herrenkleidung**) (or *women's clothing*, **Damenkleidung**) is. You are *no longer* (**nicht mehr**) as *thin* (**dünn**) or *slender* (**schlank**) as before. You simply must buy trousers and a shirt (or a skirt and blouse). Suddenly you notice that your *wallet* (**die Geldbörse**) is not in your pocket (or not in your *purse*, **die Handtasche**). You look (**suchen**) *everywhere* (**überall**). Did you put it on the bed? Did you put it on the table? Did you have *cash* (**Bargeld**) or traveler's checks in it?

You are sorry, but you must hurry home and look for it. Perhaps you can come back later. Or still better, go to bed. You are too tired anyway to buy clothes. Besides you can lose a few *kilos* (**das Kilo** = 2.2 pounds), then you won't need new clothes.

ACTIVE VOCABULARY

das **Abendessen, -** evening meal
also therefore, well then
amüsieren amuse
analysieren analyze
anziehen dress
aufmachen open
aufstehen stand up
aufwachen wake up
der **Augenblick, -e** moment
der **Ausverkauf, ⸚e** sale
baden bathe
barfuß barefoot
das **Bargeld** cash
bemerken notice
bestimmt definite(ly)
die **Brieftasche, -n** wallet
die **Damenkleidung** women's clothes
diktieren dictate
dünn thin
eigentlich really
endlich finally
erklären explain
der **Fehler, -** mistake
die **Firma** (*pl.* **Firmen**) firm
das **Frühstück, -e** breakfast
der **Fußboden, ⸚** floor
die **Geldbörse, -n** wallet
das **Gold** gold
die **Grammatik** grammar
die **Herrenkleidung** men's clothes

Hunderte hundreds
die **Jacke, -n** coat, jacket
das **Kaufhaus, ⸚er** department store
kaum hardly, scarcely
das **Kilo (Kilogramm)** kilogram
   (2.2 lbs.)
die **Klassenarbeit, -en** classwork
der **Kleiderschrank, ⸚e** clothes closet
korrespondieren correspond
korrigieren correct
mitgehen go along
die **Mitternacht, ⸚e** midnight
die **Morgenstunde, -n** morning hour
der **Mund, ⸚er** mouth
nimmermehr never
der **Satz, -ë** sentence
das **Schaufenster, -** shop window
schlank slender
selbstverständlich of course
das **Speisezimmer, -** dining room
telefonieren telephone
telegrafieren telegraph
der **Titel, -** title
überall everywhere
übrigens incidently, by the way
unten downstairs, below
verkaufen sell
vorgestern day before yesterday
wecken waken
zurückkommen come back

Idioms and Helpful Expressions

Ich gehe nach unten. I'm going downstairs.
Einen Augenblick bitte! One moment please!
nicht mehr no longer
Was gibt's zum Abendessen? What is there for dinner?
heute früh early this morning

A

Volkstrachten in den deutschsprachigen Ländern

In den Trachtengebieten[1] Deutschlands, Österreichs und der Schweiz sieht man noch heute bei Volksfesten[2] die traditionelle Kleidung der Bauern[3]. Wie ein alter Brunnen[4] oder ein Fachwerkhaus[5] zeigen uns auch die bunten

[1] regional-costume areas   [2] folk festivals   [3] peasants   [4] well, fountain   [5] half-timbered house

B

Volkstrachten[6] etwas von der Kultur der Vergangenheit[7]; manchmal gehen sie
in Österreich auf die Mode der höheren Gesellschaftsschichten[8] des 17. und 18.
Jahrhunderts[9] zurück[10].

Heutzutage[11] heiraten noch viele junge Menschen auf dem Land in der Tracht
ihrer Heimat[12]. Volkstrachten sind natürlich nicht überall[13] dieselben. Das Bild
(**A**) zeigt ein junges Paar[14] aus Mittenwald in Süddeutschland in der heimatlichen[15]
Tracht. Auf dem anderen Bild (**B**) gehen zwei Mädchen an einem Wegkruzifix
vorbei[16], das fromme Bergbauern[17] errichtet haben[18]. An dieser Tracht erkennt
der Trachtenexperte das Ködnitztal[19], das nicht weit von dem berühmten
Großglockner[20] in Österreich liegt.

Am ersten Mai findet oft in den Trachtengebieten ein Tanzfest um einen
Maibaum statt[21], wie in der schweizerischen Stadt Vindonissa (**C**). Diese
Maibaumfeste, die aus vorchristlichen[22] Zeiten stammen[23], ziehen viele Touristen
an[24]. Nicht jedes Trachtenfest findet aber in einem Dorf[25] oder einer Kleinstadt
statt. Die Bauern auf dem Bild (**D**) tanzen auf einem Volksfest mitten in Berlin.
Der Mann trägt Wollstrümpfe[26], eine warme wollene Hose und einen Mantel über

---

[6] colorful folk costumes   [7] past   [8] higher social classes   [9] century
[10] (*gehen . . . zurück*) go back to   [11] nowadays   [12] native place   [13] everywhere
[14] couple   [15] native   [16] (*gehen . . . vorbei*) walk past   [17] devout peasants of the
mountains   [18] have erected   [19] Ködnitz Valley   [20] name of the highest mountain
[21] (*findet . . . statt*) takes place   [22] pre-Christian   [23] originate   [24] (*ziehen . . . an*) attract
[25] village   [26] woolen stockings

C

D

seiner Weste, denn auch im Sommer ist das Wetter in Norddeutschland oft kühl. Über dem langen Rock trägt die Frau eine Schürze[27].

In Süddeutschland und Österreich sieht man auch in den Städten Dirndlkleider[28] (**E**, Dirndlgeschäft) und ab und zu[29] eine Lederhose[30]. Das Dirndl, eine weibliche[31] Form der Alpenbauerntracht, besteht aus[32] einem eng anliegenden Mieder[33] und einem weiten, faltigen[34] Rock mit einer bunten Halbschürze[35]. Zum Dirndl trägt man eine weiße Bluse mit weitem Ausschnitt[36].

[27] apron   [28] peasant dresses   [29] now and then   [30] short leather pants   [31] feminine
[32] consists of   [33] tight bodice   [34] gathered   [35] bright half-apron   [36] low neckline

E

F

Die Lederhose ist besonders für die Jungen sehr praktisch; man braucht sie nicht zu waschen, und es ist fast unmöglich, sie abzutragen[37].

In Bayern und Österreich ist der Schuhplattler (ein Volkstanz) (**F**) bei Volksfesten sehr beliebt. Die Tracht der Männer auf diesem Bild besteht aus einer Lederhose mit breiten Hosenträgern[38], einem weißen Hemd und einem grünen Jägerhut[39]. Die Frauen tragen Dirndlkleider.

[37] to wear them (the pants) out [38] broad suspenders [39] hunting hat

Aufgabe Elf

Beim Frühstück

Dann und wann sitzen Rudi Wolf und Kurt Wagner nebeneinander am Frühstückstisch. Rudi hat immer großen Hunger.

1 KURT: Hast du schon geduscht?
2 RUDI: Noch nicht, ich habe mich auch nicht rasiert. Was gibt's zum Frühstück?
3 KURT: Das Gewöhnliche: Kaffee oder Kakao und Brötchen. Was möchtest
   du trinken?
4 RUDI: Der Kaffee riecht gut, aber ich trinke lieber eine Tasse Kakao.
5 KURT: Gib mir bitte Milch und Zucker.
6 RUDI: Sicher. Was für eine Marmelade ist denn das?
7 KURT: Es ist Erdbeermarmelade, glaub' ich. Sie schmeckt gut.
8 RUDI: Hm! Laß mich mal probieren! Bitte, gib mir doch noch ein Brötchen
   und die Butter.
9 KURT: Gern. Hast du immer noch Hunger?
10 RUDI: Morgens bin ich immer hungrig.
11 KURT: Komisch, ich kann morgens nie viel essen. Mir kommt der Appetit
   erst gegen Mittag.
12 RUDI: Hast du schon oft in der Mensa gegessen?
13 KURT: Nein, nicht oft, aber das Essen ist ziemlich gut.
14 RUDI: Vielleicht können wir uns heute mittag wieder hier treffen, dann
   können wir zusammen essen. Hast du Lust?
15 KURT: Ja, das ist mir recht.
16 RUDI: Schön! Bis nachher dann.

Fragen

1. Hat Rudi schon geduscht?   2. Was gibt's zum Frühstück?   3. Wie
schmeckt die Marmelade?   4. Warum hat Rudi immer noch Hunger?   5. Wo hat
Kurt nicht oft gegessen?   6. Wie ist das Essen in der Mensa?   7. Wo treffen sich
die beiden jungen Männer heute mittag?

Lesson Eleven

At Breakfast

Now and then Rudi Wolf and Kurt Wagner sit next to each other at the breakfast table. Rudi is always very hungry.

1 KURT: Have you had your shower yet?
2 RUDI: Not yet; I haven't shaved either. What is there for breakfast?
3 KURT: The usual: coffee or cocoa and rolls. What would you like to drink?
4 RUDI: The coffee smells good, but I prefer a cup of cocoa.
5 KURT: Please give me the milk and sugar.
6 RUDI: Certainly. What kind of jam is that?
7 KURT: It's strawberry jam, I believe. It tastes good.
8 RUDI: Hm! Let me try it. Please pass me another roll and the butter.
9 KURT: Sure (gladly). Are you still hungry?
10 RUDI: I'm always hungry in the morning.
11 KURT: Strange; I can never eat much in the morning. I don't get my appetite until about noon.
12 RUDI: Have you eaten in the (university) cafeteria often?
13 KURT: No, not often, but the food is quite good.
14 RUDI: Perhaps we can meet here again at noon today; then we can eat together. Do you want to?
15 KURT: Yes, that's all right with me.
16 RUDI: Fine! See you later then.

VOCABULARY BUILDING

Frühstück *(Breakfast)*

Was wollen Sie trinken?
- Ein Glas Orangensaft (*m.*) (Apfelsinensaft).[1]
- Ein Glas Milch.
- Eine Tasse Kakao. (*m.*)
- Eine Tasse Schokolade. (*f.*)
- Eine Tasse Kaffee. (*m.*)
- Eine Tasse Tee. (*m.*)

Bitte, reichen Sie mir
- noch ein Brötchen (eine Semmel)!
- das Brot![2]
- die Butter!
- die Marmelade!
- die Sahne!
- den Honig![3]
- den Zucker!
- den Schinken![4]
- den Speck![5]
- den Toast!
- die Eier[6] (das Ei)!
- die Spiegeleier![7]

Aufräumen *(Cleaning Up)*

Können Sie mir sagen, wo
- das Badezimmer[8]
- die Dusche (die Brause)[9]
- das Badetuch[10]
- das Handtuch
- die Seife[11]
- die Zahnpasta[12]
- die Zahnbürste[13]
- der Kamm[14]
- der Rasierapparat

ist?

Wann
- putzen Sie sich die Zähne?
- putzen Sie sich die Schuhe?
- waschen Sie sich das Gesicht?

Wie oft baden Sie?

Rasieren Sie sich morgens oder abends?

Machen Sie selbst[15] das Bett?

Kämmen Sie sich die Haare?[16]

---

[1] orange juice   [2] bread   [3] honey   [4] ham   [5] bacon   [6] eggs   [7] fried eggs
[8] bathroom   [9] shower   [10] bath towel   [11] soap   [12] toothpaste   [13] toothbrush
[14] comb   [15] yourself   [16] Do you comb your hair?

Vocabulary Building Questions

1. Was trinken Sie morgens? 2. Essen Sie gern Spiegeleier auf Schinken? 3. Wie schmeckt Marmelade auf Toast? 4. Können Sie mir sagen, wo das Badezimmer ist? 5. Wann putzen Sie sich die Zähne? 6. Rasieren Sie sich morgens oder abends? 7. Putzen Sie sich die Schuhe mit der Zahnbürste?

CONVERSATIONAL PATTERNS

I. PRESENT PERFECT OF IRREGULAR (STRONG) VERBS

Irregular (or strong) verbs are more troublesome than regular verbs inasmuch as one must memorize the past participles. Certain verbs, as you will note below, follow a similar pattern in forming their past participles, but there is no general rule for forming them. The following irregular verbs have already been introduced:

INFINITIVE	PRESENT	PRESENT PERFECT
halten	hält	gehalten
lassen	läßt	gelassen
schlafen	schläft	geschlafen
tragen	trägt	getragen
waschen	wäscht	gewaschen
essen	ißt	gegessen
geben	gibt	gegeben
lesen	liest	gelesen
sehen	sieht	gesehen
helfen	hilft	geholfen
nehmen	nimmt	genommen
sprechen	er spricht	er hat gesprochen
treffen	trifft	getroffen
riechen	riecht	gerochen
finden	findet	gefunden
singen	singt	gesungen
trinken	trinkt	getrunken
liegen	liegt	gelegen
sitzen	sitzt	gesessen
schreiben	schreibt	geschrieben
heißen	heißt	geheißen
rufen	ruft	gerufen
stehen	steht	gestanden
tun	tut	getan

Was **haben** Sie heute morgen **geschrieben**?
Er **hat** oft mit mir **gesprochen**.

1. Repetition

Ich halte Diät. (*I'm on a diet.*)
Ich habe Diät gehalten.
Was tust du nach dem Frühstück?
Was hast du nach dem Frühstück
   getan?
Das Baby schläft nach dem Bad.
Das Baby hat nach dem Bad
   geschlafen.
Ich wasche mir die Hände.
Ich habe mir die Hände gewaschen.

Was gibt es zum Frühstück?
Was hat es zum Frühstück gegeben?
Lesen Sie die **Speisekarte** (*menu*)?
Haben Sie die Speisekarte gelesen?
Ich sehe den **Kellner** (*waiter*) nicht.
Ich habe den Kellner nicht gesehen.
Er nimmt das Brot vom Tisch.
Er hat das Brot vom Tisch genommen.
Mein Freund hilft uns viel.
Mein Freund hat uns viel geholfen.

2. Verb Substitution

Haben Sie die Seife gesehen? (*nehmen*)

Haben Sie die Seife genommen?

Haben Sie den Satz geschrieben?
   (lesen)
Haben Sie etwas gegessen? (trinken)
Haben Sie den Zucker gesucht?
   (finden)
Was hast du gemacht? (tun)
Wo hat er gelegen? (sitzen)
Wann haben Sie ihn gesehen? (treffen)
Wer hat gesprochen? (singen)
Wer hat geschrieben? (rufen)
Hat er hier gesessen? (stehen)
Hat sie den Brief gelesen? (schreiben)
Was haben Sie in der Hand gehabt?
   (halten)
Was habt ihr genommen? (geben)

Haben Sie den Satz gelesen?

Haben Sie etwas getrunken?
Haben Sie den Zucker gefunden?

Was hast du getan?
Wo hat er gesessen?
Wann haben Sie ihn getroffen?
Wer hat gesungen?
Wer hat gerufen?
Hat er hier gestanden?
Hat sie den Brief geschrieben?
Was haben Sie in der Hand gehalten?

Was habt ihr gegeben?

3. Present > Present Perfect

Er hält den Rasierapparat in der Hand.

Er hat den Rasierapparat in der Hand
   gehalten.

Läßt er dich in Ruhe (*in peace*)?
Ich wasche mir die Hände.
Sehen Sie das Handtuch?
Die Zahnpasta liegt auf dem Tisch.

Die Stehlampe steht an der Wand.

Sprichst du oft mit ihm?
Wie lange schläfst du gewöhnlich?

Hat er dich in Ruhe gelassen?
Ich habe mir die Hände gewaschen.
Haben Sie das Handtuch gesehen?
Die Zahnpasta hat auf dem Tisch
   gelegen.

Die Stehlampe hat an der Wand
   gestanden.

Hast du oft mit ihm gesprochen?
Wie lange hast du gewöhnlich
   geschlafen?

Was tun Sie vor dem Frühstück?   Was haben Sie vor dem Frühstück getan?

Essen Sie Spiegeleier zum Frühstück?   Haben Sie Spiegeleier zum Frühstück gegessen?

Gibt es Schinken zum Frühstück?   Hat es Schinken zum Frühstück gegeben?

Trinken Sie Kaffee zum Frühstück?   Haben Sie Kaffee zum Frühstück getrunken?

Singen Sie oft?   Haben Sie oft gesungen?
Der Arzt hilft mir viel.   Der Arzt hat mir viel geholfen.
Nimmst du die Pillen?   Hast du die Pillen genommen?

4. Future > Present Perfect

Er wird noch ein Brötchen essen.   *Er hat noch ein Brötchen gegessen.*

Werden Sie ihn heute sehen?   Haben Sie ihn heute gesehen?
Ich werde meiner Mutter schreiben.   Ich habe meiner Mutter geschrieben.
Wird das heute in der Zeitung stehen?   Hat das heute in der Zeitung gestanden?

Wir werden hier sitzen.   Wir haben hier gesessen.
Werdet ihr mit ihm darüber sprechen?   Habt ihr mit ihm darüber gesprochen?
Er wird ein Brausebad nehmen.   Er hat ein Brausebad genommen.
Wirst du ihm helfen?   Hast du ihm geholfen?
Er wird sich das Gesicht waschen.   Er hat sich das Gesicht gewaschen.

5. Replacement

Heute haben wir einem Freund geholfen.

_____ er _____.   Heute hat er einem Freund geholfen.
_____ Freundin ____.   Heute hat er einer Freundin geholfen.
_____ geschrieben.   Heute hat er einer Freundin geschrieben.

Er hat neun Stunden geschlafen.

____ zu Hause _____.   Er hat zu Hause geschlafen.
_____ gegessen.   Er hat zu Hause gegessen.
Wir _____.   Wir haben zu Hause gegessen.

Mir hat sie einen Bleistift gegeben.

_____ Brief ____.   Mir hat sie einen Brief gegeben.
_____ geschrieben.   Mir hat sie einen Brief geschrieben.
_____ eine Postkarte ____.   Mir hat sie eine Postkarte geschrieben.
_____ gegeben.   Mir hat sie eine Postkarte gegeben.
_____ Brötchen _____.   Mir hat sie ein Brötchen gegeben.

II. IRREGULAR VERBS WITH INSEPARABLE PREFIXES

A few of the irregular verbs that have already been introduced have inseparable prefixes, which means that they add no **ge-** prefix in forming the past participle:

INFINITIVE	PRESENT	PRESENT PERFECT
beginnen	beginnt	begonnen
bekommen	bekommt	bekommen
besprechen	bespricht	besprochen
gefallen (*dat.*)	er ⎰ gefällt	er hat ⎰ gefallen
vergessen	vergißt	vergessen
verstehen	versteht	verstanden
verzeihen (*dat.*)	verzeiht	verziehen

Haben Sie ihn **verstanden**?
Ich **habe** es nie **vergessen**.

6. Repetition

Die Vorlesung beginnt um neun Uhr.

Die Vorlesung hat um neun Uhr begonnen.
Was bekommen Sie?
Was haben Sie bekommen?
Dieses Restaurant gefällt mir.
Dieses Restaurant hat mir gefallen.

Er vergißt, sich die Zähne zu putzen.

Er hat vergessen, sich die Zähne zu putzen.
Verstehen Sie die Speisekarte?
Haben Sie die Speisekarte verstanden?
Der Lehrer bespricht das Buch.
Der Lehrer hat das Buch besprochen.

7. Present > Present Perfect

Wann beginnt die Vorlesung?

Bekommen Sie jede Woche einen Brief?
Wie gefällt Ihnen Berlin?
Verstehst du den Lehrer?

Wann hat die Vorlesung begonnen?

Haben Sie jede Woche einen Brief bekommen?
Wie hat Ihnen Berlin gefallen?
Hast du den Lehrer verstanden?

8. Future > Present Perfect

Ich werde Physik nie verstehen.

Das werde ich nie vergessen.
Klara wird mir nie gefallen.
Ich werde Geld bekommen.
Wann wird die Schule beginnen?
Wann wird der Lehrer die Aufgabe besprechen?

Ich habe Physik nie verstanden.

Das habe ich nie vergessen.
Klara hat mir nie gefallen.
Ich habe Geld bekommen.
Wann hat die Schule begonnen?
Wann hat der Lehrer die Aufgabe besprochen?

III. THE AUXILIARY VERB **SEIN**

Most verbs require the auxiliary verb **haben** in forming the present perfect tense; however, a few intransitive verbs (verbs that cannot take a direct object) that show either a change of place or a change of condition take the auxiliary verb **sein**. The following verbs, which have already been introduced, belong in this category:

INFINITIVE	PRESENT		PRES. PERF.	
bleiben		bleibt		geblieben
fahren		fährt		gefahren
fallen		fällt		gefallen
fliegen (*to fly*)		fliegt		geflogen
gehen		geht		gegangen
kommen	er	kommt	er ist	gekommen
laufen		läuft		gelaufen
reisen		reist		gereist
schwimmen		schwimmt		geschwommen
sein		ist		gewesen
sterben		stirbt		gestorben
werden		wird		geworden

Ist er nach Hause **gekommen**?   *Has he come home?*
Bist du schnell dahin **gelaufen**?   *Did you run there fast?*

Note that the verbs **sein** and **bleiben** take a form of **sein** as their auxiliary even though they do not show change of place or condition. **Fahren** takes **haben** as an auxiliary when it has a direct object:

Er **ist** in die Stadt **gefahren**.   *He traveled into the city.*
Er **hat** einen Volkswagen **gefahren**.   *He drove a Volkswagen.*

9. Repetition

Diese Aufgabe **fällt** mir **schwer** (*is difficult*).
Diese Aufgabe ist mir schwer gefallen.
Ich reise mit dem Flugzeug.
Ich bin mit dem Flugzeug gereist.
Heute bleibt er zu Hause.
Heute ist er zu Hause geblieben.
Fliegen Sie oft nach Hamburg?
Sind Sie oft nach Hamburg geflogen?

Wohin geht Jakob?
Wohin ist Jakob gegangen?
Er kommt spät nach Hause.
Er ist spät nach Hause gekommen.
Kurt läuft schnell.
Kurt ist schnell gelaufen.
Ist Hugo hier?
Ist Hugo hier gewesen?

10. Question-Answer

Wird Hans bald nach Hause laufen?

Hans? Er ist doch schon nach Hause gelaufen.

Wird Ilse in die Stadt gehen?

Ilse? Sie ist doch schon in die Stadt gegangen.

Wird Fritz kommen?

Wird Albert nach Deutschland fahren?

Wird Max nach Europa fliegen?

Wird Helmut bald hier sein?

Fritz? Er ist doch schon gekommen.

Albert? Er ist doch schon nach
Deutschland gefahren.

Max? Er ist doch schon nach Europa
geflogen.

Helmut? Er ist doch schon hier
gewesen.

11. Present > Present Perfect

Er ist krank.

Er ist krank gewesen.

Viele sterben im **Krieg** (*war*).

Viele **Soldaten** (*soldiers*) **fallen** (*die*).

Es wird kalt.

Kurt bleibt zu Hause.

Viele Touristen fliegen nach
Österreich.

Das Mädchen schwimmt über den
Fluß.

Viele Amerikaner reisen während des
Sommers.

Wann kommst du ins Haus?

Wie geht's?

Wann fährst du nach Hause?

Mathematik fällt ihm schwer.

Viele sind im Krieg gestorben.

Viele Soldaten sind gefallen.

Es ist kalt geworden.

Kurt ist zu Hause geblieben.

Viele Touristen sind nach Österreich
geflogen.

Das Mädchen ist über den Fluß
geschwommen.

Viele Amerikaner sind während des
Sommers gereist.

Wann bist du ins Haus gekommen?

Wie ist es gegangen?

Wann bist du nach Hause gefahren?

Mathematik ist ihm schwer gefallen.

12. Replacement

Er ist gestern nach Hause gegangen.

Ich _____.

_____ gekommen.

Wir _____.

_____ gefahren.

Sie (*they*) _____.

_____ gelaufen.

Er _____.

_____ geflogen.

Wir _____.

Er ist zu Hause gewesen.

Wir _____.

_____ geblieben.

Ich _____.

Mein Großvater

_____.

_____ gestorben.

Ich bin gestern nach Hause gegangen.

Ich bin gestern nach Hause gekommen.

Wir sind gestern nach Hause
gekommen.

Wir sind gestern nach Hause gefahren.

Sie sind gestern nach Hause gefahren.

Sie sind gestern nach Hause gelaufen.

Er ist gestern nach Hause gelaufen.

Er ist gestern nach Hause geflogen.

Wir sind gestern nach Hause geflogen.

Wir sind zu Hause gewesen.

Wir sind zu Hause geblieben.

Ich bin zu Hause geblieben.

Mein Großvater ist zu Hause
geblieben.

Mein Großvater ist zu Hause
gestorben.

IV. SEMI-IRREGULAR (IRREGULAR WEAK) VERBS

> Semi-irregular verbs change their stems in forming their past participles just as irregular verbs do; however, they add **-t** rather than **-en**:

INFINITIVE	PRESENT	PRES. PERF.
bringen	{bringt	{gebracht
denken	er {denkt	er hat {gedacht
kennen	{kennt	{gekannt
wissen	{weiß	{gewußt

13. Repetition

Wer bringt die Marmelade?
Wer hat die Marmelade gebracht?
Denken Sie an das Frühstück?
Haben Sie an das Frühstück gedacht?

Den Vetter meines Vaters kenne ich nicht gut.
Den Vetter meines Vaters habe ich nicht gut gekannt.

14. Question-Answer

Hast du das gewußt?

_____ (daran denken)?
_____ (es bringen)?
_____ (ihn kennen)?

Nein, ich habe das nicht gewußt.

Nein, ich habe nicht daran gedacht.
Nein, ich habe es nicht gebracht.
Nein, ich habe ihn nicht gekannt.

15. Present > Present Perfect

Er weiß es schon.

Denken Sie oft an die Aufgabe?
Er bringt seinen Freund zum Bahnhof.

Sie kennt uns nicht gut.

Er hat es schon gewußt.

Haben Sie oft an die Aufgabe gedacht?
Er hat seinen Freund zum Bahnhof gebracht.

Sie hat uns nicht gut gekannt.

16. Future > Present Perfect

Ich werde es nie wissen.

Werden Sie ihm das Buch bringen?
Wirst du daran denken?
Wird er die Kinder kennen?

Ich habe es nie gewußt.

Haben Sie ihm das Buch gebracht?
Hast du daran gedacht?
Hat er die Kinder gekannt?

V. ENGLISH-GERMAN PATTERNS

1. Did you (**du**) sleep well?
2. Has he already eaten?
3. Have you (**ihr**) seen Elsa?

4. Has she read the book?
5. Did she give you (**du** form) the roll?
6. Where did they sit?
7. Did you (**du**) write the letter?
8. What did you (**Sie**) drink?
9. What did he do yesterday? (**tun**)
10. Have you (**Sie**) washed your hands?
11. Did you (**du**) help Hans?
12. He didn't forget me.
13. I didn't understand him.
14. Did he get a letter today?
15. Why did your (**Sie** form) daughter stay home?
16. What did he bring you? (**du** form)
17. Did you (**ihr**) think about us?
18. I knew this city well.
19. Did you (**du**) know that?
20. His son has already gone home.
21. My grandfather died yesterday.
22. Erich has been here, hasn't he?
23. It has become cold.
24. Many people died in the war.
25. Are you (**du**) hungry?
26. I'm on a diet.

COMMUNICATION CHALLENGES

Personalized Questions

1. Wer sitzt neben Ihnen am Frühstückstisch? 2. Haben Sie manchmal großen Hunger? 3. Was haben Sie heute morgen zum Frühstück gegessen? 4. Wo haben Sie gestern zu Mittag gegessen? 5. Haben Sie **je** (*ever*) vergessen, am Samstagabend zu baden? 6. Kann man in einer **Badewanne** (*bathtub*) gut schwimmen? 7. Haben Sie sich heute morgen die Schuhe geputzt? 8. Kämmen Sie sich die Haare, bevor Sie ins Bett gehen? 9. Haben Sie einen Kamm in der Tasche? 10. Haben Sie heute morgen das Bett selbst gemacht? 11. Wie oft essen Sie Spiegeleier auf Schinken? 12. Trinken Sie gern Orangensaft? 13. Was trinken Sie lieber, Kaffee oder Schokolade? 14. Was ziehen Sie vor, Honig oder Marmelade? 15. Was für einen Rasierapparat haben Sie, Herr _____? 16. Wie oft rasieren Sie sich? 17. Haben Sie sich heute morgen die Zähne vor dem Frühstück oder nach dem Frühstück geputzt? 18. Warum essen Sie nicht immer in der Mensa? 19. Warum haben Sie nur dann und wann großen Hunger? 20. Fällt es Ihnen schwer, Diät zu halten?

Directed Questions

1. Fragen Sie Herrn _____, ob er singt, wenn er duscht (badet)!
2. Fragen Sie Fräulein _____, ob sie nur Toast zum Frühstück gegessen hat!
3. Fragen Sie Fräulein _____, ob sie vor Hunger stirbt!
4. Fragen Sie Herrn _____, was er zum Frühstück trinkt!
5. Fragen Sie Fräulein _____, wie oft sie einen langen Spaziergang macht!
6. Fragen Sie Herrn _____, ob er sich morgens oder abends rasiert!
7. Fragen Sie Herrn _____, ob er gestern krank gewesen ist!
8. Fragen Sie Herrn _____, ob er Physik verstehen kann!

Sentence Challenge

Use each of the following words in a sentence of four or more words, using the present perfect tense.

1. nie 2. schwer 3. Mensa 4. zusammen 5. Hunger 6. bringen
7. fallen 8. Zucker 9. Brötchen 10. Schinken 11. putzen 12. Seife
13. kämmen 14. Eier 15. baden 16. halten 17. Tasse 18. nebeneinander
19. fliegen 20. gewiß

Vocabulary Challenge

Explain in German the meaning of each of the following words.

1. Krieg 2. Ruhe 3. Zahnbürste 4. sterben 5. Diät 6. Badewanne

Original Story Challenge

The instructor will provide the first sentence of an original story. Each imaginative student, in turn, must provide one additional sentence in making up a story.

Directed Communication Challenge

You stop by your friend's room because you are planning to eat breakfast together. You knock, but no one answers. Where is she? Didn't she come home last night? Is she still sleeping? Why hasn't she come to the door? You hope that nothing is wrong. You try the door, and it opens. You *call* (**rufen**) her name. No answer. You hear water running. Maybe she is taking a *bath* (**baden**). Then you hear singing. *No wonder* (**kein Wunder**) she can't hear you. It's hard to hear if one is singing in the shower or in the bathtub. You knock on the bathroom door and shout: "Hurry, or we won't get any breakfast." Finally you hear an *answer* (**die Antwort**): "I'm coming right away. I'll get dressed, comb my hair, and meet you in five minutes in the Mensa." You answer: "In five minutes it will be *closed* (**geschlossen**), and you won't get any breakfast." Does your friend arrive in time for an *exciting* breakfast (**ein aufregendes Frühstück**) of coffee or cocoa with rolls, butter, and marmelade? Feel free to make any changes desired to improve the "plot".

ACTIVE VOCABULARY*

die **Antwort, -en** answer
der **Appetit** appetite
aufregend exciting
das **Bad, ⸚er** bath
die **Badewanne, -n** bathtub
die **Butter** butter
dahin there (away), to that place
das **Diät, -en** diet
die **Erdbeermarmelade** strawberry
   marmelade (jam)
das **Essen** food, dinner
fliegen (*irreg., s.*) fly
der **Frühstückstisch, -e** breakfast table
das **Frühstückszimmer, -** breakfast
   room
gewiß certain(ly)
das **Gewöhnliche** the usual thing
das **Glas, ⸚er** glass
hoffen (*reg.*) hope
der **Hunger** hunger
je ever
der **Kaffee** coffee
der **Kakao** cocoa
kämmen (*reg.*) comb
der **Kellner, -** waiter

komisch strange, funny
der **Krieg, -e** war
mal once, just
die **Marmelade, -n** jam, marmelade
die **Mensa** (*pl.* **Mensen**) (university)
   cafeteria
der **Mittag, -e** noon
nachher afterwards
nebeneinander next to each other
probieren (*reg.*) try
reichen (*reg.*) reach, hand to
riechen (*irreg.*) smell
die **Ruhe** rest, quiet
die **Sahne** cream
schließen (*irreg.*) close
schmecken (*reg.*) taste
der **Soldat, (en), -en** soldier
die **Speisekarte, -n** menu
die **Tasse, -n** cup
treffen (*irreg.*) meet, hit
trinken (*irreg.*) drink
vorziehen (*sep. irreg.*) prefer
das **Wunder, -** wonder, miracle
der **Zucker** sugar
zusammen together

Idioms and Helpful Expressions

Hast du großen Hunger? Are you very hungry?
Ich sterbe vor Hunger. I'm dying of hunger.
dann und wann now and then
Kein Wunder! No wonder!
Bist du schnell dahin gelaufen? Did you run there fast?
Sie zieht eine Tasse Kakao vor. She prefers a cup of cocoa.
Was für eine Marmelade? What kind of marmelade?
heute mittag today at noon
Bis nachher dann! See you afterwards then!
Ich halte Diät. I'm on a diet.
Es fällt mir schwer. It's hard for me.
schon (ein)mal before, already

---

* See Appendix for conjugations of irregular and semi-irregular verbs. An *s* indicates a verb that
takes a form of **sein**.

Arbeit macht das Leben süss

Für viele Ausländer[1] symbolisiert der Volkswagen die deutsche Industrie (**A**). Der „Käfer"[2] wird seit dem Jahre 1938 in dem Dorf Wolfsburg hergestellt[3] und die ersten kleinen Autos, die über das Fließband[4] rollten, sahen fast genau[5] so aus[6] wie einige heutige Modelle! An einem Werktag werden[7] heute über viertausend neue Wagen fertiggestellt[8]. Bis zum Jahr 1979 verkaufte Volkswagen 35 Millionen

[1] foreigners   [2] beetle   [3] (*wird . . . hergestellt*) has been manufactured   [4] assembly line
[5] almost exactly   [6] (*sahen . . . aus*) looked   [7] are   [8] completed

A

Wagen. Infolge[9] dieser Produktion ist das Dorf Wolfsburg schon längst[10] eine moderne Industriestadt geworden. Die große Entwicklung[11] der deutschen Industrie in den letzten Jahrzehnten[12] nennt man das „Wirtschaftswunder".

Wenn man eine Verabredung hat und keinen Parkplatz für seinen Wagen finden kann, dann parkt man in einer verbotenen[13] Zone und hofft, daß es die Polizei[14] nicht merkt[15]. Dem Mann auf dem Bild (**B**) ist es nicht gelungen[16]. Er sitzt im Auto und wartet resigniert auf seinen Strafzettel[17], den die Polizistin[18] ausschreibt. In Deutschland bezahlt man eine kleine Geldstrafe[19] direkt an den Verkehrspolizisten[20]. Das „Straßengericht"[21] dauert[22] nicht lange: „Hier darf man nicht parken! Das kostet 4 Mark. Hoffentlich haben Sie es klein[23]. Danke schön und hier ist Ihre Quittung[24]. Auf Wiedersehen!"

[9] as a result of   [10] some time ago   [11] development   [12] decades   [13] forbidden
[14] police   [15] notice   [16] did not get away with it   [17] ticket   [18] policewoman
[19] fine   [20] traffic policeman   [21] "street court of justice"   [22] lasts   [23] Let's hope you have change.   [24] receipt

B

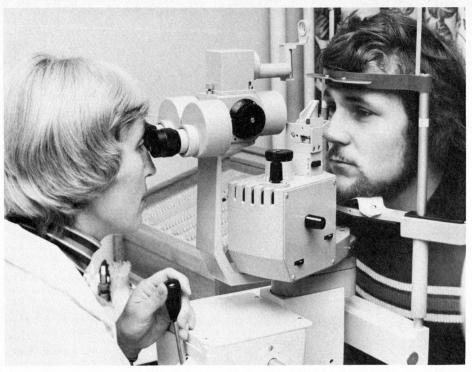

C

Da[25] im letzten Krieg viele Männer gefallen sind (etwa $3\frac{1}{4}$ Millionen), und da der Mangel an Arbeitskräften[26] vor ein paar Jahren[27] sehr groß war, sind heute beinahe 40% aller Frauen im Alter von 15 bis 50 Jahren beruflich[28] oder in der Industrie tätig[29] (**C**, Betriebsärztin[30], Schwerin, DDR). Die Praxis[31] zeigt, daß sie es genauso[32] gut machen wie die Männer. Oft sind sie sogar besser (**D**, Industriearbeiterinnen).

Der Arzt genießt[33] in der Bundesrepublik das größte Prestige. Für 30% der Frauen ist er ihr Traummann[34]. Auf der Wunschliste[35] der Männer steht der Arztberuf[36] hinter Förster[37], Pilot, Ingenieur, Lehrer, Mechaniker und Beamter[38].

Im Jahre 1979 arbeiteten noch vier Millionen Gastarbeiter in der Bundesrepublik. Jeder dritte wohnte schon mehr als zehn Jahre da. Von den sechs Millionen Schulkindern ist jedes zwölfte das Kind eines Gastarbeiters.

Heutzutage suchen viele Studenten während der Ferien[39] Arbeit, um sich das Studiengeld zu verdienen. Sie waschen Geschirr[40] in Hotels und Restaurants, wenden ihre Sprachkenntnisse an[41] als Fremdenführer[42] in den Großstädten und Touristenorten[43] und arbeiten in Fabriken[44] und Büros.

[25] since, because   [26] lack of manpower   [27] a few years ago   [28] professionally
[29] active   [30] company doctor   [31] experience   [32] just as   [33] enjoys   [34] the man of their dreams   [35] job preference list   [36] medical profession   [37] forester   [38] public official   [39] vacation   [40] dishes   [41] use their knowledge of languages   [42] guides
[43] tourist places   [44] factories

D

Etwa ein Drittel[45] aller Studenten der Medizin und Zahnheilkunde[46] sind Frauen. An der Universitätszahnklinik in Bonn studieren mehr als 300 Studenten und Studentinnen. Zwei Semester lang arbeiten sie an „Patienten aus Aluminium" (**E**). Erst[47] im sechsten Semester können sie mit der praktischen Arbeit am menschlichen Kiefer[48] beginnen. Die Männer wollen es vielleicht nicht zugeben[49], aber die Frauen spielen heutzutage eine große Rolle auf allen Gebieten[50] des menschlichen Lebens.

Schon im 19. Jahrhundert hatten die meisten deutschen Fabriken ein Laboratorium, wo Universitätswissenschaftler[51] experimentierten (**F**, Forschungszentrum[52], Ostberlin). Das Resultat war: neue und bessere Produkte, wie zum Beispiel optische und elektrische Instrumente, pharmazeutische

[45] third   [46] dentistry   [47] only, not before   [48] jaw   [49] admit   [50] areas
[51] university scientists   [52] research center

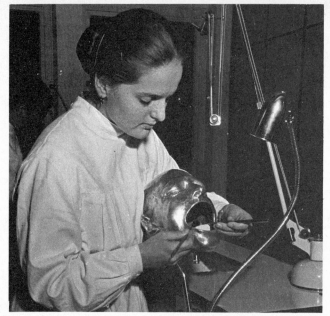

E

F

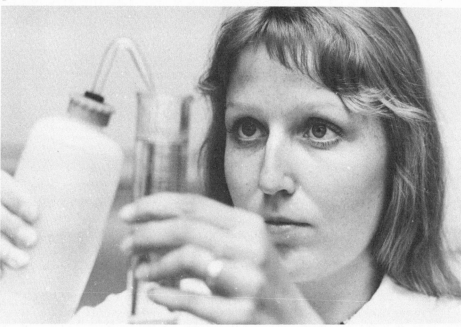

Präparate, Chemikalien, und vielerlei[53] Maschinen. Namen wie Bunsen, Siemens, Zeiß, Liebig, Benz und Röntgen wurden weltbekannt[54].

[53] many kinds of   [54] became known all over the world

Aufgabe Zwölf

Vor der Mensa

In der vergangenen Woche hat Rudi Wolf eine Reise nach Berlin und Nordwestdeutschland gemacht. Heute begegnet er Anna Ulmer vor der Mensa.

1 RUDI: Tag, Anna!
2 ANNA: Tag, Rudi! Wie war die Reise?
3 RUDI: Herrlich, wirklich sehr schön! Wartest du auf jemand?
4 ANNA: Meine Schwester kommt gleich zurück; sie ist nur eben in die Bibliothek gegangen, um ihre Bücher abzuholen.
5 RUDI: Eßt ihr heute zu Mittag in der Mensa?
6 ANNA: Nein, wir haben nicht genug Zeit. Um eins müssen wir in der Vorlesung sein.
7 RUDI: Besuchst du immer alle deine Vorlesungen?
8 ANNA: Nein, nicht immer. Aber heute liest Professor Reinhardt über Goethes Gedichte, und das möchte ich hören.
9 RUDI: Ich finde ihn langweilig.
10 ANNA: Er liest ziemlich monoton, das stimmt, aber er hat oft wirklich gute Einsichten.
11 RUDI: Hast du heute abend etwas vor?
12 ANNA: Ich muß an meinem Referat arbeiten, aber warum fragst du?
13 RUDI: Ich wollte dich zu einem Eis in der Konditorei Jakobs einladen.
14 ANNA: Sei mir nicht böse, Rudi, aber ich muß wirklich arbeiten.
15 RUDI: Versteh'. Vielleicht am Sonnabend.
16 ANNA: Ja, ruf mich an bitte. Tschüß! Ich muß jetzt los.
17 RUDI: Tschüß!

Fragen

1. Wohin hat Rudi eine Reise gemacht? 2. Wie war die Reise? 3. Wo ist Annas Schwester? 4. Wo essen die beiden Madchen zu Mittag? 5. Worüber liest Professor Werner? 6. Hört Rudi gern die Vorlesungen? 7. Was hat Anna heute abend vor?

Lesson Twelve

In Front of the Student Cafeteria

During the past week Rudi Wolf has taken a trip to Berlin and northwestern Germany. Today he meets Anna Ulmer in front of the student restaurant.

1 RUDI: Hi, Anna!
2 ANNA: Hi, Rudi! How was the trip?
3 RUDI: Splendid, really very nice! Are you waiting for someone?
4 ANNA: My sister is coming right back; she just went to the library (in order) to pick up her books.
5 RUDI: Are you eating lunch in the (student) cafeteria today?
6 ANNA: No, we don't have enough time. At one o'clock we have to be at the lecture.
7 RUDI: Do you always go to all your lectures?
8 ANNA: No, not always. But today Professor Reinhardt is lecturing on Goethe's poems, and that I'd like to hear.
9 RUDI: I find him boring.
10 ANNA: He lectures in a rather monotonous voice, that's true, but he often has really good insights.
11 RUDI: Are you doing anything this evening?
12 ANNA: I have to work on my report (paper), but why do you ask?
13 RUDI: I wanted to invite you to have some ice cream at Jacob's Pastry Shop.
14 ANNA: Don't be angry with me, Rudi, but I really must work.
15 RUDI: I understand. Perhaps on Saturday.
16 ANNA: Yes, phone me please. So long! I have to leave now.
17 RUDI: I'll be seeing you!

VOCABULARY BUILDING

Verabredungen *(Appointments)*

Soll ich
{
Sie vor dem Theater treffen?
Sie später anrufen?[1]
um acht Uhr vorbeikommen?
Sie heute abend abholen?[2]
}

Es tut mir leid, daß ich mich verspätet habe.
Ich bin gewöhnlich pünktlich.

Meine Uhr
{
geht nach.[3]
geht vor.[4]
geht nicht.
}

Wollen Sie
{
nicht hereinkommen?
nicht Platz nehmen?
nicht einen Augenblick warten?
}

Ich habe nichts Besonderes vor.[5]
Ich bin heute nachmittag frei.
Danke sehr für die Einladung.[6]
Er hat mich noch nicht eingeladen.[7]
Haben Sie es eilig?[8]
Ich habe eine Verabredung mit einem Freund.
Haben Sie eine Verabredung mit einem hübschen Mädchen?
Kommen Sie bald wieder vorbei!

In der Schule

Er geht[9] seit August in die Schule.
Geht Hans heute zur Schule?
Karl ist im Kindergarten.[10]
Besucht Ihre Tochter die Grundschule[11] oder die Oberschule?[12]
Haben wir jeden Tag eine Prüfung?
Ich hoffe, ich werde nicht durchfallen.[13]
Schwänzen[14] die Kinder manchmal?
Wie lange dauern die Sommerferien?[15]

---

[1] call [2] pick you up [3] is slow [4] is fast [5] I have no special plans [6] invitation
[7] invited [8] Are you in a hurry? [9] has been going [10] nursery school [11] elementary
school [12] secondary school [13] fail, "flunk" [14] cut class [15] How long does the
summer vacation last?

Auf der Universität

Wann fängt das Semester an?
Welche Vorlesungen hören Sie?
Wann hält Herr Professor Werner Vorlesungen?
Werden Sie das Examen bestehen?[16]
Haben Sie je geschwänzt?
Müssen Sie manchmal büffeln?[17]

Vocabulary Building Questions

1. Treffen Sie manchmal Ihre Freundin vor dem Theater? 2. Tut es Ihnen leid, wenn Sie sich verspätet haben? 3. Geht Ihre Uhr vor? 4. Sind Sie heute abend frei? 5. Haben wir jede Woche eine Prüfung? 6. Fallen Sie manchmal durch? 7. Haben Sie je geschwänzt?

CONVERSATIONAL PATTERNS

I. VERBS WITH SEPARABLE PREFIXES

Both English and German have separable verbs. These consist of a verb plus an adverbial element, as one can see by the following examples in English:

I always *get up* early.
She *is coming back* tomorrow.
Please *look* this *over*.
Sit down now.

In German the separable prefix is separated from its verb and placed at the end of all independent clauses in the present tense, past tense (to be studied later), and the imperative. In all other tenses, dependent clauses, infinitives, and infinitive phrases, the prefix precedes the verb and is attached to it. Study the following examples:

aufmachen (*to open*)
Er **macht** die Tür **auf.**
Er **wird** die Tür **aufmachen.**
Er **hat** die Tür **aufgemacht.**
Um (*in order*) die Tür **aufzumachen,** . . .
  (*infinitive phrase*)
Machen Sie die Tür **auf!**

abfahren (*to depart*)
Er **fährt** heute **ab.**
Er **wird** heute **abfahren.**
Er **ist** heute **abgefahren.**
Um heute **abzufahren,** . . . (*infinitive phrase*)
Fahren Sie heute **ab!**

Note that **zu** is placed between the prefix and the infinitive in infinitive phrases. Remember also that the prefix of a separable verb always receives the stress: *an*-**kommen,** *auf*stehen, etc.

---

[16] pass   [17] cram

1. Repetition

Ich **höre** heute **gut zu** (*listen well*).
Ich werde morgen gut zuhören.
Ich habe gestern gut zugehört.
Hören Sie gut zu!
Wann **stehen** Sie **auf** (*get up*)?
Wann werden Sie morgen aufstehen?
Wann sind Sie gestern aufgestanden?
Stehen Sie auf!
Um früh aufzustehen, **stelle** ich **den Wecker** (*set the alarm*).

Kommt Ihr Bruder mit?
Nein, er kommt nicht mit.
Wird er morgen mitkommen?
Nein, er wird morgen nicht mitkommen.
Ist er je mitgekommen?
Nein, er ist nie mitgekommen.
Kommen Sie mit?
Kommen Sie mit!
Wollen Sie mitkommen?
Nein, ich will nicht mitkommen.

II. COMMON SEPARABLE VERBS

PREFIX	MEANING	SEPARABLE VERB	MEANING
ab	*off, away*	abfahren	*depart*
		abholen	*pick up*
		abstellen	*turn off* (radio)
an	*at, on*	anfangen	*begin*
		ankommen	*arrive*
		anrufen	*telephone*
		anschauen	*look at*
		ansehen	*look at*
		anstellen (anmachen)	*turn on* (radio)
		anziehen	*dress, put on*
auf	*up*	aufhören	*stop, cease*
		aufmachen	*open*
		aufpassen	*pay attention*
		aufstehen	*stand up, arise*
		aufwachen	*wake up*
aus	*out*	auskommen	*get along, manage*
		aussehen	*look, appear*
		aussteigen	*climb out, get out*
durch	*through*	durchfallen	*fail an exam*
ein	*in*	einladen	*invite*
		einlösen	*cash*
		einsteigen	*climb in, get in*
her	*toward the speaker*	hereinkommen	*come in*
hin	*away from the speaker*	hinausgehen	*go out*

Prefix	Meaning	Separable Verb	Meaning
mit	*with, along*	mitbringen	*bring along*
		mitgehen	*go along*
		mitkommen	*come along*
		mitnehmen	*take along*
vor	*in front of, before*	vorhaben	*plan to do*
		vorlesen	*read aloud*
		vorschlagen	*propose, suggest*
		vorstellen	*introduce*
		vorziehen	*prefer*
vorbei	*by, past*	vorbeikommen	*come by, pass*
zu	*to*	zuhören	*listen*
		zumachen	*close*
zurück	*back*	zurückkommen	*come back*

2. Repetition

Er steht jeden Tag früh auf.
Er wird heute früh aufstehen.
Er ist um sechs Uhr aufgestanden.
Wann kommt er heute an?
Wann wird er morgen ankommen?
Wann ist er gestern angekommen?
Er stellt das Radio an.
Er wird das Radio anstellen
    (anmachen).
Er hat das Radio angestellt
    (angemacht).
Wann soll ich Sie abholen?
Paß auf!

Er kommt am Freitag zurück.
Er wird am Freitag zurückkommen.
Er ist am Freitag zurückgekommen.
Wann kommt er gewöhnlich vorbei?
Wann wird er heute vorbeikommen?
Wann ist er gestern vorbeigekommen?
Er stellt mir seine Freunde vor.
Er wird mir seine Freunde vorstellen.
Er hat mir seine Freunde vorgestellt.
Ich muß morgen abfahren.
Lies diesen Satz vor!

III. SENTENCE PATTERNS FOR REGULAR VERBS WITH SEPARABLE PREFIXES

Infinitive	Present	Future	Present Perfect
abholen	holt ihn ab.	. . . abholen.	hat . . . abgeholt.
aufwachen	Er { wacht . . . auf.	Er wird { . . . aufwachen.	Er { **ist** . . . aufgewacht.
zuhören	hört gut zu.	. . . zuhören.	hat . . . zugehört.

3. Repetition

Wann soll er mich abholen?
Mach das Buch auf!

Paß auf! Da kommt der Zug!
Wachen Sie immer früh auf?

Heute muß ich einen Scheck einlösen.
Möchten Sie ihn kennenlernen?
Ich möchte Ihnen meinen Freund
   vorstellen.

Bitte, machen Sie das Fenster zu!
Was hast du heute vor?
Schauen Sie sich das Buch an!

4. Question-Answer

Wird Albert das Fenster zumachen?

Er macht es eben (gerade) zu.

Wird Lili das Radio anmachen?
Wird Jakob seinen Vetter bald
   abholen?
Wird das Baby bald aufwachen?
Wird er seine Freunde vorstellen?

Sie macht es eben an.
Er holt ihn eben ab.

Es wacht eben auf.
Er stellt sie eben vor.

Wird er Fritz abholen?

Er hat ihn schon abgeholt.

Wird das Kind bald aufwachen?
Werden Sie das Fenster zumachen?
Wird er seinen Freund vorstellen?

Es ist schon aufgewacht.
Ich habe es schon zugemacht.
Er hat ihn schon vorgestellt.

Soll ich meinen Freund vorstellen?

Ja, stellen Sie ihn vor!

Darf ich Sie um vier Uhr abholen?
Soll ich das Fenster aufmachen?
Soll ich meinen Scheck einlösen?
Soll ich die Tür zumachen?
Darf ich jetzt aufhören?

Ja, holen Sie mich um vier Uhr ab!
Ja, machen Sie es auf!
Ja, lösen Sie ihn ein!
Ja, machen Sie sie zu!
Ja, hören Sie jetzt auf!

IV. SENTENCE PATTERNS FOR IRREGULAR VERBS WITH SEPARABLE PREFIXES

INFINITIVE	PRESENT		FUTURE		PRESENT PERFECT
anrufen		⎧ ruft uns an.		⎧ . . . anrufen.	⎧ hat . . . angerufen.
aussehen	Er	⎨ sieht gut aus.	Er wird	⎨ . . . aussehen.	Er ⎨ hat . . . ausgesehen.
mitgehen		⎩ geht heute mit.		⎩ . . . mitgehen.	⎩ **ist** . . . mitgegangen.

5. Repetition

Hast du ihn schon eingeladen?
Sie hat ihre Schuhe angezogen.
Wir haben Aufgabe elf angefangen.
Haben Sie den Brief schon
   aufgegeben?
Das Mädchen sieht hübsch aus.
Fallen Sie manchmal durch?

Können Sie um vier Uhr
   vorbeikommen?
Wann kommen Sie zurück?
Nehmen Sie dieses Buch mit!
Soll ich dich morgen anrufen?
Kommen Sie heute mit?
Geht meine Uhr vor?

6. Present > Present Perfect

Was schlagen Sie vor?   *Was haben Sie vorgeschlagen?*

Wann stehen Sie auf?   Wann sind Sie aufgestanden?
Gehen Sie mit?   Sind Sie mitgegangen?
Kommt er bald zurück?   Ist er bald zurückgekommen?
Kommen Sie heute vorbei?   Sind Sie heute vorbeigekommen?
Was nimmst du mit?   Was hast du mitgenommen?
Wann kommt er an?   Wann ist er angekommen?
Wen laden Sie ein?   Wen haben Sie eingeladen?
Warum rufst du ihn jetzt an?   Warum hast du ihn jetzt angerufen?

7. Question-Answer

Wann wird Emil abfahren?   *Er ist schon abgefahren.*

Wann wird die Sommerschule   Sie hat schon angefangen.
  anfangen?
Wann werden Ihre Freunde   Sie sind schon vorbeigekommen.
  vorbeikommen?
Wann werden die Kinder aufstehen?   Sie sind schon aufgestanden.
Wann werden Sie Rolf anrufen?   Ich habe ihn schon angerufen.
Wann werden wir Elsa zum   Wir haben sie schon eingeladen.
Mittagessen einladen?
Wann wird Willi seine Schulbücher   Er hat sie schon mitgenommen.
  mitnehmen?
Wird der Lehrer diese Geschichte   Er hat sie schon vorgelesen.
  vorlesen?
Wann fangen die Ferien an?   Sie haben schon angefangen.

Darf ich aufstehen?   *Bitte, stehen Sie auf!*

Darf ich einen Satz vorlesen?   Bitte, lesen Sie ihn vor!
Darf ich Franz einladen?   Bitte, laden Sie ihn ein!
Soll ich ihn anrufen?   Bitte, rufen Sie ihn an!
Darf ich anfangen?   Bitte, fangen Sie an!
Dürfen wir vorbeikommen?   Bitte, kommen Sie vorbei!

Wann fängt das Kino an?   *Es hat schon angefangen.*

Wann kommt Hans zurück?   Er ist schon zurückgekommen.
Wann geht Helene mit?   Sie ist schon mitgegangen.
Wann steht Jürgen auf?   Er ist schon aufgestanden.
Wann wird Kätchen vorbeikommen?   Sie ist schon vorbeigekommen.
Wann wird der Zug abfahren?   Er ist schon abgefahren.

8. Replacement

Er wird heute zurückkommen.

Wir _____.   Wir werden heute zurückkommen.
— möchten _____.   Wir möchten heute zurückkommen.
_____ mitgehen.   Wir möchten heute mitgehen.

__ müssen _____ .   Wir müssen heute mitgehen.

Erna _____ .   Erna muß heute mitgehen.

_____ vorbeikommen.   Erna muß heute vorbeikommen.

__ kann _____ .   Erna kann heute vorbeikommen.

_____ anfangen.   Erna kann heute anfangen.

Lore und Lili _____ .   Lore und Lili können heute anfangen.

__ dürfen _____ .   Lore und Lili dürfen heute anfangen.

V. ENGLISH-GERMAN PATTERNS

1. He is opening the window.
2. She is closing the door.
3. They are introducing their friend.

   Give three command forms for 4–10.

4. Wake up!
5. Watch out!
6. Introduce her to me!
7. Begin now! (**anfangen**)
8. Please close the window!
9. Go out!
10. Come back!
11. When did he arrive?
12. Did you (**du**) go along?
13. Has he come by already?
14. Did they invite you? (**du** form)
15. Did you (**du**) phone your girl friend?
16. I want to go in.
17. She wants to begin now.
18. Do you (**du**) have permission to invite them?
19. They must come along.
20. I'm taking an examination today.
21. I shall not fail.
22. We never cut class.
23. Shall I meet you at the corner? (**Sie** form)
24. I am free this afternoon.
25. Are you (**du**) in a hurry?
26. Please take a seat! (**Sie** form)

COMMUNICATION CHALLENGES

Personalized Questions

1. Sind Sie **letzte** (*last*) Woche nach Berlin gereist?   2. Wann haben Sie Bücher von der Bibliothek abgeholt?   3. Wann schwänzen Sie?   4. Warum schwänzen Sie?   5. Haben Sie im letzten Monat geschwänzt?   6. Haben Sie oft Lust, einen

Spaziergang im Park zu machen?   7. Was haben Sie heute abend vor?   8. Haben Sie es eilig, oder sind Sie jetzt frei?   9. Wie oft laden Sie einen Freund (eine Freundin) zum Abendessen ein?   10. Fallen Sie bei Prüfungen manchmal durch? 11. Wann fängt das nächste Semester an?   12. Um wieviel Uhr sind Sie heute morgen aufgestanden?   13. Haben Sie heute nachmittag frei?   14. Warum können Sie jede Prüfung bestehen?   15. Mit wem haben Sie heute abend eine Verabredung?   16. Wo treffen Sie sich?   17. Sind Sie immer pünktlich? 18. Wann kann man Sie anrufen?   19. Was haben Sie heute abend vor? 20. Wann dürfen wir Sie zu einem Eis einladen?   21. Ist es **möglich** (*possible*), in dieser Klasse ein „A" zu bekommen?

Directed Questions

1. Fragen Sie Fräulein _____, wann sie einen Ausflug machen möchte!
2. Fragen Sie Herrn _____, ob er **Freizeit** (*leisure, free time*) hat!
3. Fragen Sie Herrn _____, ob er immer pünktlich zur Deutschstunde kommt!
4. Fragen Sie Fräulein _____, ob ihre Mutter gewöhnlich mitkommt, wenn sie eine Verabredung hat!
5. Fragen Sie Fräulein _____, wann sie morgens aufwacht!
6. Fragen Sie Herrn _____, ob er alle Studentinnen in der Klasse kennengelernt hat!
7. Fragen Sie Herrn _____, ob er immer gut aufpaßt!
8. Fragen Sie Herrn _____, wie oft er seine Freundin anruft!

Sentence Challenge

Use each of the following words in a sentence of four or more words. Vary the tense forms: present, present perfect, and future.

1. abholen   2. einladen   3. zurückkommen   4. büffeln   5. Platz   6. möglich 7. Kindergarten   8. eilig   9. Augenblick   10. Referat   11. Wecker 12. wirklich   13. dauern   14. aufmachen   15. bestellen   16. erwarten 17. jemand   18. vermissen   19. abfahren   20. Einsichten

Vocabulary Challenge

Explain in German the meaning of each of the following words.

1. Deutschstunde   2. Eis   3. durchfallen   4. schwänzen   5. Theater 6. pünktlich

Twenty Questions Challenge

The instructor will think of a well-known athlete, TV star, movie star, historical character, etc. If the class is divided into two sides, representatives of each side may take turns asking questions until the person is identified: **Ist er Amerikaner? Ist er aus Schweden? Spielt er Tennis? Ist er ziemlich jung? Heißt er _____?** and so forth. Try to limit all questions to the vocabulary and idioms already introduced. Occasionally it may be necessary for the instructor to introduce a few new words.

Directed Communication Challenge

A good friend of yours feels sorry for you because you don't have a date for the theater, so he has arranged one for you. Before agreeing to the arrangement, you naturally want to know more about the girl: Have you met her? What's her name? Where does she live? Is she from Germany? Is she a student? Is she a blond or a *brunette* (**eine Brünette**)? Is she intelligent? Is she rather pretty? Is she young? How old is she? Are you supposed to phone her? Are you to pick her up at home or meet her downtown? Where? At the *box office* (**die Theaterkasse**)? What kind of dress will she be wearing? What's the name of the drama? etc. You are a little afraid of girls, but you are too tired to study, so you decide to risk it. You travel by bus downtown, get out of the bus, then go on foot about a hundred *meters* (**das** or **der Meter.**) Over there is the theater. Now, which girl do you have a date with? There are three waiting near the box office. This is embarrassing; you have forgotten what her name is, but you must find out which one is waiting for you. Dare you *smile* (**lächeln**) or speak to a girl on the street? Well, good luck! We can hardly wait to find out what happens. Perhaps the drama in front of the theater will be more interesting than the one in the theater.

ACTIVE VOCABULARY

abfahren (*sep. irreg., s.*)   leave, depart
abholen (*sep. reg.*)   pick up, go and get
anrufen (*sep. irreg.*)   phone, call up
bestehen (*irreg.*)   pass (an exam)
bestellen (*reg.*)   order
die **Brünette, -n**   brunette
büffeln (*reg.*)   cram (for an exam)
dauern (*reg.*)   last
die **Deutschstunde, -n**   German class
durchfallen (*sep. irreg., s.*)   fail
eben   just
einladen (*sep. irreg.*)   invite
die **Einsicht, -en**   insight
das **Eis**   ice, ice cream
enden (*reg.*)   end
erwarten (*reg.*)   await, expect
frei   free
die **Freizeit**   free time, leisure
hereinkommen (*sep. irreg., s.*)   come in

jemand   someone
lächeln (*reg.*)   smile
letzt-   last
das (der) **Meter, -**   meter
möglich   possible
monoton   monotonous
der **Platz, ⁓e**   seat, place
das **Referat, -e**   report, paper
schwänzen (*reg.*)   cut class
stimmen (*reg.*)   be right, agree
die **Theaterkasse, -n**   theater box office
um (*conj.*)   in order (to)
vergangen   past
vermissen (*reg.*)   miss (someone)
vorhaben (*sep. reg.*)   plan, have in mind
der **Wecker, -**   alarm clock
wirklich   really
zuhören (*sep. reg.*)   listen

Idioms and Helpful Expressions

Tag! = Guten Tag!
Tschüß!   So long!
Sie kommt heute mittag.   She is coming at noon today.

Das stimmt.   That's right (correct).

Hast du etwas vor?   Do you have any plans?

Sie arbeitet an einem Referat.   She is working on a report (paper).

Er will mich zu einem Eis einladen.   He wants to invite me to have some ice cream.

Hör gut zu!   Listen well!

Hast du den Wecker gestellt?   Have you set the alarm?

Ich muß jetzt los.   I must be on my way.

Haben Sie es eilig?   Are you in a hurry?

Nehmen Sie bitte Platz!   Please take a seat!

A

Auf der Reise

Auf der Reise durch Deutschland sieht man an einem Tag Dutzende[1] von idyllischen Dörfern und Städtchen wie Schwäbisch Hall (**A**). Sie sehen heute noch genauso aus wie vor Hunderten von Jahren[2].

Wenn man ein neues Haus baut oder ein altes Haus renoviert und dann zuletzt[3] das Dach aufsetzt[4], feiert[5] man noch heute, wie vor Jahrhunderten, das Richtfest[6] (**B**). Ein Kranz[7] oder ein kleiner Tannenbaum[8] auf einer Stange[9]

[1] dozens   [2] hundreds of years ago   [3] finally   [4] erects the roof   [5] celebrates
[6] ceremony at completion of rafter construction   [7] wreath   [8] fir tree   [9] pole

B

C

symbolisiert die Hoffnung[10], daß das Haus lange stehen wird. Der Hausbesitzer[11] muß für die Arbeiter Bier kaufen, aber wenn er zu geizig[12] ist, nageln ihm die Zimmerleute[13] einen Besen[14] auf das Dach. Dann weiß alle Welt, daß der Hausbesitzer ein Geizhals[15] ist.

Die Stadt Frankfurt am Main ist mehr als tausend Jahre alt. Im Mittelalter war hier eine Furt[16], durch welche die Franken über den Fluß Main ritten. Frankfurt am Main[17] ist bekannt als eine Krönungsstadt[18] deutscher Kaiser[19] und die Geburtsstadt[20] Goethes. Seit Jahrhunderten hält man hier jedes Jahr die weltbekannte Frankfurter Messe[21] ab[22]. Auf diesem Bild (**C**) sehen wir den Römer, Frankfurts Rathaus aus dem Mittelalter. Im Vordergrund[23] spielt man im Freien[24] Schach[25].

Seit dem letzten Weltkrieg sind viele deutsche Städte ganz modern geworden, nicht immer weil die Bürgermeister und Stadträte[26] es so geplant[27] hatten, sondern weil sie nach der Zerstörung[28] durch den Krieg ihre Städte wieder aufbauen[29]

---

[10] hope   [11] owner of the house   [12] stingy   [13] the carpenters nail   [14] broom
[15] tightwad   [16] ford   [17] Main River   [18] coronation city   [19] of German emperors
[20] birthplace   [21] fair   [22] (*hält . . . ab*) have been holding   [23] foreground   [24] in the
open   [25] chess   [26] mayors and councilmen   [27] planned   [28] destruction
[29] build up

D

mußten. Solch eine schöne moderne Stadt ist Düsseldorf (**D**). Früher war es ein kleines Dorf an der Stelle[30], wo das Flüßchen Düssel in den Rhein fließt[31]. Heute ist dieses deutsche „Paris" eine Großstadt mit mehr als 750 000 Einwohnern[32]. Das Thyssen–Haus ist eines der höchsten Gebäude[33] in Deutschland. Düsseldorf liegt am Rande[34] des Ruhrgebietes[35], eines der größten Industriezentren Europas.

    In alten deutschen Städten wie Bremen (**E**) steht der Dom und das Rathaus gewöhnlich am Marktplatz[36]. Im frühen Mittelalter waren die „Domstädte" Ausgangspunkte[37] für die Verbreitung des Christentums[38]. Die meisten dieser Städte sind Großstädte geworden, wie Bremen, Köln und Frankfurt. Das Bremer Rathaus mit der schönen Renaissancefassade hat den ältesten und größten Ratskeller[39] Deutschlands. Noch heute kann man dort gut essen und trinken.

[30] spot, place   [31] flows   [32] inhabitants   [33] buildings   [34] edge   [35] Ruhr area
[36] marketplace   [37] points of departure   [38] spread of Christianity   [39] town hall restaurant

E

F

Die Kaiser-Wilhelm-Gedächtniskirche[40] (**F**) ist heute die einzige[41] Ruine des zweiten Weltkrieges in Westberlin. Sie wird auch eine Ruine bleiben, denn sie soll an die Furchtbarkeit[42] des Krieges erinnern. Viele moderne Geschäftshäuser befinden sich in diesem Teil[43] Berlins. Unter den Gebäuden Ostberlins ist das neue Ausstellungszentrum[44] (**G**) am Fuße des Fernsehturms von besonderem Interesse. Im Hintergrund sieht man das Rathaus und viele neue Gebäude. Kein Wunder, daß Studenten der Architektur aus allen Teilen der Welt nach Berlin kommen, um die neuen Gebäude zu sehen.

[40] Emperor Wilhelm Memorial Church   [41] only   [42] frightfulness   [43] part
[44] exhibition center

G

Die meisten Deutschen reisen am liebsten ins Ausland, wobei Österreich am beliebtesten ist, weit vor Italien und Spanien. Sie bleiben zwei bis drei Wochen in ihrem Urlaubsparadies[45], wo sie vor allem schwimmen, spazierengehen, viel schlafen, gut essen, neue Menschen kennenlernen und neue Sprachen lernen.

[45] vacation paradise

Review Lessons 7-12

I. GRAMMAR REVIEW

A. **Der**-Words and **Ein**-Words

1. Wo ist (*the, their, that*) _____, _____, _____ Arzt?
2. Sie redet gern mit (*every, this, that, many a*) _____, _____, _____, _____ Ausländerin.
3. In (*which*) _____ Café hast du gegessen?
4. (*Such*) _____ Blumen sind sehr schön.
5. Wo sind (*my, his, their, your:* **Sie** *form*) _____, _____, _____, _____ Briefmarken?
6. Hast du (*her, your:* **du** *form, our, their*) _____, _____, _____, _____ Reiseschecks gesehen?
7. Fahren wir mit (*your:* **du** *form, his, her, your:* **ihr** *form*) _____, _____, _____, _____ Wagen?
8. Setz dich auf (*my, their, her, your:* **du** *form*) _____, _____, _____, _____ Stuhl!
9. Du störst (*his, our, their, my*) _____, _____, _____, _____ Zimmerkollegen.
10. Wann willst du (*his, your:* **du** *form, my*) _____, _____, _____ Krawatte tragen?

B. *Plurals.* Write the following sentences in the plural.

1. Wo ist deine Jacke?
2. Dieses Kaufhaus ist sehr groß.
3. Hat der Lehrer ein Auto? (zwei)
4. Ich habe einen Sohn und eine Tochter. (zwei, drei)
5. Der Herr da drüben hat kein Kind.
6. Seine Schwester hat eine Freundin, nicht wahr? (viele)
7. Ihr Nachbar ist ein Freund von mir.
8. In dieser Stadt gibt es ein Theater. (vier)
9. Mit diesem Mann kann ich alles besprechen.
10. Die Farbe des Buches ist grün.

C. *Tenses.* Write each of the following sentences in the present, future, and present perfect tenses.

1. Ich (erkälten) mich.
2. Was (bedeuten) das?
3. (Fühlen) du dich nicht wohl?
4. Er (parken) den Wagen vor dem Geschäft.
5. Was (geben) es zum Abendessen?
6. (Sterben) dein Großvater?
7. (Mitnehmen) du deine Schwester?
8. Wen (besuchen) der Herr?
9. Er (laufen) sofort ins Haus.
10. Wie oft (denken) er an mich?
11. Wann (aufstehen) Sie morgens?
12. Die Professorin (diktieren) einen Brief.
13. Das (wissen) du nicht!
14. Du (vergessen) deine Bücher.
15. Wann (zurückkommen) der Bürgermeister?

D. *Command Forms.* Give the **Sie**, **du**, and **ihr** imperatives for each of the following verbs, but add the word or words in parentheses.

1. schämen: *reflex.* (nicht) 2. essen (langsam) 3. durchfallen (nicht)
4. vergessen (mich nicht) 5. sein (brav) 6. aufwachen (früh) 7. dekorieren (das Schaufenster) 8. arbeiten (fleißig) 9. anrufen (mich) 10. bestehen (das Examen) 11. setzen: *reflex.* (auf das Sofa)

E. *Reflexive Pronouns.* Rewrite each sentence, substituting the pronouns in parentheses plus the corresponding reflexive forms.

1. Wann rasiert er sich? (du, sie: *they*, ihr)
2. Können Sie sich daran gewöhnen? (ich, wir, er)
3. Ich habe mich für Musik interessiert. (er, du, sie: *she*)
4. Was wirst du dir kaufen? (sie: *they*, er, ihr)
5. Wo setzen sie sich hin? (du, sie: *she*, ich)
6. Schämt ihr euch? (du, er, sie: *they*)
7. Wir können uns an ihn erinnern. (er, ihr, du)
8. Sie hat sich darüber gefreut. (wir, ich, er)

II. VOCABULARY REVIEW

A. *Sentence Challenge.* Use each of the following words in a meaningful sentence of four or more words.

1. fühlen (*reflex.*) 2. begleiten 3. irgendwo 4. meinen 5. werfen
6. anstrengend 7. ausgezeichnet 8. ziemlich 9. böse 10. Büro 11. klopfen
12. Kino 13. anziehen (*reflex.*) 14. Fehler 15. kaum 16. verkaufen
17. vermissen 18. fliegen 19. Platz 20. vorziehen

B. *Idiom and Helpful Expression Challenge*

1. Die Bank ist (*close by*) _____ .
2. Hast du kein Geld (*with you*) _____ ?
3. Das ist aber (*too bad*) _____ .
4. (*Now and then*) _____ wandern sie auf dem Waldweg.
5. (*Is she taking*) _____ einen Spaziergang?
6. (*That's fun!*) _____ !
7. (*Are there*) _____ Bären in dem Wald?
8. Meine Füße (*hurt me*) _____ .
9. Warum gehst du (*to bed*) _____ ?
10. (*What's wrong with you?*) _____ ?
11. Sie hat (*a headache*) _____ .
12. (*One moment please!*) _____ .
13. Deine Bekannte ist (*no longer*) _____ hier.
14. Stirbt er (*of hunger*) _____ ?
15. Sie treffen sich (*today at noon*) _____ vor der Mensa.
16. (*What kind of*) _____ Frühstück ist das?
17. (*It's hard for me.*) _____ .
18. Er muß (*be on his way*) _____ .
19. (*That's right.*) _____ .
20. (*Set*) _____ den Wecker, Hans!

III. SPEAKING CHALLENGE

A. *Statement–Rejoinder*. Give your reaction to each of the following statements.

1. Er steckt seine Reiseschecks in den Briefkasten.
2. Es tut dem Lehrer leid, aber Sie sind bei dem letzten Examen durchgefallen.
3. Viele Studenten können sich gut entspannen, wenn sie eine Prüfung machen.
4. Ab und zu ist eine große Kirschtorte gut für die Gesundheit.
5. Im Krankenhaus kann man immer sehr gut schlafen.
6. Man soll Kleider nicht in den Kleiderschrank hängen, sondern auf den Fußboden werfen.
7. Wenn man vor Hunger stirbt, soll man gleich zu Bett gehen.
8. Die besten Studenten schwänzen fast jeden Tag.

B. *Picture Response*. The instructor will select six pictures from lessons seven through twelve for student response. Say as much as you can about each picture.

Aufgabe Dreizehn

Ein Spaziergang

Rudi Wolf findet es sehr angenehm, mit einem hübschen Mädchen spazieren zu gehen.

1 RUDI: Du siehst heute sehr schick aus.

2 ANNA: Wieso heute? Seh' ich gewöhnlich nicht schick aus?

3 RUDI: Doch, doch, aber ich finde der neue Rock steht dir besonders gut.

4 ANNA: Ich habe ihn vor zwei Wochen gekauft, als ich ihn im Schaufenster sah. Er paßt gut zu dieser Bluse.

5 RUDI: Weißt du, was ich meiner Schwester kaufen möchte?

6 ANNA: Bestimmt ein Dirndl.

7 RUDI: Erraten, aber wie konntest du das wissen?

8 ANNA: Ich weiß, daß du Dirndlkleider gern hast.

9 RUDI: Weißt du vielleicht, wo ich eins preiswert kaufen kann?

10 ANNA: Gleich beim Rathaus um die Ecke ist ein kleines Geschäft; dort kann man gewöhnlich gut kaufen.

11 RUDI: Ich trau' mich nicht richtig, ein Kleid zu kaufen. Könntest du mir helfen und mitkommen?

12 ANNA: Heute habe ich nicht genug Zeit, aber morgen komme ich gerne mit.

13 RUDI: Das ist nett von dir. Ich hol' dich zu Hause ab.

14 ANNA: Nein, das ist nicht nötig. Wir können uns um halb zwölf am Brunnen vor dem Rathaus treffen.

15 RUDI: Großartig! Bis morgen dann!

16 ANNA: Bis morgen, Rudi!

Fragen

1. Was findet Rudi sehr angenehm? 2. Wie sieht Anna aus? 3. Ist ihr Rock neu? 4. Was will Rudi seiner Schwester kaufen? 5. Wo kann man gut kaufen? 6. Wo und wann wollen sie sich treffen, um ein Dirndl zu kaufen?

Lesson Thirteen

A Walk

Rudi Wolf finds it very pleasant to go walking with a pretty girl.

1 RUDI: You look very sharp today.

2 ANNA: What do you mean, today? Don't I usually look sharp?

3 RUDI: Yes, of course, but I find the new skirt is especially becoming to you.

4 ANNA: I bought it two weeks ago when I saw it in a shop window. It goes well with this blouse.

5 RUDI: Do you know what I would like to buy for my sister?

6 ANNA: A dirndl of course.

7 RUDI: You guessed it, but how could you know that?

8 ANNA: I know that you like dirndls.

9 RUDI: Do you perhaps know where I can buy one reasonably?

10 ANNA: Right around the corner from the city hall there is a small shop. One can usually get a good buy there.

11 RUDI: I don't quite trust myself to buy a dress. Could you help me and come along?

12 ANNA: I don't have enough time today, but tomorrow I'll be glad to come with you.

13 RUDI: That's nice of you. I'll pick you up at home.

14 ANNA: No, that's not necessary. We can meet at eleven-thirty by the fountain in front of the city hall.

15 RUDI: Great! See you tomorrow then!

16 ANNA: See you tomorrow, Rudi!

VOCABULARY BUILDING

Das Alter *(Age)*

Wann $\begin{cases} \text{sind Sie} \\ \text{ist er} \\ \text{ist sie} \end{cases}$ geboren?   Ich bin $\left.\begin{cases} \text{Ich bin} \\ \text{Er ist} \\ \text{Sie ist} \end{cases}\right\}$ im Oktober geboren.

Wie alt ist er? Er ist $\begin{cases} \text{einundzwanzig (Jahre alt).} \\ \text{nicht älter als dreißig.} \\ \text{beinah vierzig.} \\ \text{noch ziemlich jung.} \\ \text{viel jünger als ich.} \\ \text{genauso alt wie ich.} \end{cases}$

Sie sehen nicht so alt aus, wie Sie sind.
Für wie alt halten Sie mich?
Heute habe ich Geburtstag.

(Ich wünsche Ihnen) $\begin{cases} \text{viel Glück!} \\ \text{alles Gute!}^1 \end{cases}$

Ich gratuliere (Ihnen).[2]
Herzlichen Glückwunsch![3]

Einkaufen *(Shopping)*

Gehen Sie heute einkaufen?[4]
Ja, ich muß einige Einkäufe[5] machen, denn morgen ist Sonntag.

$\left.\begin{array}{l} \text{Was wünschen Sie, bitte?} \\ \text{Bitte schön?} \end{array}\right\}$ Ich möchte $\begin{cases} \text{ein Kleid} \\ \text{eine Bluse} \\ \text{einen Hut} \\ \text{eine Jacke} \\ \text{Schuhe} \end{cases}$ anprobieren.[6]

Die Schuhe passen[7] mir nicht.
Welche Größe (Schuhnummer)[8] haben Sie?
Das Kleid paßt Ihnen ausgezeichnet.
Es steht Ihnen gut.[9]

Es kostet genau zehn Mark siebzig.[10] Das ist $\begin{cases} \text{aber sehr teuer!} \\ \text{aber billig!} \\ \text{ja sehr preiswert!} \end{cases}$

---

[1] everything that's good   [2] I congratulate you   [3] Hearty congratulations!   [4] shopping
[5] some purchases   [6] try on   [7] fit   [8] size   [9] It looks good on you   [10] 10 marks and
70 pfennigs

Vocabulary Building Questions

1. Sind Sie im Juni geboren? 2. Wie alt ist Ihre Großmutter? 3. Für wie alt halten Sie Rudi Wolf? 4. Haben Sie im nächsten Monat Geburtstag? 5. Wann gehen Sie einkaufen? 6. Was möchten Sie anprobieren? 7. Welche Schuhnummer haben Sie?

CONVERSATIONAL PATTERNS

I. DEPENDENT OR SUBORDINATE CLAUSES

A dependent clause cannot stand alone; it is incomplete without the main clause of the sentence:

Wenn ich den Lehrer sehe, . . . (*dependent clause, incomplete sentence*).
Whenever I see the teacher, . . .

Wenn ich den Lehrer sehe (*dependent clause*), begrüße ich ihn (*main clause, complete sentence*).
Whenever I see the teacher, I greet him.

The following conjunctions always introduce dependent clauses:

als	*when*	**ob**	*whether*
bevor, ehe	*before*	**obwohl, obgleich**	*although*
bis	*until*	**seitdem**	*since* (temporal)
da, weil	*because, since*	**sobald**	*as soon as*
daß	*that*	**während**	*while*
nachdem	*after*	**wenn**	*if, whenever*

In clauses introduced by any of the above subordinating conjunctions, the inflected or conjugated verb usually stands at the end of the clause:

Ich weiß, **daß** mein Freund krank **ist**.
Wir bleiben hier, **weil** meine Schwester nicht **gehen will**.

In a dependent clause the prefix of a separable verb precedes and is attached to the rest of the verb:

Wenn er früh **aufsteht**, wird er bald müde.

Note the inverted word order (verb-subject) in the main clause whenever the dependent clause begins the sentence:

Obgleich er zu Hause ist, **sehen wir** ihn nicht oft.

1. Repetition

Du weißt, daß er zwanzig Jahre alt ist.
Ich weiß, daß er eine Jacke anprobieren will.

Obwohl sie alt ist, sieht sie jung aus.
Weil sie krank ist, will ich die Arbeit machen.

Er weiß, daß ich nicht kommen kann.
Er weiß, daß sie mitkommen wird.
Er sagt, daß er das Buch gelesen hat.
Er sagt, daß er einen Brief bekommen hat.

Ich warte, bis er zurückkommt.
Ich will ihm helfen, wenn er hier ist.
Weißt du, ob er gut aufgepaßt hat?
Ich warte, bis er **fertig** (*finished*) ist.
Ich lese, während er Tennis spielt.

2. Present > Future

Ich weiß, daß es teuer ist.

Ich weiß, daß es teuer sein wird.

Wir wissen, daß er zurückkommt.

Wir wissen, daß er zurückkommen wird.

Weißt du, was ich heute lese?
Er weiß, daß ich einige Einkäufe mache.
Wissen Sie, ob er einkaufen geht?

Weißt du, was ich heute lesen werde?
Er weiß, daß ich einige Einkäufe machen werde.
Wissen Sie, ob er einkaufen gehen wird?

3. Present > Present Perfect

Er weiß, daß ich hier bin.

Er weiß, daß ich hier gewesen bin.

Ich weiß, daß er zurückkommt.
Ich weiß, daß er Tennis spielt.
Wissen Sie, daß er Geburtstag hat?

Ich weiß, daß er zurückgekommen ist.
Ich weiß, daß er Tennis gespielt hat.
Wissen Sie, daß er Geburtstag gehabt hat?

Weiß sie, ob er heute abfährt?

Weiß sie, ob er heute abgefahren ist?

4. **Während** in First Clause

Ich lese die Zeitung.
Er spielt Tennis.

Während ich die Zeitung lese, spielt er Tennis.

Ich sitze in der Sonne.
Er schwimmt.
Ich schreibe Briefe.
Er telefoniert mit einem Freund.
Wir besprechen die Aufgabe.
Sie geht einkaufen.
Wir arbeiten an Aufgabe zwölf.
Er liest einen Roman.

Während ich in der Sonne sitze, schwimmt er.
Während ich Briefe schreibe, telefoniert er mit einem Freund.
Während wir die Aufgabe besprechen, geht sie einkaufen.
Während wir an Aufgabe zwölf arbeiten, liest er einen Roman.

5. **Während** in Second Clause

Ich mache meine Hausarbeit.
Er spricht mit einem Mädchen.

Ich mache meine Hausarbeit, während er mit einem Mädchen spricht.

Ich putze mir die Zähne.
Er wäscht sich die Hände.

Ich putze mir die Zähne, während er sich die Hände wäscht.

Ich studiere auf der Universität.
Er arbeitet in einem Büro.
Ich hole einen Freund vom Bahnhof ab.
Er schreibt einen Brief.
Ich probiere eine neue Jacke an.
Er schaut sich die Krawatten an.

Ich studiere auf der Universität, während er in einem Büro arbeitet.
Ich hole einen Freund vom Bahnhof ab, während er einen Brief schreibt.

Ich probiere eine neue Jacke an, während er sich die Krawatten anschaut.

6. **Wenn** in First Clause

Es regnet.
Ich bleibe zu Hause.

Wenn es regnet, bleibe ich zu Hause.

Es schneit heute.
Ich muß zu Hause bleiben.
Er sieht mich.
Er **grüßt** (*greets*) mich.
Ich gehe einkaufen.
Ich trage einen Mantel.
Ich bin krank.
Ich gehe zu einem Arzt.

Wenn es heute schneit, muß ich zu Hause bleiben.
Wenn er mich sieht, grüßt er mich.

Wenn ich einkaufen gehe, trage ich einen Mantel.
Wenn ich krank bin, gehe ich zu einem Arzt.

7. **Sobald** in First Clause

Ich habe mit ihm gesprochen.
Ich werde zu Ihnen kommen.

Sobald ich mit ihm gesprochen habe, werde ich zu Ihnen kommen.

Er hat die Zeitung gelesen.
Er wird sie Ihnen zurückgeben.
Ich habe meine Schularbeiten gemacht.
Ich kann gehen.
Inge hat das **Geschirr** (*dishes*) gewaschen.
Sie kann hinausgehen.
Ich habe gegessen.
Ich gehe an die Arbeit.

Sobald er die Zeitung gelesen hat, wird er sie Ihnen zurückgeben.
Sobald ich meine Schularbeiten gemacht habe, kann ich gehen.
Sobald Inge das Geschirr gewaschen hat, kann sie hinausgehen.

Sobald ich gegessen habe, gehe ich an die Arbeit.

8. **Bis** in Second Clause

Ich warte.
Er kommt zurück.

Ich warte, bis er zurückkommt.

Ich bleibe hier.
Er ruft mich an.
Ich werde arbeiten.
Ich werde müde.
Er muß im Krankenhaus bleiben.
Er ist wieder **gesund** (*well*).

Ich bleibe hier, bis er mich anruft.

Ich werde arbeiten, bis ich müde werde.

Er muß im Krankenhaus bleiben, bis er wieder gesund ist.

9. **Weil** or **da** in Second Clause

Ich lerne Deutsch.
Ich will nach Deutschland reisen.

Er arbeitet schnell.
Er will früh nach Hause gehen.
Er lernt Sprachen.
Er will Diplomat werden.
Ich schreibe an meine Eltern.
Es ist meine **Pflicht** (*duty*).
Ich denke oft an meine Freundin.
Ich habe sie gern.

Ich lerne Deutsch, weil (da) ich nach
Deutschland reisen will.

Er arbeitet schnell, weil (da) er früh
nach Hause gehen will.
Er lernt Sprachen, weil (da) er
Diplomat werden will.
Ich schreibe an meine Eltern, weil (da)
es meine Pflicht ist.
Ich denke oft an meine Freundin, weil
(da) ich sie gern habe.

10. **Obgleich** or **obwohl** in First Clause

Er hat wenig Geld.
Er geht jede Woche ins Kino.

Er kennt mich gut.
Er begrüßt mich **selten** (*seldom*).
Es regnet stark.
Die Frau geht einkaufen.
Er spricht schon zwei Sprachen.
Er will auch noch Deutsch lernen.

Sie probiert viele Blusen an.
Sie will keine kaufen.

Obgleich (obwohl) er wenig Geld hat,
geht er jede Woche ins Kino.

Obgleich (obwohl) er mich gut kennt,
begrüßt er mich selten.
Obgleich (obwohl) es stark regnet, geht
die Frau einkaufen.
Obgleich (obwohl) er schon zwei
Sprachen spricht, will er auch noch
Deutsch lernen.
Obgleich (obwohl) sie viele Blusen
anprobiert, will sie keine kaufen.

11. **Ehe** or **bevor** in First Clause

Ich gehe zu Bett.
Ich putze mir die Zähne.

Ich komme zur Deutschstunde.
Ich mache meine Hausarbeiten.

Ich **betrete** (*enter*) das Zimmer meines
Freundes.
Ich klopfe an die Tür.
Es donnert.
Es blitzt immer.

Bevor (ehe) ich zu Bett gehe, putze ich
mir die Zähne.

Bevor (ehe) ich zur Deutschstunde
komme, mache ich meine
Hausarbeiten.
Bevor (ehe) ich das Zimmer meines
Freundes betrete, klopfe ich an die
Tür.
Bevor (ehe) es donnert, blitzt es immer.

12. **Seitdem** in Second Clause

Ich habe ihn nicht gesehen.
Ich bin zurück.

Wir wissen mehr über Deutschland.
Wir lernen Deutsch.

Ich habe ihn nicht gesehen, seitdem ich
zurück bin.

Wir wissen mehr über Deutschland,
seitdem wir Deutsch lernen.

Ich habe viele neue Freunde
   kennengelernt.
Ich lerne Deutsch.
Ich verstehe meine Muttersprache viel
   besser.
Ich lerne Deutsch.

Ich habe viele neue Freunde
   kennengelernt, seitdem ich Deutsch
   lerne.
Ich verstehe meine Muttersprache viel
   besser, seitdem ich Deutsch lerne.

13. Replacement

Ich weiß, daß er gegangen ist.

Wir _____.

_____ abgefahren

_____ .

_____ sie (*they*)

_____ .

_____ fliegen werden.

_____ Hans

_____ .

_____ geflogen ist.

_____ Hans und Hugo

_____ .

Wir wissen, daß er gegangen ist.
Wir wissen, daß er abgefahren ist.

Wir wissen, daß sie abgefahren sind.

Wir wissen, daß sie fliegen werden.
Wir wissen, daß Hans fliegen wird.

Wir wissen, daß Hans geflogen ist.
Wir wissen, daß Hans und Hugo
   geflogen sind.

II. INTERROGATIVES AS SUBORDINATING CONJUNCTIONS

>   Interrogatives such as **wer**, **was**, **welch-**, **wie**, **wann**, **warum**, **wo** (including derivatives **womit**, **wohin**, etc.) can introduce indirect as well as direct questions. Whenever they are used to introduce indirect questions, these interrogatives function as subordinating conjunctions; consequently, the verb is placed at the end of the subordinate clause.

14. Repetition

Wissen Sie, wie alt dieser Mann ist?
Weißt du, wer Geburtstag hat?
Wissen Sie, welche Schuhnummer Sie
   haben?
Wißt ihr, wann Hans zurückkommen
   wird?
Weiß Peter, welchen Bleistift Rolf
   genommen hat?
Wissen Sie, warum Luise die Bluse
   gekauft hat?

Wissen Sie, wie dieser Herr heißt?
Weiß er, wann die Deutschstunde
   beginnt?
Ich weiß nicht, wo mein Buch ist.
Wissen Sie, wieviel diese Jacke kostet?
Wissen Sie, worüber der Lehrer
   gesprochen hat?

15. Question-Answer

Wissen Sie, wie meine Schwester heißt? *Nein, ich weiß nicht, wie Ihre Schwester heißt.*

Wissen Sie, wo meine Freunde wohnen? Nein, ich weiß nicht, wo Ihre Freunde wohnen.

Wissen Sie, wie viele **Geschwister** (*brothers and sisters*) er hat? Nein, ich weiß nicht, wie viele Geschwister er hat.

Wissen Sie, woran ich jetzt denke? Nein, ich weiß nicht, woran Sie jetzt denken.

Weißt du, wie das Mädchen heißt? Nein, ich weiß nicht, wie das Mädchen heißt.

Weißt du, wann dieser Student gestern nach Hause gekommen ist? Nein, ich weiß nicht, wann dieser Student gestern nach Hause gekommen ist.

16. Direct Question > Indirect Question

Wo ist Karl geboren? *Wissen Sie, wo Karl geboren ist?*

Wo liegt Deutschland? Wissen Sie, wo Deutschland liegt?

Wer wird morgen hier sein? Wissen Sie, wer morgen hier sein wird?

Wie heißt dieser Mann? Wissen Sie, wie dieser Mann heißt?

Was wollen Sie werden? Wissen Sie, was Sie werden wollen?

Wer ist heute nicht hier? Wissen Sie, wer heute nicht hier ist?

Wessen Bleistift ist das? Wissen Sie, wessen Bleistift das ist?

Warum freut sich der Lehrer? Wissen Sie, warum sich der Lehrer freut?

Wohin gehe ich nach der Deutschstunde? Wissen Sie, wohin ich nach der Deutschstunde gehe?

Warum lernen Sie Deutsch? *Karl fragt, warum Sie Deutsch lernen.*

Gefällt Ihnen diese Stadt? (ob) Karl fragt, ob Ihnen diese Stadt gefällt.

Gehst du heute abend ins Kino? (ob) Karl fragt, ob du heute abend ins Kino gehst.

Welche Vorlesungen hören Sie jetzt? Karl fragt, welche Vorlesungen Sie jetzt hören.

Wann wirst du nach Hause gehen? Karl fragt, wann du nach Hause gehen wirst.

Gefällt Ihnen Deutsch? *Kurt will wissen, ob Ihnen Deutsch gefällt.*

Wie alt ist das Mädchen? Kurt will wissen, wie alt das Mädchen ist.

Wie viele Geschwister hat sie? Kurt will wissen, wie viele Geschwister sie hat.

Tanzt sie gern? (ob)

Kurt will wissen, ob sie gern tanzt.

Wie lange spricht sie schon Deutsch?

Kurt will wissen, wie lange sie schon
Deutsch spricht.

III. WORD ORDER OF INFINITIVE PHRASES

> In all infinitive phrases, the verb comes last:
>
> Er bleibt zu Hause, um ein Buch **zu lesen**.

17. Repetition

Er kommt so früh wie möglich, um
mit mir einkaufen zu gehen.

Er kommt so früh wie möglich, um
Aufgabe elf zu **wiederholen** (*review*).

Ohne ein Wort zu sagen, macht sie
die Tür zu.

Er kommt so früh wie möglich, um
meinen Freund kennenzulernen.

Sie geht nach Hause, ohne mir das
Buch zu geben.

Er kommt vorbei, um sie abzuholen.

IV. THE INTENSIFYING PRONOUNS
SELBST AND SELBER

> Selbst and **selber**, which mean *myself, yourself, himself,* etc., do not take endings;
> they are intensifying pronouns, not reflexives, and are used as follows:
>
> Er **selbst** (**selber**) hat mir das Buch gegeben.
> *He **himself** gave me the book.*
>
> **Selbst** (but never **selber**) may introduce a sentence, in which case it means *even*:
>
> **Selbst** im Winter geht er zu Fuß.
> ***Even** in winter he goes on foot.*

18. Repetition

Ich weiß das selbst.

Selbst meine Tochter **lacht** (*laughs*)
darüber.

Der Lehrer hat es mir selbst gesagt.

Selbst kleine Kinder sprechen Deutsch.

Er hilft sich selbst.

Können Sie es selber machen?

19. Question-Answer

Hat der Lehrer es erklärt?

Jawohl, er hat es selbst (selber) erklärt.

Hast du es gekauft?

Jawohl, ich habe es selbst (selber)
gekauft.

Hat er es gesagt?

Jawohl, er hat es selbst (selber) gesagt.

Hat sie es gesehen?

Jawohl, sie hat es selbst (selber)
gesehen.

Haben Sie dieses Brot **gebacken** (*baked*)?	Jawohl, ich habe es selbst (selber) gebacken.
Lacht der Lehrer manchmal?	*Ja, selbst der Lehrer lacht manchmal.*
Sprechen Kinder Deutsch?	Ja, selbst Kinder sprechen Deutsch.
Können kleine Kinder schwimmen?	Ja, selbst kleine Kinder können schwimmen.
Kannst du es verstehen?	Ja, selbst ich kann es verstehen.
Will Rolf mitkommen?	Ja, selbst Rolf will mitkommen.

V. ENGLISH-GERMAN PATTERNS

1. Do you (**du**) know when he will come?
2. Do you (**ihr**) know whose book that is?
3. Does she know what time it is?
4. Do you (**du**) know whether he can come?
5. She knows that he has been here.
6. We will wait until you (**ihr**) return this evening.
7. They will wait until he leaves today. (**abfahren**)
8. I'll stay here while he visits his friends.
9. She reads until she becomes tired.
10. I stay home whenever it rains.
11. Are you (**du**) studying because you really want to learn?
12. I go to bed as soon as I come home.
13. We read a lot since we've been living here. (*pres. tense*)
14. She stays home in order to help her mother.
15. He comes to school early in order to read the lesson once more.
16. He stands up in order to close the door.
17. Where were you (**du**) born?
18. I am as old as you (**Sie**).
19. Today is my birthday.
20. You (**du**) don't look old.
21. The shoes don't fit me.
22. I would like to try on the hat.
23. I must make some purchases.
24. Did you (**du**) make it yourself?
25. Even I know that.
26. Do you (**ihr**) like to go walking?

COMMUNICATION CHALLENGES

Personalized Questions

1. Wann sind Sie geboren?   2. Wie alt sind Sie?   3. Wann ist Ihr Geburtstag?
4. Für wie alt halten Sie mich?   5. Wie alt ist Ihr Vater?   6. Ist Ihre Schwester

älter oder jünger als Sie? 7. Hat sie im nächsten Monat Geburtstag? 8. Gehen Sie gern spazieren, wenn der **Mond** (*moon*) scheint? 9. Sehen alle Mädchen sehr schick aus? 10. Tragen Sie heute eine neue Bluse? 11. Warum gehen Sie nicht gern einkaufen? 12. Wie oft müssen Sie ein paar Einkäufe machen? 13. Wo finden Sie Kleider billig oder teuer? 14. Probieren Sie gern Kleider an? 15. **Wo zahlt man** (*where does one pay*), wenn man in einem Restaurant in Deutschland ißt? 16. Wie oft wiederholen Sie jede Aufgabe? 17. Warum klopfen Sie, bevor Sie ein Zimmer betreten? 18. Haben Sie alle Studenten in der Klasse kennengelernt? 19. Warum ist es nötig, jeden Tag etwas Neues zu lernen? 20. Gratulieren Sie einem Freund, wenn er Geburtstag hat?

Directed Questions

1. Fragen Sie Fräulein _____, ob sie heute einen neuen Rock trägt!
2. Fragen Sie Fräulein _____, wie oft sie Geburtstag hat!
3. Fragen Sie Fräulein _____, ob sie je ein Dirndl gekauft hat!
4. Fragen Sie Herrn _____, welche Schuhgröße er hat!
5. Fragen Sie Fräulein _____, ob sie gern Hüte anprobiert!
6. Fragen Sie Fräulein _____, ob sie die Aufgabe für heute wiederholt hat!
7. Fragen Sie Herrn _____, ob heute ein herrlicher Tag für einen Spaziergang ist!

Sentence Challenge

Use each of the following words in a sentence of four or more words.

1. schick 2. Pflicht 3. als 4. teuer 5. einkaufen 6. passen 7. daß
8. selten 9. sobald 10. genug 11. zahlen 12. besonders 13. grüßen
14. lachen 15. Brunnen 16. preiswert 17. weil 18. selbst 19. kennenlernen
20. fertig

Vocabulary Challenge

Explain in German the meaning of each of the following words.

1. Mond 2. Rock 3. anprobieren 4. gesund 5. großartig 6. Geburtstag

Retold Story Challenge

The instructor will tell the class a story. The students, in turn or by competitive group, will each contribute one sentence to the retelling of the story.

Directed Communication Challenge

It's a beautiful day for a walk through the park to the *zoo* (der **Zoo**), but it isn't as much fun if you go walking alone. The girl that you met two weeks ago in your class seems glad to go with you. Not only that, she is *attractive* (**reizend**) and very intelligent. As you walk past some of the shops of the *downtown area* (**Innenstadt**) on your way to the park, you see clothes in the *store windows* (**Schaufenster**) that interest you because you must buy something for your family. She wants to know all about your family: How old are your father and mother? Where does he work? Does she work too? *How many* (**wie viele**) brothers and sisters do you have? How old are they? How about you, do you travel to Europe often? How long will you be in Germany? When do you have to return home? Some articles in the shops, clothing especially, seem like good possibilities for *presents* (**das Geschenk, -e**). As you walk across the *bridge* (**die Brücke**) to the park, you notice some children playing by the water below. Suddenly a child falls into the river! The water is *deep* (**tief**)! The child will *drown* (**ertrinken**)! Hurry, run, *jump* (**springen**) into the water, *save* (**retten**) the child before it's too late!

Well, what happens? Do you arrive in time? Do you save the child? Do you ever get to the zoo? Perhaps that just isn't important any more.

ACTIVE VOCABULARY

als (*dep. conj.*) when (past time)
anprobieren (*sep. reg.*) try on
backen (*irreg.*) bake
begrüßen (*reg.*) greet, welcome
besonders especially
betreten (*irreg.*) enter (a room, etc.)
bevor (*dep. conj.*) before
die **Brücke, -n** bridge
der **Brunnen, -** fountain
da (*dep. conj.*) since, because
daß (*dep. conj.*) that
der **Diplomat, (en), -en** diplomat
das **Dirndl, -** dirndl, peasant dress
das **Dirndlkleid, -er** dirndl dress
der **Einkauf, ⸚e** purchase
einkaufen (*sep. reg.*) shop
erraten (*irreg.*) succeed in guessing
ertrinken (*irreg., s.*) drown
fertig finished
der **Geburtstag, -e** birthday
genug enough
das **Geschenk, -e** gift, present
das **Geschirr** dishes
die **Geschwister** (*pl.*) brothers and sisters
gesund well, healthy
gratulieren (*reg. dat.*) congratulate
großartig splendid, great
grüßen (*reg.*) greet
lachen (*reg.*) laugh

der **Mond, -e** moon
nachdem (*dep. conj.*) after
nötig necessary
obgleich (*dep. conj.*) although
obwohl (*dep. conj.*) although
passen (*dat. reg.*) suit, fit
die **Pflicht, -en** duty
preiswert reasonable (in cost)
reizend attractive, charming
retten (*reg.*) save
der **Rock, ⸚e** skirt
schick sharp, stylish
seitdem (*dep. conj.*) since (time)
selber and **selbst** (*intensifying pronouns*) myself, yourself, himself, etc.
selbst even
selten seldom
sobald (*dep. conj.*) as soon as
spazierengehen (*sep. irreg., s.*) go walking
springen (*irreg., s.*) spring, jump
tief deep
der **Tiergarten, ⸚** zoo
trauen (*reg.*) trust
während (*dep. conj.*) while
weil (*dep. conj.*) because
wiederholen (*reg.*) review, repeat
wieso? how come?
zahlen (*reg.*) pay
der **Zoo, -s** zoo

Idioms and Helpful Expressions

Gehen Sie gern spazieren?   Do you like to go walking?

Du siehst schick aus.   You look sharp.

Es steht dir gut.   It looks good on you.

Es paßt gut zu dieser Bluse.   It goes well with this blouse.

Ich trau' mich nicht.   I don't dare (trust myself).

Wir gehen einkaufen.   We are going shopping.

Sie muß ein paar Einkäufe machen.   She must do a little shopping (make a few purchases).

Ich gratuliere (dir).   I congratulate you.

Herzlichen Glückwunsch!   Hearty congratulations!

Er hält dich für zwanzig.   He thinks you are twenty.

Zu Fuss

Trotz des Autos ist der Spaziergang bei den deutschsprachigen Völkern immer noch sehr beliebt. An einem schönen Sonntagnachmittag bleiben nur wenige Leute zu Hause (**A**). In den Städten geht man gern in einem Park spazieren, oder man spaziert an den Geschäftshäusern vorbei[1], um zu sehen, was es alles zu kaufen gibt.

In Österreich und in der Schweiz ist Wandern[2] bei alt und jung besonders beliebt. Viele Menschen können kaum warten[3], bis der Frühling da ist, damit sie eine Bergtour machen können (**B**, Vorfrühling in der Nähe von Heiligenblut in Österreich). Es kommen jeden Sommer so viele Städter[4] in die Alpen, um die Berge zu besteigen[5], daß man Bergsteigerschulen gegründet hat, um ihnen die Grundregeln[6] beizubringen[7].

Auf dem Lande haben die auswärtigen[8] Kinder oft einen weiten Weg zur Dorfschule, denn selten[9] gibt es Schulbusse wie bei uns. Zwei von ihnen sehen wir hier auf dem Weg zur Schule (**C**). Bei schönem Wetter macht es ihnen Spaß[10].

Ziemlich oft machen ganze Familien Ausflüge[11] in die Berge. Wenn ein kleines Kind müde wird, trägt es der Vater oder ein älterer Bruder auf den Schultern (**D**).

Die deutschsprachigen Völker hatten von jeher[12] große Wanderlust. Kein Wunder, denn ihre Länder gleichen[13] einer schönen Parklandschaft[14], die zum Wandern einlädt. Um der deutschen Jugend[15] zu helfen, die Schönheiten[16] ihres Landes kennenzulernen, baut man in Deutschland seit 1909 Jugendherbergen[17].

---

[1] (*spaziert . . . vorbei*) walk past   [2] hiking   [3] scarcely wait   [4] people from the city
[5] climb   [6] basic rules   [7] give, instruct in   [8] out-of-town   [9] seldom   [10] it's fun for them   [11] excursions   [12] time immemorial   [13] resemble   [14] park scenery   [15] youth
[16] beauties   [17] youth hostels

A

B

C

D

Heute gibt es in Städten, an Flüssen und in den Bergen mehr als 700 Jugendherbergen. Für wenig Geld kann der junge Mensch durch das ganze Land wandern. (Die Übernachtung[18] in einer Herberge kostet etwa zwei bis vier Mark.)

Nach deutschem Muster[19] haben 32 andere Nationen Jugendherbergen gebaut, und es besteht[20] nun eine internationale Jugendherbergsorganisation. In den Jugendherbergen lernt sich die Jugend der ganzen Welt kennen. Nicht alle Jugendherbergen sind in alten Gebäuden und romantischen Burgen[21] (**E**, Burg Stahleck, Bacharach am Rhein). In Innsbruck z.B. finden junge Menschen eine neue, ganz moderne Jugendherberge (**F**).

[18] overnight stay   [19] model, pattern   [20] there exists   [21] castles

E

F

G

Wenn Erwachsene[22] billig[23] reisen wollen, müssen sie ein Zelt[24] mitnehmen. Oder wenn sie es vorziehen[25], können sie die Nacht in einem schönen Berghotel verbringen (**G**, Tirol, Österreich).

[22] adults   [23] cheap(ly)   [24] tent   [25] prefer

Aufgabe Vierzehn

Im Restaurant

Rudi Wolf und Anna Ulmer bekommen etwas Gutes zum Mittagessen im Gasthof zum Schwarzen Bären.

1 KELLNER: Guten Tag!

2 RUDI: Guten Tag! Haben Sie einen Tisch frei, von dem man eine gute Aussicht auf den Park hat?

3 KELLNER: Ja, dort drüben am Fenster.—Wie gefällt Ihnen dieser kleine Tisch hier?

4 RUDI: Danke sehr. Von hier ist die Aussicht schön.

5 KELLNER: Möchten Sie etwas trinken? Vielleicht einen Wein oder ein Glas Bier?

6 RUDI: Anna, was möchtest du?

7 ANNA: Ein Glas Traubensaft, bitte.

8 RUDI: Herr Ober, ein Glas Traubensaft bitte, und für mich ein Glas Johannisbeersaft.

9 KELLNER: Darf ich unser Tagesgericht empfehlen oder möchten Sie lieber nach der Karte bestellen?

10 RUDI: Was haben Sie heute als Tagesgericht?

11 KELLNER: Tomatensuppe mit Reis, dann Schweinebraten mit Bratkartoffeln und grünen Bohnen und Pudding oder Eis als Nachtisch.

12 ANNA: Bitte, ich möchte das Tagesgericht und Eis.

13 RUDI: Schön! Herr Ober,* bitte, zweimal Tagesgericht und als Nachspeise Eis.

14 KELLNER: Bitte sehr. Es kommt sofort.

Fragen

1. Wo essen Rudi und Anna? 2. Ist ein Tisch frei? 3. Wo steht der Tisch? 4. Was will Anna trinken? 5. Was hat der Gasthof als Tagesgericht? 6. Was bestellt Anna als Nachspeise?

* **Ober** = **Oberkellner** or headwaiter; often used in addressing any waiter.

Lesson Fourteen

In the Restaurant

Rudi Wolf and Anna Ulmer get something good for their noon meal in the Black Bear Inn.

1 KELLNER: Hello! (Good day!)
2 RUDI: Hello! (Good day!) Do you have a table that will give us a good view of the park?
3 KELLNER: Yes, over there by the window. — How do you like this small table?
4 RUDI: Thanks very much. From here the view is beautiful.
5 KELLNER: Would you like something to drink? Perhaps wine or a glass of beer?
6 RUDI: Anna, what would you like?
7 ANNA: A glass of grape juice, please.
8 RUDI: Waiter, a glass of grape juice please, and for me a glass of red current juice.
9 KELLNER: May I recommend our special (meal), or would you prefer to order à la carte?
10 RUDI: What is your special today?
11 KELLNER: Tomato soup with rice, then roast pork with fried potatoes and green beans, and pudding or ice cream for dessert.
12 ANNA: I would like the special and ice cream, please.
13 RUDI: Fine. Waiter, two specials please and ice cream for dessert.
14 KELLNER: Yes, sir. Right away.

VOCABULARY BUILDING

Mittagessen und Abendessen *(Noon and Evening Meals)*

Was für Suppen haben Sie?
$\begin{cases} \text{Tomatensuppe. } (f.)* \\ \text{Gulaschsuppe. } (f.) \\ \text{Hühnersuppe mit Nudeln.}[1] \ (f.) \\ \text{Fleischbrühe.}[2] \ (f.) \end{cases}$

Was möchten Sie zu Mittag essen?

$\left.\begin{array}{l} \text{Ein Brathuhn}[3] \ (n.) \\ \text{Wiener Schnitzel } (n.) \\ \text{Beefsteak } (n.) \\ \text{Schweinebraten}[4] \ (m.) \\ \text{Eine Bratwurst}[5] \\ \text{Ein Paar Frankfurter} \\ \text{Eine kalte Platte}[6] \end{array}\right\}$ mit $\left\{\begin{array}{l} \text{Reis}[7] \ (m.) \\ \text{Kartoffeln}[8] \\ \text{Senf}[9] \ (m.) \end{array}\right\}$ und $\left\{\begin{array}{l} \text{Salat. } (m.) \\ \text{gemischtem Salat.} \\ \text{jungen Erbsen.}[10] \\ \text{grünen Bohnen.} \\ \text{Gemüse.}[11] \ (n.) \\ \text{Sauerkraut. } (n.) \end{array}\right.$

$\left.\begin{array}{l} \text{Zum Nachtisch} \\ \text{Als Nachspeise} \end{array}\right\}$ haben wir $\left\{\begin{array}{l} \text{Obst.}[12] \ (n.) \\ \text{Birnen.}[13] \\ \text{Weintrauben.}[14] \\ \text{Pflaumen.}[15] \\ \text{Pudding. } (m.) \\ \text{Eis. } (n.) \\ \text{eine Torte mit Schlagsahne.}[16] \ (f.) \\ \text{Käse.}[17] \ (m.) \end{array}\right.$

Was möchten Sie trinken? $\left\{\begin{array}{l} \text{Eine Tasse Kaffee.} \\ \text{Apfelsaft. } (m.) \\ \text{Traubensaft. } (m.) \\ \text{Ein Bier.} \\ \text{Eine Coca-Cola (eine Cola).} \\ \text{Einen Sprudel.}[18] \\ \text{Ein Glas Mineralwasser.} \\ \text{Ein Glas frisches Wasser.}[19] \\ \text{Eine Flasche Wein.}[20] \ (m.) \end{array}\right.$

---

* Note that compound nouns always have the gender of the last noun: **die Tomatensuppe, die Fleischbrühe**, etc.

[1] chicken noodle soup [2] clear soup, broth [3] fried chicken [4] roast pork [5] fried sausage [6] cold cuts [7] rice [8] potatoes [9] mustard [10] peas [11] vegetable [12] fruit [13] pears [14] grapes [15] plums [16] cake with whipped cream [17] cheese [18] soda water [19] not generally available; not drunk with meals in German-speaking countries [20] bottle of wine

$$\text{Herr Ober, ich habe}\begin{cases}\text{keine Speisekarte.}[21]\\\text{keine Serviette.}[22]\\\text{kein Glas.}\\\text{keinen Teller.}[23]\\\text{kein Messer.}[24]\\\text{keinen Löffel.}[25]\\\text{keine Gabel.}[26]\end{cases}$$

Vocabulary Building Questions

1. Essen Sie manchmal Gulaschsuppe zum Frühstück?   2. Was möchten Sie heute zu Mittag oder zu Abend essen?   3. Was bestellen Sie gern zum Nachtisch? 4. Trinken Sie gern Mineralwasser?   5. Trinken die Deutschen gern Bier? 6. Was schmeckt besser, Traubensaft oder Coca-Cola?   7. Trinken die Deutschen gern frisches Wasser?

CONVERSATIONAL PATTERNS

I. RELATIVE PRONOUNS

Relative pronouns have the same forms as the definite articles except for **dessen** instead of **des**, **deren** (feminine genitive and genitive plural) instead of **der**, and **denen** (dative plural) instead of **den**.

	MASCULINE	NEUTER	FEMININE	PLURAL
NOM.	der	das	die	
ACC.	den	das	die	
DAT.	dem	dem	der	**denen**
GEN.	**dessen**	**dessen**	**deren**	**deren**

A relative pronoun agrees in number and gender with its antecedent; its case, however, is determined by the manner in which it is used in its own clause:

Der Mann, der (*who*) mich heute besucht, ist mein Freund.
Das Buch, das (*that*) Sie auf den Tisch gelegt haben, gehört mir.
Die junge Dame, mit **der** (*whom*) er spricht, ist meine Schwester.
Der Student, dessen (*whose*) Ring sie trägt, geht ins Krankenhaus.
Die Leute, die (*who*) da drüben stehen, sind gute Freunde von uns.

All relative clauses are dependent clauses. For this reason, they are set off by commas and require dependent word order. (See sentences above.)

---

[21] menu   [22] napkin   [23] plate   [24] knife   [25] spoon   [26] fork

1. Repetition

NOMINATIVE

Kennen Sie den Mann, **der** da drüben
steht?
Kennen Sie die Frau, **die** da drüben
steht?
Kennen Sie das Kind, **das** da drüben
steht?
Kennen Sie die Leute, **die** da drüben
stehen?

ACCUSATIVE

Der Mann, **den** Sie da drüben sehen,
heißt Erich Schmidt.
Die Studentin, **die** Sie da drüben sehen,
heißt Olga Pfeffer.
Das Mädchen, **das** Sie da drüben
sehen, heißt Inge.
Die Männer, **die** Sie da drüben sehen,
heißen Müller und Fischer.

DATIVE

Der Mann, mit **dem** Sie gesprochen
haben, ist mein Onkel.
Die Studentin, mit **der** Sie gesprochen
haben, ist meine Kusine.
Das Kind, mit **dem** Sie gesprochen
haben, wohnt nicht weit von hier.
Die Leute, mit **denen** Sie gesprochen
haben, kommen aus Berlin.

GENITIVE

Der Mann, **dessen** Buch auf dem Tisch
liegt, heißt Kurt Meyer.
Die Frau, **deren** Buch auf dem Tisch
liegt, heißt Rosa Ehlers.
Das Mädchen, **dessen** Vater Professor
ist, heißt Paula Fiedler.
Die Studenten, **deren** Hefte auf dem
Tisch liegen, dürfen nach Hause
gehen.

2. Question-Answer

Ist das die Frau, die Spanisch spricht?

*Nein, das ist nicht die Frau, die
Spanisch spricht.*

____ der Kellner, _____?

____ das Kind, _____?

____ die Studenten, _____?

____ die Leute, _____?

Nein, das ist nicht der Kellner, der
Spanisch spricht.
Nein, das ist nicht das Kind, das
Spanisch spricht.
Nein, das sind nicht die Studenten, die
Spanisch sprechen.
Nein, das sind nicht die Leute, die
Spanisch sprechen.

Ist das das Obst, das ich bestellt habe?

*Ja, das ist das Obst, das Sie bestellt
haben.*

____ der Pudding, _____?

____ die Tomatensuppe,
_____?

____ die Kartoffeln, _____?

Ja, das ist der Pudding, den Sie bestellt
haben.
Ja, das ist die Tomatensuppe, die Sie
bestellt haben.
Ja, das sind die Kartoffeln, die Sie
bestellt haben.

____ der Salat, _____?	Ja, das ist der Salat, den Sie bestellt haben.
____ die grünen Bohnen, _____?	Ja, das sind die grünen Bohnen, die Sie bestellt haben.
Ist das der Mann, mit dem Sie Deutsch gesprochen haben?	*Nein, das ist nicht der Mann, mit dem ich Deutsch gesprochen habe.*
____ die Frau, _____?	Nein, das ist nicht die Frau, mit der ich Deutsch gesprochen habe.
____ das Kind, _____?	Nein, das ist nicht das Kind, mit dem ich Deutsch gesprochen habe.
____ die Leute, _____?	Nein, das sind nicht die Leute, mit denen ich Deutsch gesprochen habe.
____ die Männer, _____?	Nein, das sind nicht die Männer, mit denen ich Deutsch gesprochen habe.
Ist das der Mann, dessen Schwester Sie kennen?	*Nein, das ist nicht der Mann, dessen Schwester ich kenne.*
____ die Dame, _____?	Nein, das ist nicht die Dame, deren Schwester ich kenne.
____ das Mädchen, _____?	Nein, das ist nicht das Mädchen, dessen Schwester ich kenne.
____ die Frauen, _____?	Nein, das sind nicht die Frauen, deren Schwester ich kenne.
____ das Kind, _____?	Nein, das ist nicht das Kind, dessen Schwester ich kenne.

3. Independent Clause > Relative Clause

Connect the independent clauses by inserting a relative pronoun.

Der Mann ist mein Bruder. **Er** *steht dort an der Wand.*	*Der Mann, der dort an der Wand steht, ist mein Bruder.*
Die Studentin ist meine Schwester. **Sie** steht vor der Bibliothek.	Die Studentin, die vor der Bibliothek steht, ist meine Schwester.
Das Mädchen ist meine Kusine. **Sie*** sitzt in dem Volkswagen.	Das Mädchen, das in dem Volkswagen sitzt, ist meine Kusine.
Der Student ist mein Freund. **Er** kommt eben aus der Bibliothek heraus.	Der Student, der eben aus der Bibliothek herauskommt, ist mein Freund.
Das ist der Käse. Ich habe **ihn** bestellt.	Das ist der Käse, den ich bestellt habe.
Das ist der Schweinebraten. Ich habe **ihn** bestellt.	Das ist der Schweinebraten, den ich bestellt habe.

* When used in an independent sentence, **Mädchen** is generally referred to as **sie** rather than **es**.

Er bringt die Torte.
Sie (*you*) haben **sie** bestellt.

Er bringt die Torte, die Sie bestellt
haben.

Er bringt die Hühnersuppe.
Wir haben **sie** bestellt.

Er bringt die Hühnersuppe, die wir
bestellt haben.

Das ist unser Lehrer.
Ich habe mit **ihm** gesprochen.

Das ist unser Lehrer, mit dem ich
gesprochen habe.

Wie heißt die Sekretärin?
Ich habe gerade mit **ihr** gesprochen.

Wie heißt die Sekretärin, mit der ich
gerade gesprochen habe?

Wer sind die Männer?
Du hast mit **ihnen** gesprochen.

Wer sind die Männer, mit denen du
gesprochen hast.

Das ist der Onkel.
Ich wohne bei **ihm**.

Das ist der Onkel, bei dem ich wohne.

Ist das die Straßenbahnlinie?
Sie müssen mit **ihr** fahren.

Ist das die Straßenbahnlinie, mit der
Sie fahren müssen?

Das ist der Mann.
Ich kenne **seine** Tochter.

Das ist der Mann, dessen Tochter ich
kenne.

Das ist die Frau.
Ich kenne **ihre** Tochter.

Das ist die Frau, deren Tochter ich
kenne.

Das ist das Kind.
Ich kenne **seine** Schwester.

Das ist das Kind, dessen Schwester ich
kenne.

Das sind die Männer.
Ich kenne **ihre** Söhne.

Das sind die Männer, deren Söhne ich
kenne.

II. INDEFINITE RELATIVE PRONOUNS

The indefinite relative pronouns are **wer** (for persons) and **was** (for things), the same forms that are used as interrogative pronouns:

	PERSONS	THINGS
NOM.	wer	was
ACC.	wen	was
DAT.	wem	——
GEN.	wessen	wessen

Wer (*whoever*) is used only when there is no definite antecedent:

Wer nicht hier ist, wird die Aufgabe nicht verstehen.

Was (*whatever*) is also used when there is no antecedent:

Was er tut, ist immer gut.

Was is used when the antecedent is an indefinite neuter pronoun such as **alles**, **etwas**, and **nichts**:

Das ist **etwas**, **was** (*that*) ich nicht verstehen kann.
Das ist **etwas**, **worüber*** (*about which*) wir nicht viel wissen.

Was is used if the antecedent is a neuter superlative used as a noun:

Das ist **das Beste**, **was** (*that*) ich je gesehen habe.

Was is used when the antecedent is a whole clause:

Er will zu Fuß gehen, **was** (*which*) ihn sehr ermüden (*tire*) wird.

Er spielt jeden Tag Klavier, womit* (*by which*) er sich und seinen Eltern **Freude** (*pleasure*) macht.

4. Repetition

Wer mir hilft, ist mein Freund.
Was man nicht im Kopf hat, muß man in den Beinen haben.
Was ich nicht weiß, macht mich nicht heiß.
Wer nicht hören will, muß fühlen.
Sehen Sie hier etwas, **was** Ihnen gefällt?

Das ist etwas, **was** ich nicht verstehe.
Nicht alles, **was** man liest, ist **wahr** (*true*).
Ich gebe ihm immer das Beste, **was** ich habe.
Mein Freund lernt Deutsch, **was** mich sehr freut.

5. **Wer** as a Relative Pronoun

Man hilft mir. Man ist mein Freund.

Man sieht das. Man will es kaufen.
Man kommt zu spät. Man wird keinen Platz bekommen.
Man ist nicht für mich. Man ist gegen mich.
Man liest das. Man wird wissen, worüber ich schreibe.
Man will Deutsch lernen. Man muß Deutsch **üben** (*practice*).
Man will reisen. Man muß Geld haben.

Wer mir hilft, ist mein Freund.

Wer das sieht, will es kaufen.
Wer zu spät kommt, wird keinen Platz bekommen.
Wer nicht für mich ist, ist gegen mich.
Wer das liest, wird wissen, worüber ich schreibe.
Wer Deutsch lernen will, muß Deutsch üben.
Wer reisen will, muß Geld haben.

6. **Was** as a Relative Pronoun

Er liest etwas. Es interessiert ihn.

Ich sehe hier etwas. Es gefällt mir.

Er liest etwas, was ihn interessiert.

Ich sehe hier etwas, was mir gefällt.

* The indefinite relative pronoun **was** plus a preposition is replaced by a **wo**-compound in the dative case.

Das ist das Beste, was ich gesehen
   habe.
Er besucht mich oft, was mich sehr
   freut.
Er glaubt alles, was in der Zeitung
   steht.
Meine Frau sieht immer etwas, was ihr
   gefällt.
Das ist das Schönste, was wir gesehen
   haben.

ERNS

1. ...ou (du) spoke is my uncle.
2. ...that ...pen that you (Sie) usually write with?
3. Show me the man you (du form) work with.
4. Where is the bridge over which we must travel?
5. Here is the book about which the students are talking.
6. The man whose picture is in the paper is my uncle.
7. That is the man whose daughter we know.
8. Whoever helps me is my friend.
9. Whoever reads the book will know what I am talking about.
10. That's the best that he can do.
11. Everything that he says is interesting.
12. Nothing that he does pleases me.
13. Is that the ice cream that you (Sie) ordered?
14. The soup that she ordered is cold.
15. Waiter, I have no napkin.
16. She has no knife, and he has no fork.
17. We have no plates.
18. You (Sie) have no spoon.
19. I like to drink currant juice.
20. Shall we order à la carte?
21. Two glasses of coca cola please?
22. May I have a glass of water?

COMMUNICATION CHALLENGES

Personalized Questions

1. Bekommen Sie gewöhnlich etwas Gutes zum Mittagessen? 2. Was bestellen
Sie, wenn Sie in ein Restaurant gehen? 3. Haben Sie schon einmal Traubensaft
getrunken? 4. Was essen Sie gern zum Nachtisch? 5. Beeilen Sie sich, wenn

man Sie zum Abendessen eingeladen hat⬛⬛⬛⬛⬛⬛⬛⬛⬛end zum
Abendessen bestellen?   7. Haben Sie je⬛⬛⬛⬛⬛⬛⬛⬛⬛⬛en
gegessen?   8. Was essen Sie lieber als N⬛⬛⬛⬛⬛⬛⬛⬛eine
Kirschtorte?   9. Was trinken Sie lieber,⬛⬛⬛⬛⬛⬛⬛⬛er?
10. Essen Sie mit der Gabel in der recht⬛⬛⬛⬛⬛⬛⬛and?
11. Wie halten Sie das Messer?   12. Bes⬛⬛⬛⬛⬛⬛agesgericht
oder bestellen Sie lieber nach der Karte?⬛⬛⬛⬛⬛er Stadt gut
essen?   14. Ist es billig oder teuer?   15.⬛⬛⬛⬛⬛atskeller (*town
hall restaurant*) in Deutschland gewöhnlich⬛⬛⬛⬛**halten Sie sich
gern** (*do you like to chat*) mit einem Kellne⬛⬛⬛*t, gossip*) Sie lieber
mit Freunden?   18. Ist der Wagen, den Sie fa⬛⬛⬛u?   19. Wie heißt
die Stadt, in der Sie jetzt wohnen?   20. Ist der K⬛⬛⬛, mit dem Sie
schreiben, ein Geschenk?   21. Gibt es einen Zoo i⬛⬛⬛⬛dt?   22. Sind Sie
jemals ins Wasser gesprungen, um ein Kind zu retten?

Directed Questions

1. Fragen Sie Fräulein _____, ob sie eine Bratwurst mit Senf bestellt, wenn
   sie in ein elegantes Restaurant geht!
2. Fragen Sie Herrn _____, wie oft er Käse zum Nachtisch bestellt!
3. Fragen Sie Herrn _____, was er gestern zu Mittag gegessen hat!
4. Fragen Sie Fräulein _____, ob sie zum Frühstück Beefsteak ißt!
5. Fragen Sie Herrn _____, was er lieber trinkt, einen Sprudel oder ein Glas
   Milch!
6. Fragen Sie Fräulein _____, ob es für die **Linie** (*figure*) gut ist, wenn man
   zu viele Kartoffeln mit **Soße** (*gravy*) ißt!
7. Fragen Sie Herrn _____, ob der Kaffee, den er bestellt, immer heiß ist!

Sentence Challenge

Use each of the following words in a sentence of four or more words.

1. Ober   2. Käse   3. empfehlen   4. retten   5. Ring   6. Aussicht   7. Glas
8. üben   9. Linie   10. trinken   11. Nachtisch   12. etwas   13. Suppe
14. Platte   15. Apfelsaft   16. Reis   17. ermüden   18. plaudern   19. Cola
20. Soße

Vocabulary Challenge

Explain in German the meaning of each of the following words.

1. Speisekarte   2. Tagesgericht   3. frei   4. Suppe   5. Nachspeise   6. Serviette

Original Story Challenge

The instructor will provide the first sentence of an original story. Each student,
in turn or by competitive group, will continue to add one sentence to the story until
each one has had a turn, or until the story is completed.

Directed Communication Challenge

Everyone is entitled to one mistake. You made the big mistake of inviting two young friends to go to dinner with you in the *Ratskeller*. You also agreed to pay for it. Too late you decide how stupid you were. Now as you find yourself with your friends in the restaurant, you still don't realize what problems the evening will present for you. The waiter comes to your table to take your order. You order, of course, something simple and inexpensive. When he asks your "friends" what they would like, they order almost everything on the menu. What will happen if you don't have enough money to *pay the bill* (**die Rechnung zu bezahlen**)? Why were you so stupid? Will they phone the *police* (**die Polizei**)? Will you have to wash dishes for four hours? You are almost afraid to ask the waiter for the bill. But it's getting late, and you are supposed to be home working on your *report* (**Referat**).—What do you do?

ACTIVE VOCABULARY

die **Aussicht, -en** view

bezahlen (*reg.*) pay, pay for

das **Bier, -e** beer

die **Bohne, -n** bean

die **Bratkartoffeln** (*pl.*) fried potatoes

empfehlen (*irreg.*) recommend

ermüden (*reg.*) tire

die **Feder, -n** pen, feather

die **Freude, -n** pleasure

der **Gasthof, ⸚e** inn

der **Johannisbeersaft** currant juice

die **Karte, -n** menu (**Speisekarte**)

die **Krankheit, -en** illness, disease

die **Linie, -n** figure, line

der **Nachtisch, -e** dessert

der **Ober, -** waiter, headwaiter

plaudern (*reg.*) chat, gossip

die **Polizei** police

der **Pudding, -e** *or* **-s** pudding

der **Ratskeller, -** town hall restaurant

die **Rechnung, -en** bill

der **Reis** rice

der **Ring, -e** ring

der **Schweinebraten** pork roast

die **Soße, -n** gravy

das **Tagesgericht, -e** special meal

die **Tomatensuppe** tomato soup

der **Traubensaft** grape juice

üben (*reg.*) practice

unterhalten (*irreg.*) entertain; (*reflex.*) chat, converse with

Idioms and Helpful Expressions

Wir wollen nach der Karte bestellen. We want to order à la carte.

Zwei Glas Bier bitte!* Two glasses of beer please!

Es macht mir Freude. It gives me pleasure.

---

* Nouns of number, weight, and measure are *not* followed by the genitive: **zwei Glas Milch, ein Pfund Butter** (*a pound of butter*), etc.

A

Hunger ist der beste Koch

Die drei Hauptmahlzeiten[1] in den deutschsprachigen Ländern sind das Frühstück, das Mittagessen und das Abendessen. Viele Leute essen um zehn Uhr ein zweites Frühstück und noch eine Mahlzeit am Nachmittag: Kaffee oder Tee mit Brötchen, Keks[2] oder Kuchen[3] (**A**, Restaurant am Tulpenfeld, Bonn). Das Frühstück ist meist einfach: Kaffee mit Brötchen, Butter und Marmelade. Das Mittagessen beginnt gewöhnlich mit einer Suppe. Das Hauptgericht[4] besteht aus einer Fleischspeise[5] (Schweinefleisch, Rindfleisch[6], Kalbfleisch[7]) mit Kartoffeln und Gemüse. Als Nachtisch ißt man Obst oder einen Pudding. Zum Abendessen gibt es häufig[8] Butterbrot mit Schinken, Wurst oder Käse. Dazu trinkt man Bier, Kaffee, Tee, Milch oder Kakao. Wasser wird während der Mahlzeit gewöhnlich nicht getrunken[9]. Die Deutschen sagen, Wasser verrostet[10] den Magen[11]. Beim Essen hält man die Gabel in der linken und das Messer in der rechten Hand.

Gute Freunde treffen sich gern abends in einem Wirtshaus[12] mit „Atmosphäre" (**B**, Ostberlin). Gäste[13], die jahrelang[14] dasselbe Wirtshaus

[1] main meals [2] cookies [3] cake [4] main course [5] meat dish [6] beef [7] veal
[8] frequently [9] (wird . . . getrunken) is drunk [10] rusts [11] stomach [12] inn
[13] guests [14] for years

B

besuchen, sitzen mit alten Freunden an einem für sie reservierten Tisch, dem „Stammtisch". Für sie ist das Wirtshaus ein zweites Zuhause[15]. Nachdem sie gegessen haben, plaudern[16] sie stundenlang bei einem Glas Wein oder Bier.

Seit dem Mittelalter ist Donnerstag in den meisten europäischen Städten Markttag. Am frühen Morgen bringen die Bauern Obst, Gemüse, Eier, Geflügel[17] und andere landwirtschaftliche[18] Produkte in die Stadt, um sie auf dem Marktplatz zu verkaufen. Die Hausfrauen gehen an diesem Tage früh auf den Markt, um für die Woche einzukaufen. Sie haben große Auswahl[19] und gehen von Stand zu Stand, bis sie alles gefunden haben, was sie suchen. Gegen Mittag beginnen die Bauern ihre Kisten[20] wieder auf die Wagen zu laden[21] und fahren zu ihrem Dorf zurück. Die alte Großmutter (**C**) auf dem Marktplatz hilft ihrer Tochter bei der Arbeit; sie hält ihre kleine Enkelin[22] auf dem Knie und verkauft gleichzeitig[23] Hühner[24].

Diese Waren sehen sehr appetitlich aus (**D**). In diesem Geschäft werden nur Fleisch, Wurstwaren[25] und Speck verkauft. In den deutschsprachigen Ländern ißt man viel mehr Wurst als bei uns. Man findet das Wort „Wurst" sogar in Redewendungen[26]. Der Ausdruck[27] „Das ist mir Wurst" bedeutet „Das ist mir gleich". In den Großstädten kann man heutzutage beinahe alles in einem Supermarkt einkaufen, genau so wie bei uns. Da Deutschland ein Mitgliedstaat[28]

[15] home   [16] chat   [17] poultry   [18] agricultural   [19] choice, selection   [20] boxes, crates
[21] load   [22] granddaughter   [23] at the same time   [24] chickens   [25] sausages
[26] idioms   [27] expression   [28] member state

C

D

E

der Europäischen Wirtschaftsgemeinschaft[29] ist, kann man in den Geschäften viele ausländische Waren[30] kaufen.

Mitten in Bonn neben dem großen, modernen Kaufhof[31] gibt es einen Marktplatz, wo man frisches Gemüse und Obst kaufen kann (**E**). Die Hausfrau im Vordergrund[32] schaut sich die schönen, saftigen Pfirsiche[33] an.

Heute essen die Deutschen nicht mehr so viel Sauerkraut, Kartoffeln und Butter wie früher. Obst, Käse, und Milch schmecken[34] ihnen besser, vielleicht weil die Hälfte[35] der Bevölkerung[36] übergewichtig[37] ist. Die Kinder essen aber am liebsten Spaghetti und pommes frites[38].

---

[29] Common Market   [30] wares, goods   [31] department store   [32] foreground   [33] juicy peaches   [34] taste   [35] half   [36] population   [37] overweight   [38] French fries

Aufgabe Fünfzehn

Im Theater

Rudi und Anna freuen sich schon lange auf die Aufführung von Goethes „Faust". Der alte Platzanweiser hat sie eben an ihre Plätze im Theater geführt.

1 RUDI: Unsere Plätze sind in der fünften Reihe links.
2 ANNA: Fast jeder Platz ist schon besetzt.
3 RUDI: So, hier wären wir, Platz sieben und acht.
4 ANNA: Wann hast du die Plätze reserviert?
5 RUDI: Vor drei Wochen. Ich habe die Eintrittskarten heute morgen an der Kasse abgeholt.
6 ANNA: Ich sitze gern auf der Galerie. Von hier aus kann man die Bühne gut übersehen.
7 RUDI: Für „Faust" wollte ich eigentlich bessere Plätze haben, aber die Karten fürs Parkett waren schon ausverkauft.
8 ANNA: Die Plätze sind auch viel zu teuer. Ich finde es hier schön.
9 RUDI: Möchtest du das Programm?
10 ANNA: Nein danke, ich habe „Faust" schon ein paarmal gelesen und weiß auch, wer die Hauptrollen spielt.
11 RUDI: Ich habe gelesen, daß Goethe fast sechzig Jahre an „Faust" gearbeitet hat.
12 ANNA: Ja, aber nicht jeden Tag. Manchmal hat er das Stück auch jahrelang liegen lassen.
13 RUDI: Es läutet zum dritten Mal. Wir sprechen dann in der Pause mehr über das Stück.
14 ANNA: Ja, ich erzähl' dir etwas vom zweiten Teil des Dramas.

Fragen

1. Worauf freuen sich Rudi und Anna?   2. Wann hat er die Plätze reserviert?   3. Wo hat er die Eintrittskarten abgeholt?   4. Wo sitzen sie im Theater?   5. Warum hat er keine Karten fürs Parkett gekauft?   6. Wie lange hat Goethe an „Faust" gearbeitet?   7. Was bedeutet es, wenn es zum dritten Mal läutet?

Lesson Fifteen

In the Theater

Rudi and Anna have been looking forward to the performance of Goethe's Faust *for some time now. The old usher has just led them to their seats in the theater.*

1 RUDI: Our seats are in the fifth row on the left.
2 ANNA: Almost every seat is already occupied.
3 RUDI: All right, here we are, seat seven and eight.
4 ANNA: When did you reserve the seats?
5 RUDI: Three weeks ago. I picked up the tickets this morning at the box office.
6 ANNA: I like to sit in the balcony. From here one can see the stage well.
7 RUDI: I really wanted to have better seats for *Faust*, but the tickets for the orchestra (seats) were already sold out.
8 ANNA: Those tickets are also much too expensive. I find it lovely here.
9 RUDI: Would you like the program?
10 ANNA: No thank you. I have already read *Faust* a few times, and I know who is playing the lead roles too.
11 RUDI: I have read that Goethe worked almost sixty years on *Faust*.
12 ANNA: Yes, but not every day. Sometimes he left the work lying untouched for years.
13 RUDI: The bell is ringing for the third time. We'll talk more about the work then during the intermission.
14 ANNA: Yes, I'll tell you something about the second part of the drama.

VOCABULARY BUILDING

Das Theater

Das Drama
Das Theaterstück
Das Schauspiel[1] }wird im Theater aufgeführt.[2]
Das Lustspiel (die Komödie)
Das Trauerspiel (die Tragödie)

Viele Leute gehen gern ins Theater.
Wann fängt die Aufführung an?

Wie heißt { der Schauspieler?[3]
die Schauspielerin?

Die Eintrittskarten kauft man gewöhnlich an der Theaterkasse.[4]
Selten gibt man dem Platzanweiser (der Platzanweiserin) ein Trinkgeld.[5]
Während der Aufführung ist das Rauchen[6] verboten.[7]

Nur in der Pause darf man { eine Zigarette
eine Zigarre } rauchen.
eine Pfeife[8]

Das Kino

Viele Leute gehen lieber[9] ins Kino.

Im Kino sehen wir { die Wochenschau.[10]
einen Kulturfilm.
den Hauptfilm.[11]
einen Farbfilm.

Einige { Filmschauspieler
Filmstars } sind besonders beliebt.[12]

Vocabulary Building Questions

1. Wo führt man eine Tragödie auf? 2. Gehen Sie gern ins Theater? 3. Wo kann man Eintrittskarten kaufen? 4. Darf man während der Aufführung rauchen? 5. Gehen Sie lieber ins Kino oder ins Theater? 6. Was für Filme sehen Sie gern? 7. Bekommen Sie ein Trinkgeld, wenn Sie dem Lehrer (der Lehrerin) eine richtige Antwort geben?

[1] serious play that generally has a happy ending [2] is performed [3] actor [4] ticket office
[5] tip [6] smoking [7] forbidden [8] pipe [9] prefer to go [10] news of the week
[11] main feature [12] popular

CONVERSATIONAL PATTERNS

I. PREDICATE ADJECTIVES

> Predicate adjectives never take endings:
>
> Der Tisch ist **klein**.
> Das Wetter ist **warm**.

1. Repetition

Ein Fußballspieler ist gewöhnlich
  beliebt.
Herr Brockhaus ist ziemlich
  intelligent.

Die Kinder sind noch jung.
Tante Luise ist oft krank.
Diese Männer sind **meistens** (*for the
  most part*) freundlich.

II. ADJECTIVE ENDINGS AFTER **DER**-WORDS

> Whenever an adjective follows a **der**-word (**der, das, die, dieser, jener,*** **jeder, welcher, mancher,** and **solcher**), it takes the following endings:
>
> | | MASCULINE | NEUTER | FEMININE | PLURAL |
> |---|---|---|---|---|
> | NOM. | e | e | e | en |
> | ACC. | en | e | e | en |
> | DAT. | en | en | en | en |
> | GEN. | en | en | en | en |
>
> Note that all endings outside the heavy lines are **-en**. Memorize these sentences:
>
> Der ⎫
> Das ⎬ kluge ⎰ Mann ⎱
> Die ⎭ ⎰ Kind ⎱ lernt Deutsch.
> ⎰ Frau ⎱
>
> Kennen Sie ⎰ das kluge Kind?
> ⎱ die kluge Frau?

2. Repetition

Kennst du die schöne Sängerin?
Da ist der berühmte Schauspieler.
Das neue Theater ist nicht weit von
  hier.

Siehst du den alten Platzanweiser?
Welchen alten Platzanweiser meinst
  du?

* Rarely used in conversational German.

Ich meine den mit dem langen, grauen Haar.

Bitte, helfen Sie der alten Frau!

Diese **reizende** (*charming*) junge Dame gefällt mir.

Heinz schreibt mit der linken Hand.

Mit solchen freundlichen Kindern spreche ich gern.

Günther kennt die Familie dieser schönen Schauspielerin.

Wie gefällt Ihnen dieser amerikanische Film?

Hunger ist der beste **Koch** (*cook*).

3. Adjectives

Dieser _____ *Filmstar ist beliebt.* (*alt*)

Dieser alte Filmstar ist beliebt.

Jede _____ Frau weiß das. (normal)

Jede normale Frau weiß das.

Welches _____ Buch liegt hier? (**wertvoll**, *valuable*)

Welches wertvolle Buch liegt hier?

Das _____ Kino ist dort drüben. (neu)

Das neue Kino ist dort drüben.

Die _____ Studentin ist draußen. (freundlich)

Die freundliche Studentin ist draußen.

Wo ist die _____ Schreibmaschine? (alt)

Wo ist die alte Schreibmaschine?

Haben Sie den _____ Roman gelesen? (ganz)

Haben Sie den ganzen Roman gelesen?

Haben Sie den _____ *Kugelschreiber?* (*grün*)

Haben Sie den grünen Kugelschreiber?

Hat er das _____ Heft? (groß)

Hat er das große Heft?

Hat Erich die _____ Jacke an? (weiß)

Hat Erich die weiße Jacke an?

Wer hat den _____ Bleistift? (gelb)

Wer hat den gelben Bleistift?

Wer hat diese _____ Erbsen bestellt? (jung)

Wer hat diese jungen Erbsen bestellt?

Wo hast du diese _____ Bleistifte gefunden? (neu)

Wo hast du diese neuen Bleistifte gefunden?

Schmeicheln (*flatter*) *Sie jeder* _____ *Frau?* (*schön*)

Schmeicheln Sie jeder schönen Frau?

Ich habe es unter der _____ Schreibmaschine gefunden. (alt)

Ich habe es unter der alten Schreibmaschine gefunden.

In welchem _____ Buch steht das geschrieben? (berühmt)

In welchem berühmten Buch steht das geschrieben?

In solchen _____ Häusern wohnen nur junge Familien. (klein)

In solchen kleinen Häusern wohnen nur junge Familien.

Er ist immer freundlich zu den _____ Kindern. (klein)

Er ist immer freundlich zu den kleinen Kindern.

*Kennen Sie die Mutter dieses
_____ Studenten?* (deutsch)

*Kennen Sie die Mutter dieses deutschen
Studenten?*

Kennen Sie den Vater dieses
_____ Mädchens? (hübsch)

Kennen Sie den Vater dieses hübschen
Mädchens?

Wer ist der **Autor** (*author*) dieses
_____ Romans? (interessant)

Wer ist der Autor dieses interessanten
Romans?

Sind die Väter dieser _____
Studentinnen Professoren?
(amerikanisch)

Sind die Väter dieser amerikanischen
Studentinnen Professoren?

Wer möchte nicht der Lehrer solcher
_____ Studenten sein?
(intelligent)

Wer möchte nicht der Lehrer solcher
intelligenten Studenten sein?

Wo sind die _____ Krawatten?
(*bunt*)

Wo sind die bunten Krawatten?

Wie heißt das _____ Theater?
(neu)

Wie heißt das neue Theater?

Er sitzt in dem _____ Wagen da.
(grün)

Er sitzt in dem grünen Wagen da.

Mit welchen _____ Studenten
haben Sie gesprochen? (**ausländisch**,
foreign)

Mit welchen ausländischen Studenten
haben Sie gesprochen?

Wegen dieses _____ Freundes
lerne ich Deutsch. (alt)

Wegen dieses alten Freundes lerne ich
Deutsch.

Kennen Sie diese _____ Stadt?
(schön)

Kennen Sie diese schöne Stadt?

Ich spreche gern mit jedem
_____ Kind. (klein)

Ich spreche gern mit jedem kleinen
Kind.

Jeder _____ Student will soviel
wie möglich lernen. (gut)

Jeder gute Student will soviel wie
möglich lernen.

Hast du das _____ Buch
gefunden? (ander)

Hast du das andere Buch gefunden?

Kennen Sie den _____ **Dichter**
(*poet*) Goethe? (deutsch)

Kennen Sie den deutschen Dichter
Goethe?

Er schmeichelt den _____
Mädchen gern. (hübsch)

Er schmeichelt den hübschen Mädchen
gern.

Haben Sie dieses _____
Trauerspiel verstanden? (deutsch)

Haben Sie dieses deutsche Trauerspiel
verstanden?

Er versteht die _____ Aufgaben.
(schwer)

Er versteht die schweren Aufgaben.

Welche _____ Studentin haben
Sie gestern kennengelernt? (hübsch)

Welche hübsche Studentin haben Sie
gestern kennengelernt?

Solche _____ Leute möchte ich
auch kennenlernen. (freundlich)

Solche freundlichen Leute möchte ich
auch kennenlernen.

Diesen _____ Nachbarn bin ich
dankbar. (gut)

Diesen guten Nachbarn bin ich
dankbar.

Seit wann kennst du diese _____ Studenten? (deutsch)	Seit wann kennst du diese deutschen Studenten?
Kennt der Direktor jeden _____ Filmstar? (berühmt)	Kennt der Direktor jeden berühmten Filmstar?
Dieses _____ Lustspiel habe ich schon gelesen. (interessant)	Dieses interessante Lustspiel habe ich schon gelesen.
Wann haben Sie die _____ Bluse da gekauft? (blau)	Wann haben Sie die blaue Bluse da gekauft?
Wir wohnen in dem _____ Haus. (selb)*	Wir wohnen in demselben Haus.
Liest du das _____ Buch? (selb)	Liest du dasselbe Buch?
Er fährt den _____ Volkswagen. (selb)	Er fährt denselben Volkswagen.
Wir besuchen die _____ Universität. (selb)	Wir besuchen dieselbe Universität.

III. PRESENT AND PAST PARTICIPLES AS ADJECTIVES

The present participle is formed by adding **-d** to the infinitive: **folgend**, **kommend**, etc. When used as adjectives, both present participles and past participles add the regular adjective endings:

an dem **folgenden** Morgen	*on the **following** morning*
das **brennende** Haus	*the **burning** house*
der **geschriebene** Brief	*the **written** letter*
auf dem **gesunkenen** Schiff	*on the **sunken** ship*

Present and past participles can also be used as adverbs:

Weinend (*crying*) läuft das Kind aus dem Haus.
Er hat den Lehrer **wiederholt** (*repeatedly*) gefragt.

4. Repetition

Was wirst du während des **kommenden** Sommers machen?	Ist er auf dem **sinkenden** (*sinking*) Schiff geblieben?
Hilf dem **weinenden** Kind!	Das **gesprochene** Wort ist sehr **wichtig** (*important*).
Man kann nicht durch diese **geschlossene** (*closed*) Tür gehen.	Er spricht **fließend** (*fluently*) Deutsch.

5. Participles as Adjectives

Wo ist dieser _____ Roman? (viel gelesen)	Wo ist dieser viel gelesene Roman?

* The adjective **selb** (*same*) takes the same ending as any other adjective that follows a **der-**word, but is different inasmuch as it is usually attached to the definite article.

Was tust du am _____ Sonntag? (kommend)	Was tust du am kommenden Sonntag?
Stört dich der _____ Hund? (**bellend**: *barking*)	Stört dich der bellende Hund?
Er bleibt noch in dem _____ Haus. (brennend)	Er bleibt noch in dem brennenden Haus.
Ich esse gern dieses _____ Brot. (**frisch gebacken**: *freshly baked*)	Ich esse gern dieses frisch gebackene Brot.
Am _____ Tag werden wir eine Wanderung machen. (folgend)	Am folgenden Tag werden wir eine Wanderung machen.
Kannst du das _____ Kind nicht hören? (weinend)	Kannst du das weinende Kind nicht hören?

IV. ORDINAL NUMBERS

> Except for the irregularities indicated in boldface type, ordinal numerals are formed by adding **-t** to all cardinal numerals from 1 to 19 and **-st** to all others:
>
> | | |
> |---|---|
> | **erst**- | zwanzig*st*- |
> | zwei*t*- | einundzwanzig*st*- |
> | **dritt**- | siebzig*st*- |
> | vier*t*- | neunundneunzig*st*- |
> | **acht**- | hundert*st*- |
> | neunzehn*t*- | tausend*st*- |
>
> All ordinal numerals are declined like other adjectives:
>
> Das ist das **fünfte** Buch, das ich gelesen habe. (. . . *the fifth book*)
> Heute ist der **achte** Mai. (. . . *the eighth of May*)
> Er kommt am **zweiundzwanzigsten** Juni. (. . . *on the twenty-second of June*)
>
> Ordinal adverbs add **-ens** to the stem of the ordinal adjective:
>
> **erstens** (*firstly, in the first place*)
> **zweitens** (*secondly*)
> **drittens** (*thirdly*)

6. Repetition

Das Semester hat am achtundzwanzigsten September begonnen.	Wann sind Sie geboren? Ich bin am zwölften Mai geboren.
Ludwig der Vierzehnte war König von Frankreich.	Gestern habe ich Hugos Freundin zum ersten Mal gesehen.
Den wievielten haben wir heute? (*What is the date today?*)	Den Fernsehapparat will ich nicht kaufen: erstens habe ich nicht genug Geld, zweitens gefällt mir das Fernsehen nicht, drittens habe ich keine Zeit zum Fernsehen.
Heute ist der neunte März.	
Heute haben wir den neunten März.	

7. Ordinal Numerals

Write out the numerals.

Heute haben wir den 27. April.	*Heute haben wir den siebenundzwanzigsten April.*

Jeden Sommer **feiern** (*celebrate*) wir den 4. Juli.
Jeden Sommer feiern wir den vierten Juli.

Mein Freund ist am 8. Februar geboren.
Mein Freund ist am achten Februar geboren.

Am 25. Dezember feiern wir **Weihnachten** (*Christmas*).
Am fünfundzwanzigsten Dezember feiern wir Weihnachten.

Ich bin am 6. Juni geboren.
Ich bin am sechsten Juni geboren.

Am 3. November ist mein Freund in Deutschland angekommen.
Am dritten November ist mein Freund in Deutschland angekommen.

Dieser Brief trägt das Datum: „den 14. Oktober".
Dieser Brief trägt das Datum: „den vierzehnten Oktober".

Ludwig XIV
Ludwig der Vierzehnte

Wilhelm II
Wilhelm der Zweite

Napoleon III
Napoleon der Dritte

V. ADJECTIVES USED AS ADVERBS

Most adjectives may also be used as adverbs:

Dieser Student ist **fleißig** (*diligent, adjective*).
Er arbeitet **fleißig** (*diligently, adverb*).

8. Repetition

Es regnet stark.
Er singt gut.
Sprich nicht so laut!
Maria schreibt schön.
Der Lehrer spricht **deutlich** (*distinctly*.)

Er ist früh angekommen.
Manchmal spricht der Professor zu schnell.
Frauen sprechen oft sehr **leise** (*softly*).
Gestern hat er ganz unfreundlich mit mir gesprochen.

VI. ENGLISH-GERMAN PATTERNS

1. The old gentleman is my grandfather.
2. The small girl is my cousin.
3. These new books belong to you. (**ihr** form)
4. Do you know this little boy?
5. Rolf knows these pretty girls.
6. I seldom spoke with the old lady.
7. It is too cold for these small children.
8. The dear boys are speaking with their new friends.

9. Do you know the mother of these little children?
10. They came on the following Friday.
11. The spoken word is important.
12. The written word is also important.
13. Did you (**du**) see the burning house?
14. I didn't see the crying child.
15. Did you (**ihr**) attend the same university?
16. That's the same man who was here yesterday.
17. She sang beautifully.
18. Is it raining hard?
19. My friend was born on the eighth of May.
20. Yesterday I saw him for the third time.
21. What is the date today?
22. Today is the fourteenth of April.
23. We live in the twentieth century. (**das Jahrhundert**)
24. I did it for the first time. (**tun**)

COMMUNICATION CHALLENGES

Personalized Questions

1. Freuen Sie sich auf die nächste Aufgabe?   2. Brauchen wir einen Platzanweiser oder eine Platzanweiserin für dieses Klassenzimmer?   3. Wenn Sie ins Theater gehen, geben Sie der Platzanweiserin ein Trinkgeld?   4. Wie oft gehen Sie ins Kino oder ins Konzert?   5. Haben Sie immer Ihren Platz oder Ihre Plätze ohne Schwierigkeiten gefunden?   6. Warum sitzen einige Studenten gern in der Galerie?   7. Was bedeutet es, wenn es zum dritten Mal in einem deutschen Theater läutet?   8. Darf man in einem Theater rauchen?   9. Ist das Rauchen gut für die Gesundheit?   10. Riecht eine Zigarre besser als eine Pfeife oder eine Zigarette?   11. Schreiben Sie gern dramatische Stücke? Warum?   12. Sind Ihre Dramen gewöhnlich Komödien (Lustspiele) oder Tragödien (Trauerspiele)?   13. Gehen Sie lieber ins Kino oder ins Theater?   14. Warum haben wir in Amerika wenige Kulturfilme?   15. Sind Filmstars bei uns beliebt?   16. Möchten Sie ein Filmstar werden?   17. Wo kann man sich Eintrittskarten kaufen, wenn man ins Theater gehen will?   18. Sind die Karten häufig teuer?   19. Warum sind die Karten billiger, wenn man Student oder Studentin ist?   20. Wann wollen Sie wieder ins Theater gehen?   21. Sprechen Sie fließend Deutsch?   22. Laufen Sie weinend nach Hause, wenn Sie nur ein „B+" bekommen?

Directed Questions

1. Fragen Sie Fräulein _____, ob sie eine schwarze Pfeife raucht!
2. Fragen Sie Herrn _____, wo man sich Theaterkarten kaufen kann!
3. Fragen Sie Fräulein _____, ob sie einen interessanten Film sehen möchte!

4. Fragen Sie Herrn _____, ob er ein berühmter Schauspieler ist!
5. Fragen Sie Fräulein _____, ob sie das Leben langweilig findet!
6. Fragen Sie Fräulein _____, ob sie schon einmal ein Drama von Schiller gesehen hat!
7. Fragen Sie Herrn _____, wie oft er eine rote Sportjacke trägt!
8. Fragen Sie Herrn _____, ob er seinen Hund **neckt** (*teases*)!

Sentence Challenge

Use each of the following words in a sentence of four or more words.

1. Platz 2. abholen 3. frisch 4. Pause 5. bellen 6. eigentlich
7. jahrelang 8. brennen 9. Dichter 10. Teil 11. necken 12. verboten
13. Galerie 14. reich 15. Programm 16. leise 17. weinen 18. Zigarre
19. schließen 20. schmeicheln

Vocabulary Challenge

Explain in German the meaning of each of the following words.

1. bunt 2. Koch 3. wertvoll 4. berühmt 5. Bühne 6. Lied

Twenty Questions Challenge

Just as before, the instructor will have in mind a well-known person or persons whose identity students will try to guess by asking questions in German.

Directed Communication Challenge

You and your date are excited about the possibility of seeing a performance of Goethe's *Faust* at the famous Burgtheater in Vienna. As you are *standing in line* (**Schlange stehen**), waiting to go in, you *put* (**stecken**) your hand into your *pocket* (**die Tasche**) to get your tickets and find nothing. You looked at them in your room just before you left by bus to meet your date at the little café by the theater. Your date trys to help by asking: Did you put them in your shirt pocket, your trouser pocket, your coat pocket, your wallet? Did you leave them on the bed or on your table? You are sure that you put them in your shirt pocket, or possibly in your wallet. Perhaps you lost them on the bus or while standing in line. Ask the people behind you. Has someone found two theater tickets? It's too late to take a taxi and hope that you will find them at the dormitory. Perhaps you can talk with the *cashier* (**Kassiererin**) at the box office. If she remembers you or believes your story, and if there are two empty seats in the gallery, you may yet get to see this last performance of *Faust*. —Good luck!

ACTIVE VOCABULARY

aufführen (*sep. reg.*) perform
die **Aufführung, -en** performance
ausgehen (*sep. irreg., s.*) go out

ausländisch foreign
ausverkauft sold out
der **Autor, -en** author

beliebt beloved, popular
bellen (*reg.*) bark
berühmt famous
besetzt occupied
brennen (*semi-irreg.*) burn
die **Bühne, -n** stage
bunt bright, many-colored
deutlich clear, distinct
der **Dichter, -** poet
die **Eintrittskarte, -n** admission ticket
feiern (*reg.*) celebrate
fließen (*irreg., s.*) flow
fließend fluent
folgen (*reg. dat., s.*) follow
frisch fresh
führen (*reg.*) lead
die **Galerie, -n** balcony
gebacken baked
geschehen (es geschieht) (*irreg., s.*)
  happen, take place
die **Hauptrolle, -n** lead role
hell light, bright
jahrelang (lasting) for years
das **Jahrhundert, -e** century
die **Kassiererin, -nen** cashier
klug smart, intelligent
der **Koch, ⸚e** chef, cook
kochen (*reg.*) cook
läuten (*reg.*) ring
leise soft

lieb dear
das **Lied, -er** song
necken (*reg.*) tease (usually used with
  animals)
meistens for the most part
normal normal
ein paarmal a few times
das **Parkett** orchestra seats
die **Pause, -n** pause, intermission
der **Platzanweiser, -** usher
die **Platzanweiserin, -nen** usher
das **Programm, -e** program
rauchen (*reg.*) smoke
reich rich
reservieren (*reg.*) reserve
der **Sänger, -** singer
die **Sängerin, -nen** singer
die **Schlange, -n** snake
schmeicheln (*dat. reg.*) flatter
selb same; **derselbe** the same
die **Tasche, -n** pocket
der **Teil, -e** part, share
übersehen (*irreg.*) look over
die **Weihnacht, -en** Christmas
weinen (*reg.*) cry, weep
wertvoll valuable
wichtig important
wiederholt (*adv.*) repeatedly
zurückbleiben (*sep. irreg., s.*) remain
  behind, stay back

Idioms and Helpful Expressions

von hier aus from here
Es läutet zum dritten Mal. The bell rings for the third time.
Der wievielte ist heute? What's the date today?
Den wievielten haben wir heute? What's the date today?
Wir stehen oft Schlange. We often stand in line.

Theater

In den deutschsprachigen Ländern hat fast jede größere Stadt ihr eigenes
Theater, meist das „Stadttheater" genannt, in dem man Dramen, Opern und

A

Operetten aufführt. Die Großstädte haben außerdem[1] eine Oper[2] und mehrere private Theater, in denen man sich auch die Dramen junger, unbekannter Autoren ansehen kann. Seit dem Krieg haben viele Städte neue Theater und Opern gebaut (**A**, das neue Schauspielhaus in Düsseldorf).

Wir ehren Friedrich Schiller als den größten deutschen Dramatiker, dessen Dramen in der ganzen Welt bekannt sind. Als Professor für Geschichte[3] an der Universität Jena fand er den Stoff[4] für viele seiner historischen Dramen, wie „Wallenstein", „Maria Stuart", „Die Jungfrau von Orleans" und „Wilhelm Tell".

Obwohl Schillers „Wilhelm Tell" mehr Sage als Geschichte ist, haben die Schweizer dieses dramatische Werk zum Nationaldrama gemacht und führen es jeden Sommer während der Wilhelm-Tell-Festspiele in Interlaken auf. Jeder Student kennt die dramatische Szene, in der der tyrannische Landvogt[5] Geßler den Meisterschützen[6] Tell zwingt[7], einen Apfel vom Kopfe seines Sohnes Walter zu schießen, um sein Leben und das Leben seines Sohnes zu retten. Obwohl der edle[8] Tell das tut, ist Geßler damit noch nicht zufrieden. Er weiß, daß Tell ihn haßt[9] und daß er ein gefährlicher Feind[10] der Regierung[11] ist. Aus diesem Grunde[12] sollen Geßlers Soldaten[13] Tell ins Gefängnis[14] werfen. Traurig umarmt[15] der brave[16] Tell seinen Sohn Walter, bevor man Tell wegführt[17] (**B**). Auf dem Weg über den Vierwaldstätter See[18] kommt ein Sturm auf, und Tell rettet sich ans Land. Dort in

[1] besides   [2] opera house   [3] history   [4] subject matter   [5] governor   [6] expert marksman   [7] forces   [8] noble   [9] hates   [10] dangerous enemy   [11] of the government   [12] for this reason   [13] soldiers   [14] prison   [15] embraces   [16] good, upright   [17] leads away   [18] Lake Lucerne

B

der Nähe wartet er auf Geßler, aber diesmal ist es kein Apfel, sondern Geßlers Herz, das er mit dem Pfeil[19] treffen will. Mit dem Tod[20] des Landvogts beginnt der Kampf[21] der Schweizer um ihre Freiheit.

[19] arrow   [20] death   [21] fight, struggle

C

Auf dem Schillerplatz[22] in Stuttgart (**C**) steht Thorwaldsens berühmtes Schillerdenkmal[23], das man im Jahre 1839 enthüllte[24]. Der achteckige[25] Kirchturm[26] ist ein Wahrzeichen[27] der Stadt.

Das alte Stück[28] von Dr. Faustus, der seine Seele[29] dem Teufel[30] verkauft, ist ein beliebtes Thema in der deutschen Literatur. Johann Wolfgang von Goethe (**D**), der größte Dichter[31] Deutschlands, behandelt[32] dieses Thema meisterhaft[33] in dramatischer Form. In Goethes Fassung[34] darf der Teufel Fausts Seele nur dann verlangen[35], wenn er ihm alle seine Wünsche erfüllt[36], und wenn Faust zu einem bestimmten[37] Augenblick sagen kann: „Verweile doch[38], du bist so schön!" Obwohl Faust gegen Ende des Stückes diesen Wunsch ausspricht[39], wird er doch gerettet. In den Worten der Engel[40], die Fausts unsterbliche[41] Seele himmelwärts[42] tragen, finden wir die Begründung[43] für Fausts Erlösung:[44] „. . . wer immer

---

[22] Schiller Square   [23] Schiller monument   [24] unveiled   [25] octagonal   [26] church tower
[27] landmark   [28] play, story   [29] soul   [30] devil   [31] poet   [32] treats   [33] masterfully
[34] version   [35] demand   [36] fulfills all of his wishes   [37] definite, given   [38] tarry a while
[39] expresses   [40] angels   [41] immortal   [42] heavenward   [43] justification
[44] redemption

D

strebend sich bemüht, den können wir erlösen"[45]. Dieser Vers charakterisiert den Geist[46] des 18. und 19. Jahrhunderts, den Geist des Idealismus. Das Bild (**E**) zeigt den weltbekannten Schauspieler und Generalintendanten[47] Gustav Gründgens als Mephisto und Will Quadflieg als Faust.

[45] whoever is always earnestly striving, him we can save   [46] spirit.   [47] theatrical manager

E

Deutschlands größte Dichter und Kritiker haben schon im 18. Jahrhundert das dramatische Genie Shakespeares und seinen unumstrittenen[48] Platz in der Weltliteratur und auf der Bühne erkannt. Goethe nannte ihn „William, Stern der höchsten Höhe"[49]. Es ist deshalb[50] kein Wunder, daß Shakespeares Werke ebenso

[48] undisputed   [49] star of the highest heights   [50] therefore

F

oft in deutschen Theatern aufgeführt werden, wie die besten Werke der deutschen
Dramatiker. (**F**, Szene aus „Romeo und Julia" aufgeführt vom Ballettkorps des
Stuttgarter Staatstheaters.)

Obwohl Georg Büchner seine fragmentarische Tragödie „Woyzeck" 1837
begonnen hatte, mußte das Publikum bis 1913 warten, um sich das Werk als
Theaterstück auf der Bühne anzusehen. Woyzecks Kampf gegen soziale
Ungerechtigkeit[51] und menschliche Entwürdigung[52] findet schließlich[53] den einzig

[51] injustice   [52] degradation   [53] finally

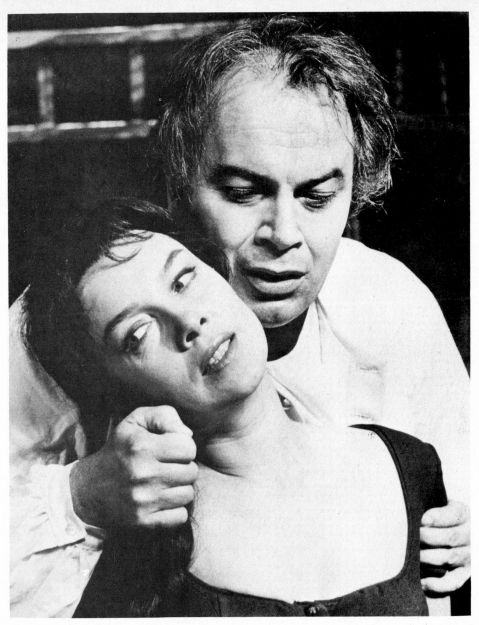

G

möglichen Ausweg⁵⁴ im Mord⁵⁵ seiner geliebten aber untreuen⁵⁶ Marie (**G**).
Danach⁵⁷ sucht er selbst den Tod im Wasser. Wie Büchner kämpfte auch Bertolt
Brecht, der nach dem Zweiten Weltkrieg in Ostberlin wohnte, gegen die soziale

⁵⁴ way out, escape   ⁵⁵ murder   ⁵⁶ unfaithful   ⁵⁷ after that

Ungerechtigkeit seiner Zeit. Durch sein frühes Werk „Die Dreigroschenoper"[58] (1928) wurde er über Nacht berühmt.

Unter den modernen deutschsprachigen Dramatikern sind zwei Schweizer, Max Frisch und Friedrich Dürrenmatt, sehr populär geworden. In ihren Werken verlangen[59] sie geistige[60] Freiheit und politische Unabhängigkeit[61].

---

[58] *The Three Penny Opera*   [59] demand   [60] intellectual   [61] independence

Aufgabe Sechzehn

In einer Diskothek

Den Abend in einer Diskothek zu verbringen, ist für junge Leute gewöhnlich ein lustiges Erlebnis.
Anna und Rudi amüsieren sich sehr.

1 RUDI: Liebst du Musik?
2 ANNA: Das Wort „lieben" ist ein bißchen stark. Ich höre Musik gern, richtig liebe ich nur einige wenige Kompositionen.
3 RUDI: Du spielst doch Klavier, nicht wahr?
4 ANNA: Ja, aber ich spiele nicht besonders gut. Ich gehe lieber ins Konzert und höre zu. Und du?
5 RUDI: Ich auch, aber es braucht nicht immer klassische Musik zu sein.
6 ANNA: Ich weiß, du sitzt gern in einem Studentenkeller oder in einer Diskothek und hörst Rock oder Jazz.
7 RUDI: Man braucht solche Musik, besonders zur Unterhaltung.
8 ANNA: Bist du schon in der Oper oder in der Operette gewesen?
9 RUDI: In der Oper schon, aber in der Operette noch nicht; das ist doch so etwas Ähnliches wie ein Musical, nicht wahr?
10 ANNA: Ja und nein. Die Operette hat bei uns eine lange Tradition. Du mußt dir mal eine anschauen.
11 RUDI: Vielleicht in den Semesterferien.
12 ANNA: Es wird spät, Rudi, ich muß jetzt nach Hause.
13 RUDI: O entschuldige, ich will gleich zahlen.
14 ANNA: Nein, diesmal bin ich dran. Nächstes Mal kannst du wieder zahlen.

Fragen

1. Wo verbringen Rudi und Anna den Abend?   2. Was für Musik gefällt Anna?   3. Spielt sie Klavier?   4. Was für Musik hört Rudi gern?   5. Warum braucht er solche Musik?   6. Was hat eine lange Tradition?   7. Wann kann **sich** Rudi eine Operette **anschauen** (*see*)?   8. Warum zahlt Anna?

Lesson Sixteen

In a Disco

Spending an evening in a disco is usually a fun experience for young people. Anna and Rudi have a very good time.

1 RUDI: Do you love music?
2 ANNA: The word "love" is a (little) bit strong. I like to listen to music; I truly love only some few compositions.
3 RUDI: You play the piano though, don't you?
4 ANNA: Yes, but I don't play especially well. I prefer to go to a concert and listen. And you?
5 RUDI: I do too, but it doesn't always need to be classical music.
6 ANNA: I know, you like to sit in a "Studentenkeller" or in a discotheque and listen to rock or jazz.
7 RUDI: One needs such music, especially for entertainment.
8 ANNA: Have you already been to the opera or to an operetta?
9 RUDI: To the opera, of course, but not to the operetta yet; that's something similar to a musical, isn't it?
10 ANNA: Yes and no. Operetta has a long tradition here. You must see one sometime.
11 RUDI: Perhaps during the semester vacation.
12 ANNA: It's getting late, Rudi. I must go home now.
13 RUDI: Oh, excuse me; I'll pay right away.
14 ANNA: No, this time it's my turn. Next time you can pay again.

VOCABULARY BUILDING

Die Musik

Sie haben eine schöne Stimme.
Singen Sie gern?
Kennen Sie viele berühmte Sänger?

Ich singe { Tenor. / Bariton. / Baß. }   Meine Schwester singt { Sopran. / Mezzosopran. / Alt. }

Spielen Sie ein Instrument? Ja, ich spiele { Klavier. (*n.*) / Klarinette. (*f.*) / Trompete. (*f.*) / Geige (Violine). (*f.*) / Mundharmonika. (*f.*) / Ziehharmonika (*f.*) (Akkordeon). (*n.*) }

Stellen Sie { den Radioapparat (Rundfunk)[1] an! / den Fernsehapparat (Fernseher)[2] ab! }

Haben Sie { einen Plattenspieler?[3] / Tanzplatten?[4] / Langspielplatten? }

Was für Musik hören Sie am liebsten? { Rock? (*m.*) / Jazz? (*m.*) / Schlager?[5] (*m.*) / klassische Musik? / Volkslieder?[6] / Opern? / Operetten? / Sinfonien? }

Der Dirigent leitet[7] { das Orchester. / den Chor. }

Der Kapellmeister[8] leitet die { Kapelle.[9] / Tanzkapelle.[10] }

Compound Nouns

German has many compound nouns which may be readily understood, such as the examples given below. Note that the last noun in a compound determines its gender.

das Abendbrot	der Arbeitgeber	das Arbeitszimmer
die Alltagssprache	der Arbeitnehmer	der Augapfel

---

[1] radio   [2] television   [3] record player   [4] dance records   [5] hit tunes   [6] folk songs
[7] directs   [8] band director   [9] band   [10] dance band

der Augenarzt	der Dummkopf	das Kartenspiel
die Augenbrauen (*pl.*)	der Familienname	der Kühlschrank
das Ausland	der Farbfilm	der Liebesfilm
der Ausländer	der Filmschauspieler	das Liebeslied
das Badezimmer	der Fußballspieler	die Mittagspause
die Banknote	das Gartenhaus	der Rosenbusch
der Blumengarten	die Haustür	die Studentensprache
das Butterbrot	das Hochhaus	der Wahrheitsucher

Vocabulary Building Questions

1. Singen Sie gern?   2. Was für eine Stimme haben Sie?   3. Was für ein Instrument spielen Sie?   4. Haben Sie einen Fernsehapparat?   5. Hören Sie gern Opern?   6. Singen Sie gern Volkslieder?   7. Was leitet ein Kapellmeister? 8. Findet man einen Rosenbusch im Kühlschrank oder im Gartenhaus?

CONVERSATIONAL PATTERNS

I. ADJECTIVE ENDINGS AFTER **EIN**-WORDS

> Whenever an adjective follows an **ein**-word (**ein, kein, mein, dein, sein, unser, euer, ihr,** and **Ihr**), its declensional endings are the same as those used after **der-** words with only three exceptions: the neuter nominative and accusative, and the masculine nominative:
>
> | | MASCULINE | NEUTER | FEMININE | PLURAL |
> |---|---|---|---|---|
> | NOM. | **er** | **es** | e | en |
> | ACC. | en | **es** | e | en |
> | DAT. | en | en | en | en |
> | GEN. | en | en | en | en |
>
> Memorize:
>
> Ein $\begin{cases} \text{klug\textbf{er} Junge} \\ \text{klug\textbf{es} Mädchen} \end{cases}$ lernt Deutsch. Kennen Sie ein klug**es** Mädchen?

1. Repetition

Ein schöner Abend, nicht wahr?
Ich bin in einer kleinen Stadt geboren.
Bist du ein guter Student?

Ich war ein großer Junge für mein **Alter** (*age*).
Meine beiden Eltern leben noch.

Kennst du meine kleine Schwester?
Hans ist ein alter Freund von mir.
Mein lieber Freund, was ist los?
Kennen Sie unsere freundlichen
   Nachbarn?
Sprechen Sie gern mit seinen deutschen
   Freunden?

Ich muß mir eine neue Jacke kaufen.
Maria ist ein nettes Mädchen.
Was für eine hübsche Freundin Sie
   haben!
Er raucht eine schwarze Pfeife.

2. Adjectives

Ein _____ Heft liegt hier. (schwarz)

Ein schwarzes Heft liegt hier.

Wien ist eine _____ Stadt. (schön)

Wien ist eine schöne Stadt.

Der Volkswagen ist ein _____ Auto.
   (deutsch)

Der Volkswagen ist ein deutsches
   Auto.

Unsere _____ Freunde sind gestern
   angekommen. (gut)

Unsere guten Freunde sind gestern
   angekommen.

Wo ist mein _____ Bleistift? (neu)

Wo ist mein neuer Bleistift?

Wie gefallen Ihnen unsere _____
   Städte? (schön)

Wie gefallen Ihnen unsere schönen
   Städte?

*Ich habe einen _____ Volkswagen.
   (rot)*

Ich habe einen roten Volkswagen.

Willst du ein _____ Mädchen
   kennenlernen? (reizend)

Willst du ein reizendes Mädchen
   kennenlernen?

Da sehen Sie unseren _____
   Stadtpark. (schön)

Da sehen Sie unseren schönen
   Stadtpark.

Ich lese ein _____ Drama. (deutsch)

Ich lese ein deutsches Drama.

Bestellen Sie eine _____ Wurst?
   (**gebraten**, *fried*)

Bestellen Sie eine gebratene Wurst?

Der Lehrer hat eine _____ Geschichte
   erzählt. (interessant)

Der Lehrer hat eine interessante
   Geschichte erzählt.

Sie hat sich ein _____ Kleid gekauft.
   (neu)

Sie hat sich ein neues Kleid gekauft.

*Ich unterhalte mich gern mit einem
   _____ Mädchen. (hübsch)*

*Ich unterhalte mich gern mit einem
   hübschen Mädchen.*

Sie wohnt bei einer _____ Tante. (alt)

Sie wohnt bei einer alten Tante.

Das Kind fürchtet sich vor unserem
   _____ Hund. (schwarz)

Das Kind fürchtet sich vor unserem
   schwarzen Hund.

Vor unserer _____ Katze fürchtet
   sich niemand. (klein)

Vor unserer kleinen Katze fürchtet sich
   niemand.

Die Buchhandlung gehört meinen
   _____ Freunden. (reich)

Die Buchhandlung gehört meinen
   reichen Freunden.

*Die Frau unseres _____ Freundes ist
   nach Europa gereist. (deutsch)*

*Die Frau unseres deutschen Freundes ist
   nach Europa gereist.*

Haben Sie den Mann unserer _____
   Lehrerin kennengelernt? (neu)

Haben Sie den Mann unserer neuen
   Lehrerin kennengelernt?

Hier ist die Buchhandlung meines
_____ Freundes. (reich)

Hier ist die Buchhandlung meines
reichen Freundes.

Luise ist die Tochter meines _____
Freundes. (gut)

Luise ist die Tochter meines guten
Freundes.

Liest du ein _____ Buch? (deutsch)

Liest du ein deutsches Buch?

Wie gefällt dir unsere _____ Stadt?
(groß)

Wie gefällt dir unsere große Stadt?

Heute habe ich einen _____ Brief
geschrieben. (lang)

Heute habe ich einen langen Brief
geschrieben.

Haben Sie meinen _____
Photoapparat (*camera*) gesehen?
(neu)

Haben Sie meinen neuen Photoapparat
gesehen?

Viele Professoren einer _____
Universität kennen einander nicht.
(groß)

Viele Professoren einer großen
Universität kennen einander nicht.

Er plaudert gern mit seinen _____
Freunden. (alt)

Er plaudert gern mit seinen alten
Freunden.

Wo sind meine _____ Bücher?
(deutsch)

Wo sind meine deutschen Bücher?

Wohnt er in einem _____ Hotel? (gut)

Wohnt er in einem guten Hotel?

Er hat eine _____ Schreibmaschine
gekauft. (neu)

Er hat eine neue Schreibmaschine
gekauft.

Mit seiner _____ Schreibmaschine
schreibt er ganz schnell. (neu)

Mit seiner neuen Schreibmaschine
schreibt er ganz schnell.

Ich sehe meine _____ Freunde nur
selten. (alt)

Ich sehe meine alten Freunde nur
selten.

Ein _____ Student weiß, wovon ich
spreche. (klug)

Ein kluger Student weiß, wovon ich
spreche.

Einen _____ Augenblick, bitte!
(klein)

Einen kleinen Augenblick, bitte!

Es gibt ein _____ Café in der Nähe.
(nett)

Es gibt ein nettes Café in der Nähe.

Fritz ist der Sohn eines _____ Arztes.
(berühmt)

Fritz ist der Sohn eines berühmten
Arztes.

II. ADJECTIVE ENDINGS WHEN ADJECTIVES ARE PRECEDED BY NEITHER A **DER**-WORD NOR AN **EIN**-WORD

Selecting the correct adjective endings for attributive adjectives that are preceded by neither a **der**–word nor an **ein**–word is a rather simple procedure. Ask yourself: "If I were to replace the adjective with a definite article, what would the definite article be?" Then attach the ending of the definite article to the adjective. Study the following examples:

Ein Baby trinkt warm__ Milch.

If one were to use a definite article, it would be **die Milch**; therefore, the adjective ending would be **-e**, **warme Milch**.

Der Franzose trinkt gern rot__ Wein.

The definite article would be **den Wein**; thus the adjective ending would be **-en**, **roten Wein**.

Der Deutsche trinkt oft kalt__ Bier.

The definite article would be **das Bier**; thus the adjective ending would be **-es**, **kaltes Bier**. Note that the adjective ending for **das**, is **-es** rather than **-as**.

Er bringt ihr schön__ Blumen (*pl.*).

The definite article would be **die Blumen**; thus the adjective ending would be **-e**, **schöne Blumen**.

The only exception to this rule is found in the masculine and neuter genitive singular, where the adjective ending is **-en** rather than the **-es** that one would expect with the article **des**:

Ist etwas besser als der **Geschmack** (*taste*) gut**en** Weines?

In spoken German, however, the accusative appositional form is used much more frequently than the genitive form:

Er bestellt { eine Tasse heiß**en** Kaffee.
ein Glas kalt**es** Wasser.
eine Flasche kalt**e** Milch.

3. Repetition

Schönes Wetter heute, nicht wahr?
Amerikaner trinken gern kaltes
  Wasser.
Fährst du zweiter Klasse?
Die Kinder reicher Leute sind
  manchmal **faul** (*lazy*).
Dieses Hotelzimmer hat fließendes
  Wasser.
Im Fernsehen sieht man oft alte Filme.

Ich mag kleine Kinder.
Armes Kind, was ist los?
Guten Morgen, meine Herren!
Glückliche Reise!
Schlafen Sie bei offenem Fenster?
Bitte, bringen Sie mir ein Glas frisches
  Wasser!
Bellende Hunde beißen nicht.
Kalte Hände, warmes Herz!

4. Adjectives

Viele _____ Lehrer lehren hier.
  (*ausgezeichnet*)

Viele ausgezeichnete Lehrer lehren hier.

_____ Kind, was ist los? (lieb)
Als _____ Kind war ich oft krank.
  (klein)

Liebes Kind, was ist los?
Als kleines Kind war ich oft krank.

_____ Studenten üben immer. (fleißig)

Fleißige Studenten üben immer.

Hören Sie gern _____ *Opern?* (*deutsch*)

Hören Sie gern deutsche Opern?

Trinken Sie _____ Kaffee? (stark)

Trinken Sie starken Kaffee?

Ich lese gern _____ Bücher. (gut)

Ich lese gern gute Bücher.

Er liest gern _____ Geschichten. (kurz, *short*)

Er liest gern kurze Geschichten.

Ich habe einige _____ Freunde getroffen. (alt)

Ich habe einige alte Freunde getroffen.

Haben Sie _____ Hunger? (groß)

Haben Sie großen Hunger?

Essen Sie gern _____ Brot? (frisch)

Essen Sie gern frisches Brot?

Ich habe **mehrere** (*several*) _____ Bücher gekauft. (gut)

Ich habe mehrere gute Bücher gekauft.

Was soll man _____ *Studenten sagen?* (*faul*)

Was soll man faulen Studenten sagen?

Ich werde es Ihnen in _____ Worten sagen. (kurz)

Ich werde es Ihnen in kurzen Worten sagen.

Er ist mit einigen _____ Freunden spazieren gegangen. (lieb)

Er ist mit einigen lieben Freunden spazieren gegangen.

Kennst du ein Mädchen mit _____ Haar? (schwarz)

Kennst du ein Mädchen mit schwarzem Haar?

Morgen muß ich mehreren _____ Freunden schreiben. (alt)

Morgen muß ich mehreren alten Freunden schreiben.

Jedes Jahr kaufe ich mir zwei Paar _____ *Schuhe.* (*gut*)

Jedes Jahr kaufe ich mir zwei Paar gute Schuhe.

Die Kinder vieler _____ Leute sind nicht faul. (reich)

Die Kinder vieler reicher Leute sind nicht faul.

Mit Hilfe mehrerer _____ Freunde versteht er jetzt alles. (gut)

Mit Hilfe mehrerer guter Freunde versteht er jetzt alles.

Bring mir ein Glas _____ Limonade! (kalt)

Bring mir ein Glas kalte Limonade!

In Amerika kann man sogar ein Glas _____ Buttermilch bestellen. (kalt)

In Amerika kann man sogar ein Glas kalte Buttermilch bestellen.

Er hat viele _____ *Freunde.* (*treu*, faithful)

Er hat viele treue Freunde.

_____ Kindern hilft man gern. (klein)

Kleinen Kindern hilft man gern.

_____ Fräulein, kommen Sie her!
  (lieb)

_____ Romane liest jeder gern.
  (gut)

Herr Müller hat drei _____ Kinder.
  (klug)

Mehrere _____ Studenten haben
  ihm geholfen. (fleißig)

Ich habe viele _____ Romane
  gelesen. (interessant)

Fürchten Sie sich vor _____ **Tieren**
  (*animals*)? (wild)

Liebes Fräulein, kommen Sie her!

Gute Romane liest jeder gern.

Herr Müller hat drei kluge Kinder.

Mehrere fleißige Studenten haben ihm
  geholfen.

Ich habe viele interessante Romane
  gelesen.

Fürchten Sie sich vor wilden Tieren?

III. ADJECTIVES USED AS NOUNS

Adjectives are frequently used as nouns. When so used, they are capitalized, but they keep their regular adjective endings:

Der Deutsche liebt die Musik.
Mein Lieber (*my dear fellow*), was ist los?
Der Reiche (*the rich man*) stirbt nicht gern.
Ich kenne **Reiche** und **Arme** (*rich and poor people*).

Neuter adjectives are capitalized when used as nouns following the indefinite pronouns **etwas**, **nichts**, **viel**, and **wenig** and generally take the ending **-es**.

Es ist **etwas ganz Gutes** (*something very good*)!
Das ist **nichts Neues** (*nothing new*).
Sie erzählt **viel Interessantes** (*much that is interesting*).

Alles usually requires that the following adjective be capitalized. The adjective has the ending **-e**. After **alle** (*pl.*), adjectives take the ending **-en**.

Ich wünsche Ihnen **alles Gute** (*everything good*).
Nicht **alle schönen** Mädchen sind klug.

3. Repetition

Mein Guter, was machen Sie hier?
Wo ist die Kleine?
Ich werde mein Bestes tun.
Er hat den Armen immer geholfen.
Der Junge kann sterben, der Alte muß
  sterben.
Ich habe etwas sehr Schönes gesehen.
Wir haben nichts Besonderes vor.
Nicht alle Reichen sind glücklich.

Er wünscht ihr alles Gute!
Alles Schöne interessiert sie.
Es hat immer Reiche und Arme
  gegeben.
Ich kenne einen Deutschen.
Ich habe etwas Interessantes gelesen.
Ich suche das Schöne im Leben.
Ich habe nichts Neues gehört.
Nicht alle Alten haben graue Haare.

4. Adjective > Noun

Die fleißigen Studenten sind immer vorbereitet (prepared).	*Die Fleißigen sind immer vorbereitet.*

Mein lieber Freund, wie geht's?	Mein Lieber, wie geht's?
Die kleinen Kinder spielen im Park.	Die Kleinen spielen im Park.
Der alte Mann ist gestorben.	Der Alte ist gestorben.
Was hat er den armen Leuten gegeben?	Was hat er den Armen gegeben?
Was hast du in der rechten Hand?	Was hast du in der Rechten?
Das Buch gehört dem kleinen Jungen.	Das Buch gehört dem Kleinen.

Ich habe etwas gelesen. (interessant)	*Ich habe etwas Interessantes gelesen.*

Etwas **ist geschehen** (*has happened*). (wunderbar)	Etwas Wunderbares ist geschehen.
Heute ist nichts geschehen. (interessant)	Heute ist nichts Interessantes geschehen.
Er hat nichts zu sagen. (besonder)	Er hat nichts Besonderes zu sagen.
Goethe hat viel geschrieben. (schön)	Goethe hat viel Schönes geschrieben.
In diesen Büchern steht viel. (wahr)	In diesen Büchern steht viel Wahres.
Mein Vater hat wenig über den Krieg gesagt. (gut)	Mein Vater hat wenig Gutes über den Krieg gesagt.
Er wünscht mir alles. (gut)	Er wünscht mir alles Gute.
Alles interessiert mich. (schön)	Alles Schöne interessiert mich.
Sie bringt mir etwas zum Mittagessen. (gut)	Sie bringt mir etwas Gutes zum Mittagessen.

IV. ENGLISH-GERMAN PATTERNS

1. A large book is lying on the table.
2. He is a good teacher.
3. Karl is an old friend of mine.
4. An old lady is waiting at the corner.
5. I have a new suit.
6. He is reading an interesting book.
7. We have their old books.
8. He smokes a long black pipe.
9. Have you (**du**) seen my new car? (**Wagen**)
10. He likes to chat with his old friends.
11. Do you (**Sie**) have a German-speaking friend?
12. Nice weather today, isn't it?
13. Do you (**ihr**) like to see old films?
14. Do you (**du**) like little children? (**mögen**)
15. Do you (**Sie**) know this German (*man*)?
16. Does the teacher help lazy students?
17. In (**bei**) cold weather, I wear warm clothing. (**die Kleidung**)

18. Not all rich (*people*) are happy.
19. Tell me something new! (**Sie** form)
20. I know little that is new.
21. He does much good. (**tun**)
22. I wish you (**ihr** form) everything good.
23. Seek the true and the beautiful! (**Sie** form)
24. Help the poor! (**du** form)
25. I know many Germans.
26. Do you (**du**) know these Germans?

COMMUNICATION CHALLENGES

Personalized Questions

1. Warum ist es ein lustiges Erlebnis, einen Abend im Studentenkeller zu verbringen? 2. Haben wir Studentenkeller hier in Amerika? 3. Was ist eine Diskothek? 4. Amüsieren Sie sich sehr, wenn Sie tanzen? 5. Lieben Sie moderne Musik? 6. Was für ein Instrument spielen Sie? 7. Wie oft gehen Sie ins Konzert? 8. Braucht man Jazz zum Tanzen? 9. Wann singen Sie gern deutsche Volkslieder? 10. Können Sie Baß singen? 11. Möchten Sie ein Instrument in einer Tanzkapelle spielen? 12. Spielen Sie Geige? 13. Haben Sie eine schöne Stimme? 14. Kennen Sie viele gute Sänger? 15. Möchten Sie lernen, Klavier zu spielen? 16. Was für Musik hören Sie am liebsten? 17. Wie oft gehen Sie zur Diskothek? 18. Haben Sie jemals einen Chor geleitet? 19. Haben Sie in einer Tanzkapelle gespielt? 20. Leben alle Ausländer im Ausland? 21. Wohnen Sie in einem Hochhaus? 22. Warum haben Sie einen Fernsehapparat?

Directed Questions

1. Fragen Sie Fräulein _____, ob sie etwas Schönes kaufen möchte!
2. Fragen Sie Herrn _____, ob er ein Orchester leiten kann!
3. Fragen Sie Fräulein _____, wieviel Geld sie bei sich hat!
4. Fragen Sie Fräulein _____, ob sie deutschen Fußball verstehen kann!
5. Fragen Sie Herrn _____, ob er Sopran singen kann!
6. Fragen Sie Herrn _____, was für Musik er am liebsten mag!
7. Fragen Sie Fräulein _____, ob sie die Rechnung bezahlt, wenn sie mit einem jungen Mann ausgeht!
8. Fragen Sie Herrn _____, ob er immer mit demselben Mädchen ausgeht!

Sentence Challenge

Use each of the following words in a sentence of four or more words.

1. einige 2. Tradition 3. Jazz 4. anschauen 5. bezahlen
6. Mundharmonika 7. Tenor 8. Schlager 9. Orchester 10. Radioapparat

11. treu 12. Leute 13. faul 14. Erlebnis 15. erstens 16. Milch 17. leiten
18. lustig 19. vorbereiten 20. Rock

Vocabulary Challenge

Explain in German each of the following words.

1. Oper 2. Studentenkeller 3. Plattenspieler 4. klassisch 5. Musical
6. Tradition

Retold Story Challenge

Using only first-year German, the instructor will tell the students about one of
the works of Goethe. Each student, in turn or by competitive group, will then contribute one sentence to the retelling of the story or drama.

Directed Communication Challenge

You are sitting with several friends in a „Studentenkeller." The rock music of
the band is rather *loud* (**laut**), but you can hear one another. You talk about music.
One prefers classical music, one jazz, one rock, and another modern musicals. So
what is the best musical in the last ten years? "My Fair Lady." You are *astonished*
(**erstaunt**) when you hear someone say this. You didn't know that this musical was
popular in Germany. You are interested in knowing more about it. Which *dialect*
(**der Dialekt**) does Eliza Doolittle speak in the German musical? **Berlinerisch.**
Naturally you would like to see the musical. Is it still playing? Where? Probably
somewhere in Germany. *No one* (**niemand**) knows where.

At this point the waiter comes with the bill. Who is to pay for it? You turn around
to ask your friends what and how much they drank, but where are they? *They have
deserted you!* (**Sie haben dich verlassen!**) —Perhaps you need to find some new
friends. Let's hope you have enough money to pay the bill this time.

ACTIVE VOCABULARY

ähnlich similar
das Alter age
anschauen (*sep. reg.*) see, look at
Berlinisch (*or* **Berlinerisch**) Berlin
 dialect
der Dialekt, -e dialect
diesmal this time
die Diskothek, -en discotheque
drittens in the third place
einzig single, only
das Erlebnis, -se experience
erstaunt astonished

erstens in the first place
faul lazy
gebraten fried
geschehen (*irreg., s.*) happen
der Geschmack, ⸚e taste
der Jazz jazz
klassisch classical
das Klavier, -e piano
die Komposition, -en composition
laut loud
leiten (*reg.*) lead, direct
die Leute (*pl.*) people

lustig fun, merry
mehrere several
das **Musical, -s** musical
niemand no one
die **Oper, -n** opera
die **Operette, -n** operetta
der **Photoapparat, -e** camera
der **Rock** rock music
sicher sure(ly)
die **Semesterferien** (*pl.*) semester vacation

der **Studentenkeller, -** student "hang out"
das **Tier, -e** animal
die **Tradition, -en** tradition
treu true, faithful
die **Unterhaltung, -en** entertainment
verlassen (*irreg.*) leave, forsake
voll full
vorbereiten (*sep. reg.*) prepare
zweitens in the second place

Idioms and Helpful Expressions

Du spielst doch Klavier, nicht wahr? You play the piano though, don't you?
Nächstes Mal gehen wir mit. Next time we'll go along.
Sie hat sich auf die Prüfung vorbereitet. She has prepared for the exam.
Du mußt dir mal eine (Operette) anschauen. You must see one (operetta) sometime.
Diesmal bin ich daran (pronounced **d'ran**). This time it's my turn.
Wann gehst du wieder mit diesem jungen Mann aus? When are you going out again with this young man?

Musik und Kunst

„Wo man singt, da laß dich ruhig nieder[1], böse Menschen haben keine Lieder" (**A**, Tölzer Knabenchor[2]). In der Bundesrepublik gibt es 15 000 Gesangvereine[3] mit $1\frac{1}{2}$ Millionen Mitgliedern[4]. In allen deutschsprachigen Ländern sieht man an jeder Litfaßsäule[5] Bekanntmachungen[6] von Konzerten, Opern, Operetten und Theaterstücken[7]. Kein Wunder, denn fast jede größere Stadt hat eine Oper, ein Orchester, ein Opernensemble[8] und einen oder mehrere Gesangvereine. Namen wie Bach, Händel, Mozart, Haydn, Beethoven, Schubert, Schumann, Mendelssohn, Brahms, Johann Strauß, Wagner und Richard Strauß sind auf der ganzen Welt geachtet[9].

Bonn ist nicht nur als Universitätsstadt und als die Hauptstadt der deutschen Bundesrepublik bekannt, sondern auch als die Geburtsstadt[10] Beethovens. Als guter Demokrat und Europäer haßte[11] Beethoven jegliche[12] Form von Tyrannei. So gab er seiner Sinfonie „Buonaparte" den neuen Titel „Sinfonia Eroica", nachdem sich Napoleon selbst zum Kaiser erklärt hatte. Auf unserem Bild (**B**) sehen wir die Gartenseite[13] von Beethovens Geburtshaus.

[1] settle down, reside in peace for posting announcements   [2] Tölz Boys Choir   [3] glee clubs   [4] members   [5] pillar   [6] announcements   [7] stage plays   [8] group of operatic performers   [9] esteemed   [10] birthplace   [11] hated   [12] every   [13] garden side

A

Nach Bayreuth kommen jeden Sommer Musikliebhaber aus allen Teilen[14] der Welt, um den Richard-Wagner-Festspielen beizuwohnen[15]. Hier (**C**) sehen wir eine Szene aus Wagners „Götterdämmerung"[16] in dem berühmten Festspielhaus, wo die bekanntesten von Wagners Opern oder „Musikdramen", wie er sie nannte, aufgeführt werden[17].

Während des Zweiten Weltkrieges wurden viele Opernhäuser, Theater und Museen beschädigt[18] oder beinahe zerstört[19]. Einige, wie die berühmte Dresdner

[14] parts [15] to attend [16] *Twilight of the Gods* [17] are presented [18] were damaged
[19] destroyed

C

Semper-Oper, werden noch heute wiederaufgebaut[20]. Hier besprechen zwei
Maler[21] und Restauratoren[22] die Rekonstruktion des Gebäudes (**D**).

In den deutschsprachigen Ländern ist Musik ein wichtiger Teil des
Unterrichts[23]. Die Kinder können viele Lieder mehrstimmig[24] singen. Wenn
Freunde in einem Wirtshaus[25] beieinander sitzen oder zusammen[26] durch den
Wald wandern, singen sie gern. Auf den Volksfesten ist Musik, Gesang und Tanz
die Hauptsache[27].

Von den modernen Konzertsälen[28] Europas ist der neue Konzertsaal der
Berliner Philharmonie einer der schönsten (**E**). Neu darin ist, daß man das

[20] are being rebuilt   [21] painters   [22] restoration experts   [23] instruction   [24] in parts
[25] inn   [26] together   [27] main fare   [28] concert halls

D

Orchester von jeder Seite gut sehen und hören kann. Architektonisch wirkt das Innere dieses modernen Gebäudes ebenso wohltuend wie[29] das harmonische Spiel des Orchesters.

„Kunst" und „können" sind verwandte[30] Wörter. Man kann vielleicht sagen, daß Kunst das ist, was man am besten kann. In fast jeder deutschsprachigen Stadt gibt es Museen, wo man die Meisterstücke[31] großer Künstler[32] anschauen und bewundern[33] kann, wie z.B. der berühmte Pergamon-Altar (**F**), den zwei Archeologen, Karl Humann und Alexander Conzi, in der griechischen Stadt Pergamon ausgegraben[34] und in dem Pergamon Museum in Ostberlin

---

[29] architecturally the interior has just as pleasant an effect as   [30] related, cognate

[31] masterpieces   [32] artists   [33] admire   [34] excavated

E

wiederaufgebaut[35] haben. Wegen der vielen Kunstsammlungen[36] in München und
der Vorliebe[37] bayrischer Könige für klassische Architektur nannte man oft diese
Stadt gegen Ende des 19. Jahrhunderts „das deutsche Athen". Hier sehen wir
einen Ausstellungsraum[38] in dem Haus der Kunst, einem der großen und
bekannten Museen Deutschlands (G). Die kniende[39] Figur im Vordergrund[40]
stellt Wilhelm Lehmbrucks Ideal der klassischen Schönheit[41] dar[42]. Oft besucht

[35] reconstructed   [36] art collections   [37] preference, liking   [38] exhibition room
[39] kneeling   [40] foreground   [41] beauty   [42] (*stellt . . . dar*) represents

F

G

H

eine ganze Schulklasse ein Kunstmuseum. Der Lehrer, der mitkommt, hat die
Kinder schon vorher über einzelne Gemälde[43] unterrichtet.

Jedes Jahrhundert hat seine eigene Kunst. Die Rokokokünstler des 18.
Jahrhunderts wollten mit dem Schönmachen gar nicht aufhören, wie man an dem
Altar und an der Decke[44] der Wieskirche in Bayern sehen kann (**H**). Dieses
Kunstwerk stellt die Religiosität der Künstler und Gläubigen[45] jener Epoche dar,
während das einfache Schnitzwerk[46] „Mutter und Kind" (**I**) den Geschmack[47]
unseres Jahrhunderts besser ausdrückt[48].

---

[43] individual paintings   [44] ceiling   [45] of the believers, of the faithful   [46] wood carving
[47] taste   [48] expresses

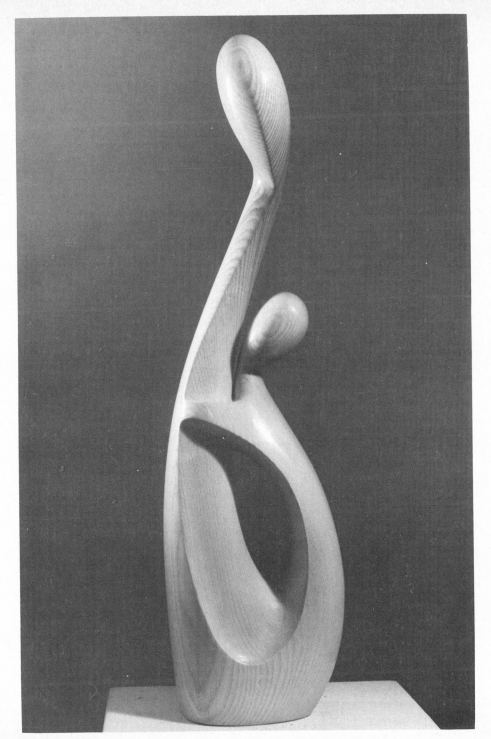

I

Aufgabe Siebzehn

Auf dem Lande

Rudi freut sich sehr, daß ihm sein Vater Geld für einen Volkswagen geschickt hat. In drei Wochen muß er nach den Vereinigten Staaten zurückkehren, aber erst will er noch mehr von Europa sehen. Er hat Bruno Lehmann eingeladen mitzufahren.

1 BRUNO: Schön, daß du mich eingeladen hast mitzukommen. Ich bin schon lange nicht mehr auf der Romantischen Straße gewesen.

2 RUDI: Wann warst du das letzte Mal da?

3 BRUNO: Als ich zehn Jahre alt war. Mein Vater und ich sind damals nach Würzburg gereist, weil wir da Verwandte haben.

4 RUDI: Ich mag diese alten Bauernhäuser so gern. Fast alle haben Blumen vor den Fenstern. Warum eigentlich?

5 BRUNO: Die Menschen mögen Blumen gern, besonders da der Winter hier oft sehr lang ist. Da vorne ist eine Tankstelle, falls du tanken willst.

6 RUDI: Gut, daß du mich erinnerst, der Tank ist schon fast leer.

7 TANKWART: Grüß Gott, meine Herren, tanken?

8 RUDI: Voll bitte, normal.

9 BRUNO: Wo übernachten wir, in Dinkelsbühl?

10 RUDI: Ich hatte gehofft, daß wir es bis nach Rothenburg schaffen könnten.

11 TANKWART: Wie steht's mit dem Öl?

12 RUDI: Alles in Ordnung.

13 TANKWART: 38 Liter,—das macht 36 Mark fünfundsechzig.—Danke schön, gute Reise!

14 RUDI: Danke. Auf Wiedersehen?

Fragen

1. Wann muß Rudi nach den Vereinigten Staaten zurückkehren?   2. Wann war Bruno das letzte Mal auf der Romantischen Straße?   3. Wen besuchte er? 4. Was sagt man, wenn man tanken will?   5. Wo wollen die jungen Männer übernachten?   6. Wieviel kostet das Benzin?

Lesson Seventeen

In the Country

Rudi is very happy that his father has sent him money for a Volkswagen. In three weeks he must return to the United States, but first he wants to see still more of Europe. He has invited Bruno Lehmann to go along.

1 BRUNO: It's great that you invited me to come with you. I haven't been on the Romantic Road for a long time.

2 RUDI: When were you here the last time?

3 BRUNO: When I was ten years old. My father and I traveled to Würzburg then because we have relatives there.

4 RUDI: I like these old farmhouses so much. Almost all of them have flowers in front of the windows. But why?

5 BRUNO: People are very fond of flowers, especially since the winter here is often very long. Up ahead (of us) is a service station in case you want to get gas.

6 RUDI: It's good that you reminded me. (German uses present tense.) The tank is already almost empty.

7 SERVICE STATION ATTENDANT: Good day, gentlemen! (a south German and Austrian greeting) Would you like some gas?

8 RUDI: Fill it up please. Regular (gas).

9 BRUNO: Where are we spending the night? In Dinkelsbühl?

10 RUDI: I had hoped that we could get as far as Rothenburg.

11 SERVICE STATION ATTENDANT: How's the oil?

12 RUDI: Everything is all right (in order).

13 SERVICE STATION ATTENDANT: 38 liters,—that makes 36 marks and sixty-five pfennigs.—Thank you. Have a good trip!

14 RUDI: Thanks. Good-bye!

VOCABULARY BUILDING

Das Haus

Unser Haus besteht aus[1] sechs Zimmern.
Das Wohnzimmer ist sehr schön.
Das Eßzimmer ist klein, aber gemütlich.[2]
Das Schlafzimmer ist an der Ostseite.[3]
Das Badezimmer ist ganz klein.
Die Küche[4] ist hell.[5]
Die Bibliothek gehört dem Vater.

Der Tisch
Der Stuhl
Der Sessel[6]
Der Teppich[7] } befindet sich[8] im Wohnzimmer.
Das Bild
Das Sofa
Die Lampe

In meinem Schlafzimmer habe ich {
ein Bett.
eine Kommode.[9]
einen Kleiderschrank.
einen Nachttisch.
einen Spiegel.[10]
einen Schreibtisch.

Das Waschbecken[11]
Das Badetuch
Das Handtuch
Die Seife[12] } ist im Badezimmer.
Die Badewanne
Die Dusche (die Brause)[13]
Die Toilette

Meine Mutter hat einen Kühlschrank[14] und einen neuen Herd.[15]

Der Bauernhof *(The Farm)*

Mein Großvater hat auf seinem Bauernhof {
einen Hund.
eine Katze.
drei Kühe.[16] (die Kuh)
ein Kalb.
zwei Pferde.[17] (das Pferd)
hundert Hühner. (das Huhn)
sechs Schweine. (das Schwein)

---

[1] consists of   [2] comfortable   [3] east side   [4] kitchen   [5] bright   [6] armchair
[7] carpet   [8] is (found)   [9] dresser   [10] mirror   [11] washbasin   [12] soap   [13] shower
[14] refrigerator   [15] stove   [16] cows   [17] horses

Hinter seinem Haus wachsen[18] {
Bäume. (der Baum)
Blumen. (die Blume)
Büsche. (der Busch)
}

Im Garten pflanzt[19] er Gemüse: {
Erbsen. (die Erbse)
grüne Bohnen. (die Bohne)
Spinat.[20] (*m.*)
Kopfsalat.[21] (*m.*)
Kohl.[22] (*m.*)
}

Vocabulary Building Questions

1. Aus wie vielen Zimmern besteht Ihr Haus? 2. Wie ist Ihr Schlafzimmer?
3. Was befindet sich in Ihrem Wohnzimmer? 4. Was findet man gewöhnlich in
einem Badezimmer? 5. Haben Sie Tiere zu Hause? 6. Was für Tiere haben Sie?
7. Hat Ihr Großvater einen Bauernhof?

CONVERSATIONAL PATTERNS

I. NARRATIVE PAST OF REGULAR VERBS

The narrative past (imperfect) is generally used for telling a story or when telling
of closely connected events or simultaneous happenings:

Ich **hatte** Angst, aber endlich **klopfte** ich an die Tür. Wie erstaunt **war** ich, als mein
   Freund Erich an die Tür **kam**.
„Guten Abend," **sagte** ich. „Ich möchte mit Elsas Vater sprechen."
„Zu spät, mein Freund," **antwortete** Erich, „ich habe schon mit ihm gesprochen."

The pattern for forming the narrative past of regular verbs is stem plus **-t-** plus
the endings indicated below:

ich	lernte	wir	lernten
du	lerntest	ihr	lerntet
er sie es	lernte	sie Sie	lernten

Note that **ich lernte** may be translated as *I learned, I was learning, I did learn, I
used to learn.*
From now on, the tense forms of verbs will be presented in this manner:

INFINITIVE	PRESENT		NARRATIVE PAST		PRESENT PERFECT	
lernen		lernt		lernte		gelernt
machen	er {	macht	er {	machte	er hat {	gemacht
warten		wartet		wartete		gewartet

[18] grow   [19] plants   [20] spinach   [21] head lettuce   [22] cabbage

Note that verbs with stems ending in **-t** (**warten**), **-d** (**baden**), and two or more separately pronounced consonants (**öffnen**), add **-et-** plus endings to form the narrative past.

1. Repetition

Als Schüler (*as a pupil*) lernte er fleißig.

Auf dem Bauernhof lernten wir beinah jeden Tag etwas Neues.

Was machte er **damals** (*at that time*)?

Was machten Sie, während ich auf Sie wartete?

Er **stellte** seine Kusine **vor** (*introduced*).

2. Pronoun Substitution

Damals lernte ich fleißig.

_____ er _____.

_____ wir _____.

_____ sie (*she*) _____.

_____ Karl _____.

_____ sie (*they*) _____.

_____ Sie _____.

_____ du _____.

_____ ihr _____.

Damals lernte er fleißig.

Damals lernten wir fleißig.

Damals lernte sie fleißig.

Damals lernte Karl fleißig.

Damals lernten sie fleißig.

Damals lernten Sie fleißig.

Damals lerntest du fleißig.

Damals lerntet ihr fleißig.

Was machte er, während ich wartete?

_____ Sie, _____ wir _____?

_____ Dora, _____ Hans _____?

_____ sie (*they*), _____ er _____?

_____ er, _____ sie (*they*) _____?

_____ du, _____ ich _____?

Was machten Sie, während wir warteten?

Was machte Dora, während Hans wartete?

Was machten sie, während er wartete?

Was machte er, während sie warteten?

Was machtest du, während ich wartete?

II. LIST OF REGULAR VERBS

The following regular verbs have been introduced in the first seventeen lessons. All form their narrative past tense in the manner described in Part I of this lesson.

abholen	antworten	baden	bezahlen	donnern
abstellen	arbeiten	begegnen	blitzen	einlösen
amüsieren	aufführen	begleiten	brauchen	enden
analysieren	aufhören	begrüßen	brummen	entschuldigen
anmachen	aufmachen	bellen	danken	erinnern
anprobieren	aufpassen	bemerken	dauern	erkälten
anschauen	aufwachen	bestellen	dienen	erwarten
anstellen	ausmachen	besuchen	diktieren	erzählen

fehlen	hören	necken	setzen	versuchen
feiern	illustrieren	öffnen	speisen	vorbereiten
fischen	interessieren	passen	spielen	vorhaben
folgen	kämmen	pflanzen	stecken	vorstellen
fragen	kaufen	plaudern	stellen	warten
freuen	kennenlernen	putzen	stimmen	wechseln
fühlen	klopfen	rasieren	stören	wecken
führen	korrespondieren	rauchen	studieren	weinen
fürchten	kosten	reichen	suchen	wiederholen
gebrauchen	lachen	reservieren	tanken	wohnen
gehören	leben	retten	tanzen	wünschen
gewöhnen	legen	sagen	teilen	zahlen
glauben	leiten	schauen	telefonieren	zeigen
gratulieren	lernen	schicken	trennen	zuhören
grüßen	lieben	schmecken	üben	zumachen
haben	machen	schmeicheln	übernachten	
hageln	meinen	schneien	vermissen	
hängen	merken	schwänzen	verspäten	

Although **haben** is sometimes considered a regular verb, it is somewhat irregular in the narrative past: **ich hatte, du hattest, er/sie/es hatte, wir hatten, ihr hattet, sie/Sie hatten.**

Regular verbs with separable prefixes have the same word order in the narrative past as they have in the present tense:

Er **macht** das Fenster **auf.**
Er **machte** das Fenster **auf.**
Obgleich er das Fenster jeden Abend **aufmacht**, erkältet er sich nicht.
Obgleich er das Fenster jeden Abend **aufmachte**, erkältete er sich nicht.

3. Repetition

Er glaubte nicht alles, was ich ihm erzählte.

Als Student setzte ich mich immer gerade vor den Professor.

Eine Zeitlang (*for a while*) korrespondierten wir mit einer Firma in Berlin.

Wagner lebte im neunzehnten Jahrhundert.

Letztes Jahr studierten viele Amerikaner in Europa.

Gestern hatte ich nichts vor.

Du lerntest viel, nicht wahr?

4. Present > Narrative Past

Heute, gewöhnlich

Im Sommer reisen wir auf das Land (to the country).

Wir besuchen Großvaters Bauernhof.
Eine Zeitlang wohne ich bei Großvater.

Damals

Im Sommer reisten wir auf das Land.

Wir besuchten Großvaters Bauernhof.
Eine Zeitlang wohnte ich bei Großvater.

In meinem Schlafzimmer habe ich nur ein Bett und einen Kleiderschrank.

Alles auf dem **Hof** (*farm*) gehört Großvater.

Bei gutem Wetter arbeiten wir auf dem Feld.

Manchmal regnet es.

Im Gemüsegarten pflanzt Großvater Erbsen, Bohnen, Spinat und Kopfsalat.

Ich fürchte mich vor den großen Schweinen.

Jeden Tag lerne ich etwas Neues.

Das Bauernleben macht mir viel Spaß.

In meinem Schlafzimmer hatte ich nur ein Bett und einen Kleiderschrank.

Alles auf dem Hof gehörte Großvater.

Bei gutem Wetter arbeiteten wir auf dem Feld.

Manchmal regnete es.

Im Gemüsegarten pflanzte Großvater Erbsen, Bohnen, Spinat und Kopfsalat.

Ich fürchtete mich vor den großen Schweinen.

Jeden Tag lernte ich etwas Neues.

Das Bauernleben machte mir viel Spaß.

5. **Während** as a Conjunction

Sie probierte Schuhe an.
Ich plauderte mit zwei Freunden.

Du machtest die Betten.
Ich machte einen Spaziergang.
Es schneite.
Ich war in der Schule.
Sie putzte die Badewanne.
Ich arbeitete in der Küche.
Was machten Sie?
Ich suchte meinen Freund.

Sie probierte Schuhe an, während ich mit zwei Freunden plauderte.

Du machtest die Betten, während ich einen Spaziergang machte.
Es schneite, während ich in der Schule war.
Sie putzte die Badewanne, während ich in der Küche arbeitete.
Was machten Sie, während ich meinen Freund suchte?

6. Present > Narrative Past

Antwortet er gern auf die Fragen des Lehrers?

Wie oft kaufen Sie sich Schuhe?
Legen die Hühner viele Eier?
Donnert es oft?
Badest du jeden Tag?
Wie lange dauert das Drama?
Was habt ihr vor?
Ich stelle meine Freunde gern vor.
Der Anzug paßt mir.

Antwortete er gern auf die Fragen des Lehrers?

Wie oft kauften Sie sich Schuhe?
Legten die Hühner viele Eier?
Donnerte es oft?
Badetest du jeden Tag?
Wie lange dauerte das Drama?
Was hattet ihr vor?
Ich stellte meine Freunde gern vor.
Der Anzug paßte mir.

7. Infinitive > Narrative Past

Was machten Sie, während ich auf Sie wartete?

auf dem Feld arbeiten

tanken
mit dem Hund spielen

Ich arbeitete auf dem Feld.

Ich tankte.
Ich spielte mit dem Hund.

mit einer Freundin plaudern	Ich plauderte mit einer Freundin.
ein paar Rechnungen bezahlen	Ich bezahlte ein paar Rechnungen.
einen alten Freund besuchen	Ich besuchte einen alten Freund.
Deutsch üben	Ich übte Deutsch.
baden	Ich badete.
tanzen	Ich tanzte.
meine Aufgabe lernen	Ich lernte meine Aufgabe.

Was machten Ernst und Franz,
während ich auf sie wartete?

Karten spielen	*Sie spielten Karten.*
sich Bücher kaufen	Sie kauften sich Bücher.
einen Freund vom Bahnhof abholen	Sie holten einen Freund vom Bahnhof ab.
sich amüsieren	Sie amüsierten sich.
ihre Hausarbeiten machen	Sie machten ihre Hausarbeiten.

III. ALS, WENN, AND WANN

There are three words for *when*: **als**, **wenn**, and **wann**; each, however, has a special use:

Als is used for a single, definite, past action:

Als ich ihn gestern auf der Straße sah, grüßte er mich freundlich.

Wenn, in the sense of *when* or *whenever*, is used to express a customary or habitual action in the present, future, or past tense:

Wenn er mich $\begin{cases} \text{sieht, grüßt} \\ \text{sah, grüßte} \end{cases}$ er mich freundlich.

Wenn is also a word for *if*:

Wenn er heute nicht hier ist, werde ich später mit ihm sprechen.

Wann is used in direct and indirect questions:

Wann arbeiten Sie auf dem Feld?
Er fragt, **wann** Sie auf dem Feld arbeiten.

8. Repetition

Als ich jung war, wohnte ich auf einem Bauernhof.	Wenn er fleißig ist, wird er viel lernen.
Als mein Lehrer jung war, lebte er in Deutschland.	Wenn ich in die Stadt gehe, besuche ich meinen Freund.
Als ich jung war, lernte ich Spanisch.	Wenn der Lehrer einen Satz diktiert, passen wir gut auf.
Wissen Sie, wann er zurückkommen wird?	Immer wenn wir ihn besuchten, war er **beschäftigt** (*busy*).

Wenn es regnete, erkältete er sich
gewöhnlich.
Wenn ich ihn grüßte, fragte er nach
meiner Mutter.

Wann arbeiteten Sie damals, morgens
oder abends?

9. **Als** or **Wenn** in First Clause

Sie arbeiten nicht fleißig.
Sie werden durchfallen.

Wenn Sie nicht fleißig arbeiten, werden
Sie durchfallen.

Ich sah ihn mit Lore.
Er grüßte gewöhnlich nicht.
Er sah mich auf der Straße.
Er grüßte immer.
Er sah mich am Montag.
Er grüßte mich nicht.
Wir sahen ihn einmal bei der Arbeit.
Er grüßte **steif** (*stiffly*).
Ich sah ihn am letzten Freitag.
Er grüßte mich nicht.

Wenn ich ihn mit Lore sah, grüßte er
gewöhnlich nicht.
Wenn er mich auf der Straße sah,
grüßte er immer.
Als er mich am Montag sah, grüßte er
mich nicht.
Als wir ihn einmal bei der Arbeit
sahen, grüßte er steif.
Als ich ihn am letzen Freitag sah,
grüßte er mich nicht.

10. Direct Question > Indirect Question (**Wann?**)

Wann kommen Sie?

Marie will wissen, wann Sie kommen.

Wann beginnt die Klasse?

Marie will wissen, wann die Klasse
beginnt.

Wann werden Sie fertig sein?

Marie will wissen, wann Sie fertig sein
werden.

Wann wollen Sie kommen?

Marie will wissen, wann Sie kommen
wollen.

IV. PAST PERFECT TENSE

In general, the past perfect tense is used in German just as it is in English. This
tense is formed by using the past tense of **haben** or **sein** plus the past participle:

ich	hatte	
du	hattest	
er/sie/es	hatte	
wir	hatten	gelernt *I had learned* (*you, he, etc.*).
ihr	hattet	
sie/Sie	hatten	

reisen

ich	war	
du	warst	
er/sie/es	war	
wir	waren	gereist *I had traveled* (*you, he, etc.*).
ihr	wart	
sie/Sie	waren	

11. Repetition

Wir hatten Kohl und Kopfsalat
   gepflanzt.
Er hatte an der Aufgabe gearbeitet.
Sie hatte das Buch gesucht.
Er war schon nach Afrika gereist.

Nachdem ich das Fenster zugemacht
   hatte, setzte ich mich.
Er hatte den Brief schon beantwortet,
   als ich ihn gestern danach fragte.

12. Pronoun Substitution

Er hatte die Rechnung schon bezahlt.

Ich _____.

Wir _____.

Wer _____?

Sie (*they*) _____.
Du _____.

Ich hatte die Rechnung schon bezahlt.
Wir hatten die Rechnung schon
   bezahlt.
Wer hatte die Rechnung schon
   bezahlt?
Sie hatten die Rechnung schon bezahlt.
Du hattest die Rechnung schon
   bezahlt.

13. Present Perfect > Past Perfect

So etwas (such a thing) *habe ich nie
   zuvor* (before) *versucht.*

So etwas hatte ich nie zuvor versucht.

Zigarren hat er noch nie geraucht.
So lange haben die Hunde noch nie
   gebellt.
So viel haben die Kinder noch nie
   gelacht.
So schnell habe ich mich noch nie
   rasiert.
So viel hast du noch nie an einem
   Tag gelernt.
So lange habe ich noch nie gewartet.

Zigarren hatte er noch nie geraucht.
So lange hatten die Hunde noch nie
   gebellt.
So viel hatten die Kinder noch nie
   gelacht.
So schnell hatte ich mich noch nie
   rasiert.
So viel hattest du noch nie an einem
   Tag gelernt.
So lange hatte ich noch nie gewartet.

14. **Nachdem** in First Clause

Er hatte Deutsch gelernt.
Er reiste nach Deutschland.

Nachdem er Deutsch gelernt hatte,
   reiste er nach Deutschland.

Ich hatte auf dem Feld gearbeitet.
Ich war müde.
Wir hatten eine Zeitlang geplaudert.
Wir tanzten.
Sie hatte viele Hüte anprobiert.
Sie kaufte endlich einen.

Nachdem ich auf dem Feld gearbeitet
   hatte, war ich müde.
Nachdem wir eine Zeitlang geplaudert
   hatten, tanzten wir.
Nachdem sie viele Hüte anprobiert
   hatte, kaufte sie endlich einen.

Es hatte eine Zeitlang gedonnert.	Nachdem es eine Zeitlang gedonnert.
Es regnete.	hatte, regnete es.
Er hatte viel Geld **verdient** (*earned*).	Nachdem er viel Geld verdient hatte,
Er bezahlte seine Rechnungen.	bezahlte er seine Rechnungen.

V. ENGLISH-GERMAN PATTERNS

1. What was he doing at that time? (**machen**)
2. What was he playing in the orchestra?
3. Where was your father working?
4. On which street were you (**du**) living?
5. It snowed while we were visiting them.
6. I paid the bill while he chatted with the salesman.
7. I waited while she tried on shoes.
8. For a while we corresponded with the firm.
9. He lived for a time in Berlin.
10. For a while she paid attention in class.
11. She was playing (the) piano.
12. Outside it was raining.
13. He had already reviewed the lesson.
14. Had you (**Sie**) already opened it? (**öffnen**)
15. After he had become rich, he still lived in the same little house.
16. Although he hadn't understood anything, he tried to answer.
17. As soon as he had earned enough money, he bought himself a new car. (**Wagen**)
18. When we visited Berlin, I was ten years old.
19. If she doesn't work diligently, she will fail.
20. Whenever he saw her, he greeted her.
21. She wants to know when the German class begins.
22. What was he doing when she visited him last Wednesday?
23. How's the oil?
24. Everything is all right (in order).
25. May I introduce myself?
26. Such a thing is hard for me.

COMMUNICATION CHALLENGES

Personalized Questions

1. Haben Sie sich einen Wagen gekauft?   2. Was für einen Wagen hat Ihr Vater?
3. Wie oft muß man tanken, wenn man einen großen Wagen fährt?   4. Wieviel kostet Benzin, wo Sie wohnen?   5. Wie groß ist das Haus, in dem Sie wohnen?
6. Aus wie vielen Zimmern besteht das Haus?   7. Hat es ein Eßzimmer?
8. Können Sie das Wohnzimmer beschreiben?   9. Was befindet sich in Ihrem

Badezimmer? 10. Haben Sie einen Kühlschrank in der Küche? 11. Haben Sie Blumen vor den Fenstern? 12. Was für einen Garten haben Sie? 13. Welche Blumen wachsen darin? 14. Ist Kopfsalat ein Gemüse? 15. Haben Sie Tiere? 16. Kennen Sie jemand, der einen Bauernhof hat? 17. Was für Tiere hat er? 18. Reisen Sie gern allein, oder laden Sie jemand ein mitzufahren? 19. Wohin möchten Sie im Sommer fahren? 20. Was ziehen Sie vor, ein gutes Pferd oder ein neues Rad? 21. Sprechen Sie einen Dialekt? 22. Wann verlassen Sie die Stadt?

Directed Questions

1. Fragen Sie Fräulein _____, ob sie jemals eine Kuh **gemelkt** (*milked*) hat!
2. Fragen Sie Herrn _____, ob er bei gutem Wetter auf dem Feld arbeiten möchte!
3. Fragen Sie Fräulein _____, wieviel sie im Monat für ihr Zimmer bezahlt!
4. Fragen Sie Herrn _____, ob er normales Benzin oder Super tankt!
5. Fragen Sie Herrn _____, wieviel er für Benzin bezahlen muß!
6. Fragen Sie Fräulein _____, ob man Blumen in einem Gemüsegarten pflanzt!
7. Fragen Sie Fräulein _____, welche **Möbel** (*furniture*) sie in ihrem Schlafzimmer hat!
8. Fragen Sie Herrn _____, ob er gern in der Badewanne singt!

Sentence Challenge

Use each of the following words in a sentence of four or more words. Each sentence is to be in the narrative past if a regular verb is used.

1. Öl 2. Land 3. beschäftigt 4. damals 5. tanken 6. Eier 7. Ordnung 8. Tier 9. verdienen 10. mitfahren 11. falls 12. Tankstelle 13. leer 14. Bauer 15. melken 16. Kommode 17. Spiegel 18. Nachttisch 19. Teppich 20. Herd

Vocabulary Challenge

Explain in German the meaning of each of the following words.

1. Tankwart 2. pflanzen 3. Verwandte 4. Garten 5. Bauernleben 6. wachsen

Fairy Tale Challenge

Class members will decide which fairy tale they would like to tell. The instructor may need to provide several new words. In turn or by competitive group, students will then tell the story. Each one is to add one complete sentence.

Directed Communication Challenge

While driving your car through the German countryside, you and your new friends suddenly realize that you forgot to get gas in the last town. Many questions now pop into your minds: Do you have enough gas to get to the next village? Will the service station be closed when you do get there? When does it become dark? Why were you so stupid that you forgot to get gas? Your car stops. The tank is *empty* (**leer**). Ask the farmer in the farmhouse over there if he can sell you some gas. You knock on the door. He is friendly, but he has no gas. It's quite dark now. There are, of course, no hotels where you can spend the night. Ask him if he has a large bedroom where you can sleep. You can pay for it. He would like to help, but he also has only two bedrooms, and the children sleep in one. You have always wanted to sleep in the *hay* (**das Heu**); ask if that is all right. He has nothing *against it* (**dagegen**) if the animals don't disturb you. Good! Thanks a lot! Sleep well!

ACTIVE VOCABULARY

der **Bauer, (s** *or* **n), -n**   farmer, peasant
das **Bauernhaus, ⸚er**   farmhouse
das **Bauernleben, -**   farmer's life
beantworten (*reg.*)   answer
befinden (*irreg., reflex.*)   be (located)
das **Benzin**   gasoline
beschäftigt   busy
bestehen (*irreg.*)   exist, consist
damals   at that time
das **Dorf, ⸚er**   village
das **Ei, -er**   egg
falls (*dep. conj.*)   in case
das **Heu**   hay
der **Hof, ⸚e**   farm, yard, court
leer   empty
das (der) **Liter, -**   liter (slightly more than a quart)
die **Mark**   mark (DM), German unit of currency (approx. 50 + cents)
melken (*reg. and irreg.*)   milk
mitfahren (*sep. irreg., s.*)   travel with someone
die **Möbel** (*pl.*)   furniture
normal   normal, regular (gas)

das **Öl, -e**   oil
die **Ordnung, -en**   order
pflanzen (*reg.*)   plant
die **Romantische Straße**   road that takes one through several German medieval cities
schaffen (*reg.*)   do, make, accomplish
steif   stiff
der **Tank, -e**   tank (gas)
tanken (*reg.*)   fill up with gasoline
die **Tankstelle, -n**   service station
der **Tankwart, -e**   service station attendant
übernachten (*reg.*)   spend the night
verdienen (*reg.*)   earn
die **Vereinigten Staaten (die USA)**   United States
der (die) **Verwandte, -n**   relative
der **Volkswagen, -**   Volkswagen
vorstellen (*sep. reg.*)   introduce
wachsen (*irreg., s.*)   grow
die **Zeitlang**   while
zurückkehren (*sep. reg., s.*)   return
zuvor (*adv.*)   before, previously

Idioms and Helpful Expressions

Grüß Gott, meine Herren!   Good day, gentlemen! (South German and Austrian greeting)
Normal oder Super?   Regular gas or ethyl?
Wie steht's mit dem Öl?   How is the oil?
Alles in Ordnung.   Everything is all right.

Gute Reise! Have a good trip!

So etwas fällt mir schwer. Such a thing is hard for me.

Das Geschäft besteht aus zwei großen Zimmern. The store consists of two large rooms.

Wir reisen morgen auf das Land. We are traveling to the country tomorrow.

Darf ich mich vorstellen? May I introduce myself?

Auf dem Lande

„Man muß Heu[1] machen, solange die Sonne scheint," lautet[2] ein altes deutsches Sprichwort[3]. Es weist darauf hin[4], daß es in Mitteleuropa ziemlich oft regnet. Wegen des Regens muß man das Heu und das Getreide[5] auf Stangen legen. Die Getreidepuppen[6] auf dem Bild (**A**) sehen wie komische Strohmänner[7] aus, die das Feld bewachen[8]. Wenn das Heu trocken[9] ist, kommt es auf einen großen

[1] hay [2] says [3] proverb [4] it indicates [5] grain [6] bundles of grain that resemble human beings [7] straw men [8] guard [9] dry

A   **B**

C

Haufen[10] (**B**), den man Heuschober[11] nennt. Das kleine Strohdach[12] auf dem Heuschober schützt[13] das Heu gegen Regen und Schnee.

Auch das Gras auf den Bergwiesen[14] wird mehrere Male während des Sommers gemäht[15]. Man lagert[16] es in kleinen Heuscheunen[17] auf dem Bergabhang[18] bis zur Winterfütterung[19]. Wenn der Bergabhang steil[20] ist, benutzt[21] man einen Heuschlitten[22], um das Heu zur Scheune zu bringen.

[10] heap, pile   [11] haystack   [12] straw roof   [13] protects   [14] mountain meadows
[15] (*wird . . . gemäht*) is mowed   [16] stores   [17] hay barns   [18] mountain slope
[19] winter feeding   [20] steep   [21] uses   [22] hay sled

D

Dieses Dorf mag klein sein, aber es hat zwei Kirchen, die von dem religiösen Leben der Bauern zeugen[23] (**C**). Die Zäune[24] schützen die Felder neben den Häusern vor dem Vieh[25], das die Dorfjungen jeden Morgen auf die Bergwiesen treiben. Wie überall in Europa sind auf einem Bauernhof Scheune und Wohnteil[26] nebeneinander. Wegen des regnerischen Klimas haben alle Schornsteine[27] Dächer. Die Schornsteine auf dem Dach der Scheune dienen aber wahrscheinlich zur Ventilation. Das englische Wort „neighbor" und das deutsche „Nachbar" weisen beide darauf hin, daß unsere germanischen Vorfahren[28] alle Bauern waren, denn beide Wörter bedeuteten einmal „Bauer in der Nähe".

[23] testify   [24] fences   [25] cattle, livestock   [26] living quarters   [27] chimneys
[28] ancestors

E

Überall, wo man Deutsch spricht, sieht man Blumen vor vielen Fenstern (**D**).
Deutsche Bauernfamilien, die jeden Tag auf dem Felde schwer arbeiten, haben
auch Zeit für Blumen. Warum sind die Bauernhäuser so groß? Erstens waren
Bauernfamilien vor hundert Jahren, als viele dieser Häuser errichtet wurden[29],
meistens kinderreich; zweitens dienen einige Zimmer als Aufbewahrungsräume[30]
und andere als Arbeitsräume; drittens mußte das Haus groß sein, denn die Scheune
stand gewöhnlich unter demselben Dach.

Vor dem Pferde- oder Kuhstall hat mancher Bauer einen Misthaufen[31] (**E**).
Im Spätherbst und im Frühjahr düngt[32] er mit diesem Mist seine Felder. Ganz
anders als bei uns, kommt in deutschen Dörfern auch die Jauche[33] auf das Feld.

Eines der größten Obstgebiete[34] in Deutschland liegt nicht weit von Hamburg
in Nordwestdeutschland. Schon im April fangen die Bauern an, ihre Obstgärten
zu spritzen[35]. Das alte Bauernhaus mit dem Strohdach und der verzierten[36]

---

[29] were built   [30] storage rooms   [31] manure pile   [32] fertilizes   [33] liquid manure
[34] fruit-growing areas   [35] spray   [36] embellished

F

Fassade paßt schön zu dieser Landschaft[37] (**F**). Fast überall hat der Traktor den Ochsen und das Pferd auf den Bauernhöfen ersetzt[38].

[37] landscape   [38] replaced

Aufgabe Achtzehn

Heidelberg

Heute befinden sich Rudi und Bruno in Heidelberg, einer schönen Universitätsstadt am Neckar.

1 RUDI: Ich finde Heidelberg sehr schön.
2 BRUNO: Ich auch. Die Aussicht vom Schloß ist herrlich.
3 RUDI: Ja, kein Wunder, daß so viele Menschen für Heidelberg schwärmen.
4 BRUNO: Vielleicht können wir morgen im Roten Ochsen zu Mittag essen.
5 RUDI: Da ist das Essen sicher sehr teuer. Ich hab' nicht mehr viel Geld.
6 BRUNO: Wir gehen mal vorbei und schauen uns die Speisekarte an, die neben dem Eingang hängt.
7 RUDI: Das ist eine gute Idee. Vielleicht gibt es ein Gericht, das wir uns leisten können.
8 BRUNO: Im Ernstfall könnten wir ja nur etwas trinken.
9 RUDI: Davon wird man aber nicht satt.
10 BRUNO: Stimmt, aber dann sieht man das berühmte Studentenlokal auch von innen.
11 RUDI: Nimm bitte meinen Brief mit, wenn du nach unten gehst.
12 BRUNO: Gern.

(*Rudis Brief an Anna*)

Heidelberg, den 3. August

Liebe Anna!

Dinkelsbühl war für uns ein wunderbares, unvergeßliches Erlebnis. Genau so hatte ich mir das Mittelalter vorgestellt: Straßen mit Kopfsteinpflaster, dicke Mauern und hohe Wachttürme. Wir haben in der Jugendherberge übernachtet und viele junge Leute aus anderen Ländern kennengelernt.

321

Heute sind wir durch das hübsche, grüne Neckartal nach Heidelberg gefahren. Heidelberg ist wirklich eine sehr romantische Stadt. Es ist schade, daß Du* nicht mitkommen konntest. Übermorgen werden wir die Rheinfahrt nach Bonn machen. Natürlich freuen wir uns darauf. Ich schicke Dir dann von Rüdesheim oder von Bonn eine Ansichtskarte.

Viele Grüße

Rudi

Fragen

1. Was wissen wir über Heidelberg?   2. Warum schwärmen alle Studenten für Heidelberg?   3. Wo wollen die beiden jungen Männer zu Mittag essen? 4. Wo kann man sich die Speisekarte anschauen?   5. Wo verbrachten sie die Nacht in Dinkelsbühl?   6. Wann wird Rudi wieder eine Karte schreiben?

---

* The forms of **du** are capitalized when used in a letter.

Lesson Eighteen

Heidelberg

Today Rudi and Bruno find themselves in Heidelberg, a beautiful university city on the Neckar River.

1 RUDI: I think Heidelberg is very beautiful.
2 BRUNO: I do too. The view from the castle is magnificent.
3 RUDI: Yes, no wonder so many people rave about Heidelberg.
4 BRUNO: Perhaps we can eat our noon meal tomorrow in the Red Ox Inn.
5 RUDI: The food is surely very expensive there. I don't have much money left.
6 BRUNO: We'll just go by and look at the menu which is posted (hangs) next to the entrance.
7 RUDI: That's a good idea. Perhaps there is a course (dish) that we can afford.
8 BRUNO: If worst·comes to worst, we could just have something to drink, you know.
9 RUDI: That's not filling.
10 BRUNO: That's true, but then you can see the famous student inn from inside too.
11 RUDI: Please take my letter with you if you are going downstairs.
12 BRUNO: Be glad to.

(*Rudi's letter to Anna*)

Heidelberg
August 3

Dear Anna:

For us, Dinkelsbühl was a wonderful, unforgettable experience. It was just the way I had imagined the Middle Ages to be: cobblestone streets, thick walls, and tall watchtowers. We spent the night in a youth hostel and got to know many young people from other countries.

Today we traveled through the beautiful green Neckar Valley to Heidelberg. Heidelberg is really a very romantic town. It's too bad that you couldn't come along. The day after tomorrow we'll take the trip down the Rhine to Bonn. Naturally, we are looking forward to it. Then I'll send you a picture postcard from Rüdesheim or Bonn.

Best wishes,

Rudi

VOCABULARY BUILDING

Fotografieren *(Taking Pictures)*

Haben Sie
{
eine gute Kamera?
einen neuen Photoapparat?
einen Film?
einen Farbfilm?
einen Schwarzweißfilm?
}

Ist das
{
ein Foto (Photo) (*n.*)
ein Bild (*n.*)
ein Farbfoto (*n.*)
eine Aufnahme[1]
eine Farbaufnahme
}
von Ihnen?

Darf ich
{
eine Aufnahme von Ihnen machen?
Sie fotografieren (photographieren)?
Sie knipsen?[2]
}

Reisen *(Traveling)*

Haben Sie
{
Ihr ganzes Gepäck?[3] (*n.*)
Ihren großen Koffer?[4]
Ihren Handkoffer?[5]
Ihre Aktentasche?[6]
Ihre Reisetasche[7]
Ihre Handtasche?[8]
Ihren Reisepaß?[9]
den Stadtplan?[10]
den Reiseplan?[11]
einen Reiseführer?[12]
}

Haben Sie
{
Ihren Koffer gepackt?
ihn ausgepackt?[13]
}

Fahren Sie
{
nach Norden?
nach Süden?
nach Osten?
nach Westen?
}

Ist Boston
{
nördlich
südlich
östlich
westlich
}
von hier?

Wohin reisen Sie?
Machen Sie schon wieder eine Reise?
Fahren Sie erster oder zweiter Klasse?
Brauchen Sie einen Gepäckträger?[14]
Fahren Sie mit dem Zug?
Wann kommt der Zug an?

---

[1] picture   [2] snap your picture   [3] all of your luggage   [4] large suitcase   [5] small suitcase
[6] briefcase   [7] traveling bag   [8] lady's hand bag   [9] passport   [10] city map
[11] itinerary   [12] guidebook, guide   [13] unpacked   [14] porter

Wann fährt der Zug ab?
Ankunft:[15] 17.40 (17 Uhr 40)
Abfahrt:[16] 18.15 (18 Uhr 15)
Wie kommt man zur Autobahn?[17]

Vocabulary Building Questions

1. Haben Sie eine neue Kamera?   2. Was ziehen Sie vor, Farbfilm oder Schwarzweißfilm?   3. Haben Sie eine Aufnahme von einem guten Freund?
4. Wo ist Ihr Reisepaß?   5. Wann nehmen Sie einen großen Koffer mit?
6. Fahren Sie gewöhnlich erster oder zweiter Klasse?   7. Ist Los Angeles östlich von hier?

CONVERSATIONAL PATTERNS

I. NARRATIVE PAST OF IRREGULAR VERBS

> The narrative past of irregular verbs is formed by changing the stem and adding the endings indicated below:
>
> **sprechen**
>
> | ich | **sprach** | wir | **sprachen** |
> |-----|------------|-----|--------------|
> | du | **sprachst** | ihr | **spracht** |
> | er ⎱ | | sie ⎱ | |
> | sie ⎬ **sprach** | | Sie ⎰ **sprachen** | |
> | es ⎰ | | | |
>
> The form **ich sprach** may be translated as: *I spoke, I was speaking, I did speak, I used to speak*.

1. Repetition

Damals sprach ich jeden Tag mit
  Emil.
Ich sprach ab und zu mit Paula.

Sie sprach fließender als er.
  Beide sprachen gut Deutsch.

2. Replacement

Wir sprachen über dieses und jenes.

Er _____.
Ich _____ den Reiseplan.
Sie (*they*) _____.
Wer _____ das Farbfoto?

Er sprach über dieses und jenes.
Ich sprach über den Reiseplan.
Sie sprachen über den Reiseplan.
Wer sprach über das Farbfoto?

---

[15] arrival   [16] departure   [17] freeway

Wir _____.   Wir sprachen über das Farbfoto.
Du _____.   Du sprachst über das Farbfoto.

II. SUMMARY OF COMMONLY USED IRREGULAR VERBS

INFINITIVE	PRESENT	NARR. PAST	PRES. PERFECT
halten	hält	hielt	gehalten
lassen	läßt	ließ	gelassen
raten (*advise*)	rät	riet	geraten
schlafen	schläft	schlief	geschlafen
tragen	trägt	trug	getragen
waschen	wäscht	wusch	gewaschen
brechen	bricht	brach	gebrochen
essen	ißt	aß	gegessen
finden	findet	fand	gefunden
geben	gibt	gab	gegeben
helfen	hilft	half	geholfen
nehmen	nimmt	nahm	genommen
sprechen	spricht	sprach	gesprochen
treffen	er {trifft	er {traf	er hat {getroffen
werfen	wirft	warf	geworfen
lesen	liest	las	gelesen
sehen	sieht	sah	gesehen
bitten	bittet	bat	gebeten
singen	singt	sang	gesungen
trinken	trinkt	trank	getrunken
liegen	liegt	lag	gelegen
schließen	schließt	schloß	geschlossen
sitzen	sitzt	saß	gesessen
schreiben	schreibt	schrieb	geschrieben
heißen	heißt	hieß	geheißen
rufen	ruft	rief	gerufen
stehen	steht	stand	gestanden
tun	tut	tat	getan

3. Repetition

Damals tat er sein Bestes.
Viele Leute standen vor dem Schalter.
Wir trafen uns im Rathaus.
„Guten Morgen!" rief er oft.
Im Sommer schloß er seine Tür selten.
Gab es damals viel Interessantes?

Wir sangen gern Studentenlieder.
Ich fand sie hübsch.
Was las er damals?
Er riet mir immer, weiter zu studieren.
Er ließ sich die Haare schneiden (*had his hair cut*).

4. Present > Narrative Past

Während er schläft, lesen wir die
Zeitung.

Der Lehrer steht immer vor dem
Tisch, während er spricht.
Während er auf Reisen ist, schreibt er
nicht oft.
Während sie sich die Hände wäscht,
sieht sie sich im Spiegel an.
Während wir zu Mittag essen,
sprechen wir über Deutschland.

Während er schlief, lasen wir die
Zeitung.

Der Lehrer stand immer vor dem
Tisch, während er sprach.
Während er auf Reisen war, schrieb er
nicht oft.
Während sie sich die Hände wusch, sah
sie sich im Spiegel an.
Während wir zu Mittag aßen, sprachen
wir über Deutschland.

5. Present > Past Perfect and Narrative Past

Begin with **sobald**.

Er macht eine Aufnahme von mir.
Er geht nach Hause.

Er steht auf.
Er wäscht sich die Hände.

Er wäscht sich die Hände.
Er geht in das Eßzimmer.

Er kommt herein.
Wir sprechen über den Reiseplan.

Er findet seine Kamera.
Er knipst uns.

Sobald er eine Aufnahme von mir
gemacht hatte, ging er nach Hause.

Sobald er aufgestanden war, wusch er
sich die Hände.

Sobald er sich die Hände gewaschen
hatte, ging er in das Eßzimmer.

Sobald er hereingekommen war,
sprachen wir über den Reiseplan.

Sobald er seine Kamera gefunden
hatte, knipste er uns.

6. Present > Narrative Past

Heute, gewöhnlich

Er hält sie für schön.

Ich rate ihm, weiter zu studieren.
Er läßt die Tür offen.
Er gibt seiner Mutter einen **Kuß** (*kiss*).
Sie findet Mathematik schwer.
Du singst schön.

Damals

Er hielt sie für schön.

Ich riet ihm, weiter zu studieren.
Er ließ die Tür offen.
Er gab seiner Mutter einen Kuß.
Sie fand Mathematik schwer.
Du sangst schön.

7. Infinitive > Narrative Past

Was machten Sie, während ich auf Sie
wartete? Briefe schreiben

schlafen
sitzen und plaudern

Ich schrieb Briefe.

Ich schlief.
Ich saß und plauderte.

eine Tasse Tee trinken	Ich trank eine Tasse Tee.
mit dem Lehrer sprechen	Ich sprach mit dem Lehrer.
den Reiseführer lesen	Ich las den Reiseführer.
ein **Butterbrot** (*piece of bread and butter*) essen	Ich aß ein Butterbrot.
alte Freunde treffen	Ich traf alte Freunde.
sich die Hände waschen	Ich wusch mir die Hände.

III. SUMMARY OF COMMON IRREGULAR **SEIN** VERBS

INFINITIVE	PRESENT	NARR. PAST	PRES. PERFECT
bleiben	bleibt	blieb	geblieben
fahren	fährt	fuhr	gefahren
fallen	fällt	fiel	gefallen
fliegen	fliegt	flog	geflogen
gehen	geht	ging	gegangen
kommen	kommt	kam	gekommen
laufen	er { läuft	er { lief	er **ist** { gelaufen
schwimmen	schwimmt	schwamm	geschwommen
sein	ist	war	gewesen
steigen (*climb*)	steigt	stieg	gestiegen
sterben	stirbt	starb	gestorben
werden	wird	**wurde**	geworden

8. Repetition

Nachdem sie krank geworden war, blieb sie oft zu Hause.	Jeden Sonntag ging er spazieren.
Er fuhr gewöhnlich zweiter Klasse.	Das Kind lief hin und her.
Du gingst immer spät nach Hause.	Als Kind schwammst du gern.
Er kam selten vor acht Uhr.	Als er 19 Jahre alt war, wurde er Soldat.

9. Present > Narrative Past

Heute, gewöhnlich	**Damals**
Er kommt selten vor acht Uhr.	*Er kam selten vor acht Uhr.*
Wenn er krank ist, bleibt er immer zu Hause.	Wenn er krank war, blieb er immer zu Hause.
Er fährt mit dem Zug.	Er fuhr mit dem Zug.
Ich fliege gern.	Ich flog gern.
Mathematik fällt mir schwer.	Mathematik fiel mir schwer.

Du bist mein bester Freund.   Du warst mein bester Freund.
Mein Hund läuft gern.   Mein Hund lief gern.

IV. SUMMARY OF COMMON IRREGULAR VERBS WITH INSEPARABLE PREFIXES

INFINITIVE	PRESENT	NARR. PAST	PRES. PERF.
beginnen	beginnt	begann	begonnen
bekommen	bekommt	bekam	bekommen
besprechen	bespricht	besprach	besprochen
bestehen	besteht	bestand	bestanden
erfahren	erfährt	erfuhr	erfahren
(*find out*)			
gefallen (*dat.*)	gefällt	gefiel	gefallen
vergeben	vergibt	vergab	vergeben
(*forgive, dat.*) er{		er{	er hat{
vergessen	vergißt	vergaß	vergessen
verlassen (*leave*)	verläßt	verließ	verlassen
verlieren (*lose*)	verliert	verlor	verloren
verschlafen	verschläft	verschlief	verschlafen
(*oversleep*)			
versprechen	verspricht	versprach	versprochen
(*promise, dat.*)			
verstehen	versteht	verstand	verstanden

10. Repetition

Gewöhnlich verläßt du das Haus bei
  Sonnenaufgang (*sunrise*).
Ich erfuhr es durch einen Freund.

Wir besprachen den Stadtplan.
Die Klasse bestand damals aus
  (*consisted of*) mehr als zwanzig
  Studenten.

11. Present > Past Perfect and Narrative Past

Begin with **nachdem**.

Er fährt ab.
Sie vergibt ihm.

Nachdem er abgefahren war, vergab sie
  ihm.

Er verschläft zweimal.
Er bittet um **Entschuldigung** (*pardon*).
Sie tanzt mit ihm.
Er gefällt ihr nicht mehr.

Nachdem er zweimal verschlafen hatte,
  bat er um Entschuldigung.
Nachdem sie mit ihm getanzt hatte,
  gefiel er ihr nicht mehr.

Ich erinnere ihn an die Briefe.
Er vergißt, sie aufzugeben.

Nachdem ich ihn an die Briefe erinnert
hatte, vergaß er, sie aufzugeben.

12. Present > Narrative Past

Heute, gewöhnlich

Versteht sie alles, was der Lehrer sagt?

Verläßt er das Haus früh?
Vergißt er immer, die Briefe seiner
 Frau aufzugeben?
Ich bekomme jede Woche einen Brief.
Seine Familie besteht aus vier
 Personen.
Er verliert nie den **Mut** (*courage*).
Meine Nachbarn besprechen gern
 Politik.
Wann beginnen die Kinos?
Er verspricht, mir zu helfen.
Sie verschläft selten.

Damals

Verstand sie alles, was der Lehrer sagte?

Verließ er das Haus früh?
Vergaß er immer, die Briefe seiner
 Frau aufzugeben?
Ich bekam jede Woche einen Brief.
Seine Familie bestand aus vier
 Personen.
Er verlor nie den Mut.
Meine Nachbarn besprachen gern
 Politik.
Wann begannen die Kinos?
Er versprach, mir zu helfen.
Sie verschlief selten.

V. SUMMARY OF COMMON IRREGULAR VERBS WITH SEPARABLE PREFIXES

INFINITIVE		PRESENT
abfahren		fährt . . . ab
anfangen		fängt . . . an
ankommen		kommt . . . an
anrufen		ruft . . . an
ansehen		sieht . . . an
aufgeben		gibt . . . auf
aufstehen		steht . . . auf
aussehen		sieht . . . aus
einladen	er	lädt . . . ein (*or* ladet . . . ein)
hereinkommen		kommt . . . herein
mitgehen		geht . . . mit
mitkommen		kommt . . . mit
mitnehmen		nimmt . . . mit
stehenbleiben		bleibt . . . stehen
vorbeikommen		kommt . . . vorbei
vorziehen		zieht . . . vor
zurückkommen		kommt . . . zurück

Narr. Past	Pres. Perfect
fuhr . . . ab	**ist** abgefahren
fing . . . an	**hat** angefangen
kam . . . an	**ist** angekommen
rief . . . an	**hat** angerufen
sah . . . an	**hat** angesehen
gab . . . auf	**hat** aufgegeben
stand . . . auf	**ist** aufgestanden
sah . . . aus	**hat** ausgesehen
er { lud . . . ein (*or*	er { **hat** eingeladen
ladete . . . ein)	
kam . . . herein	**ist** hereingekommen
ging . . . mit	**ist** mitgegangen
kam . . . mit	**ist** mitgekommen
nahm . . . mit	**hat** mitgenommen
blieb . . . stehen	**ist** stehengeblieben
kam . . . vorbei	**ist** vorbeigekommen
zog . . . vor	**hat** vorgezogen
kam . . . zurück	**ist** zurückgekommen

13. Repetition

Da er eine Zeitlang krank gewesen
war, stand er morgens immer spät
auf.

Sein großer Koffer sah sehr alt aus.

Er nahm seine Aktentasche mit.

Als wir noch in derselben Stadt
wohnten, kamst du oft vorbei.

Gingst du gewöhnlich mit?

14. Present > Narrative Past

Heute, gewöhnlich

Fährt er gewöhnlich um acht Uhr ab?

Kommt er gewöhnlich um fünf Uhr an?

Wann stehen Sie gewöhnlich auf?

Sie kommt immer herein, ohne vorher
(*before*) an die Tür zu klopfen.

Sie kommen täglich vorbei.

Das Kino fängt um acht Uhr an.

Sie ruft ihre Mutter jede Woche
einmal an.

Er sieht mich immer komisch an.

Wann kommt er gewöhnlich von der
Arbeit zurück?

Gewöhnlich gibt er seine Pakete auf
der **Hauptpost** (*main post office*) auf.

Du siehst krank aus.

Samstags laden wir immer Freunde
ein.

Damals

Fuhr er gewöhnlich um acht Uhr ab?

Kam er gewöhnlich um fünf Uhr an?

Wann standen Sie gewöhnlich auf?

Sie kam immer herein, ohne vorher an
die Tür zu klopfen.

Sie kamen täglich vorbei.

Das Kino fing um acht Uhr an.

Sie rief ihre Mutter jede Woche einmal
an.

Er sah mich immer komisch an.

Wann kam er gewöhnlich von der
Arbeit zurück?

Gewöhnlich gab er seine Pakete auf
der Hauptpost auf.

Du sahst krank aus.

Samstags luden wir immer Freunde
ein.

Geht Ihre Mutter immer mit?
Kommt Rolf gewöhnlich mit?
Nehmen Sie gewöhnlich eine Kamera
  mit?
Wo bleibst du gewöhnlich stehen?
Wen ziehen Sie vor, Bach oder
  Beethoven?

Ging Ihre Mutter immer mit?
Kam Rolf gewöhnlich mit?
Nahmen Sie gewöhnlich eine Kamera
  mit?
Wo bliebst du gewöhnlich stehen?
Wen zogen Sie vor, Bach oder
  Beethoven?

VI. SUMMARY OF COMMON SEMI-IRREGULAR VERBS

INFINITIVE	PRESENT	NARR. PAST.	PRES. PERFECT
brennen	brennt	brannte	gebrannt
bringen	bringt	brachte	gebracht
verbringen	verbringt	verbrachte	verbracht
denken	denkt	dachte	gedacht
kennen	er { kennt	er { kannte	er hat { gekannt
erkennen	erkennt	erkannte	erkannt
(recognize)			
nennen	nennt	nannte	genannt
(name, call)			
wissen	weiß	wußte	gewußt

These semi-irregular verbs take the same endings in the narrative past as regular verbs: ich dacht**e**, du dacht**est**, er/sie/es dacht**e**, wir dacht**en**, ihr dacht**et**, sie/Sie dacht**en**.

15. Repetition

Das Haus brannte schon, als wir
  ankamen.
Damals brachtest du mir oft Obst aus
  deinem Garten.
Damals verbrachten wir oft einen
  schönen Abend in seinem Haus.

Damals dachte ich oft an den Krieg.
Ich kannte viele Studenten im Seminar.
Ich wußte damals eigentlich nicht viel.
Er nannte mich damals seinen Freund.
Sie erkannte ihn nicht.

16. Present > Narrative Past

Heute, gewöhnlich

Sie kennt mich nicht mehr.

Er bringt uns jeden Morgen eine
  Zeitung.
Der Lehrer weiß mehr als (*than*) wir.
Ich denke an meine **Heimat**
  (*homeland*).

Damals

Sie kannte mich nicht mehr.

Er brachte uns jeden Morgen eine
  Zeitung.
Der Lehrer wußte mehr als wir.
Ich dachte an meine Heimat.

Er nennt mich seinen Freund.
Wo brennt es?

Er nannte mich seinen Freund.
Wo brannte es?

VII. NARRATIVE PAST OF MODAL VERBS

INFINITIVE	PRESENT	NARR. PAST
dürfen	darf	durfte
können	kann	konnte
mögen	mag	mochte
müssen	er muß	er mußte
sollen	soll	sollte
wollen	will	wollte

Modals also take the same endings in the narrative past as regular verbs.

17. Repetition

Wollte er damals eine Fremdsprache
   lernen?
Durften Sie Deutsch lernen?
Konntest du viel verstehen?

Mußte sie jeden Tag üben?
Sollten Sie viel **auswendig** (*by heart*)
   lernen?
Mochten Sie den Lehrer?

18. Present > Narrative Past

Ich will ihn kennenlernen.

Ich wollte ihn kennenlernen.

Er darf mitkommen.
Sie kann das nicht verstehen.
Ich muß es tun.
Können Sie das beweisen?
Willst du arbeiten?
Sie muß gehen.
Klara und Trudi wollen ins Theater
   gehen.
Ich kann ihn nicht leiden. (*I can't stand
him*).
Du sollst das Gedicht auswendig
   lernen.
Könnt ihr es euch leisten?
Warum muß er heute früh aufstehen?
Ich darf die Nacht da verbringen.
Sie kann dir nicht vergeben.
Grüne Bohnen mag er nicht.
Willst du mir die Haare schneiden?
Warum muß er hier übernachten?
Ich will heute alles erfahren.
Das kann ich nicht beweisen.

Er durfte mitkommen.
Sie konnte das nicht verstehen.
Ich mußte es tun.
Konnten Sie das beweisen?
Wolltest du arbeiten?
Sie mußte gehen.
Klara und Trudi wollten ins Theater
   gehen.
Ich konnte ihn nicht leiden.

Du solltest das Gedicht auswendig
   lernen.
Konntet ihr es euch leisten?
Warum mußte er heute früh aufstehen?
Ich durfte die Nacht da verbringen.
Sie konnte dir nicht vergeben.
Grüne Bohnen mochte er nicht.
Wolltest du mir die Haare schneiden?
Warum mußte er hier übernachten?
Ich wollte heute alles erfahren.
Das konnte ich nicht beweisen.

VIII. ENGLISH-GERMAN PATTERNS

Use narrative past in 1–21.

1. He seldom looked at her.
2. She called her mother every week.
3. The child always went along.
4. You (**du**) always took along a camera.
5. He usually arrived at eight o'clock.
6. You (**Sie**) seldom got up early.
7. He wanted to pack his traveling bag.
8. I was permitted to snap his picture.
9. We had to travel by train.
10. She didn't like him.
11. They couldn't come.
12. At that time I knew the whole family.
13. Did you (**du**) know that already?
14. He was thinking about his suitcase.
15. Every evening he brought us a newspaper.
16. They named the street Beethoven Street.
17. Whenever he was sick, he stayed home.
18. When I came into the room, you (**du**) were reading.
19. He wrote the letters while I was waiting for him.
20. While you (**du**) were working, they went swimming.
21. While he was in the hospital, we wrote to him every day.
22. Although he had promised it, he didn't keep his word.
23. As soon as they had seated themselves at the table, they began to eat.
24. After he had failed once, he never cut classes any more.
25. I'm enthusiastic about Heidelberg.

COMMUNICATION
CHALLENGES

Personalized Questions

1. Sind Sie schon einmal in Heidelberg gewesen?   2. Möchten Sie ein Semester in Berlin verbringen?   3. Für welche Stadt schwärmen Sie?   4. Können Sie es sich leisten, in einem großen, eleganten Restaurant zu essen?   5. Wie kann man viele junge Leute aus anderen Ländern kennenlernen?   6. Haben Sie jemals in einer Jugendherberge übernachtet?   7. Warum möchten Sie eines Tages eine Rheinfahrt machen?   8. Ist man arm, wenn man wenig Geld hat?   9. Wie oft lassen Sie sich die Haare schneiden?   10. Haben Sie gestern Post bekommen? 11. Wie oft müssen Sie etwas auswendig lernen?   12. Finden Sie jede Aufgabe unvergeßlich?   13. Wo verbringen Sie das Wochenende?   14. Wo ist Ihre

Heimat? 15. Warum leiden Sie sehr, wenn Sie bei einer Prüfung nur ein „C"
bekommen? 16. Können Sie beweisen, daß Sie sehr gut Deutsch können!
17. Was für eine Kamera haben Sie? 18. Knipsen Sie ab und zu Ihre Freunde
oder Ihre Verwandten? 19. Packen Sie einen Koffer, wenn Sie nur eine kurze
Reise machen? 20. Fahren Sie gewöhnlich erster oder zweiter Klasse? 21. Ist
der Tank Ihres Autos gewöhnlich voll oder leer? 22. Wie oft müssen Sie im Heu
schlafen?

Directed Questions

1. Fragen Sie Fräulein _____, ob sie eine gute deutsche Kamera kennt!
2. Fragen Sie Herrn _____, wann der nächste Zug ankommt!
3. Fragen Sie Fräulein _____, wo das nächste Reisebüro ist!
4. Fragen Sie Fräulein _____, ob sie für **gutaussehende** (*handsome*) junge
   Männer schwärmt!
5. Fragen Sie Herrn _____, ob er Angst hat, wenn er allein reist.
6. Fragen Sie Fräulein _____, ob sie jemals eine Nacht in einer
   Jugendherberge verbracht hat!
7. Fragen Sie Herrn _____, ob er gewöhnlich erster Klasse fährt!
8. Fragen Sie Herrn _____, ob er einen Gepäckträger braucht, wenn er eine
   Reise macht!

Sentence Challenge

Use each of the following words in a sentence of four or more words. All
sentences are to be in the narrative past tense.

1. Farbfilm 2. Aufnahme 3. Osten 4. abfahren 5. Autobahn
6. auspacken 7. Reisepaß 8. Aktentasche 9. fotografieren 10. Hauptpost
11. Mut 12. Eingang 13. damals 14. schneiden 15. küssen 16. hoch
17. Soldat 18. erkennen 19. dürfen 20. vergeben

Vocabulary Challenge

Explain in German each of the following words.

1. Reiseführer 2. Jugendherberge 3. wunderbar 4. Ansichtskarte 5. Post
6. leiden

Original Story Challenge

The instructor will provide the first sentence of an original story. Each imaginative student must provide one additional sentence in making up a story. Tell the
story in the narrative past tense.

Directed Communication Challenge

Inasmuch as you and your friends don't have much money, you decide to spend
the night in the youth hostel in Dinkelsbühl. There you meet many young people from

other countries. Ask them questions about themselves and about their country. They will ask many questions about you too such as: What is your name? Where do you live? How large is your town? What kind of music do you like? Do you play an instrument? What kind? Where are you traveling to? How are you traveling? Who is traveling with you? What kind of camera do you have? Do you use colored film or black and white? Would you take a picture of me and my friend? When must we return to the youth hostel? When do the lights go out? You can learn a lot about other people if you aren't afraid to ask questions. You then go out to see the old streets, watchtowers, and so forth. You find everything so interesting that you forget how late it is. There is no hay to sleep in here if you don't return in time. Run fast! Perhaps you can make it!—Let us know what happens.

ACTIVE VOCABULARY

die **Ansichtskarte, -n** picture postcard
auspacken (*sep. reg.*) unpack
auswendig by heart
beweisen (*irreg.*) prove
das **Butterbrot, -e** (piece of) bread and butter
dick thick, fat
der **Eingang, ⸚e** entrance
die **Entschuldigung, -en** excuse, pardon
erfahren (*irreg.*) find out, experience
der **Ernstfall** serious case
fotografieren (*reg.*) photograph
das **Gebäude, -** building
das **Gericht, -e** course, dish (of a meal)
gutaussehend good looking, handsome
die **Hauptpost** main post office
die **Heimat** homeland
hoch high
innen (*adv.*) inside
die **Jugendherberge, -n** youth hostel
knipsen (*reg.*) snap a picture
das **Kopfsteinpflaster** cobblestone pavement
der **Kuß** (*pl.* **Küsse**) kiss
küssen (*reg.*) kiss
lassen (*irreg.*) let, leave, stop, cause to
leiden (*irreg.*) suffer, endure
leisten (*reg.*) accomplish; (*reflex.*) afford

das **Mittelalter** Middle Ages
der **Mut** courage
das **Neckartal** Neckar Valley
nennen (*semi-irreg.*) name, appoint
packen (*reg.*) pack (clothes, etc.)
das **Reisebüro, -s** travel office
die **Rheinfahrt, -en** Rhine trip
der **Rote Ochse** Red Ox Inn (popular student inn)
satt satisfied, full
der **Schalter, -** window (for sale of tickets)
das **Schloß** (*pl.* **Schlösser**) castle
schneiden (*irreg.*) cut
schwärmen (*reg.*) rave, be enthusiastic
der **Sonnenaufgang, ⸚e** sunrise
der **Spiegel, -** mirror
steigen (*irreg., s.*) climb
das **Studentenlokal, -e** student inn
unvergesslich unforgettable
vergeben (*irreg. dat.*) forgive
verlieren (*irreg.*) lose
verschlafen (*irreg.*) oversleep
versprechen (*irreg. dat.*) promise
vorher (*adv.*) before
der **Wachtturm, ⸚e** watch tower
das **Wochenende, -n** weekend

Idioms and Helpful Expressions

Er schwärmt für Heidelberg.   He is enthusiastic (raves) about Heidelberg.
Ich kann es mir nicht leisten.   I can't afford it.
im Ernstfall   if worst comes to worst
Ich habe es mir vorgestellt ...   I imagined ...
Er ließ sich die Haare schneiden.   He had his hair cut.
Man soll viel auswendig lernen.   One is supposed to learn much by heart.
Ich kann ihn nicht leiden.   I can't stand him.

Mittelalterliches Deutschland

Es ist leicht zu verstehen, warum es in einem deutschen Studentenlied heißt:
„Ich hab' mein Herz in Heidelberg verloren"[1], denn diese alte Univeritätsstadt ist

[1] lost

A

B

schön gelegen[2] zwischen dem Neckar und der alten Schloßruine[3] (**A**), die heute die Hauptsehenswürdigkeit[4] der Stadt ist. Im Mittelalter wurde das Stadttor (**B**) nachts geschlossen[5]. Jetzt ist es nur noch ein Denkmal[6] vergangener Jahrhunderte[7]. Die Universität Heidelberg (1386 gegründet)[8] ist die älteste im heutigen Deutschland und eine der berühmtesten in ganz Europa.

[2] situated   [3] castle ruin   [4] main attraction   [5] (*wurde . . . nachts geschlossen*) was closed at night   [6] monument   [7] of past centuries   [8] founded

C

Das süddeutsche Städtchen Dinkelsbühl (**C**) ist eine Museumsstadt; das heißt, alles ist beinahe genau wie im Mittelalter. Niemand darf ohne Erlaubnis[9] der Regierung[10] ein neues Haus bauen oder ein altes renovieren. Da die Stadt immer noch einen Graben, eine Stadtmauer und Wachttürme hat, kommen viele Leute aus allen Teilen Europas hierher, um eine echte[11] mittelalterliche Stadt zu sehen. Das Bild zeigt das alte Stadttor, die Mauer und zwei Wachttürme.

---

[9] permission   [10] government   [11] genuine

D

Rothenburg (**D**) ist ebenfalls eine mittelalterliche Stadt, die nicht weit von Dinkelsbühl liegt. Auch hier ist alles, wie es im Mittelalter war: Graben, Stadtmauer, Wachttürme und schöne alte Fachwerkhäuser[12]. Obwohl jeden Sommer viele Touristen Dinkelsbühl und Rothenburg besuchen, stören sie das Leben der Bauern nicht. Jeden Tag fahren die Bauern durch die Stadttore auf ihre Felder außerhalb der Stadt.

[12] half-timbered houses

E

Unter den mittelalterlichen Burgen gibt es wohl keine, die schöner und besser erhalten[13] ist als Burg Eltz im Moselgebiet[14] (E). Burg Eltz wurde im zwölften Jahrhundert gebaut und gehört seit 1157 immer noch der Familie von Eltz.

[13] preserved   [14] Moselle River area

Review Lessons 13-18

I. GRAMMAR REVIEW

A. *Conjunctions*. Place the conjunctions in the sentences that follow in such a way that the pairs of sentences are meaningful. Make any word order changes that are necessary.

1. **(als)** Er küßte seine Freundin. Sein Professor kam vorbei.
2. **(obwohl)** Er konnte sie nicht heiraten. Er liebte sie sehr.
3. **(nachdem)** Sie war einkaufen gegangen. Wir gingen im Park spazieren.
4. **(weil, da)** Ich darf sie nicht in den Studentenkeller mitnehmen. Sie ist erst sechzehn Jahre alt.
5. **(seitdem)** Sie ist letzte Woche angekommen. Wir müssen beinah jeden Abend in die Oper gehen.
6. **(sobald)** Er wird sie zum Abendessen einladen. Er hat sie ziemlich gut kennengelernt.

B. *Relative Pronouns*. Substitute a German relative pronoun for the English word(s) in parentheses.

1. Das Dirndl, (*that*) sie vorgestern trug, paßte ihr besonders gut.
2. Wo ist die Brücke, (*on which*) er gestanden hat?
3. Die Küche, (*that*) er betrat, war ungewöhnlich klein.
4. Der Diplomat, (*with whom*) wir gesprochen haben, wollte nur seine Pflicht tun.
5. Sind das die Geschenke, (*that*) sie mitgebracht hat?
6. Ist das der Gasthof, (*in which*) du übernachtet hast?
7. Er wollte nichts Gutes zum Nachtisch bestellen, (*which*) mir gar nicht gefiel.
8. Die Platzanweiserinnen, (*with whom*) wir uns unterhalten haben, waren aus Berlin.
9. (*Whoever*) sich verspätet, muß noch eine Zeitlang warten, bis es eine Pause gibt.
10. Ist das der Dichter, (*whose*) Gedichte so traurig sind?

C. *Adjectives and Adverbs*. Write the correct form of the adjective or adverb in parentheses.

1. Er ist ein (beliebt) _____ Schauspieler.
2. Sind alle Filmstars so (freundlich) _____?
3. Möchten Sie diesen (grau) _____ Anzug und die (schwarz) _____ Schuhe anprobieren?
4. Vielleicht können wir uns am (folgend) _____ Tag vor dem (alt) _____ Brunnen treffen.
5. Die (blau) _____ Bluse paßt dir gut.
6. Selbst meine (alt) _____ Großmutter wollte jeden Tag ein paar (preiswert) _____ Einkäufe machen.
7. Die (grün) _____ Bohnen haben nicht (frisch) _____ geschmeckt.
8. Ist es (**schicklich:** *proper*) _____, wenn man (heiß) _____ Tomatensuppe aus einem (klein) _____ Glas trinkt?
9. Was trinken sie lieber, (schwarz) _____ Kaffee, (kalt) _____ Milch oder ein (groß) _____ Glas Coca Cola?
10. Die (bunt) _____ Farben der (hell) _____ Lichter im (neu) _____ Studentenkeller sind mir zu viel.
11. (Lieb) _____ Walter, (normal) _____ Menschen wollen nicht so (viel) _____ (lang) _____ Reisen in (derselbe) _____ Monat machen.
12. Die (berühmt) _____ Sängerin hat (wiederholt) _____ gesagt, daß sie in so einem (klein) _____ Theater nicht singen wollte.

D. *Tenses*. Write each sentence in the following tenses: 1) narrative past, 2) present perfect, 3) past perfect, and 4) future.

1. Er lacht zu laut.
2. Sie begrüßt mich sehr freundlich.
3. Der Hut steht dir gut.
4. Wann gehst du wieder einkaufen?
5. Wer ruft mich?
6. Wie oft ißt du in diesem Restaurant?
7. Rockmusik gefällt mir nicht.
8. Was tust du abends?
9. Fährt er heute mit?
10. Wo übernachtet er?
11. Weißt du die Antwort?
12. Wieviel verdient ihr im Sommer?
13. Wann kehren Sie nach Amerika zurück?
14. Sie knipst mich ziemlich oft.
15. Denkst du häufig an die Heimat?
16. Was verspricht er ihnen?
17. Sie sieht uns nicht.
18. Du vergißt ihn schon.
19. Wo treffen sie sich?

20. Sie kommt heute nachmittag vorbei.
21. Was haben Sie heute abend vor?
22. Ich bringe oft die Kleine mit.
23. Was erfährst du?
24. Wir stehen gewöhnlich ganz früh auf.
25. Das Seminar fängt schon an.

II. VOCABULARY REVIEW

A. *Sentence Challenge.* Use each of the following words in a meaningful sentence of four or more words:

1. bevor 2. ertrinken 3. großartig 4. nötig 5. selber 6. wiederholen
7. plaudern 8. Feder 9. Linie 10. üben 11. hell 12. ausländisch
13. weinen 14. deutlich 15. bellen 16. folgen 17. wichtig 18. geschehen
19. lustig 20. verlassen 21. beschäftigt 22. Verwandte 23. gutaussehend
24. leisten 25. vergeben

B. *Idiom and Helpful Expression Challenge*

1. Dieser Rock (*matches*) _____ gut zu dieser Bluse.
2. Ich (*congratulate*) _____ dir.
3. Warum willst du immer (*à la carte*) _____ bestellen?
4. Zwei (*glasses of grapejuice*) _____ bitte.
5. Es läutet (*for the third time*) _____ .
6. Wie oft mußt du (*stand in line*) _____?
7. Aber sie spielt doch (*the piano*) _____, nicht wahr?
8. (*What date*) _____ ist heute?
9. Wir bereiten uns (*for the exam*) _____ vor.
10. Wo (*are*) _____ sich die Toiletten?
11. Wie (*is it*) _____ mit dem Öl?
12. Alles ist (*in order*) _____ .
13. (*Such a thing*) _____ fällt mir schwer.
14. Wohnen Sie (*in the country*) _____?
15. Die Wohnung (*consists of*) _____ fünf Zimmern.
16. (*Is she enthusiastic*) _____ für Salzburg?
17. Ich habe alles (*learned by heart*) _____ .
18. (*If worst comes to worst*) _____ können wir im Heu schlafen.
19. Hast du (*mail*) _____ bekommen?
20. Ich lasse mir (*my hair*) _____ schneiden.

III. SPEAKING CHALLENGE

A. *Statement–Rejoinder.* Give your reaction to each of the following statements.

1. Der Politiker bringt dem Bürgermeister viele schöne Geschenke.
2. Es ist die Pflicht eines guten Diplomaten, sobald wie möglich von der Brücke in den Fluß hineinzuspringen.

3. Ein reizendes Mädchen sieht immer schick aus, auch wenn sie die Kühe melkt.
4. Ich trinke immer zwei Glas Johannisbeersaft, ehe ich ins Büro gehe.
5. Ich halte alle Lehrer für gute Freunde.
6. Klassische Kompositionen gefallen jungen Leuten besser als Rock oder Jazz.
7. Das Bauernleben ist viel interessanter als das Leben in einer großen Stadt.
8. Wenn du auf der Romantischen Straße fährst, kommst du gegen Abend zu einer Kirche, wo eine hübsche junge Dame oder ein netter junger Herr auf dich wartet.

B. *Picture Response.* The instructor will select six pictures from lessons thirteen through eighteen for student response. Say as much as you can about each picture.

Aufgabe Neunzehn

Am romantischen Rhein

Die meisten Leute finden eine Nacht in Rüdesheim am Rhein ein einmaliges Erlebnis. Jung und alt singt und tanzt bis drei oder vier Uhr morgens in diesem bekannten Weinort. Aus diesem Grunde ist es schwer, Nachtruhe zu finden.

1. BRUNO: Ach, ich bin heute müde! Mir ist, als ob wir die ganze Nacht getanzt hätten.
2. RUDI: Nicht die ganze Nacht, wir sind schon um zwei Uhr ins Bett gegangen.
3. BRUNO: Es wäre schön, wenn wir noch eine Nacht hier am Rhein verbringen könnten.
4. RUDI: Ja, wenn wir nur mehr Zeit hätten! Wann fährt unser Dampfer an der Lorelei vorbei?
5. BRUNO: Wenn das Schiff nicht fünf Minuten Verspätung hätte, wären wir schon da.
6. RUDI: Hätten wir mehr Zeit, so würde ich auf den Felsen steigen, dann könnten die Lorelei und ich ein schönes Duett singen.
7. BRUNO: Du bist ganz verrückt!
8. RUDI: Wie wäre es, wenn wir etwas zu essen bestellten? Ich habe Hunger.
9. BRUNO: Schon wieder? Du hast doch erst vor zwei Stunden gegessen.
10. RUDI: Herr Ober, einmal Fisch mit Tomatensalat, bitte.
11. OBER: Leider haben wir keine warmen Speisen mehr.
12. RUDI: Könnten wir vielleicht zweimal Torte mit Schlagsahne bestellen?
13. OBER: Jawohl! Das kann ich sofort bringen.

Fragen

1. Was tut man abends in Rüdesheim am Rhein? 2. Warum ist Bruno so müde? 3. Welchen Felsen will Rudi besteigen? 4. Wer hat Hunger? 5. Was bestellt er? 6. Was bekommt er?

Lesson Nineteen

On the Romantic Rhine

Most people find a night in Rüdesheim on the Rhine a unique experience. Young and old sing and dance until three or four o'clock in the morning in this well-known wine town. For this reason, it is hard to get a good night's rest.

1. BRUNO: Gee, I'm tired today. It seems to me as though we had danced all night.
2. RUDI: Not the whole night; we got to bed at two o'clock.
3. BRUNO: It would be nice if we could spend another night here on the Rhine.
4. RUDI: Yes, if we only had more time! When does our steamer pass by the Lorelei?
5. BRUNO: If the ship were not running five minutes late, we would already be there.
6. RUDI: If we had more time, I would climb the rock (cliff); then Lorelei and I could sing a beautiful duet.
7. BRUNO: You're completely mad!
8. RUDI: How would it be if we ordered something to eat? I'm hungry.
9. BRUNO: What, again? Why you ate just two hours ago.
10. RUDI: Waiter, one order of fish with tomato salad, please.
11. WAITER: Unfortunately, we don't have any more warm meals.
12. RUDI: Could we perhaps order two pieces of cake with whipped cream?
13. WAITER: Yes indeed! I can bring that right away.

VOCABULARY BUILDING

Feste *(Festivals)* **und Feiertage** *(Holidays)*

Die drei größten kirchlichen Feste sind Weihnachten,[1] Ostern[2] und Pfingsten.[3]

Zu[4] Weihnachten sprechen wir vom $\begin{cases} \text{Weihnachtsabend.} \\ \text{Weihnachtstag.} \\ \text{Heiligen Abend.[5]} \\ \text{Weihnachtsbaum.} \\ \text{Tannenbaum.[6]} \end{cases}$

Der Weihnachtsmann
   (oder) $\Big\}$ bringt den Kindern Weihnachtsgeschenke.[7]
Das Christkind

    Zu Weihnachten hört man immer wieder:[8]

Fröhliche Weihnachten![9]
   (oder)
Frohe Weihnacht(en)!

Nicht viel später feiert man Sylvester(abend)[10] und Neujahr. Dann ruft man seinen Freunden, Bekannten und Verwandten[11] zu:

Viel Glück zum Neuen Jahr!
   (oder)
Alles Gute im Neuen Jahr!
   (oder)
Ein gutes Neues Jahr!

Vocabulary Building Questions

    1. Welche großen kirchlichen Feste kennen Sie? 2. Was für einen Baum kauft man zu Weihnachten? 3. Wer bringt Weihnachtsgeschenke? 4. Wann feiert man Sylvesterabend?

---

[1] Christmas   [2] Easter   [3] Pentecost   [4] at   [5] Christmas (holy) Eve   [6] fir tree
[7] Christmas presents   [8] again and again   [9] Merry Christmas   [10] New Year's Eve
[11] relatives

CONVERSATIONAL PATTERNS

I. IMAGINATIVE SUBJUNCTIVE OF REGULAR VERBS—PRESENT TIME

The indicative mood expresses a factual statement; the imperative, a command or request; and the subjunctive, uncertainty, doubt, and imagination.

INDICATIVE: Er macht eine Reise.
IMPERATIVE: Machen Sie eine Reise!
SUBJUNCTIVE: Wenn er Zeit hätte, würde er eine Reise machen.

In both English and German, a *real condition* leaves open the possibility of fulfillment:

Wenn er Zeit **hat**, **wird** er eine Reise **machen**.
*If he **has** time, he **will take** a trip.*

Perhaps he has time. If he does, he will take a trip. This is a real, open condition.

The subjunctive is used, however, when an *unreal* condition or completely *imaginative statement* is expressed:

Wenn er Zeit **hätte**, **würde** er eine Reise **machen**.
*If he **had** time, he **would take** a trip.*

This is not a real condition, because he does *not* have time. Such unreal or contrary-to-fact conditions imply that the condition is not being fulfilled and is not likely to be fulfilled; in other words, it is a completely imaginative situation.

Both English and German use the narrative past tense form of regular verbs to form the *imaginative subjunctive of present time*:*

ich	fragte	glaubte	hätte†
du	fragtest	glaubtest	hättest
er/sie/es	fragte	glaubte	hätte
wir	fragten	glaubten	hätten
ihr	fragtet	glaubtet	hättet
sie/Sie	fragten	glaubten	hätten

With regular verbs, **würde** plus infinitive is generally used in a result clause. This construction with **würde** (*would*) is often called the *conditional*.

Wenn ich viel Geld **hätte**, **würde** ich mir ein neues Auto **kaufen**.
*If I **had** a lot of money, I **would buy** myself a new car.*

---

* Although the subjunctive forms of regular verbs are the same as the narrative past forms, the situation refers to the present—hence the term *subjunctive of present time*.
† The use of **hätte(n)** rather than **hatte(n)** is an exception to the rule; but, as mentioned before, **haben** is sometimes considered a semi-irregular verb.

1. Repetition

Wenn er mich **fragte, würde** ich ihm **antworten**.	*If he **asked** me, I **would answer** him.*
Wenn er in der Klasse **aufpaßte, würde** er etwas **lernen**.	*If he **paid** attention in class, he **would learn** something.*
Wenn er fleißig **arbeitete, würde** er es **lernen**.	*If he **worked** hard, he **would learn** it.*

2. Indicative > Subjunctive

Change from real condition to unreal condition.

Wenn ich Zeit habe, werde ich Sie begleiten.	*Wenn ich Zeit hätte, würde ich Sie begleiten.*
Wenn er genug Geld hat, wird er die Universität besuchen.	Wenn er genug Geld hätte, würde er die Universität besuchen.
Wenn sie mich besuchen, werde ich mich freuen.	Wenn sie mich besuchten, würde ich mich freuen.
Wenn sie sich besser fühlt, wird sie uns besuchen.	Wenn sie sich besser fühlte, würde sie uns besuchen.
Wenn er noch in Bremen wohnt, werden wir ihn besuchen.	Wenn er noch in Bremen wohnte, würden wir ihn besuchen.
Wenn sie ihn liebt, wird sie ihn **heiraten** (*marry*).	Wenn sie ihn liebte, würde sie ihn heiraten.
Wenn er das glaubt, wird er alles glauben.	Wenn er das glaubte, würde er alles glauben.

II. WORD ORDER VARIATIONS IN THE SUBJUNCTIVE

Occasionally **wenn** is omitted when expressing an unreal condition. In such cases, inverted word order must be used. When **wenn** is omitted, **so** or **dann** is frequently used to introduce the following clause:

Hätte er genug Geld, so **würde** er sich einen neuen Anzug **kaufen**.
***Had** he enough money, (as a result) he **would buy** himself a new suit.*

A sentence may also begin with the result clause:

Er **würde** sich einen neuen Anzug **kaufen**, wenn er genug Geld **hätte**.

3. Repetition

Hätte er Zeit, so würde er mich besuchen.	Hätten wir **Tennisschläger** (*tennis rackets*), so würden wir Tennis spielen.
Hättest du Geld, so würdest du mir etwas kaufen.	

Er würde einen Brief diktieren, wenn
  er Zeit hätte.
Er würde es nicht glauben, wenn wir es
  ihm sagten.

Sie würde sich nicht so oft erkälten,
  wenn sie die Fenster zumachte.

4. Word Order

Omit **wenn**.

*Wenn ich Geld hätte, würde ich ein
  Rad kaufen.*

*Hätte ich Geld, so würde ich ein Rad
  kaufen.*

Wenn ich Zeit hätte, würde ich mich
  rasieren.
Wenn ich Zeit und Geld hätte, würde
  ich nach Deutschland reisen.
Wenn wir einen Wagen hätten,
  würden wir nicht mehr warten.

Hätte ich Zeit, so würde ich mich
  rasieren.
Hätte ich Zeit und Geld, so würde ich
  nach Deutschland reisen.
Hätten wir einen Wagen, so würden
  wir nicht mehr warten.

Begin with result clause.

*Wenn ich mehr Zeit hätte, würde ich
  Ihre Frage beantworten.*

*Ich würde Ihre Frage beantworten,
  wenn ich mehr Zeit hätte.*

Wenn er Geld hätte, würde er Medizin
  studieren.
Wenn er sie besuchte, würde sie sich
  freuen.
Wenn ich Geld brauchte, würde ich
  meinen Eltern telefonieren.

Er würde Medizin studieren, wenn er
  Geld hätte.
Sie würde sich freuen, wenn er sie
  besuchte.
Ich würde meinen Eltern telefonieren,
  wenn ich Geld brauchte.

III. SUBJUNCTIVE OF WISH

In expressing a wish that is not likely to be fulfilled, the result clause of an unreal condition is omitted:

Wenn ich nur ein neues Auto **hätte**!
*If I only **had** a new car!*

Sometimes **wenn** is omitted, in which case the conjugated verb begins the sentence:

Hätte ich nur ein neues Auto!

5. Repetition

Wenn ich nur Geld hätte!
Hättest du nur Zeit!
Wenn sie mir nur glaubte!

Wenn er in der Klasse nur aufpaßte!
Wenn er nur nicht schwänzte!
Hätte sie nur eine hübsche Schwester!

6. Statement > Wish

Change negative to positive.

Er glaubt mir nicht.	*Wenn er mir nur glaubte!*
Sie interessiert sich nicht für Sport.	Wenn sie sich nur für Sport interessierte!
Sie macht ihre Hausarbeit nicht.	Wenn sie nur ihre Hausarbeit machte!
Du arbeitest nicht fleißig.	Wenn du nur fleißig arbeitetest!
Er paßt nicht auf.	Wenn er nur aufpaßte!
Er tanzt nicht gut.	Wenn er nur gut tanzte!
Ich habe kein Geld.	*Hätte ich nur Geld!*
Ich habe keine Zeit.	Hätte ich nur Zeit!
Ich habe keine Schreibmaschine.	Hätte ich nur eine Schreibmaschine!
Er hat keinen Wagen.	Hätte er nur einen Wagen!
Sie hat kein Wörterbuch.	Hätte sie nur ein Wörterbuch!

IV. IMAGINATIVE SUBJUNCTIVE OF REGULAR VERBS—PAST TIME

> The imaginative subjunctive of past time is generally formed by using a form of **hätte** + past participle.
>
> Verbs that take the auxiliary **sein**, however, have a form of **wäre** + past participle.
>
> Wenn er fleißiger **gearbeitet hätte**, **hätte** er mehr **gelernt**.
> *If he **had worked** more diligently, he **would have learned** more.*
>
> Wenn er nach Deutschland **gereist wäre**, **hätte er** sich einen Volkswagen **gekauft**.
> *If he **had traveled** to Germany, he **would have bought** himself a Volkswagen.*
>
> Although it is possible to use a form of **würde** in the result clause, this form is rather long and unpopular in conversational German:
>
> Wenn er fleißig **gearbeitet hätte**, **würde** er es **gelernt haben**.
> *If he **had worked** diligently, he **would have learned** it.*

7. Repetition

Wenn sie das Fenster zugemacht hätte, hätte sie sich nicht erkältet.	Hätte er aufgepaßt, so hätte er etwas gelernt.
Wenn du Geld gehabt hättest, hättest du eine Reise gemacht.	Wäre er gestern dahin gereist, so hätten sie ihn vom Bahnhof abgeholt.
Wenn ich nur fleißiger gearbeitet hätte!	Hätten wir nur fleißiger gearbeitet!

8. Present Time > Past Time

Wenn er Geld hätte, würde er eine Reise machen.	*Wenn er Geld gehabt hätte, hätte er eine Reise gemacht.*

Wenn Sie Elsa besuchten, würden Sie ihren Vater kennenlernen.	Wenn Sie Elsa besucht hätten, hätten Sie ihren Vater kennengelernt.
Wenn Sie fleißiger arbeiteten, würden Sie mehr leisten.	Wenn Sie fleißiger gearbeitet hätten, hätten Sie mehr geleistet.
Wenn Sie nicht schwänzten, würden Sie mehr lernen.	Wenn Sie nicht geschwänzt hätten, hätten Sie mehr gelernt.
Wenn er nicht rauchte, würde sich seine Frau freuen.	Wenn er nicht geraucht hätte, hätte sich seine Frau gefreut.
Wenn Sie dieses Buch kauften, würden Sie es nie **bedauern** (*regret*).	Wenn Sie dieses Buch gekauft hätten, hätten Sie es nie bedauert.
Die Bauern würden sich freuen, wenn es regnete.	Die Bauern hätten sich gefreut, wenn es geregnet hätte.
Ich würde nicht antworten, wenn er mich fragte.	Ich hätte nicht geantwortet, wenn er mich gefragt hätte.

V. IMAGINATIVE SUBJUNCTIVE OF IRREGULAR VERBS—PRESENT AND PAST TIME

The subjunctive of present time for irregular verbs is formed by adding an umlaut, if possible, to the narrative past form and by adding the same subjunctive endings used with regular verbs:

ich	ginge	käme	schliefe	spräche	täte	wäre
du	ging**est**	käm**est**	schlief**est**	spräch**est**	tät**est**	wär**est**
er/sie/es	ginge	käme	schliefe	spräche	täte	wäre
wir	ging**en**	käm**en**	schlief**en**	spräch**en**	tät**en**	wär**en**
ihr	ging**et**	käm**et**	schlief**et**	spräch**et**	tät**et**	wär**et**
sie/Sie	ging**en**	käm**en**	schlief**en**	spräch**en**	tät**en**	wär**en**

Wenn er heute hier **wäre**, **würde** er es **tun**.
*If he **were** here today, he **would do** it.*

In written German and in formal spoken German, the subjunctive form of the irregular verb is often used in the result clause:

Wenn er heute hier wäre, **täte** er es.

The forms **hätte** and **wäre** are also used much more frequently than **würde . . . haben** and **würde . . . sein**:

Wenn heute Sonntag **wäre**, **hätte** ich keine Vorlesungen.
Wenn er jetzt **käme**, **wäre** ich glücklich.

The imaginative subjunctive of past time is formed just as it is for regular verbs, a **hätte** or **wäre** form plus past participle:

Wenn er hier **gewesen wäre**,
$\begin{cases} \textbf{hätte} \text{ er es } \textbf{getan.} \\ \quad (or) \\ \textbf{würde} \text{ er es } \textbf{getan haben.} \end{cases}$

*If he **had been** here, he **would have done** it.*

As mentioned in Part IV, the **würde** form for past time is long and is used rather infrequently in conversational German.

9. Repetition

Wenn er sein Bestes täte, würden wir ihm helfen.
Wenn er sein Bestes getan hätte, hätten wir ihm geholfen.
Ich würde das nicht schreiben.
Ich hätte das nicht geschrieben.
Wenn du jetzt kämest, wäre ich zu **schläfrig** (*sleepy*), mit dir zu sprechen.

Wenn du gestern gekommen wärest, wäre ich zu schläfrig gewesen, mit dir zu sprechen.
Wenn er nur zurückkäme!
Wenn er nur zurückgekommen wäre!
Wäre ich nur nicht so schläfrig!
Wäre ich nur nicht so schläfrig gewesen!

10. Present Time > Past Time

Wenn er nicht so viel äße, würde er nicht so dick werden.

Er wäre besser informiert, wenn er die Zeitung läse.
Wenn er mir schriebe, würde ich mich freuen.
Wenn er früher zu Bett ginge, wäre er nicht so müde.
Er würde sich besser fühlen, wenn er mehr schliefe.
Wenn er lauter spräche, würden wir ihn besser verstehen.

Wenn er nicht so viel gegessen hätte, wäre er nicht so dick geworden.

Er wäre besser informiert gewesen, wenn er die Zeitung gelesen hätte.
Wenn er mir geschrieben hätte, hätte ich mich gefreut.
Wenn er früher zu Bett gegangen wäre, wäre er nicht so müde gewesen.
Er hätte sich besser gefühlt, wenn er mehr geschlafen hätte.
Wenn er lauter gesprochen hätte, hätten wir ihn besser verstanden.

11. Past Time > Present Time

Wenn es nicht geregnet hätte, wäre ich aufs Land (to the country) *gefahren.*

Wenn das Wetter warm gewesen wäre, wären wir schwimmen gegangen.
Wenn er diesen Zug genommen hätte, wäre er schneller nach Hamburg gekommen.

Wenn es nicht regnete, würde ich aufs Land fahren.

Wenn das Wetter warm wäre, würden wir schwimmen gehen.
Wenn er diesen Zug nähme, würde er schneller nach Hamburg kommen.

Wenn Sie länger geschlafen hätten, wären Sie nicht so müde gewesen.

Wenn Sie länger schliefen, wären Sie nicht so müde.

Hätte er Ferien gehabt, so wären wir fischen gegangen.

Hätte er Ferien, so würden wir fischen gehen.

Wäre er vorbeigekommen, so hätte ich ihn zum Abendessen eingeladen.

Käme er vorbei, so würde ich ihn zum Abendessen einladen.

Wenn Sie mitgegangen wären, hätten Sie meinen Freund kennengelernt.

Wenn Sie mitgingen, würden Sie meinen Freund kennenlernen.

Wenn ich **an Ihrer Stelle** (*in your place*) gewesen wäre, hätte ich es getan.

Wenn ich an Ihrer Stelle wäre, würde ich es tun.

VI. IMAGINATIVE SUBJUNCTIVE OF SEMI-IRREGULAR VERBS—PRESENT AND PAST TIME

The subjunctive of present time for these verbs is formed by umlauting, if possible, the stem vowel of the narrative past verb form:

ich	brächte (bringen)	dächte (denken)	wüßte (wissen)
du	brächtest	dächtest	wüßtest
er/sie/es	brächte	dächte	wüßte
wir	brächten	dächten	wüßten
ihr	brächtet	dächtet	wüßtet
sie/Sie	brächten	dächten	wüßten

Wenn er den Sommer hier **verbrächte**, würden wir ihn gut kennenlernen.
*If he **spent** the summer here, we would get to know him well.*

The verbs **brennen**, **kennen**, and **nennen** do not have imaginative subjunctive forms that are commonly used in spoken German. The subjunctive idea is generally expressed with **würde**, **sollte**, **wollte**, **könnte**, etc., plus the infinitive.

The imaginative subjunctive of the irregular verbs **helfen**, **stehen**, **schwimmen**, **sterben**, and **werfen** is frequently expressed in the same way in spoken German.

Wenn ich ihn besser **kennen würde**, würde ich ihn danach fragen.
*If I **knew** him better, I would ask him about it.*

12. Repetition

Wenn du mir ein Geschenk brächtest, würde ich mich freuen.

Ich dächte, es wäre Zeit zu gehen.

Wenn ich nur alles wüßte, was in dem Buch steht!

Was würden Sie tun, wenn Ihr Haus brennen würde?

Würden Sie sich erkälten, wenn Sie eine Nacht im Schnee verbrächten?

Ich würde mich freuen, wenn er mich „Freund" nennen wollte.

Wenn er nur daran gedacht hätte!

13. Statement > Wish

Change negative to positive.

Ich weiß es nicht.   *Wenn ich es nur wüßte!*

Er bringt es nie mit.   Wenn er es nur mitbrächte!

Du denkst nie daran.   Wenn du nur daran dächtest

Meine **Taschenlampe** (*flashlight*)   Wenn meine Taschenlampe nur

   brennt nicht. (*Use* würde.)   brennen würde!

Ich habe nicht den ganzen Sommer in   Wenn ich nur den ganzen Sommer in

   Berlin verbracht.   Berlin verbracht hätte!

Er hilft mir nicht.   Wenn er mir nur helfen würde!

VII. IMAGINATIVE SUBJUNCTIVE OF MODAL VERBS—PRESENT TIME

The subjunctive of present time for the modal verbs (except **sollen** and **wollen**) is formed by umlauting the stem vowel of the narrative past form:

ich	dürfte	könnte	möchte	müßte	sollte	wollte
du	dürft**est**	könnt**est**	möcht**est**	müßt**est**	sollt**est**	wollt**est**
er/sie/es	dürfte	könnte	möchte	müßte	sollte	wollte
wir	dürft**en**	könnt**en**	möcht**en**	müßt**en**	sollt**en**	wollt**en**
ihr	dürft**et**	könnt**et**	möcht**et**	müßt**et**	sollt**et**	wollt**et**
sie/Sie	dürft**en**	könnt**en**	möcht**en**	müßt**en**	sollt**en**	wollt**en**

Wenn er **möchte**, **könnte** er die Nacht bei uns **verbringen**.
*If he **would like to**, he **could spend** the night with us.*

These subjunctive verb forms are more formal and polite than the indicative.

14. Repetition

Wenn du dein Buch hättest, könnten wir jetzt anfangen.
Dürfte ich Sie um ein Stück Kreide bitten?
Wir gehen schwimmen; möchten Sie mit?
Könnten Sie mir sagen, wie man schnell reich werden könnte?
Du solltest wirklich mehr arbeiten.
Ich müßte jetzt eigentlich auch gehen.

15. Indicative > Subjunctive

Wenn er Zeit hat, kann er gehen.   *Wenn er Zeit hätte, könnte er gehen.*

Wenn er diesen Zug verpaßt, muß er   Wenn er diesen Zug verpaßte, müßte

   noch zwei Stunden warten.   er noch zwei Stunden warten.

Darf ich euch helfen?   Dürfte ich euch helfen?

Jeder Student soll täglich zwei   Jeder Student sollte täglich zwei

   Stunden üben.   Stunden üben.

Kann das wahr sein?	Könnte das wahr sein?
Er kann gehen, wenn er will.	Er könnte gehen, wenn er wollte.
Darf ich mich neben Sie setzen?	Dürfte ich mich neben Sie setzen?

VIII. USE OF THE SUBJUNCTIVE AFTER **ALS OB** AND **ALS WENN**

> Both **als ob** and **als wenn** mean *as if* or *as though* and generally introduce imaginative situations:
>
> Er sah aus, **als ob** (als wenn) er müde **wäre**.
> *He looked as if he were tired.*
>
> Er tat, **als ob** (als wenn) er mich nicht **gesehen hätte**.
> *He acted as though he had not seen me.*
>
> It is also common to drop the **ob** or **wenn** and use inverted word order:
>
> Er sah aus, **als wäre** er müde.
> *He looked as if he were tired.*

16. Repetition

Sie sehen aus, als ob Sie hungrig wären.	Tun Sie, als wären Sie zu Hause!
Er sah aus, als wäre er zornig.	Er sieht aus, als wäre er zornig.
Die Kinder taten, als hätten sie ihre Mutter nicht gehört.	Er tat, als wenn er alles wüßte.

17. Infinitive > Subjunctive

Fritz sieht aus, als ob er zornig (sein).	*Fritz sieht aus, als ob er zornig wäre.*
Oskar sah aus, als wenn er müde (sein).	Oskar sah aus, als wenn er müde wäre.
Sie tat, als ob sie ihn (lieben).	Sie tat, als ob sie ihn liebte.
Sie tat, als ob sie es gelesen (haben).	Sie tat, als ob sie es gelesen hätte.
Du siehst aus, als wenn du die Antwort (wissen).	Du siehst aus, als wenn du die Antwort wüßtest.
Ihr tatet, als ob ihr alle Antworten gegeben (haben).	Ihr tatet, als ob ihr alle Antworten gegeben hättet.

IX. ENGLISH–GERMAN PATTERNS

1. If he asked me, I would answer him.
2. You (**du**) would learn more if you worked more.
3. If I had time, I would go swimming.
4. If the book hadn't cost so much, I would have bought it.

5. We wouldn't work if he came today.
6. If I were you (**du**), I wouldn't do it! (**machen**)
7. If he forgot his book, I would give him mine.
8. If you (**du**) were only rich!
9. If she only loved me!
10. Had I only stayed home!
11. I would be happy if he would call me his friend.
12. What would you (**Sie**) do (**tun**) if tomorrow were Christmas?
13. What would you (**du**) do if you were all alone (**ganz allein**) on New Year's Eve?
14. Could you (**ihr**) help me?
15. What should I do?
16. What would you (**Sie**) like to do?
17. You (**du**) should practice every day.
18. He looks as if he were sick. (**als ob**)
19. He acted as if he knew everything. (omit **ob**)
20. He talked as if he had had a lot of money. (**als wenn**)
21. He acted as if he had attended the university. (omit **wenn**)
22. Two pieces of cake, please.
23. Oh, how beautiful!
24. Are you (**du**) homesick?

COMMUNICATION CHALLENGES

Personalized Questions

1. Warum möchten Sie eine Nacht am Rhein verbringen? 2. Wären Sie müde, wenn Sie die ganze Nacht getanzt hätten? 3. Finden Sie es schwer, ein Duett zu singen, besonders wenn Sie ganz allein sind? 4. Was würden Sie jetzt vorziehen, ein Fischgericht mit Tomatensalat oder eine große Torte mit Schlag(sahne)? 5. Wie oft haben Sie **Heimweh** (*homesickness*)? 6. Wieviel Geld haben Sie im letzten Sommer **gespart** (*saved*)? Tausend Dollar? 7. Haben Sie jeden Sommer **wenigstens** (*at least*) zwei Wochen Ferien? 8. Können Sie drei große kirchliche Feste nennen? 9. Haben Sie einen Weihnachtsbaum in Ihrem Garten? 10. Von wem bekommen Sie Weihnachtsgeschenke? 11. Fahren Sie zu Weihnachten nach Hause? 12. Was hoffen Sie zu Weihnachten zu bekommen? 13. Geben Sie manchmal mehr als Sie bekommen? 14. Welche Worte hört man sehr oft zu Weihnachten? 15. Was hört man am ersten Tag des neuen Jahres? 16. Warum trägt man eine Taschenlampe in der Tasche? 17. Steigen Sie gern auf einen Felsen? 18. Möchten Sie ein **Bergsteiger** (*mountain climber*) werden? 19. Wo können Sie am besten Nachtruhe finden? 20. Wann haben Sie mehr Hunger, ehe Sie zu Bett gehen oder nachdem Sie aufgestanden sind?

Directed Questions

1. Fragen Sie Fräulein _____, ob sie Geschenke von alten Freunden bekommt!
2. Fragen Sie Fräulein _____, wann sie eine Studienreise nach Europa macht!
3. Fragen Sie Herrn _____, ob er einmal mit der Lorelei ausgehen möchte!
4. Fragen Sie Fräulein _____, ob man Nachtruhe im Kino finden kann!
5. Fragen Sie Herrn _____, wie oft er in die Kirche geht!
6. Fragen Sie Herrn _____, ob er in einer **Burgruine** (*castle ruin*) wohnt!
7. Fragen Sie Fräulein _____, was für eine Wohnung ihr besser gefallen würde, eine alte, romantische Burg oder ein neues, modernes Haus!

Sentence Challenge

Use the following words in sentences of four or more words.

1. sparen 2. Heimweh 3. leider 4. Mahlzeit 5. Erlebnis 6. bekannt
7. Dampfer 8. Verspätung 9. Grund 10. Stelle 11. Hunger 12. bestellen
13. Duett 14. Tasche 15. verrückt 16. Tennisschläger 17. Tannenbaum
18. Weihnachtsmann 19. fröhlich 20. Sylvesterabend

Vocabulary Challenge

Explain in German the meaning of each of the following words.

1. Weihnachtsabend 2. Burg 3. verrückt 4. Duett 5. Taschenlampe
6. Nachtruhe

Twenty Questions Challenge

The instructor will think of a well-known person whose identity students will try to guess by asking questions in German.

Directed Communication Challenge

Most people see the Lorelei from a Rhine steamer just as you have done. It would be fun, however, to see the Rhine River from the *top* (**der Gipfel**) of the Lorelei Rock. Ask the *innkeeper* (**der Wirt**) or *his wife* (**die Wirtin**) if this is possible: Can one drive to the top? Is it possible to go on foot? How long does it take if one climbs the Lorelei Rock? Which town is near the Lorelei? After answering your questions, he suggests that you and your friend travel on the Autobahn to Koblenz, then drive *via* (**über**) Vallendar and Braubach to St. Goarshausen. But where is the Lorelei? Just a short *distance* (**die Strecke**) farther. You want to know whether it is hard to climb to the top. They say that one can climb it in fifteen minutes. Good! Let's go.

(Two hours later) You have been climbing for twenty minutes (present tense of **steigen**), and you still aren't at the top. Just a little farther, then you will be there. (Five minutes later) What a magnificent view! From here you can see the *Rhine Valley* (**das Rheintal**) in both *directions* (**die Richtung, -en**). You would like to spend

half an hour here taking pictures before it gets dark. But where is your camera?
Oh, how stupid! (**Ach, so was Dummes!**) You left the camera in the car!

ACTIVE VOCABULARY

allein alone
als ob (*dep. conj.*) as though
bedauern (*reg.*) regret
der **Bergsteiger, -** mountain climber
besteigen (*irreg.*) climb
die **Burg, -en** castle
die **Burgruine, -n** castle ruin(s)
der **Dampfer, -** steamer
Donnerwetter! Wow!
das **Duett, -e** duet
einmalig one-time, unique
der **Felsen, -** rock, cliff
das **Fest, -e** festival
der **Gipfel, -** peak, summit
der **Grund, ̈e** ground, basis
das **Heimweh** homesickness
heiraten (*reg.*) marry
jawohl! yes indeed!
leider unfortunately
die **Lorelei** legendary enchantress

die **Nachtruhe** night's rest
der **Rhein** Rhine River
das **Rheintal** Rhine Valley
die **Richtung, -en** direction
schläfrig sleepy
sparen (*reg.*) save (money)
steigen (*irreg., s.*) climb
die **Stelle, -n** place, spot, job
die **Strecke, -n** distance, route
die **Taschenlampe, -n** flashlight
der **Tennisschläger, -** tennis racket
der **Tomatensalat, -e** tomato salad
verrückt crazy, insane
die **Verspätung, -en** delay, lateness
der **Weinort, -e** wine town
wenigstens at least
der **Wirt, -e** innkeeper, landlord
die **Wirtin, -nen** innkeeper's wife,
  landlady
die **Wohnung, -en** dwelling, apartment

Idioms and Helpful Expressions

Ich würde auf den Felsen steigen. I would climb the rock (cliff).
Aus diesem Grunde bleibt er hier. For this reason he is staying here.
Wenn ich an deiner Stelle wäre, . . . If I were in your place, . . .
Zweimal Torte bitte! Two pieces of cake please!
Haben Sie Heimweh? Are you homesick?
erst vor zwei Stunden only two hours ago
Ach, so was Dummes! Oh, how stupid!
Er geht aufs Land. He is going to the country.

Deutsche Feste

In den deutschsprachigen Ländern feiert man Weihnachten und Ostern
ungefähr wie bei uns, denn der Weihnachtsbaum (**A**, Weihnachtsmesse in
Oberbayern), der Osterhase[1] und das Osterei wurden von deutschen Einwanderern[2]

---

[1] Easter rabbit   [2] immigrants

A

nach Amerika gebracht. Unsere Weihnachtsfeier wäre undenkbar[3] ohne das Lied
„Stille Nacht"[4], das in Oberndorf in Österreich komponiert wurde (**B**). In
Deutschland, Österreich und der Schweiz kommt aber Sankt[5] Nikolaus mit seinen

[3] inconceivable   [4] "Silent Night" by Franz Gruber and Joseph Mohr   [5] Saint

B

Süßigkeiten[6] schon am sechsten Dezember. Zu Weihnachten warten die Kinder gespannt[7] auf den Besuch des Christkinds (**C**).

Nicht nur die Kinder freuen sich auf Weihnachten, sondern auch die Verkehrspolizisten. Wenn sie während des Jahres freundlich und behilflich[8] gewesen sind, bekommen sie von dankbaren Fahrern[9] kleine Weihnachtsgeschenke (**D**).

Zu Ostern bekommen die Kinder Eier, die ihnen der Osterhase bringt. Er versteckt[10] sie im Garten oder in der Wohnung, und am Ostermorgen sucht jung und alt danach. Im Gottesdienst[11] von Ostersamstag auf Ostersonntag feiert man in allen Kirchen die Auferstehung[12] Christi[13]. Zu Pfingsten gehen die meisten Leute am ersten Feiertag[14] in die Kirche, aber am zweiten Tag machen sie Ausflüge in die Berge oder wandern durch Feld und Wald.

Die Fastnacht[15], der Fasching oder der Karneval (**E**, Karnevalsprinzessin, Bonn) ist das große Fest vor der Fastenzeit[16], die in katholischen Ländern am Aschermittwoch[17], 40 Tage vor Ostern, beginnt. Nur im Süden und im Rheinland, wo die meisten Katholiken wohnen, ist der Karneval ein großes Volksfest. In Großstädten wie Düsseldorf, Köln, Mainz und München gibt es Festzüge[18], Maskenbälle[19] und bunte[20] Programme in den Wirtshäusern und Nachtlokalen. In

---

[6] candy, sweets   [7] excitedly   [8] helpful   [9] drivers   [10] hides   [11] religious service
[12] resurrection   [13] of Christ   [14] holiday   [15] Shrovetide   [16] Lent
[17] Ash Wednesday   [18] parades   [19] masked balls   [20] lively

C

den Festzügen in Südwestdeutschland sieht man oft Teufel[21], Dämonen und allerlei[22] Gespenster[23]. Dieser „Teufel" (F) versucht vielleicht die Kinder zu erschrecken[24].

Am Rhein, der in der Schweiz entspringt[25] und dann durch Westdeutschland und die Niederlande[26] fließt, liegen Weinberge[27], Weindörfer, alte Burgruinen, Großstädte, Wiesen und Fabriken. Seit dem Mittelalter ist der Rhein eine wichtige internationale Wasserstraße zwischen der Schweiz und der Nordsee. Auf den Bergen am Rhein und an der Mosel wachen[28] die alten Burgen der Raubritter[29], die vor Jahrhunderten jeden vorbeifahrenden Schiffer zwangen[30], Zoll[31] zu bezahlen.

In den vielen kleinen Dörfern, die an beiden Rheinufern zwischen Rüdesheim und Koblenz sowie an der Mosel liegen, wohnen Weinbauern[32], die in den

---

[21] devils   [22] all kinds of   [23] ghosts, evil spirits   [24] frighten   [25] originates
[26] Netherlands   [27] vineyards   [28] stand guard   [29] robber knights   [30] forced
[31] toll, duty   [32] wine growers

D

E

F

G

Weinbergen arbeiten (**G**, Burgruine Ehrenfels am Rhein). Im Herbst, nach der
Weinlese[33], feiert man in den Dörfern im Rhein- und Moseltal fröhliche Weinfeste.
Jedes Jahr seit 1833 feiern die Münchner in den ersten Oktobertagen
(eigentlich schon gegen Ende September) das Oktoberfest, das große deutsche

[33] grape harvest

H

Volksfest. Millionen von Touristen kommen alljährlich nach München, um die
zahllosen Attraktionen zu bewundern und sich an den Festzügen[34], bunten
Programmen und Bällen[35] in den Nachtlokalen[36] und in den Parks zu erfreuen[37].
Der Hauptanziehungspunkt[38] des ganzen Festes ist das Münchner Bier, das auf
der Theresienwiese[39] ausgeschenkt wird[40] (**H**).

[34] parades [35] balls [36] night clubs [37] enjoy [38] main attraction [39] meadow on
the outskirts of Munich [40] is sold

Aufgabe Zwanzig

In der Schweiz

Im Sommer ist es schwer, in Luzern ein freies Zimmer zu finden, denn Luzern ist die Lieblingsstadt vieler Touristen. In Alpnachstad, einer kleinen Stadt am Vierwaldstätter See, finden Rudi und Bruno ein freies Zimmer.

1 BRUNO: Haben Sie ein Zimmer frei?
2 WIRTIN: Was für ein Zimmer wünschen Sie? Ein Einzelzimmer?
3 BRUNO: Nein, ein Doppelzimmer mit Bad. Mein Freund sucht gerade einen Parkplatz für seinen Wagen.
4 WIRTIN: Es tut mir leid, die Doppelzimmer mit Bad sind schon alle belegt. Ich habe aber ein sehr schönes Zimmer mit fließendem Wasser im dritten Stock, wenn es Ihnen gefällt.
5 BRUNO: Gut! Wir werden es nehmen. Können Sie mir bitte sagen, wie man am besten zum Gipfel des Pilatus kommt?
6 WIRTIN: Mit der Zahnradbahn von Station Alpnachstad.
7 BRUNO: Gibt's auch eine Seilbahn? Ein Freund von mir sagte, er wäre einmal mit einer Seilbahn hinaufgefahren.
8 WIRTIN: Von Kriens ist das möglich, aber nicht von Alpnachstad.
9 BRUNO: Ah, jetzt erinnere ich mich! Er sagte, er hätte die Seilbahn von der Bergspitze nach Kriens genommen und wäre dann mit der Straßenbahn nach Luzern gefahren.
10 WIRTIN: Das ist ein guter Reiseplan. Sie könnten es auch so machen und dann mit dem Schiff von Luzern zurückkommen.
11 BRUNO: Danke schön für den Vorschlag!
12 WIRTIN: Bitte schön.

Fragen

1. Warum ist es im Sommer schwer, ein freies Zimmer in Luzern zu finden?
2. Was für ein Zimmer sucht Bruno?   3. Wo ist sein Freund Rudi?   4. Was für ein Zimmer bekommen sie?   5. Wie kommt man am besten zum Gipfel des Pilatus?   6. Gibt's auch eine Seilbahn?

Lesson Twenty

In Switzerland

In summer it is difficult to find a vacant room in Lucerne, for Lucerne is the favorite city of many tourists. In Alpnachstad, a small town by Lake Lucerne, Rudi and Bruno find a vacant room.

1 BRUNO: Do you have a vacant room?

2 LANDLADY: What kind of a room do you wish? A single room?

3 BRUNO: No, a double room with bath. My friend is looking for a parking place for his car now.

4 LANDLADY: I'm sorry; the double rooms with bath are all taken. I do have, however, a very fine room with running water on the fourth floor, if you like.

5 BRUNO: Good! We'll take it. Can you please tell me what the best way is to get to the top of Mount Pilatus?

6 LANDLADY: By cogwheel railway from Alpnachstad Station.

7 BRUNO: Is there also an aerial cableway? A friend of mine said he had once traveled up there by aerial cableway.

8 LANDLADY: From Kriens that's possible, but not from Alpnachstad.

9 BRUNO: Ah, now I remember! He said he had taken the aerial cableway from the mountaintop to Kriens and then had traveled to Lucerne by streetcar.

10 LANDLADY: That's a good itinerary. You could do it the same way and then return from Lucerne by ship.

11 BRUNO: Thanks (very much) for the suggestion.

12 LANDLADY: You're quite welcome.

VOCABULARY BUILDING

In einem Hotel

Was für ein Zimmer wünschen Sie?
{
Ein Einzelzimmer.
Ein Doppelzimmer.
Ein Zimmer mit (ohne) Bad.
Ein Zimmer mit fließendem Wasser.
}

Wünschen Sie ein Zimmer
{
im Erdgeschoß?[1] (*n.*)
im ersten Stock?[2] (*m.*)
im zweiten Stock?[3]
im dritten Stock?[4]
}

Wo ist
{
der Portier?[5]
der Geschäftsführer?[6]
der Hoteldiener?[7]
der Koch?[8]
die Köchin?
das Zimmermädchen?
}

Können Sie mir sagen, wo
{
das Frühstückszimmer
der Speisesaal[9]
der Schlüssel[10] zu meinem Zimmer
der Lift (Fahrstuhl)
}
ist?

Das Telefon

Haben Sie
{
ein Telefon?
einen Fernsprecher?[11]
ein Telefonbuch?
die Telefonnummer Ihres Freundes?
}

Haben Sie
{
ihn schon angerufen?
mit ihm telefoniert?
}

Gibt's eine Telefonzelle[12] in der Nähe?
Wollen Sie ein Ferngespräch machen (führen)?[13]

Wenn man telefonieren will, wählt[14] man die Nummer auf der Nummernscheibe.[15]
Es passiert[16] oft, daß die Leitung[17] besetzt[18] ist. Wenn das Gespräch[19] zu Ende ist,
hängt man den Hörer[20] auf.

---

[1] ground floor   [2] second floor   [3] third floor   [4] fourth floor   [5] desk clerk, doorman
[6] manager   [7] bellboy   [8] cook, chef   [9] dining room   [10] key   [11] telephone
[12] telephone booth   [13] make a long-distance call   [14] dials   [15] dial   [16] happens
[17] line   [18] busy   [19] conversation   [20] receiver

1. Was für ein Zimmer suchen Sie, wenn Sie eine Reise machen? 2. Muß das Zimmer gewöhnlich im Erdgeschoß sein? 3. Brauchen Sie immer einen Hoteldiener? 4. Was tut ein Zimmermädchen? 5. Wo ist der Schlüssel zu Ihrem Zimmer? 6. Was tut man, wenn die Leitung besetzt ist?

CONVERSATIONAL PATTERNS

I. SUBJUNCTIVE OF INDIRECT DISCOURSE

The use of the subjunctive in indirect discourse indicates that the speaker does not wish to assume any responsibility in reporting indirectly the words or thoughts of some other person.

Direct discourse (*indicative*):

Sie (*they*) sagten: „Wir **haben** kein Geld."
*They said, "We **have** no money."*

Indirect discourse (*subjunctive*):

Sie sagten, daß sie kein Geld **hätten**.
They said (*that*) *they **had** no money.*

The tense of the direct statement determines the tense of the indirect statement as follows:

Direct statement = indicative	*Indirect statement = subjunctive*
PRESENT	PRESENT TIME
Sie sagten: „Wir **haben** kein Geld."	Sie sagten, daß sie kein Geld **hätten**.
NARRATIVE PAST „Wir **hatten** kein Geld." PRESENT PERFECT „Wir **haben** kein Geld **gehabt**." PAST PERFECT „Wir **hatten** kein Geld **gehabt**."	PAST TIME Sie sagten, daß sie kein Geld **gehabt hätten**.
FUTURE	FUTURE TIME
Sie sagten: „Wir **werden** kein Geld **haben**."	Sie sagten, daß sie kein Geld **haben würden**.

(In the left column the NARRATIVE PAST, PRESENT PERFECT, and PAST PERFECT forms are bracketed together as "Sie sagten:".)

In an indirect statement the conjunction **daß** may be omitted, in which case regular word order is used:

Sie sagten, **sie hätten** kein Geld.

1. Repetition

Change from direct statement, indicative, to indirect statement, subjunctive.

Sie (*they*) sagten: „Wir können nicht kommen."	Sie sagten, daß sie nicht kommen könnten.
Meine Freunde schrieben „Wir werden mit dem Zug fahren."	Meine Freunde schrieben, sie würden mit dem Zug fahren.
Hans und Willi sagten: „Wir haben bei einem Freund übernachtet."	Hans und Willi sagten, daß sie bei einem Freund übernachtet hätten.
Die Kinder sagten: „Wir nahmen unsere Bücher mit."	Die Kinder sagten, sie hätten ihre Bücher mitgenommen.

2. Direct Statement > Indirect Statement (Present Time)

Use **daß**.

Er sagte zu mir: „Wir haben keine Lust dazu."	*Er sagte mir, daß sie keine Lust dazu hätten.*
Die Kinder sagten: „Wir wissen nichts davon."	Die Kinder sagten, daß sie nichts davon wüßten.
Klara erklärte: „Meine Freunde rufen mich oft an."	Klara erklärte, daß ihre Freunde sie oft anriefen.
Meine **Gäste** (*guests*) sagten: „Wir müssen morgen **abreisen** (*leave*)."	Meine Gäste sagten, daß sie morgen abreisen müßten.

Omit **daß**.

Mein Vetter schrieb: „Ich gehe jeden Tag schwimmen."	*Mein Vetter schrieb, er ginge jeden Tag schwimmen.*
Sie (*they*) sagten: „Wir hören das oft im Radio."	Sie sagten, sie hörten das oft im Radio.
Meine Eltern schrieben: „Wir haben einen neuen Wagen."	Meine Eltern schrieben, sie hätten einen neuen Wagen.
Onkel Wilhelm schrieb: „Wir haben vor, nach Europa zu fliegen."	Onkel Wilhelm schrieb, sie hätten vor, nach Europa zu fliegen.
Du sagtest: „Heute kann ich nicht kommen."	Du sagtest, du könntest heute nicht kommen.

3. Direct Statement > Indirect Statement (Past Time)

Use **daß**.

Die Studenten behaupteten (asserted): *„Wir haben unsere Hausarbeit gemacht."*	*Die Studenten behaupteten, daß sie ihre Hausarbeit gemacht hätten.*
Großvater schrieb: „Ich habe die Kartoffeln gepflanzt."	Großvater schrieb, daß er die Kartoffeln gepflanzt hätte.

Karl und Fritz sagten: „Wir haben den ganzen Sommer in einer **Fabrik** (*factory*) gearbeitet."

Karl und Fritz sagten, daß sie den ganzen Sommer in einer Fabrik gearbeitet hätten.

Sie (*they*) sagten: „Wir sahen Georg oft bei der Arbeit."

Sie sagten, daß sie Georg oft bei der Arbeit gesehen hätten.

Du sagtest: „Ich bin nie dort gewesen."

Du sagtest, daß du nie dort gewesen wärest.

Omit **daß**.

Johann telefonierte: „Wir haben den Zug verpaßt."

Johann telefonierte, sie hätten den Zug verpaßt.

Er schrieb uns: „Wir haben uns endlich an das Wetter gewöhnt."

Er schrieb uns, sie hätten sich endlich an das Wetter gewöhnt.

Meine Eltern schrieben: „Wir haben einen neuen Fernsehapparat gekauft."

Meine Eltern schrieben, sie hätten einen neuen Fernsehapparat gekauft.

Sie (*they*) sagten zu mir: „Damals interessierten wir uns für **Kunst** (*art*)."

Sie sagten mir, sie hätten sich damals für Kunst interessiert.

4. Direct Statement >
   Indirect Statement (Future Time)

Use **daß**.

Sie sagte: „Ich werde morgen abfahren."

Sie sagte, daß sie morgen abfahren würde.

Der Lehrer sagte: „Morgen werden wir eine kleine Prüfung haben."

Der Lehrer sagte, daß wir morgen eine kleine Prüfung haben würden.

Sie (*you*) sagten: „Ich werde kommen."

Sie sagten, daß Sie kommen würden.

Meine Freunde sagten: „Wir werden eine Reise machen."

Meine Freunde sagten, daß sie eine Reise machen würden.

Du sagtest: „Heute werde ich abfahren."

Du sagtest, daß du heute abfahren würdest.

Omit **daß**.

Sie behaupteten: „Unsere Berge werden ihm gefallen."

Sie behaupteten, ihre Berge würden ihm gefallen.

Sie schrieb: „Ich werde so bald wie möglich zu Ihnen (*pl.*) kommen."

Sie schrieb, sie würde so bald wie möglich zu uns kommen.

Der Lehrer sagte: „Meine Schüler werden ihre Arbeit gut machen."

Der Lehrer sagte, seine Schüler würden ihre Arbeit gut machen.

Meine Eltern haben geschrieben: „Wir werden kein Geld schicken."

Meine Eltern haben geschrieben, sie würden kein Geld schicken.

II. INDIRECT QUESTIONS

> The subjunctive is used in indirect questions as well as indirect statements, but dependent word order *must* be used because the interrogatives (**wohin**, **wann**, **wer**, etc.) serve as subordinating conjunctions:
>
> DIRECT: Hans fragte uns: „Wohin gehen Sie heute?"
> INDIRECT: Hans fragte uns, **wohin** wir heute **gingen**.
>
> When no interrogative is used in the direct question, use **ob** to introduce the indirect question:
>
> Kurt fragte uns, **ob** wir heute abend ins Konzert **gingen**.

5. Repetition

Change from direct question, indicative, to indirect question, subjunctive.

Er fragte uns: „Haben Sie ein freies Zimmer?"	Er fragte uns, ob wir ein freies Zimmer hätten.
Sie fragte mich: „Haben Sie mein Kind gesehen?"	Sie fragte mich, ob ich ihr Kind gesehen hätte.
Sie (*they*) fragten uns: „Wohin werden Sie nächsten Sommer reisen?"	Sie fragten uns, wohin wir nächsten Sommer reisen würden.

6. Direct Question >
Indirect Question (Present Time)

Er fragte mich: „Haben Sie einen Wagen?"	*Er fragte mich, ob ich einen Wagen hätte.*
Er fragte mich: „Wo arbeiten Ihre Brüder?"	Er fragte mich, wo meine Brüder arbeiteten.
Er fragte mich: „Wie viele Geschwister haben Sie?"	Er fragte mich, wie wiele Geschwister ich hätte.
Er fragte mich: „Wo bleiben Ihre Freunde?"	Er fragte mich, wo meine Freunde blieben.
Du fragtest: „Darf ich mitgehen?" (ob)	Du fragtest, ob du mitgehen dürftest.
Ihr fragtet: „Sollen wir zu Hause bleiben?" (ob)	Ihr fragtet, ob ihr zu Hause bleiben solltet.

7. Direct Question >
Indirect Question (Past Time)

Sie fragte die Studenten: „Wo haben Sie das Buch gekauft?"	*Sie fragte die Studenten, wo sie das Buch gekauft hätten.*
Der Lehrer fragte mich: „Hast du das Gedicht gelesen?"	Der Lehrer fragte mich, ob ich das Gedicht gelesen hätte.
Er fragte mich: „Wohnten Sie damals in Berlin?"	Er fragte mich, ob ich damals in Berlin gewohnt hätte.

Sie fragte uns: „Hatten Sie den Brief schon geschrieben?"

Sie fragte uns, ob wir den Brief schon geschrieben hätten.

Wir fragten die Studenten: „Haben Sie **die neuesten Nachrichten** (*the latest news*) gelesen?"

Wir fragten die Studenten, ob sie die neuesten Nachrichten gelesen hätten.

8. Direct Question > Indirect Question (Future Time)

Er fragte uns: „ Werden Sie morgen kommen?"

Er fragte uns, ob wir morgen kommen würden.

Er fragte mich: „Werden Sie nach Deutschland reisen?"

Er fragte mich, ob ich nach Deutschland reisen würde.

Er fragte uns: „Wann werden Sie mich besuchen?"

Er fragte uns, wann wir ihn besuchen würden.

Er fragte mich: „Wo werden Sie nächstes Jahr studieren?"

Er fragte mich, wo ich nächstes Jahr studieren würde.

9. Direct Question > Indirect Question (Various Time References)

Sie fragte uns: „Haben Sie meine Katze gesehen?"

Sie fragte uns, ob wir ihre Katze gesehen hätten.

Er fragte mich: „Wann gehen Sie an die Arbeit?"

Er fragte mich, wann ich an die Arbeit ginge.

Er fragte sie (*them*): „Haben Sie in Berlin gewohnt?"

Er fragte sie, ob sie in Berlin gewohnt hätten.

Er fragt uns: „Werden Sie mich bald besuchen?"

Er fragte uns, ob wir ihn bald besuchen würden.

Er fragte uns: „Warum wollen Sie nicht kommen?"

Er fragte uns, warum wir nicht kommen wollten.

Er fragte: „Warum kannst du nicht länger bleiben?"

Er fragte, warum du nicht länger bleiben könntest.

Er fragte uns: „Arbeiteten Sie damals?"

Er fragte uns, ob wir damals gearbeitet hätten.

III. SPECIAL SUBJUNCTIVE

There is another subjunctive form that is sometimes used in indirect discourse. It occurs especially in formal literary style, in the speech of some educated people, and in radio and TV newscasts. This form, *which is used only in the third person singular of most verbs,** is made by adding **-e** to the stem of the infinitive:

* With the exception of the verb **sein**, the alternate form is not used with **wir**, **sie** (*they*), and **Sie**. It is used with **ich** only when the verb form would be different from the indicative form, as is the case with **sein**, **wissen**, and the modal auxiliaries: **ich sei**, **wisse**, **dürfe**, **könne**, **möge**, **müsse**, **solle**, **wolle**.

er
sie } **habe, werde, mache, tue, gebe, könne, wolle, denke, solle, wisse**, etc.
es

The irregular verb **sein** has both singular and plural forms:

ich	**sei**	wir	**seien**
du	**seiest**	ihr	**seiet**

er
sie } **sei**   sie } **seien**
es   Sie }

In summary, if the verb of the indirect statement is in the third person singular, it may appear in either the regular subjunctive form or the special subjunctive form, both of which are correct.

DIRECT DISCOURSE	INDIRECT DISCOURSE
Walter sagte: „Ich habe das Buch gelesen."	Walter sagte, daß er das Buch **gelesen hätte**. (*or*) Walter sagte, daß er das Buch **gelesen habe**.

10. Repetition

Er sagte, daß er heute nicht kommen könnte (könne).

Sie antwortete, daß sie gehen müßte (müsse).

Er versprach, daß er mir helfen würde (werde).

Sie dachte, sie hätte (habe) sein Auto gesehen.

Er schrieb, daß es ihm besser ginge (gehe).

Er sagte, daß er in die Berge gefahren wäre (sei).

Sie schrieb, daß sie meine Kusine gesehen hätte (habe).

Er glaubte, ich wäre (sei) reich.

11. Direct Statement > Indirect Statement

Use **daß**.

Albert dachte: „Ich kann durchfallen."

Albert dachte, daß er durchfallen könnte (könne).

Wolfgang sagte: „Ich muß zum Arzt."

Wolfgang sagte, daß er zum Arzt müßte (müsse).

Karl sagte: „Ich habe mein Buch verlegt."

Karl sagte, daß er sein Buch verlegt hätte (habe).

Meine Schwester **berichtete** (*reported*): „Mutter war letzte Woche krank."

Meine Schwester berichtete, daß Mutter letzte Woche krank gewesen wäre (sei).

Der junge Mann sagte: „Ich bin Student."

Der junge Mann sagte, daß er Student wäre (sei).

Omit **daß**.

Er sagte: „Ich werde diesen Roman lesen."	*Er sagte, er würde (werde) diesen Roman lesen.*
Er behauptete: „Ich weiß nichts davon."	Er behauptete, er wüßte (wisse) nichts davon.
Er meinte: „Das ist etwas Neues."	Er meinte, das wäre (sei) etwas Neues.
Sie (*they*) sagten: „Wir sind beschäftigt."	Sie sagten, sie wären (seien) beschäftigt.
Die Zeitung berichtete: „Der Präsident hat eine Pressekonferenz gehalten."	Die Zeitung berichtete, der Präsident hätte (habe) eine Pressekonferenz gehalten.
Jürgen sagte: „Ich arbeite an einem Aufsatz."	Jürgen sagte, er arbeitete (arbeite) an einem Aufsatz.
Maria hat gesagt: „Er liebt mich nicht mehr."	Maria hat gesagt, er liebte (liebe) sie nicht mehr.

12. Direct Question > Indirect Question

Er fragte uns: „Sind Sie Amerikaner?"	*Er fragte uns, ob wir Amerikaner wären (seien).*
Er fragte mich: „Ist Herr Kluge nach Deutschland gereist?"	Er fragte mich, ob Herr Kluge nach Deutschland gereist wäre (sei).
Wir fragten ihn: „Warum bleiben Sie zu Hause?"	Wir fragten ihn, warum er zu Hause bliebe (bleibe).
Er fragte mich: „Worüber hat der Senator gesprochen?"	Er fragte mich, worüber der Senator gesprochen hätte (habe).
Er fragte mich: „Warum sind Sie so früh nach Hause gegangen?"	Er fragte mich, warum ich so früh nach Hause gegangen wäre (sei).
Ich fragte ihn: „Werden Sie nächsten Sommer nach Europa reisen?"	Ich fragte ihn, ob er nächsten Sommer nach Europa reisen würde (werde).
Wir fragten ihn: „Können Sie Kants Philosophie verstehen?"	Wir fragten ihn, ob er Kants Philosophie verstehen könnte (könne).

IV. INDIRECT COMMANDS

An indirect command is expressed by using the regular or special subjunctive form of **sollen** plus an infinitive.

DIRECT COMMAND	INDIRECT COMMAND
Er sagte zu mir: „Laufen Sie schnell!"	Er sagte mir, daß ich schnell **laufen sollte (solle)**.
Der Lehrer sagte zu uns: „Sprechen Sie Deutsch!"	Der Lehrer sagte uns, daß wir Deutsch **sprechen sollten**.

13. Direct Command > Indirect Command

Use **daß**.

Sie sagte zu mir: „Kommen Sie morgen um acht Uhr!"

Sie sagte mir, daß ich morgen um acht Uhr kommen sollte (solle).

Er sagte zu mir: „Setzen Sie sich!"

Er sagte mir, daß ich mich setzen sollte (solle).

Er sagte zu dir: „Antworte mir!"

Er sagte dir, daß du ihm antworten solltest (sollest).

Sie sagte zu uns: „Fahren Sie nicht so schnell!"

Sie sagte uns, daß wir nicht so schnell fahren sollten.

Omit **daß**.

Er sagte zu mir: „Kommen Sie bald zurück!"

Er sagte mir, ich sollte (solle) bald zurückkommen.

Sie sagte zu uns: „Sprechen Sie nicht so schnell!"

Sie sagte uns, wir sollten nicht so schnell sprechen.

Sie sagte zu ihm: „Schreiben Sie mir oft!"

Sie sagte ihm, er sollte (solle) ihr oft schreiben.

Er sagte zu mir: „Arbeite nicht so fleißig!"

Er sagte mir, ich sollte (solle) nicht so fleißig arbeiten.

V. ENGLISH–GERMAN PATTERNS

1. You (**du**) said that you felt better.
2. We said that we didn't believe it.
3. They said that they were looking for the teacher.
4. You said that you (**Sie**) would phone me tomorrow. (**anrufen**)
5. My parents wrote that they would visit me soon.
6. They said that you (**du**) had no money.
7. They said that they had worked hard.
8. She asked him where he had studied.
9. They asked us where she was going.
10. He asked us whether we had had a good time.
11. We asked them whether they could come.
12. She asked us whether we wanted to come.
13. He said that you (**Sie**) had to fly to Hamburg.
14. The teacher said that he didn't know everything.
15. He believed that they were rich.
16. She wrote that she had seen our guest.
17. He said his grandfather had died.
18. She said I should climb Mt. Pilatus.
19. Have you (**Sie**) heard the latest news?
20. I would like to make a phone call.
21. The conversation (call) is over (at an end).
22. Do you (**ihr**) have a good suggestion?

COMMUNICATION CHALLENGES

Personalized Questions

1. Ist es manchmal schwer, einen Parkplatz für Ihren Wagen zu finden?
2. Haben Sie ein schönes Zimmer mit Bad?   3. In welchem Stock ist Ihr Zimmer?
4. Hat das Zimmer ein Telefon?   5. Haben Sie ein Telefonbuch?   6. Wo ist die nächste Telefonzelle?   7. Wie oft führen Sie ein Ferngespräch?   8. Ist Ihre Leitung häufig besetzt?   9. Was tun Sie, wenn Ihr Telefongespräch zu Ende ist?
10. Wo kann man den Geschäftsführer eines Hotels finden?   11. Hat der Koch auch ein Büro?   12. Sind alle Zimmermädchen hübsch?   13. Wo ist der Schlüssel für Ihr Zimmer?   14. Ist der Speisesaal im ersten Stock?   15. Wie kommt man am besten zum Gipfel eines Berges?   16. Findet man eine Telefonzelle auf dem Gipfel des Matterhorns?   17. Kann man mit dem Lift zum Gipfel des Matterhorns fahren?   18. Hätten Sie Lust, heute abend zu einer Party zu gehen?
19. Haben Sie eine Einladung bekommen?   20. Finden Sie einige Gespräche langweilig?   21. Ist Ihre Wirtin sehr nett?   22. Haben Sie schon einmal eine Rheinfahrt gemacht?

Directed Questions

1. Fragen Sie Fräulein _____, welche Stadt ihre Lieblingsstadt ist!
2. Fragen Sie Herrn _____, ob er ein freies Zimmer hat, wo wir übernachten können!
3. Fragen Sie Fräulein _____, ob sie Angst hat, wenn sie mit einer Seilbahn fährt!
4. Fragen Sie Herrn _____, ob er ein einfaches Zimmer oder ein Zimmer mit Bad **verlangt** (*asks for*), wenn er eine Reise macht!
5. Fragen Sie Herrn _____, ob man das Abendessen in einem Frühstückszimmer essen darf!
6. Fragen Sie Herrn _____, wie viele Telefonnummern er in seinem schwarzen Büchlein hat!
7. Fragen Sie Fräulein _____, wie oft sie ein Ferngespräch führt!

Sentence Challenge

Use the following words in sentences of four or more words.

1. Köchin 2. Hoteldiener 3. verlangen 4. Portier 5. Lift 6. Stock
7. wählen 8. anrufen 9. passieren 10. besetzt 11. Vorschlag 12. Reiseplan
13. fließen 14. berichten 15. behaupten 16. Nachricht 17. Fabrik 18. Gast
19. Fernsprecher 20. aufhängen

Vocabulary Challenge

Explain in German the meaning of the following words.

1. Gast 2. Lieblingsstadt 3. abreisen 4. Speisesaal 5. Erdgeschoß
6. Ferngespräch

Retold Story Challenge

Using only first-year German, the instructor will tell the students about one of the dramas of Schiller. Each student, in turn or by competitive group, will then contribute one sentence to the retelling of the plot.

Directed Communication Challenge

You can hike up Mt. Pilatus (*m.*). That's no real challenge. But how about the Matterhorn (*n.*)? Find out how you and your friend can get there. Is it far from Lucerne? You have a car anyway. Ask someone which road is the best. Can you drive to Zermatt? Or must you leave your car at Visp or St. Niklaus? Do you travel by train then? By cogwheel railway? Are there many hotels in Zermatt? How large is the town? Once you arrive there, you find out that it is a small town, but with many hotels. A porter hurries over to carry your baggage to his hotel. It isn't far from the railroad station, and it has an excellent view of the Matterhorn. Find out if they have a double room. How much does it cost with bath and without bath? It's expensive, but the others are probably not cheap. You both want to take a walk before you eat dinner. As you are walking and talking, you see a small *cemetery* (**der Friedhof**) with fresh flowers on the *graves* (**das Grab, ̈er**). Just look at the *gravestones* (**der Grabstein, -e**)! They are beautiful! *Just a moment please!* (**Moment bitte!**) These people died while trying to climb the Matterhorn! Perhaps you really should leave Zermatt early in the morning. Why not just enjoy the view of the mountain, take the early train to Visp, then drive through the mountains to Interlaken. Good idea! The Jungfrau (*f.*) is probably more beautiful anyway.

ACTIVE VOCABULARY

abreisen (*sep. reg., s.*) leave, depart
aufhängen (*sep. reg.*) hang up
behaupten (*reg.*) assert, maintain
belegen (*reg.*) occupy, take
die **Bergspitze, -n** mountain top
berichten (*reg.*) report
das **Doppelzimmer, -** double room
das **Einzelzimmer, -** single room
das **Ende, -n** end
die **Fabrik, -en** factory
das **Ferngespräch, -e** long-distance phone call
der **Friedhof, ̈e** cemetery
der **Gast, ̈e** guest
das **Gespräch, -e** conversation, (telephone) call

das **Grab, ̈er** grave
der **Grabstein, -e** gravestone
hinauffahren (*sep. irreg., s.*) ride (travel) up there
die **Jungfrau** mountain near Interlaken
die **Kunst, ̈e** art
die **Lieblingsstadt, ̈e** favorite city
das **Matterhorn** Matterhorn Mountain
die **Nachricht, -en** message
die **Party, -s** party
passieren (*reg., s.*) happen
der **Pilatus** Mount Pilatus (near Lucerne)
der **Reiseplan, ̈e** travel plan, itinerary
die **Seilbahn, -en** aerial cableway
die **Station, -en** station, stop

A

das **Telefongespräch, -e**   telephone conversation
verlangen (*reg.*)   ask for, demand
der **Vierwaldstättersee**   Lake Lucerne

der **Vorschlag, ⸚e**   suggestion
wählen (*reg.*)   choose, dial
die **Zahnradbahn, -en**   cogwheel railway

Idioms and Helpful Expressions

die neuesten Nachrichten   the latest news
Ich möchte ein Ferngespräch machen (führen).   I would like to make a long-distance call.
Das Gespräch ist zu Ende.   The conversation (telephone call) is at an end.

B

Die Schweiz

Bis zum neunzehnten Jahrhundert war die Schweiz ein Bauernstaat, aber jetzt ist sie hoch industrialisiert. Von den vielen Schweizer Produkten wie Käse, Schokolade, Stickereien[1], Chemikalien[2], Maschinen usw. sind die Schweizer Uhren am bekanntesten.

      Der Fremdenverkehr[3] ist seit langem eine wichtige Industrie in der Schweiz. Fast jeder, der eine Europareise macht, fährt in die Schweiz, um sich die Alpen anzusehen. In einigen Bergdörfern und Städten befinden sich oft mehr Touristen als Einheimische[4]. Das kleine Dorf Zermatt am Fuße des majestätischen Matterhorns ist z.B. ein „Hoteldorf" (**A**). In einigen kleinen Dörfchen hoch oben in den Alpen

---

[1] embroidery work   [2] chemicals   [3] tourist trade   [4] native inhabitants

C

wohnen noch Schweizer, deren Lebensweise[5] sich seit Jahrhunderten nicht viel verändert hat[6]. Sie hüten[7] ihre Ziegen[8] und Kühe auf den Bergen. Aus der frischen Milch machen sie jeden Tag in ihren Almhütten[9] Käse, der unten in der Stadt bis zur Reife[10] und zum Verkauf[11] auf Lager liegt[12] (**B**).

Die vier ältesten Kantone der Schweiz liegen am Vierwaldstättersee:[13] Uri, Schwyz, Unterwalden und Luzern (**C**, Schweizer Ausflugsschiff mit der Stadt Luzern im Hintergrund). An diesem See schlossen[14] 1291 die Männer der

D

ersten drei Kantone ein Schutz– und Trutzbündnis[15] gegen die Tyrannei der Landvögte[16]. Wie schon erwähnt[17], schildert[18] Friedrich Schiller in seinem bekannten Drama „Wilhelm Tell" den Kampf der Schweizer um ihre Freiheit.

Von Interlaken aus hat man an einem klaren Tag eine gute Aussicht auf den berühmten Berg „Jungfrau". Mit der Zahnradbahn kann man über kleine Bahnhöfe oder Raststationen[19] wie die Kleine Scheidegg (**D**) zum Jungfraujoch[20] fahren.

Der schöne Genfersee[21] in der Westschweiz liegt in einem wichtigen Zentrum des Fremdenverkehrs. Am östlichen Ende des Sees liegt die Stadt Montreux, und an der Südspitze liegt Genf, eine bedeutende internationale Stadt (**E**). In diesem

[15] protective and offensive alliance   [16] regional governors   [17] mentioned   [18] depicts
[19] rest stations   [20] saddle (yoke) of the Jungfrau Mountain   [21] Lake Geneva

E

Teil der Schweiz spricht man Französisch. Von den mehr als sechs Millionen
Schweizern sprechen ungefähr 71% Deutsch, 21% Französisch, 7% Italienisch und
1% Rätoromanisch[22].

[22] Romansh, Rhaeto–Romanic

Aufgabe Einundzwanzig

In den Bayrischen Alpen

Rudi und Bruno sind heute auf der letzten Strecke ihrer Reise.

1 BRUNO: Ich finde diese Landschaft ebenso schön wie die im Schwarzwald und in der Schweiz.

2 RUDI: Ja, es ist so ruhig und friedlich in dieser Gegend. Wo ist unsere Straßenkarte? Ich glaube, wir müssen irgendwo in der Nähe von Füssen rechts abbiegen.

3 BRUNO: Es wäre schade, wenn wir die Schlösser von König Ludwig dem Zweiten nicht sehen würden.

4 RUDI: Anna sagte, sie wären einfach fabelhaft. Schau doch! Noch ein Zeltplatz!

5 BRUNO: „Camping" sieht man überall, in den Bergen und an den Ufern der schönsten Seen.

6 RUDI: Hast du jemals so viele junge Leute gesehen, die mit dem Rad von Ort zu Ort fahren?

7 BRUNO: Bei diesem herrlichen Wetter ist es kein Wunder, daß man nicht zu Hause sitzen will.

8 RUDI: Bruno, sieh mal das Mädchen dort drüben! Sie erinnert mich an meine Schwester.

9 BRUNO: Stell dir vor! In drei Wochen bist du wieder zu Hause.

10 RUDI: Bitte, ich möchte lieber noch nicht daran denken.

Fragen

1. Wo sind Rudi und Bruno zu dieser Zeit?   2. Wie finden sie die Landschaft?   3. Welche Schlösser wollen sie sehen?   4. Wo müssen sie abbiegen?
5. Wo sieht man Zeltplätze?   6. Wer fährt mit dem Rad von Ort zu Ort?
7. Wann kehrt Rudi nach Amerika zurück?

Lesson Twenty-one

In the Bavarian Alps

Today Rudi and Bruno are on the last leg of their trip.

1. BRUNO: I find this landscape just as beautiful as that in the Black Forest and Switzerland.
2. RUDI: Yes, it's so quiet and peaceful in this region. Where is our road map? I believe we have to turn off to the right somewhere near Füssen.
3. BRUNO: It would be too bad if we didn't see the castles of King Ludwig II.
4. RUDI: Anna said they were simply fabulous. Just look! Another campground!
5. BRUNO: One sees "Camping" everywhere, in the mountains and on the shores of the most beautiful lakes.
6. RUDI: Have you ever seen so many young people traveling from place to place by bicycle?
7. BRUNO: In such magnificent weather it's no wonder that one doesn't want to stay at home.
8. RUDI: Bruno, just look at that girl over there! She reminds me of my sister.
9. BRUNO: Imagine! In three weeks you'll be home again.
10. RUDI: Please, I'd rather not think of that yet.

REVIEW OF IDIOMS AND
HELPFUL EXPRESSIONS
(Lessons 1–5)

HERR BRAUN: Guten Morgen! Wie geht es Ihnen?
FRAU MEYER: Danke, gut.
HERR BRAUN: Und wie geht es Ihrem Freund, Herrn Hüber?
FRAU MEYER: Es geht ihm auch gut.
HERR BRAUN: Er ist jetzt zu Hause, nicht wahr?
FRAU MEYER: Nein, er kommt erst um sechs Uhr nach Hause.
HERR BRAUN: So? Sagen Sie ihm, ich komme gegen sieben vorbei.
FRAU MEYER: Gern. Auf Wiedersehen!
HERR BRAUN: Auf Wiedersehen!

FRAU HEINER: Sie sprechen gut Deutsch.
HERR DICK: Meinen Sie?*
FRAU HEINER: Wie lange sprechen Sie schon Deutsch?
HERR DICK: Seit zwei Jahren.
FRAU HEINER: Lernen Sie immer noch fleißig?
HERR DICK: Nein, nicht fleißig genug. Ich muß zu lange im Geschäft arbeiten.
FRAU HEINER: Wie finden Sie Ihre Arbeit?
HERR DICK: Interessant aber auch sehr schwer.
FRAU HEINER: Möchten Sie gern mehr Deutsch lernen?
HERR DICK: Natürlich würde ich gern noch mehr Deutsch lernen.
FRAU HEINER: Vielleicht können wir einander helfen.
HERR DICK: Das wäre schön! Abgemacht!

HERR OTTO: Verzeihen Sie bitte! Wie komme ich wohl zum Rathaus?
FRAU DORN: Das Rathaus ist gleich um die Ecke.
HERR OTTO: Rechts oder links?
FRAU DORN: Rechts und dann geradeaus.
HERR OTTO: Danke schön.
FRAU DORN: Bitte schön.

HERR WILHELM: Wo ist Ihr Vater? Ist er draußen im Garten?
FRÄULEIN RÖSCH: Nein, er ist im Wohnzimmer.
HERR WILHELM: Sagen Sie mir, ist er eigentlich Professor oder Arzt?
FRÄULEIN RÖSCH: Er ist Arzt, aber manchmal hält er Vorlesungen an der Universität.
HERR WILHELM: Ich weiß nicht, ob ich ihn schon kenne.
FRÄULEIN RÖSCH: Oh ja, Sie kennen ihn schon. Er hat einmal mit Ihnen Englisch gesprochen.

*Do you think so?

HERR WILHELM: Jetzt erinnere ich mich an ihn. Er spricht sehr gut Englisch.
FRÄULEIN RÖSCH: Ja, er interessiert sich sehr für Fremdsprachen.

KARL: Fährst du heute nachmittag mit der Straßenbahn zur Universität?
BÄRBEL: Nein, mit dem Rad.
KARL: Ach, wenn ich doch auch ein Rad hätte!
BÄRBEL: Gehst du oft zu Fuß?
KARL: Eigentlich tue ich das ganz gern, aber ein Rad wäre mir lieber.

HERR HEINZ: Wie komme ich am besten zum Bahnhof?
FRAU BARSCH: Mit dem Autobus.
HERR HEINZ: Aber ich muß in zehn Minuten dort sein.
FRAU BARSCH: Da nehmen Sie wohl am besten ein Taxi!
HERR HEINZ: Danke sehr.
FRAU BARSCH: Nichts zu danken.

HERR GUBLER: Darf ich mich vorstellen? Mein Name ist Gubler.
HERR SCHMIDT: Ich heiße Schmidt.
HERR GUBLER: Oh, Sie sind Martins Freund, nicht wahr?
HERR SCHMIDT: Ja, Martin ist ein sehr guter Freund von mir.
HERR GUBLER: Ich glaube, er wartet schon auf Sie.
HERR SCHMIDT: So? Es tut mir leid, daß ich mich verspätet habe.
HERR GUBLER: Das macht nichts. Kommen Sie nur mit!

CONVERSATIONAL PATTERNS

I. COMPARATIVE AND SUPERLATIVE FORMS OF PREDICATE ADJECTIVES AND ADVERBS

Both adjectives and adverbs add **-er** to form the comparative and **-sten** to form the superlative; however, the contraction **am** precedes the superlative form:

schnell, schnell**er**, **am** schnell**sten**   *fast, faster, fastest*
klein, klein**er**, **am** klein**sten**   *small, smaller, smallest*
schön, schön**er**, **am** schön**sten**   *beautiful, more beautiful, most beautiful*

Achim ist klein, Maria ist kleiner, aber Lili ist am kleinsten.
Fritz läuft schnell, Jürgen läuft schneller, Hans läuft am schnellsten.

If the adjective or adverb ends in **-d,* -t**, or a sibilant (**-s, -z, -sch, -ß**), **-esten** is added for the superlative form:

wild, wild**er**, **am** wild**esten**   *wild, wilder, wildest*
heiß, heiß**er**, **am** heiß**esten**   *hot, hotter, hottest*

* Present participles, when used as adjectives, are exceptions, e.g., **das reizendste Mädchen**.

The following common adjectives and adverbs of *one syllable* umlaut the **a**, **o**, or **u** in both the comparative and superlative:

alt, älter, am ältesten	kurz, kürzer, am kürzesten
arm, ärmer, am ärmsten	lang, länger, am längesten
dumm, dümmer, am dümmsten	oft, öfter, am öftesten
jung, jünger, am jüngsten	schwach, schwächer, am schwächsten
kalt, kälter, am kältesten	schwarz, schwärzer, am schwärzesten
klug, klüger, am klügsten	stark, stärker, am stärksten
krank, kränker, am kränksten	warm, wärmer, am wärmsten

Adjectives and adverbs of more than one syllable never umlaut a vowel in the comparative and superlative forms.

1. Repetition

Klaus ist klug.   Kurt ist klüger.   Karl ist am klügsten.
Der Elefant ist wild.   Der Bär ist wilder.   Der Tiger ist am wildesten.
Berta ist jung.   Dora ist jünger.   Christine ist am jüngsten.

2. Adjective Substitution

Franz ist alt.   *Franz ist älter.*

_____ jung.   Franz ist jünger.
_____ nett.   Franz ist netter.
_____ ruhig.   Franz ist ruhiger.
_____ schnell.   Franz ist schneller.
_____ langsam.   Franz ist langsamer.

Wo ist das Klima warm?   *Wo ist das Klima am wärmsten?*

_____ kalt?   Wo ist das Klima am kältesten?
_____ kühl?   Wo ist das Klima am kühlsten?
_____ heiß?   Wo ist das Klima am heißesten?
_____ schön?   Wo ist das Klima am schönsten?
_____ angenehm?   Wo ist das Klima am angenehmsten?
_____ schwül (*sultry*)?   Wo ist das Klima am schwülsten?

3. Positive > Comparative and Superlative

Frau Schultz ist alt.   *Frau Schultz ist alt.*
Herr Meyer ist _____.   *Herr Meyer ist älter.*
Herr Hoffmann ist _____.   *Herr Hoffmann ist am ältesten.*

Karola singt schön.   Karola singt schön.
Gudrun singt _____.   Gudrun singt schöner.
Grete singt _____.   Grete singt am schönsten.

Im Juni ist es warm.	Im Juni ist es warm.
Im Juli ist es _____.	Im Juli ist es wärmer.
Im August ist es _____.	Im August ist es am wärmsten.
Im November ist es kalt.	Im November ist es kalt.
Im Dezember ist es _____.	Im Dezember ist es kälter.
Im Januar ist es _____.	Im Januar ist es am kältesten.
Dora ist jung.	Dora ist jung.
Heinz ist _____.	Heinz ist jünger.
Karl ist _____.	Karl ist am jüngsten.

II. COMPARATIVE AND SUPERLATIVE ADJECTIVES BEFORE NOUNS

Comparatives and superlatives before nouns are declined like other adjectives. The comparative form, which ends in **-er**, takes the usual adjective ending; the superlative form has the ending **-st** (**-est** if required by the syllabic structure) plus the regular adjective ending. Study the following examples:

der **alte** Mann	mit dem **jungen** Mädchen
der **ältere** Mann	mit dem **jüngeren** Mädchen
der **älteste** Mann	mit dem **jüngsten** Mädchen

The definite article is used with the superlative when a noun either follows the superlative form or is definitely understood:

Johann ist **der stärkste Junge** in der Klasse.
Von allen Jungen in der Klasse ist Johann **der stärkste** (Junge).

4. Repetition

An einem warmen Tag im Mai ging ich spazieren. An einem noch wärmeren Tag im Juni saß ich im **Schatten** (*shade*). An dem wärmsten Tag des Jahres ging ich schwimmen.

Gestern sah ich einen alten Mann. Vorgestern sah ich einen noch älteren Mann. Im letzten Monat sah ich den ältesten Mann in der ganzen Stadt.

Deutschland ist eines der schönsten Länder Europas.

5. Adjective Substitution (Superlative)

Wer ist der (klug) Schüler?	*Wer ist der klügste Schüler?*
_____ (alt) _____?	Wer ist der älteste Schüler?
_____ (stark) _____?	Wer ist der stärkste Schüler?
_____ (fleißig) _____?	Wer ist der fleißigste Schüler?
_____ (freundlich) _____?	Wer ist der freundlichste Schüler?
_____ (intelligent) _____?	Wer ist der intelligenteste Schüler?

6. Comparative > Superlative

Kennen Sie unsere jüngere Tochter?   *Kennen Sie unsere jüngste Tochter?*

Kennen Sie den älteren Mann dort?   Kennen Sie den ältesten Mann dort?
Wo ist der kleinere Koffer?   Wo ist der kleinste Koffer?
Hier ist der billigere Anzug.   Hier ist der billigste Anzug.
Das sind unsere schwereren Koffer.   Das sind unsere schwersten Koffer.
Wollen Sie unsere teureren* Blusen   Wollen Sie unsere teuersten Blusen
sehen?   sehen?

III. COMPARISON OF ADJECTIVES AND ADVERBS

In comparisons, **wie** is used with the positive and **als** with the comparative:
Susie singt (**eben**) **so gut wie** Helene.   *Susie sings (**just**) **as well as** Helen.*
Sie singen **besser als** ich.   *You sing **better than** I.*

7. Repetition

Heute ist es so warm wie gestern.   Du bist klüger als Erich.
Max läuft so schnell wie sein Freund.   Liese schreibt öfter als Trudi.
Der Tiger ist ebenso **gefährlich**   Hänschen läuft schneller als sein Vater.
(*dangerous*) wie der Elefant.   Blut ist dicker als Wasser.

8. Adjective Substitution

Rolf ist (hungrig) als Willi.   *Rolf ist hungriger als Willi.*

_____ (dick) _____.   Rolf ist dicker als Willi.
_____ (stark) _____.   Rolf ist stärker als Willi.
_____ (glücklich) _____.   Rolf ist glücklicher als Willi.
_____ (arm) _____.   Rolf ist ärmer als Willi.
_____ (dumm) _____.   Rolf ist dümmer als Willi.

Willi ist (dünn) als Rolf.   *Willi ist dünner als Rolf.*

_____ (fleißig) _____.   Willi ist fleißiger als Rolf.
_____ (pünktlich) _____.   Willi ist pünktlicher als Rolf.
_____ (intelligent) _____.   Willi ist intelligenter als Rolf.
_____ (schwach) _____.   Willi ist schwächer als Rolf.
_____ (klug) _____.   Willi ist klüger als Rolf.

9. Positive > Comparative

Er arbeitet so fleißig wie sein Bruder.   *Er arbeitet fleißiger als sein Bruder.*

Wir sprechen so langsam wie der   Wir sprechen langsamer als der Lehrer.
Lehrer.

* Whenever the adjective **teuer** has an ending that begins with **e**, the **e** before the **r** is dropped.

Er spricht so fließend wie wir.
Er spricht aber auch ebenso deutlich wie wir.

Gestern war es so kalt wie heute.
Er ist so dumm wie sein Freund.
Herr Braun ist ebenso krank wie Herr Schmidt.

Er spricht fließender als wir.
Er spricht aber auch deutlicher als wir.

Gestern war es kälter als heute.
Er ist dümmer als sein Freund.
Herr Braun ist kränker als Herr Schmidt.

10. Comparative > Positive

Fritz ist stärker als Hans.

Ich bin klüger als Franz.
Heiner läuft schneller als Jürgen.
Heute ist es kälter als gestern.
Heute ist es wärmer als gestern.

Fritz ist so stark wie Hans.

Ich bin so klug wie Franz.
Heiner läuft so schnell wie Jürgen.
Heute ist es so kalt wie gestern.
Heute ist es so warm wie gestern.

11. Positive > Comparative

Mein Hund ist nicht so klein wie Rolfs Hund.

Er ist nicht so alt wie Rolfs Hund.
Er kann nicht so schnell laufen wie Rolfs Hund.
Er ist nicht so freundlich wie Rolfs Hund.

Mein Hund ist kleiner als Rolfs Hund.

Er ist älter als Rolfs Hund.
Er kann schneller laufen als Rolfs Hund.
Er ist freundlicher als Rolfs Hund.

IV. IRREGULAR COMPARATIVE AND SUPERLATIVE FORMS

The following adjectives and adverbs have irregular comparative or superlative forms:

gut, besser, best-
groß, größer, größt-
nah, näher, nächst-
hoch,* höher, höchst-
viel, mehr, meist-

The comparative and superlative forms of **gern**, which are always used adverbially, are:

Ich spiele **gern** Fußball.   *I like to play football.*
Ich spiele **lieber** Tennis.   *I prefer to play tennis.*
Ich spiele **am liebsten** Golf.   *I like best of all to play golf.*

The forms of **gern** may also follow the noun object: Ich spiele Fußball **gern**.

* Endings are never added to this form, but to **hoh-** instead, e.g., **Das Gebäude ist *hoch*. Es ist ein *hohes* Gebäude.**

12. Repetition

Reinhold ist ein guter Schüler.   Walter ist ein **etwas** (*somewhat*) besserer Schüler.
   Wilhelm ist aber der beste Schüler der Klasse.
Klaus schreibt gut.   Kurt schreibt besser.   Eugen schreibt am besten.
Die Kuh ist groß.   Das Pferd ist größer.   Der Elefant ist am größten.
Von hier aus ist das Museum nahe, das Theater näher, das Rathaus am nächsten.
Berta hat eine hohe Stimme.   Dora hat eine höhere Stimme.   Erna hat die
   höchste Stimme von allen.
Willi hat viele Bücher.   Lotte hat mehr Bücher als Willie.   Maria hat die meisten
   Bücher.
Oskar spielt gern **Schach** (*chess*).   Stefan spielt lieber Tennis.   Ich spiele am
   liebsten Fußball.

13. Positive > Comparative

Der Bahnhof ist ebenso groß wie unser   *Der Bahnhof ist größer als unser Haus.*
   Haus.

Karl spricht so gut wie ich.   Karl spricht besser als ich.
Ich habe ebenso viel gearbeitet wie   Ich habe mehr gearbeitet als Georg.
   Georg.
Ich spiele Tennis ebenso gern wie   Ich spiele Tennis lieber als Fußball.
   Fußball.
Unser Haus ist ebenso hoch wie Ihres.   Unser Haus ist höher als Ihres.
Karl hat ebenso viel Geld wie ich.   Karl hat mehr Geld als ich.
Gerd ist mit mir nahe **verwandt**   Gerd ist mit mir näher verwandt.
   (*related*).
Dies ist ein guter Bleistift.   Dies ist ein besserer Bleistift.

14. Positive > Superlative

Wer singt gut?   *Wer singt am besten?*

Welches Gebäude ist hoch?   Welches Gebäude ist am höchsten?
Welcher Student hat viele Bücher?   Welcher Student hat die meisten
                                                     Bücher?

Welches Spiel spielst du gern?   Welches Spiel spielst du am liebsten?
Wer spricht gut in Ihrer Klasse?   Wer spricht am besten in Ihrer Klasse?
Kennen Sie die guten Schüler in Ihrer   Kennen Sie die besten Schüler in Ihrer
   Klasse?   Klasse?
Wer hat die hohe Stimme?   Wer hat die höchste Stimme?
Spielen Sie Tennis mit den guten   Spielen Sie Tennis mit den besten
   Spielern Ihrer Stadt?   Spielern Ihrer Stadt?

15. Comparative > Positive

Fritz ist größer als Hans.   *Fritz ist ebenso groß wie Hans.*

Der Baum ist höher als das Haus.   Der Baum ist ebenso hoch wie das
                                                     Haus.

Gertrud singt besser als Helene.   Gertrud singt ebenso gut wie Helene.
Ich habe mehr Geld als Peter.   Ich habe ebenso viel Geld wie Peter.

16. Positive > Comparative

Erika ist so groß wie Karola.   *Erika ist größer als Karola.*

Maria singt so gut wie Elisabeth.   Maria singt besser als Elisabeth.
Ich spiele Tennis so gern wie Golf.   Ich spiele Tennis lieber als Golf.
Lotte liest so viel wie Klara.   Lotte liest mehr als Klara.

V. THE DOUBLE COMPARATIVE

The double comparative usually consists of the adverb **immer** plus a comparative, instead of two comparatives connected by **und**:

Es wird **immer kälter**.   *It is getting **colder and colder**.*
Deutsch wird **immer leichter**.   *German is getting **easier and easier**.*

17. Repetition

Der Sommer kommt immer näher.   Wir sprechen Deutsch immer
Das Mädchen wurde immer   fließender.
   freundlicher.   Maria singt immer schöner.
Kurt wird immer fleißiger.   Heinz wird immer wilder.

18. Positive > Double Comparative

Fritz wird stark.   *Fritz wird immer stärker.*

Maria singt schön.   Maria singt immer schöner.
Der Lehrer wird freundlich.   Der Lehrer wird immer freundlicher.
Franz schreibt gut.   Franz schreibt immer besser.
Ich werde arm.   Ich werde immer ärmer.

VI. THE ABSOLUTE SUPERLATIVE

There is another superlative called the absolute superlative, which is not used for purposes of comparison. It denotes a high degree of whatever the adjective or adverb expresses and is formed either by the superlative adverb preceded by **aufs** (**aufs freundlichste**, *most friendly*) or by such adverbs as **sehr**, **höchst** (*highly*), **äußerst** (*extremely*), and **außerordentlich** (*unusually, extraordinarily*) followed by the positive form of an adjective or another adverb:

Ich bin **äußerst** müde.   *I am **extremely** tired.*
Dieses Buch ist **höchst** interessant.   *This book is **highly** interesting.*
Er grüßte uns **aufs freundlichste**.   *He greeted us **in the most friendly way**.*

19. Repetition

Karl ist äußerst stark.
Dieter ist höchst intelligent.
Maria singt sehr schön.

Sie ist außerordentlich **begabt** (*gifted*).
In einer Kirche ist das Rauchen **aufs strengste verboten** (*strictly prohibited*).

VII. ENGLISH–GERMAN PATTERNS

1. Robert runs faster than Albert.
2. It is warmer today than yesterday.
3. Wolfgang is bigger than his brother.
4. My friend plays tennis much better than I.
5. I am two years younger than Lili.
6. That is my younger brother.
7. Do you (**Sie**) have a less expensive tie?
8. Have you (**du**) ever danced with a prettier girl?
9. Have you (**du**) ever spoken with a more interesting woman?
10. The twenty-first of December is the shortest day of the year.
11. The lion (**der Löwe**) is one of the most dangerous animals.
12. Ludwig is the strongest man that I know.
13. Which teacher is the friendliest?
14. Fritz is as strong as Hans.
15. Bruno is just as good a football player as Eberhard.
16. He is not as fast as Kurt.
17. He is not as tall as Willie.
18. He thinks, however, more quickly than Hans.
19. You (**du**) play unusually well.
20. That is strictly forbidden.
21. That doesn't matter.
22. Have fun dancing!

COMMUNICATION CHALLENGES

Personalized Questions

1. Ist es ruhiger und friedlicher in diesem Klassenzimmer als in einer Bibliothek? 2. Wann möchten Sie eine Bergtour machen? 3. Ist Ihnen das Matterhorn hoch genug, oder möchten Sie einen höheren Berg besteigen? 4. Schwimmen Sie lieber im warmen oder im kalten Wasser? 5. Gibt es schöne Zeltplätze in der Gegend, in der Sie wohnen? 6. Fahren Sie gern mit dem Rad von Ort zu Ort? 7. Wann werden Sie wieder zu Hause sein? 8. Ist der Lehrer reicher als Ihr Vater? 9. Ist Ihre Wohnung sauberer oder schmutziger als dieses Klassenzimmer? 10. Was

für ein Auto gefällt Ihnen am besten? 11. Wann frühstücken Sie? 12. Was essen Sie gewöhnlich zum Frühstück? 13. Wie kann man am besten zur Universität kommen? 14. Ist es aufs strengste verboten, im Klassenzimmer zu schlafen? 15. Wo ist das Klima am angenehmsten? 16. Warum ist der klügste Junge nicht immer der stärkste? 17. Was spielen Sie lieber, Karten oder Schach? 18. Was spielen Sie am liebsten, Golf, Tennis oder Fußball? 19. Ist Ihr Wagen so groß wie meiner? 20. Finden Sie alle Studenten außerordentlich begabt?

Directed Questions

1. Fragen Sie Herrn _____, ob er heute schläfriger ist als gestern!
2. Fragen Sie Fräulein _____, ob die meisten Männer groß, stark, intelligent und reich sind!
3. Fragen Sie Herrn _____, ob die meisten Antworten, die er in einem Examen gibt, richtig oder falsch sind!
4. Fragen Sie Fräulein _____, ob die älteren Männer immer die höflichsten sind!
5. Fragen Sie Herrn _____, ob es möglich ist, zur selben Zeit mit zwei Mädchen auszugehen!
6. Fragen Sie Fräulein _____, wie oft sie ein Butterbrot in ihrer Handtasche mitbringt!
7. Fragen Sie Herrn _____, wann er wieder einen Ausflug macht!
8. Fragen Sie Fräulein _____, ob sie manchmal noch nicht **wach** (*awake*) ist, wenn sie zum Frühstück geht!

Sentence Challenge

Use each of the following words in a sentence of four or more words.

1. fabelhaft 2. schweigen 3. Ort 4. reden 5. Tiger 6. hassen
7. verboten 8. Schach 9. jemals 10. streng 11. gefährlich 12. Gegend
13. friedlich 14. bayrisch 15. Blut 16. ruhig 17. abbiegen 18. Landschaft
19. äußerst 20. Spaß

Vocabulary Challenge

Explain in German the meaning of each of the following words.

1. Schatten 2. Straßenkarte 3. Butterbrot 4. wach 5. schweigen 6. begabt

Story Challenge

In this lesson your instructor may allow you to choose a fairy tale or make up an original story.

Directed Communication Challenge

You and your friends are driving through the Bavarian Alps. Where is Schloß Neuschwanstein, the most romantic castle of King Ludwig II? How far is it from Füssen? Ask the service station attendant over there by the new service station. He tells you that you can see the castle from where you are, straight ahead on the mountain. You feel a bit stupid. Why didn't you just open your eyes? You also ask him which road you take to drive to Oberammergau and Schloß Linderhof. He tells you to turn right as you leave Neuschwanstein, drive in the direction of Schongau, turn to the right near the Wieskirche, and turn right again at the next *intersection* (**die Kreuzung**). You want to know how far it is to Oberammergau. He tells you that it's about sixty kilometers. You thank him and cross the street to your car. Your friend suggests that you could perhaps arrive in Garmisch-Partenkirchen toward evening if you hurry. You want to know if the famous Zugspitze (*f.*), Germany's highest mountain, is nearby. Perhaps you could take the aerial cableway to the top. Why not? But first you want to find out if there is a cemetery in town for those who travel by cableway. Good idea! You really should find that out first.

ACTIVE VOCABULARY

abbiegen (*sep. irreg., s.*)   turn off
Abgemacht!   It's a deal!
anhalten (*sep. irreg.*)   stop
außerordentlich   extraordinary
äußerst   extremely
ausziehen (*sep. irreg.*)   take off
   (clothing); (*reflex.*) undress
begabt   gifted, talented
das Bergsteigen   mountain climbing
die Bergtour, -en   hike in the
   mountains
das Blut   blood
ebenso . . . wie   just as . . . as
etwas   somewhat
fabelhaft   fabulous
friedlich   peaceful
frühstücken (*reg.*)   eat breakfast
gefährlich   dangerous
die Gegend, -en   region, area
das Golf   golf

hassen (*reg.*)   hate
höchst   highly
höflich   polite, courteous
die Kreuzung, -en   crossroad
die Landschaft, -en   landscape
der Löwe, (n), -n   lion
der Ort, -e   place, site
ruhig   calm, peaceful
das Schach   chess
der Schatten, -   shade, shadow
schweigen (*irreg.*)   be silent, keep quiet
die Straßenkarte, -n   road map
streng   strict, stern
der Tiger, -   Tiger
verwandt   related
vorstellen (*sep. reg., reflex.*)   imagine
wach   awake, alert
die Zugspitze   Germany's highest
   mountain

Idioms and Helpful Expressions

Stell' dir vor!   Imagine!
Das ist aufs strengste verboten.   That is strictly forbidden.
Das macht nichts.   That doesn't matter.
Beim Bergsteigen brach er sich das Bein.   He broke his leg while mountain
   climbing.
Wir wollen keine Bergtour machen.   We don't want to go hiking in the mountains.
Viel Spaß beim Tanzen!   Have fun dancing!

A

In Südbayern

Besonders beliebt bei Ausflüglern[1], Wanderern und Touristen aus aller Welt sind die Bayrischen Alpen in Süddeutschland. In den Bergen liegt das bayrische Dorf Oberammergau. Die Passionsspiele, die seit 1634 mit wenigen Ausnahmen[2] alle zehn Jahre aufgeführt werden, haben Oberammergau weltberühmt gemacht. Zur Abwendung der Pest[3], an der schon 84 Oberammergauer gestorben waren, legten 1633 die Mitglieder[4] des Gemeinderats[5] ein feierliches[6] Gelübde[7] vor dem Altar der Dorfkirche ab[8], „fortan[9] die Passionstragödie alle zehn Jahre zu halten". Das große Sterben nahm ein Ende und im folgenden Jahr wurde das Passionsspiel zum ersten Mal aufgeführt. Heute kommen Touristen aus allen Teilen der Welt, um das achtstündige Drama über das Leben Christi zu sehen (A).

[1] excursionists   [2] exceptions   [3] for warding off the plague   [4] members   [5] town council   [6] solemn   [7] vow   [8] (*legten . . . ab*) uttered, swore   [9] from then on

B

An den Wänden der Ziegeldachhäuser[10] sieht man oft schöne Fresken[11] mit biblischen Themen. Kinder interessieren sich vielleicht mehr für Märchenbilder[12]. Das „Hänsel- und Gretel-Heim"[13] in Oberammergau (**B**) ist ein Heim für Waisenkinder, das heißt für Kinder, deren Eltern tot sind. Die meisten Bewohner[14] Oberammergaus sind Holzschnitzer[15] von Beruf[16]. Sie schnitzen[17] religiöse Gegenstände[18], die in alle Weltteile geschickt werden (**C**).

Im vorigen Jahrhundert ließ der geisteskranke[19] König Ludwig II. von Bayern drei Schlösser bauen[20], die nie oder nur auf kurze Dauer[21] bewohnt wurden. Schloß Neuschwanstein bei Füssen, im Stil der Burgen des frühen Mittelalters, sieht aus wie eine Burg aus einem Märchenbuch (**D**). Schloß Linderhof, das einige Kilometer von Oberammergau entfernt[22] liegt, wird von fast allen Touristen besucht, die nach Oberammergau kommen. In den Parkanlagen nicht weit von diesem Schloß ist eine Höhle[23], die König Ludwig ausgraben ließ[24]. In dieser Höhle befinden sich ein kleiner See und eine Art Bühne[25], auf der

---

[10] tile-roofed houses   [11] frescoes   [12] fairy-tale pictures   [13] home   [14] inhabitants
[15] wood-carvers   [16] by profession   [17] carve   [18] objects   [19] mad, mentally ill
[20] (*ließ . . . bauen*) had built   [21] duration   [22] distant   [23] cave, grotto   [24] had excavated
[25] type of stage

C

Richard Wagner einmal seine Oper „Lohengrin" vor König Ludwig aufführte. Im
Schloß Chiemsee, das auf einer Insel[26] im Chiemsee liegt und eine Kopie des
französischen Schlosses in Versailles werden sollte, befindet sich eine hundert
Meter lange Spiegelgalerie[27] aus Marmor und Gold, die einzigartig[28] auf der Welt
ist (**E**). Wenn man aber echte Schlösser aus der deutschen Vergangenheit[29] sehen

[26] island   [27] hall of mirrors   [28] unique   [29] past

D

E

möchte, so sollte man z.B. Schloß Sanssouci (Potsdam), Schloß Charlottenburg (Berlin), Schloß Ludwigsburg (nicht weit von Stuttgart) und Schloß Nymphenburg (München) besichtigen[30].

[30] view, see

Aufgabe Zweiundzwanzig

Eine Begegnung in Salzburg

Rudi und Anna sind nach Salzburg gefahren, um sich das berühmte Spiel „Jedermann"
anzusehen. Auf der Straße begegnen sie einem Bekannten von Rudi.

1. RUDI: Wir haben Glück, das Wetter bleibt gut für die Vorstellung von „Jedermann".

2. ANNA: Siehst du, ich bringe dir Glück.

3. RUDI: Das muß ich zugeben, Anna. Da ist ein Bekannter von mir, Herr Malzel. Kennst du ihn?

4. ANNA: Nein, er ist mir unbekannt.

5. RUDI: Guten Tag, Herr Malzel! Was machen Sie in Salzburg?

6. MALZEL: Guten Tag, Rudi! Ich habe Sie schon lange nicht gesehen.

7. RUDI: Herr Malzel, darf ich Ihnen Anna Ulmer vorstellen?

8. MALZEL: Ich freue mich, Sie kennenzulernen, Fräulein Ulmer.

9. ANNA: Es freut mich, Ihre Bekanntschaft zu machen, Herr Malzel. Rudi hat mir schon von Ihnen erzählt.

10. MALZEL: Wann sind Sie in Salzburg angekommen?

11. RUDI: Vor drei Stunden. „Jedermann" wird heute nachmittag vor dem Dom gespielt, und wir wollen es so gern sehen.

12. MALZEL: Aber alle Karten sind seit Monaten ausverkauft!

13. RUDI: Ja, das wissen wir. Aber Glück muß man haben! Gerade als wir verzweifelt an der Theaterkasse standen, kam ein junger Amerikaner vorbei . . .

14. ANNA: . . . und wollte eben zwei Karten zurückgeben, weil er sofort nach Rom fahren mußte.

15. MALZEL: Unglaublich! Na, viel Vergnügen!

16. RUDI: Danke. Auf Wiedersehen, Herr Malzel!

Fragen

1. Warum fahren Rudi und Anna nach Salzburg?   2. Wem begegnen sie auf der Straße?   3. Wie heißt Rudis Freund?   4. Hat Anna Rudis Bekannten schon kennengelernt?   5. Wo wird „Jedermann" gespielt?   6. Wie haben Rudi und Anna Karten bekommen?

Lesson Twenty-two

Meeting a Friend in Salzburg

Rudi and Anna have gone to Salzburg in order to see the famous play Everyman. *On the street they meet an acquaintance of Rudi's.*

1 RUDI: We are in luck; the weather is staying good for the performance of *Everyman*.

2 ANNA: You see; I bring you luck.

3 RUDI: I must admit that, Anna. There is a friend of mine, Mr. Malzel. Do you know him?

4 ANNA: No, I don't know him.

5 RUDI: Hello, Mr. Malzel! What are you doing in Salzburg?

6 MALZEL: Hello, Rudi! I haven't seen you for a long time.

7 RUDI: Mr. Malzel, may I introduce Anna Ulmer?

8 MALZEL: I'm glad to meet you, Miss Ulmer.

9 ANNA: I'm glad to meet you (make your aquaintance), Mr. Malzel. Rudi has already told me about you.

10 MALZEL: When did you arrive in Salzburg?

11 RUDI: Three hours ago. *Everyman* is being performed this afternoon in front of the cathedral, and we want so much to see it.

12 MALZEL: But all performances have been sold out for months.

13 RUDI: Yes, we know that. But you have to be lucky! Just as we were standing in despair at the ticket office, a young American came by . . .

14 ANNA: . . . and was just about to return two tickets because he had to leave immediately for Rome.

15 MALZEL: Incredible! Well, have a good time!

16 RUDI: Thanks. Good-bye, Mr. Malzel!

REVIEW OF IDIOMS AND HELPFUL EXPRESSIONS
(Lessons 6–10)

WILLI: Bist du auf dem Weg zum Tennisplatz?

BERTA: Jawohl. Möchtest du mitkommen?

WILLI: Ich möchte schon, aber ich kann leider nicht. Ich muß im Park spazierengehen.

Berta: Mit wem?

WILLI: Mit Trine.

BERTA: Hm! Also, Trine ist es diesmal.

WILLI: Natürlich, immer! Trine ist doch mein Hund!

AXEL: Schau mal das blonde Mädchen dort drüben im Wasser!

ERICH: Ist sie nicht hübsch?

AXEL: Hör nur! Sie ruft um Hilfe!

ERICH: Nun, worauf warten wir noch? Schnell hin und ihr helfen!

AXEL: Ich möchte schon, aber ich kann nicht schwimmen.

ERICH: Ach, das ist aber schade! Da muß ich sie allein retten!

FRÄULEIN LUDWIG: Sind Sie Student oder Tourist?

HERR HERMANN: Ich bin Tourist.

FRÄULEIN LUDWIG: Reisen Sie lieber mit dem Schiff oder mit dem Flugzeug?

HERR HERMANN: Mit dem Schiff. Es ist natürlich viel langsamer aber auch viel romantischer.

FRÄULEIN LUDWIG: Ja, das glaube ich gern.

ERIKA: Ist hier irgendwo eine Bank in der Nähe?

GERHARD: Dort drüben, gerade gegenüber vom Dom.

ERIKA: Besten Dank.

GERHARD: Gern geschehen. Pass auf! Jetzt ist rotes Licht für Fußgänger.

ERIKA: Danke. Ich werde warten, bis die Autos halten müssen.

GÖTZ: Würdest du mir bitte einen Gefallen tun?

ROLF: Selbstverständlich.

GÖTZ: Würdest du mich deiner Kusine vorstellen?

ROLF: Lotte? Hast du Lotte noch nicht kennengelernt?

GÖTZ: Nein, noch nicht.

ROLF: Lotte, das ist mein Freund, Götz Roggenkamp.

LOTTE: Es freut mich, Sie kennenzulernen, Herr Roggenkamp.

GÖTZ: Es freut mich ebenfalls. Sind Sie auf dem Weg zur Post?

LOTTE: Ja, ich muß einige Briefe aufgeben.

GÖTZ: Ich auch. Darf ich Sie begleiten?

LOTTE: Ja, natürlich.

FRAU MANN: Was fehlt Ihnen?

HERR THOMAS: Ich weiß es nicht.

FRAU MANN: Haben Sie Fieber?

HERR THOMAS: Nein, nur Kopfschmerzen.

FRAU MANN: Vielleicht sollten Sie zum Arzt gehen.

HERR THOMAS: Ich gehe jetzt ins Bett. Wenn ich mich morgen nicht besser fühle, werde ich zum Arzt gehen.

FRAU MANN: Sie haben sich wahrscheinlich nur erkältet, das ist alles.

HERR THOMAS: Ich hoffe auch.

FRAU MANN: Auf jeden Fall, gute Besserung!

HERR THOMAS: Danke.

HILDE: Willst du nicht Platz nehmen?

MAX: Danke, ich kann nicht, denn ich muß zum Krankenhaus.

HILDE: So? Ist dein Freund schon wieder krank?

MAX: Es geht ihm jetzt schon viel besser. Ich schäme mich nur, daß ich ihn so lange nicht mehr besucht habe.

HILDE: Mach dir keine Sorgen! Er weiß schon, daß du in Nürnberg gewesen bist.

MAX: Meine Schwester sollte es ihm sagen, aber sie ist manchmal ziemlich vergeßlich.

HILDE: Wie jeder von uns. Grüß deinen Freund von mir!

MAX: Gern. Das werde ich tun. Bis Montag dann!

KURT: Was machst du, nachdem du aufgestanden bist?

ROLF: Oh, ich ziehe mich an, wasche mir die Hände und das Gesicht und putze mir die Zähne.

KURT: Wann rasierst du dich?

ROLF: Gewöhnlich gleich vor dem Frühstück.

CONVERSATIONAL PATTERNS

I. PASSIVE VOICE

The passive voice, which presents a situation where the subject of the sentence is acted upon, consists of the auxiliary **werden** in the required tense forms plus the past participle of the verb concerned:

Passive

(*Subject is acted upon*)

Das Buch **wird** von ihm **gelesen.**
  (*Present*)

The book is (being) read by him.

Das Buch **wurde** von ihm **gelesen.**
  (*Narr. past*)

The book was (being) read by him.

Das Buch **wird** von ihm **gelesen werden**. (*Future*)	*The book **will be read** by him.*
Das Buch **ist** von ihm **gelesen worden**. (*Pres. perf.*)	*The book **has been read** by him.*
Das Buch **war** von ihm **gelesen worden**. (*Past perf.*)	*The book **had been read** by him.*

Note that the **ge-** of **geworden** is dropped in the passive voice; also that the auxiliary in the present perfect and past perfect tenses is always **sein**.

In the active voice, the subject generally acts:

Active

(*Subject acts*)

Er **liest** das Buch. (*Present*)	*He **is reading** the book.*
Er **las** das Buch. (*Narr. past*)	*He **was reading** the book.*
Er **wird** das Buch **lesen**. (*Future*)	*He **will read** the book.*
Er **hat** das Buch **gelesen**. (*Pres. perf.*)	*He **has read** the book.*
Er **hatte** das Buch **gelesen**. (*Past perf.*)	*He **had read** the book.*

Note that the object of an active sentence becomes the subject in the passive voice.

1. Repetition

Die Geschichte wird von der Klasse gelesen.

Ein neues Lied ist von ihm **komponiert** (*composed*) worden.

Als Kind wurde ich oft im Auto mitgenommen.

Der Brief war schon geschrieben worden.

Die **Hauptrolle** (*lead role*) wurde von einem berühmten Schauspieler gespielt.

Dieser **Aufsatz** (*essay*) ist von einem der besten Schüler geschrieben worden.

Diese Geschichte wird von der ganzen Klasse gelesen werden.

2. Passive

Make tense changes indicated.

Das Baby wird von der Mutter jeden Morgen gebadet. (pres. perf.)

Das Baby ist von der Mutter jeden Morgen gebadet worden.

Dieses Wort wird von Paul immer falsch ausgesprochen. (*narr. past*)

Dieses Wort wurde von Paul immer falsch ausgesprochen.

Seine Kusine wird von ihm überall vorgestellt. (*fut.*)

Seine Kusine wird von ihm überall vorgestellt werden.

Diese Sinfonie wird von ihm komponiert. (*past perf.*)

Diese Sinfonie war von ihm komponiert worden.

Wir werden von Herrn Fröhlich zum Abendessen eingeladen. (*pres. perf.*)

Wir sind von Herrn Fröhlich zum Abendessen eingeladen worden.

Dieser Aufsatz wird von mir geschrieben. (*fut.*)

Ich werde immer von Herrn Braun an der Tür begrüßt. (*narr. past*)

Otto wird von jemand vom Bahnhof abgeholt. (*pres. perf.*)

Dieses Drama wird von unseren Studenten aufgeführt. (*past perf.*)

Die Studenten werden von dem Lehrer **gelobt** (*praised*). (*narr.* past)

Die Übung wird von allen Studenten gemacht. (*fut.*)

Dinkelsbühl wird von vielen Tausenden besucht. (*pres. perf.*)

Dieser Aufsatz wird von mir geschrieben werden.

Ich wurde immer von Herrn Braun an der Tür begrüßt.

Otto ist von jemand vom Bahnhof abgeholt worden.

Dieses Drama war von unseren Studenten aufgeführt worden.

Die Studenten wurden von dem Lehrer gelobt.

Die Übung wird von allen Studenten gemacht werden.

Dinkelsbühl ist von vielen Tausenden besucht worden.

3. German > English

Werden die schweren Sätze von dem Lehrer erklärt?

Are the difficult sentences explained by the teacher?

Ist Amerika von Kolumbus **entdeckt** (*discovered*) worden?

Was America discovered by Columbus?

Werden Sie jeden Morgen von Ihrer Mutter geweckt?

Are you awakened each morning by your mother?

Ist dieses Buch von einem Professor geschrieben worden?

Has this book been written by a professor?

War dieses Problem vom Lehrer schon besprochen worden?

Had this problem already been discussed by the teacher?

Ist die Prüfung von allen Studenten bestanden worden?

Has the test been passed by all students?

Mein Koffer wurde von dem Hoteldiener auf mein Zimmer getragen.

My suitcase was (being) carried to my room by the porter.

Wird dieses Wort von der ganzen Klasse richtig ausgesprochen?

Is this word (being) pronounced correctly by the whole class?

Ist „Don Giovanni" von Mozart komponiert worden?

Was Don Giovanni composed by Mozart?

Die Neunte Sinfonie ist von Beethoven komponiert worden.

The Ninth Symphony was composed by Beethoven.

II. THE AGENT

In the passive the agent, or person performing the action, is introduced by **von**:

Der Blinde wurde **von** seinem Bruder begleitet.
*The blind man was accompanied **by** his brother.*

The preposition **durch** is generally used to indicate the cause or the means by which the action is done if the agent is not a person:

Mozart wird **durch** die Mozart-Festspiele geehrt.
*Mozart is honored **by means of** the Mozart Music Festivals.*

When the emphasis is on instrumentality, rather than cause, **mit** is sometimes used:

Der Pudding wird **mit** einem Löffel gegessen.
*Pudding is eaten **with** a spoon.*

4. Repetition

Das Brot wurde von dem hungrigen Mann gegessen.

Das Brot wurde mit einem **scharfen** (*sharp*) Messer geschnitten.

Die Gäste wurden durch Lieder **unterhalten** (*entertained*).

Der Wanderer wurde von einem **Räuber** (*robber*) **ermordet** (*murdered*).

Der Wanderer wurde durch einen fallenden Stein **getötet** (*killed*).

Der Tennisball wird mit einem Tennisschläger geschlagen.

5. **Mit** or **durch** and New Noun

Die Suppe wird gegessen. (*ein Löffel*)

Die Suppe wird mit einem Löffel gegessen.

Die Kartoffeln werden gegessen. (eine Gabel)

Die Kartoffeln werden mit einer Gabel gegessen.

Der Wanderer wurde getötet. (ein **Schuß**, *m. shot*)

Der Wanderer wurde durch einen Schuß getötet.

Das Kind wurde gewaschen. (Seife und Wasser)

Das Kind wurde mit Seife und Wasser gewaschen.

Der Brief wurde geschrieben. (ein Bleistift)

Der Brief wurde mit einem Bleistift geschrieben.

Der Kranke wurde **geheilt** (*healed*). (eine neue Medizin)

Der Kranke wurde durch eine neue (*or:* mit einer neuen) Medizin geheilt.

III. SUBSTITUTES FOR THE PASSIVE

The passive voice is used less frequently in German than in English. Common substitutes are the impersonal **man** and the reflexive construction in the active voice:

PASSIVE: Die Tür wird geöffnet.   ACTIVE: { Man öffnet die Tür.
{ Die Tür öffnet sich.

6. Repetition

In dieser Klasse wird nur Deutsch gesprochen.

In dieser Klasse spricht man nur Deutsch.

Die Arbeiter wurden alle zwei Wochen
    bezahlt.

Man bezahlte die Arbeiter alle zwei
    Wochen.

Es wird oft gesagt, daß Kleider Leute
    machen.

Man sagt oft, daß Kleider Leute
    machen.

Das **Tor** (*gate*) wird geöffnet.

Das Tor öffnet sich.

7. Passive > Reflexive and **man** Construction

Wird die Tür geöffnet?

Ja, die Tür öffnet sich.
Ja, man öffnet die Tür.

Wurde sein Wunsch erfüllt?

Ja, sein Wunsch erfüllte sich.
Ja, man erfüllte seinen Wunsch.

Wurde das Tor geschlossen?

Ja, das Tor schloß sich.
Ja, man schloß das Tor.

Wird die Tür zugemacht?

Ja, die Tür macht sich zu.
Ja, man macht die Tür zu.

IV. TRUE AND FALSE PASSIVE

Note the difference in the following examples of true and false passive:

TRUE PASSIVE	FALSE OR APPARENT PASSIVE
Das Haus **wird** gerade **verkauft**. (*Action is going on.*) *The house is just **being sold**.*	Das Haus **ist** schon **verkauft**. (*State of being—action is completed.*) *The house **is** already **sold**.*

8. Repetition

Als der Lehrer ins Zimmer kam,
    wurden die Fenster geschlossen.

Als der Lehrer ins Zimmer kam, waren
    die Fenster schon geschlossen.

Als ich in diese Straße **umzog** (*moved*),
    wurde das weiße Haus gerade
    verkauft.

Als ich in diese Straße umzog, war das
    weiße Haus schon verkauft.

Das Auto wird **repariert** (*repaired*).

Das Auto ist schon repariert.

9. True Passive > False Passive

Wird das Haus verkauft?

Nein, es ist schon verkauft.

Wird das **Fleisch** (*meat*) **gebraten**
    (*fried*)?

Nein, es ist schon gebraten.

Wird die Suppe gekocht?

Nein, sie ist schon gekocht.

Wird der Tisch gedeckt?

Nein, er ist schon gedeckt.

Wird das Essen **serviert** (*served*)?

Nein, es ist schon serviert.

Wird die Schule **gebaut** (*built*)?

Nein, sie ist schon gebaut.

Wird das Tor geöffnet?

Nein, es ist schon geöffnet.

V. ENGLISH–GERMAN PATTERNS

1. America was discovered by Columbus. (*pres. perf.*)
2. Money will be sent by my father.
3. The letter had been written by a student.
4. This film has been seen by many people.
5. Such books are read only by good students.
6. The bill will be paid by the student's father.
7. The workers were (being) paid every two weeks.
8. The car was being repaired.
9. The box office is opened daily at 2:00 p.m.
10. Your baggage has already been picked up, Herr Lehmann.
11. What is served for breakfast here? (**servieren**)
12. Paul is awakened by an alarm clock.
13. The museum was destroyed by a bomb (**eine Bombe**).
14. Was his car already sold?
15. The house is already built.
16. The bill is being paid.
17. The door opens, and his friend enters the room.
18. His wish was fulfilled.
19. I'm glad to meet you. (**Sie** form)
20. Well, have a good time!
21. Don't worry! (**du** form)
22. Give your friend (*m.*) my regards! (**du** form)

COMMUNICATION CHALLENGES

Personalized Questions

1. Sind Sie je in Salzburg gewesen? 2. Was haben Sie am interessantesten gefunden? 3. Möchten Sie Mozarts Geburtshaus besuchen? 4. Möchten Sie sich Hugo von Hofmannsthals „Jedermann" ansehen? 5. Warum sind die Karten so teuer? 6. Warum wird das Spiel nur im Sommer aufgeführt? 7. Woher wissen Sie das? 8. Wird eine Oper heute abend auf diesem Campus aufgeführt? 9. Begegnen Sie oft einem Freund oder einer Freundin auf der Straße, wenn Sie eine Reise nach Los Angeles machen? 10. Laufen Sie über die Straße, wenn das Licht für **Fußgänger** (*pedestrians*) rot ist? 11. Haben Sie gestern Post bekommen? 12. Warum haben Sie immer Kopfschmerzen, wenn Sie eine Prüfung machen müssen? 13. Würden Sie sich schämen, wenn Sie durchfallen sollten? 14. Von wem wurde Amerika entdeckt? 15. Wo haben Sie gestern abend getanzt? 16. Wird ein Baby fast jeden Tag von der Mutter gebadet? 17. Warum reisen so viele Touristen nach Österreich? 18. Kann das Matterhorn ziemlich leicht bestiegen werden? 19. Sind Ihre Wünsche immer

erfüllt worden? 20. Wird nur Deutsch in diesem Klassenzimmer gesprochen?
21. Wann haben Sie Oberammergau besucht? 22. Möchten Sie sich das
Oberammergauer Passionspiel **anschauen** (*see*)?

Directed Questions

1. Fragen Sie Herrn _____, ob er seinen Freunden Glück bringt!
2. Fragen Sie Fräulein _____, ob sie in zwei Wochen die Stadt verläßt!
3. Fragen Sie Herrn _____, ob er uns seine Freundin vorstellen möchte!
4. Fragen Sie Fräulein _____, ob sie sich für das Theater interessiert!
5. Fragen Sie Herrn _____, ob er im nächsten Sommer eine Reise nach Rom
   macht!
6. Fragen Sie Fräulein _____, ob sie heute viel Geld bei sich hat!
7. Fragen Sie Herrn _____, ob er **schnarcht** (*snores*), wenn er in der Klasse
   einschläft (*goes to sleep*)!
8. Fragen Sie Fräulein _____, wann das nächste Theaterstück aufgeführt
   wird!

Sentence Challenge

Use the following words in sentences of four or more words.

1. vorstellen 2. zurückgeben 3. reparieren 4. mieten 5. töten 6. Stein
7. loben 8. Bekanntschaft 9. komponieren 10. entdecken 11. schlagen
12. Fleisch 13. Wunsch 14. Sorge 15. einschlafen 16. schnarchen
17. Campus 18. unbekannt 19. schneiden 20. zugeben

Vocabulary Challenge

Explain in German the meaning of each of the following words.

1. Glück 2. Räuber 3. Wanderer 4. Fußgänger 5. Hauptrolle
6. Vergnügen

Twenty Questions

The instructor will think of a well-known personality. Students will be given an
opportunity to try to identify the person.

Directed Communication Challenge

You have heard of the beautiful Salzkammergut, a scenic area of lakes and
mountains not far from Salzburg. Why not spend the whole afternoon there? Ask
the landlady at the *small hotel* (**die Pension**) how to get there? She will probably tell
you to take the Autobahn to Mondsee, then turn off to the right, or you can drive
around the Gaisberg and take the road to St. Gilgen, which is on the shore of the
Wolfgangsee. Find out in St. Gilgen about swimming. You have heard that the
Austrian lakes are warm. Ask someone there if you can *rent* (**mieten**) a boat. Find out
also if there is a campground nearby. There must be. Now that you can see how

beautiful the Salzkammergut is, why not spend two or three days there? What beautiful mountains and lakes! Phone Vienna and find out if you really have to be back tomorrow night. You find out that it's the last Johann Strauß concert of the summer. You love his music, but it's so beautiful here!—So what do you decide to do?

ACTIVE VOCABULARY

(das) **Alltagsdeutsch**   everyday German

anschauen (*sep. reg.*)   see, look at

der **Aufsatz, ⸚e**   essay

aussprechen (*sep. irreg.*)   pronounce

die **Bekanntschaft, -en**   acquaintance

die **Begegnung, -en**   meeting, encounter

die **Besserung, -en**   improvement, recovery

braten (*irreg.*)   roast

der **Campus**   campus

decken (*reg.*)   set (table)

ebenfalls   likewise, too

ehren (*reg.*)   honor

eilen (*reg., s.*)   hurry

einschlafen (*sep. irreg., s.*)   go to sleep

entdecken (*reg.*)   discover

erfüllen (*reg.*)   fulfill

ermorden (*reg.*)   murder

der **Fall, ⸚e**   case, situation

das **Fleisch**   meat

der **Fußgänger, -**   pedestrian

das **Geburtshaus, ⸚er**   house where one is born

der **Gefallen, -**   favor

die **Hauptrolle, -n**   lead role

heilen (*reg.*)   heal

jedermann   everyman, everyone

komponieren (*reg.*)   compose

loben (*reg.*)   praise

mieten (*reg.*)   rent (from); **vermieten** rent (to)

das **Passionsspiel**   Passion play

die **Pension, -en**   small, inexpensive hotel

der **Räuber, -**   robber

reparieren (*reg.*)   repair

das **Salzkammergut**   scenic area in the center of Austria

scharf   sharp

schlagen (*irreg.*)   hit, strike

schnarchen (*reg.*)   snore

der **Schuß** (*pl.* **Schüsse**)   shot

servieren (*reg.*)   serve (food)

die **Sorge, -n**   worry, care

das **Spiel, -e**   play (drama), game

der **Stein, -e**   stone

der **Tennisball, ⸚e** tennis ball

das **Tor, -e**   gate

töten (*reg.*)   kill

umziehen (*sep. irreg., s.*)   move to a different place

unbekannt   unknown

unglaublich   incredible

unmöglich   impossible

unterhalten (*irreg.*)   entertain

das **Vergnügen, -**   pleasure, fun

verzweifelt   in despair

die **Vorstellung, -en**   introduction, performance (drama, etc.)

der **Wanderer, -**   hiker

der **Wunsch, ⸚e**   wish

zugeben (*sep. irreg.*)   admit

Idioms and Helpful Expressions

Es freut mich, Ihre Bekanntschaft zu machen.   I'm glad to meet you (make your acquaintance).

Na, viel Vergnügen!   Well, have a good time!

Auf jeden Fall, gute Besserung!   In any case, I hope you're better soon!
Mach dir keine Sorgen!   Don't worry!
Grüß deinen Freund von mir!   Give your friend my regards!
Woher wissen Sie das?   How do you know that?

Salzburg, die Festspielstadt

Salzburg, die Hauptstadt des gleichnamigen[1] österreichischen Bundeslandes[2], war im Mittelalter die Residenzstadt eines Fürstenbistums[3]. Heute ist es berühmt durch die Mozart-Festspiele, die 1920 zum ersten Mal aufgeführt wurden. Die vielen

[1] of the same name   [2] federal state   [3] diocese administered by a prince-bishop

A

B

Kirchen, die man auf dem Bild sieht (**A**), stammen aus der Zeit der Erzbischöfe[4].
Auf dem Berg im Hintergrund steht die große Festung[5] Hohensalzburg, in der
heute auch ein Museum untergebracht[6] ist.

[4] archbishops   [5] fortress, citadel   [6] housed

C

Salzburg ist für Musikliebhaber die Mozartstadt (**B**), weil der bekannte Komponist im Jahre 1756 hier geboren wurde (**C**). Während der Festspiele, die jeden Sommer sechs Wochen lang dauern, kommen einige der besten Opernsänger der Welt nach Salzburg, um in den großen Opern Mozarts mitzuwirken[7]. Während

[7] to participate

D

E

der Festspielwochen[8] werden auch viele Konzerte gegeben, in denen manche[9] der schönsten Werke Mozarts zu hören sind.

Kennen Sie das alte englische Spiel „Everyman"? Der österreichische Dichter Hugo von Hofmannsthal hat dieses Thema in seinem „Jedermann" benutzt. Der reiche Mann, der ein schlechtes Leben führt und nur an sich selber und an weltliche Freuden denkt, zittert vor Angst, als der Tod[10] ihn endlich holen will. Hier (**D**) sieht man eine Szene aus diesem berühmten Werk, das während der Festspiele vor dem Dom aufgeführt wird.

Nicht weit von Salzburg liegt das Salzkammergut[11], ein Ferienland[12], das bei allen Österreichern und Deutschen beliebt ist. In dieser Gegend[13] liegen Dutzende[14] warmer, klarblauer Bergseen (**E**) und idyllischer Dörfer, deren

---

[8] festival weeks   [9] some   [10] death   [11] original salt mines district   [12] vacation land
[13] region   [14] dozens

F

Geschichte oft sogar in die Zeit vor Christus zurückreicht[15]. Die Ufer[16] des Hallstättersees (**F**) z.B. waren schon tausend Jahre vor Christus bewohnt. Man nennt diese Epoche die Hallstätter Periode der Menschheitsentwicklung[17].

[15] goes back   [16] shores   [17] development of mankind

Aufgabe Dreiundzwanzig

„Wien, Wien, nur du allein"

Rudi, Anna, Bruno und Luise verbringen zwei herrliche Tage in Wien, wo die Mädchen bei einer Tante übernachten. Rudi und Anna fahren eben mit dem berühmten Riesenrad im Prater, dem weltbekannten Vergnügungspark.

1. RUDI: Ah, Wien, du Stadt meiner Träume!
2. ANNA: Aber vor vier Tagen sagtest du noch, daß Salzburg die Stadt deiner Träume wäre.
3. RUDI: Ja, das war aber vor vier Tagen!
4. ANNA: Ah, jetzt sind wir ganz oben! Siehst du die alte Donau, wo wir gestern schwimmen gegangen sind?
5. RUDI: Ja, und dort drüben ist die neue Donau, die durch einen von Menschen gegrabenen Kanal fließt.
6. ANNA: Rudi, das ist lauter Papierdeutsch, wie du weißt. Du hast aber eigentlich große Fortschritte gemacht! Jetzt sprichst du sogar besser als viele Deutsche!
7. RUDI: Danke schön, aber leider mit amerikanischem Akzent.
8. ANNA: Nein, gar nicht! Tante Irmgard ahnt noch nicht, daß du Amerikaner bist.
9. RUDI: Es ist sehr nett von deiner Tante, uns heute abend zum Abendessen einzuladen.
10. ANNA: Du gefällst der Tante; sie möchte dich besser kennenlernen.
11. RUDI: Dann werde ich auf meine Aussprache aufpassen müssen!

Fragen

1. Was ist der Prater? 2. Was sieht man, wenn man mit dem Riesenrad fährt? 3. Wo kann man schwimmen? 4. Wie gut spricht Rudi Deutsch? 5. Wo werden sie heute abend essen?

Lesson Twenty-three

"Vienna, Vienna, Just You Alone"

Rudi, Anna, Bruno, and Luise spend two wonderful days in Vienna, where the girls spend the night at the home of an aunt. Rudi and Anna are just riding on the famous giant Ferris wheel in the Prater, the world-famous amusement park.

1 RUDI: Ah, Vienna, city of my dreams!
2 ANNA: But four days ago you were still saying that Salzburg was the city of your dreams.
3 RUDI: Yes, but that was four days ago.
4 ANNA: Ah, now we are right on top. Do you see the old Danube, where we went swimming yesterday?
5 RUDI: Yes, and over there is the new Danube, which flows through a man-made canal.
6 ANNA: Rudi, that's pure book German, as you know. You have really made great progress though. Now you speak even better than many Germans.
7 RUDI: Thanks a lot, but unfortunately with an American accent.
8 ANNA: No, not at all. Aunt Irmgard still doesn't suspect that you are an American.
9 RUDI: It's very nice of your aunt to invite us to dinner tonight.
10 ANNA: My aunt likes you; she would like to get to know you better.
11 RUDI: Then I'll have to watch my pronunciation.

REVIEW OF IDIOMS AND
HELPFUL EXPRESSIONS
(Lessons 11–15)

LOTTE: Wohin gehst du, Klara?

KLARA: Ich mache heute nachmittag einen Spaziergang mit einer Freundin.

LOTTE: Hast du keine Angst vor dem großen Hund an der Ecke?

KLARA: Nein, er bellt nur laut, aber er beißt nicht.

LOTTE: Ich hoffe, du hast recht. Ich habe mich immer vor Hunden gefürchtet.

KLARA: Nur keine Angst! Er ist gewöhnlich freundlich zu jungen Leuten.

KARIN: Was für ein herrlicher Tag!

ERNST: Nicht wahr? Wie wäre es, wenn wir heute einen Ausflug machen würden?

KARIN: Ich möchte schon, aber ich habe in der nächsten Stunde eine Vorlesung.

ERNST: Wenn du nicht schwänzen willst, können wir ja später gehen.

KARIN: Gut, wenn du es nicht eilig hast.

ERNST: Wo sollen wir uns treffen?

KARIN: Am Brunnen, um halb drei.

ERNST: Abgemacht! Ich werde mich beeilen.

HUGO: Donnerwetter!

INGRID: Was ist denn los?

HUGO: Meine Uhr geht nicht. Wie spät ist es genau?

INGRID: Zehn Minuten vor elf, aber meine Uhr geht manchmal ein bißchen vor.

HUGO: Danke. Ich gehe jetzt zur Bibliothek. Nachmittags habe ich oft wenig Zeit zum Lesen.

KARL: Was hast du heute abend vor, Laura?

LAURA: Nichts Besonderes.

KARL: Möchtest du ins Kino gehen?

LAURA: Sehr gern, Karl!

KARL: Weißt du, wann wir unsere nächste Prüfung in Literaturgeschichte haben?

LAURA: Am nächsten Montag. Ich hoffe, ich kann die Prüfung bestehen.

KARL: Du bist noch nie durchgefallen, das kann ich leider von mir nicht sagen.

LAURA: Du mußt nur ein bißchen fleißiger lernen.

KARL: Ja, das weiß ich schon. —Soll ich dich gegen sieben Uhr abholen?

LAURA: Schön! Einen Augenblick bitte! Du hast vergessen, mir meine Bücher zurückzugeben.

KARL: Bitte, nimm auch meine mit! Ich habe schon zu viele.

Rosa: Gehst du heute einkaufen, Luise?

Luise: Ja, ich muß einige Einkäufe machen, denn morgen ist Sonntag.

Rosa: Du siehst heute sehr gut aus.

Luise: Ja? Aber dein Kleid steht dir auch ausgezeichnet.

Rosa: Meinst du? Ich hätte gern eine neue Bluse, wenn ich eine schöne finden könnte.

Luise: Ich muß mir auch eine neue Bluse kaufen. Darf ich vielleicht mitkommen?

Rosa: Natürlich! Ich gehe nicht gern allein einkaufen.

Johanna: Guten Tag, Klaus!

Klaus: Guten Tag, Johanna! Das ist eine angenehme Überraschung.

Johanna: Es freut mich auch, dich wieder zu sehen. Ißt du oft in diesem Restaurant?

Klaus: Nicht sehr oft, aber ich finde das Essen hier gut und billig.

Johanna: Ich auch. Eine Freundin und ich treffen uns fast jeden Tag hier.

Klaus: So? Dann werde ich ganz bestimmt öfter hierher kommen.

Herr Schneider: Ich möchte gern zahlen.

Kellnerin: Ich komme sofort. Hat Ihnen das Essen geschmeckt?

Herr Schneider: Sehr! Was bin ich Ihnen schuldig?

Kellnerin: Im ganzen, zehn Mark fünfzig.

Herr Schneider: Ist die Bedienung auch dabei?

Kellnerin: Ja, natürlich. Danke schön. Auf Wiederschauen!

Herr Schneider: Auf Wiedersehen!

Jürg: Freust du dich auf die Aufführung von Wagners „Parsifal"?

Petra: Natürlich! Hast du die Karten von der Kasse geholt?

Jürg: Ja, gestern nachmittag.

Petra: Wann hast du die Plätze reserviert?

Jürg: Vor einem Monat. Hast du uns ein Programm gekauft?

Petra: Ja, ich dachte, du hättest es vergessen.

Jürg: Danke sehr. Wie du weißt, bin ich oft ein bißchen zerstreut.

Petra: Schau mal! Fast jeder Platz ist schon besetzt.

Jürg: Von hier aus können wir die Bühne gut übersehen.

Petra: Psst! Es fängt schon an.

Moritz: Warum ist Trudi böse auf mich?

Gudrun: Du hast dich in ein anderes Mädchen verliebt!

Moritz: So? Das habe ich nicht gewußt.

Gudrun: Aber sie weiß es schon. Du sprichst stundenlang mit Hilde.

Moritz: Stundenlang? Unser Gespräch hat nur zehn Minuten gedauert! Außerdem weiß Trudi schon, daß ich nur sie allein liebe.

Gudrun: Das weiß sie nicht! Sag es ihr!

FRANZ: Die Karten waren schon beinah ausverkauft. Unsere Plätze sind
deshalb wahrscheinlich nicht gut.
KLAUDIA: Das macht nichts.

(Später)

FRANZ: Was für eine angenehme Überraschung! Die Plätze sind ausge-
zeichnet!
KLAUDIA: Von hier aus kann man gut sehen.
FRANZ: Ich habe für die Karten nicht viel bezahlt. Nun können wir noch nach
der Vorstellung in das kleine Café in der Nebenstraße gehen.
KLAUDIA: Wunderbar! Die Torten sind dort besonders gut.

CONVERSATIONAL PATTERNS

I. MODAL AUXILIARIES AND THE PASSIVE

Just as in English, the modal auxiliaries are sometimes used with the passive infinitive:

So etwas kann einfach nicht **beschrieben** (*described*) werden.
Deutsch kann nur mit **Geduld** (*patience*) gelernt werden.

A reflexive construction with **sich lassen** is often used in place of the above constructions that contain the auxiliary **können**:

So etwas läßt sich einfach nicht beschreiben.
Deutsch läßt sich nur mit Geduld lernen.

1. Repetition

Was soll jetzt gesagt werden?
Diese Sätze müssen laut
ausgesprochen werden.

Ein Volkswagen kann leicht repariert
werden.
Ein Volkswagen läßt sich leicht
reparieren.

2. Passive > **sich lassen**

Das kann nicht so leicht gesagt werden.

Deutsch kann nicht in drei Wochen
gelernt werden.
Das Matterhorn kann nur von
erfahrenen Bergsteigern
bestiegen werden.

Das läßt sich nicht so leicht sagen.

Deutsch läßt sich nicht in drei Wochen
lernen.
Das Matterhorn läßt sich nur von
erfahrenen Bergsteigern besteigen.

Oft kann die Grammatik nicht leicht
erklärt werden.

Oft läßt sich die Grammatik nicht
leicht erklären.

II. IMPERSONAL PASSIVE

The passive is occasionally used *impersonally*:

Es wird heute abend getanzt.
There will be dancing this evening.

Whenever another word begins the sentence, **es** usually drops out:

Heute abend wird getanzt.

Verbs that involve dative case are rendered in the passive with the impersonal
subject **es** either written or understood.

Es wird mir von ihm geholfen.

(*or better*)

Mir wird von ihm geholfen.

3. Repetition

Es wird heute gearbeitet.
Heute wird gearbeitet.
Es wird abends oft gesungen.
Oft wird abends gesungen.

Bei uns wird immer spät gegessen.
Gewöhnlich wird viel getanzt.
Ihm wurde ein neues Buch gegeben.
Dem Mann kann geholfen werden.

III. THE INFINITIVE AS A NOUN

Any infinitive may be used as a noun. When used in this way, it is capitalized
and is neuter gender:

tanzen, **das Tanzen**
laufen, **beim Laufen**
Geben ist besser als **Nehmen**.

dancing
while running
To give is better than to receive.

4. Repetition

Er hat sie beim Tanzen kennengelernt.
Viel Spaß beim Schwimmen!
Das Aufpassen in der Klasse ist
wichtig für das Lernen.
Wie gefällt Ihnen das Studieren?
Irren (*to err*) ist menschlich, Vergeben
göttlich (*divine*).

Lachen ist in jeder Sprache **gleich** (*the
same*).
Reden (*talking*) ist Silber, **Schweigen**
(*silence*) ist Gold.
Fischen ist gut für die Nerven.
Leben und Lebenlassen ist unser
Motto.
Reisen kostet Geld, aber so sieht man
die Welt.

IV. MINOR USES OF THE SPECIAL SUBJUNCTIVE

The special subjunctive is used in formal discourse to express wishes, commands, and concessions. In both English and German these expressions have an archaic flavor.

Gott sei mit uns!	*God be with us!*
Es koste, was es wolle!	*Cost what it may!*

5. Repetition

Es lebe die Freiheit!	*Long live freedom!*
Gott sei Dank!	*Thanks be to God!*
Der Teufel hole ihn!	*The devil take him!*
Er ruhe in Frieden.	*May he rest in peace.*
Möge der Herr uns segnen.	*May the Lord bless us.*

V. ENGLISH–GERMAN PATTERNS

1. Such a thing cannot be seen!
2. A foreign language cannot be learned in three weeks.
3. There is a lot of buying and selling.
4. There will be dancing tonight.
5. Often there is also a lot of singing.
6. He got to know her while dancing.
7. Paying attention is important for learning.
8. Swimming is good for one's health.
9. Long live freedom!
10. God be with you! (**ihr** form)
11. Are you (**du**) afraid of snakes (Schlangen)?
12. What a magnificent day!
13. Is he in a hurry?
14. Can you (**du**) pass the test?
15. When shall I pick you up? (**Sie** form)
16. I must go shopping.
17. How often do you (**Sie**) meet here?
18. Did the food taste good?
19. Is the tip included?
20. Why are you (**ihr**) angry with me?
21. Have you (**du**) fallen in love?
22. Everything is possible.
23. She was being followed.
24. Are you (**du** form) being helped?

COMMUNICATION
CHALLENGES

Personalized Questions

1. Wann möchten Sie ein paar Tage in Wien verbringen? 2. Würden Sie bei Annas Tante übernachten? 3. Sind Sie jemals mit einem Riesenrad gefahren? Wann? 4. Finden Sie jede Frau reizend? 5. Sprechen Sie Papierdeutsch oder Alltagsdeutsch? 6. Mit was für einem Akzent sprechen Sie? 7. Spricht Ihr Zimmerkollege (Zimmerkollegin) nur Deutsch mit Ihnen? 8. Was würden Sie sagen, wenn der Lehrer fragen sollte: „Möchten Sie heute abend zu mir zum Abendessen kommen"? 9. Was gibt's heute abend zum Abendessen? 10. Baden Sie gewöhnlich morgens oder abends? 11. Wie wäre es, wenn wir heute einen Ausflug machten? 12. Warum fürchten Sie sich vor Schlangen (snakes)? 13. Wie spät ist es genau? 14. Können Sie jede Prüfung bestehen? 15. Wo zahlt man, wenn man etwas in einem deutschen Kaufhaus kauft? 16. Was hast du heute abend vor? 17. Ist der Vergnügungspark in Ihrer Stadt weltberühmt? 18. Sprechen Sie jetzt gut Deutsch? 19. Glauben Sie, daß Sie große Fortschritte gemacht haben? 20. Leben Sie manchmal in einem Traum? 21. Sind Sie verliebt?

Directed Questions

1. Fragen Sie Herrn _____, ob er immer auf seinen Akzent aufpaßt, wenn er Deutsch spricht!
2. Fragen Sie Fräulein _____, was sie heute abend vorhat!
3. Fragen Sie Herrn _____, wann er noch eine deutsche Prüfung machen muß!
4. Fragen Sie Fräulein _____, ob auf diesem Campus viel getanzt wird!
5. Fragen Sie Fräulein _____, ob sie sich auf das Ende dieses **Kurses** (*course*) freut!
6. Fragen Sie Herrn _____, ob er manchmal **zerstreut** (*absentminded*) ist!
7. Fragen Sie Herrn _____, ob er jemals etwas Stärkeres als Coca-Cola getrunken hat!
8. Fragen Sie Fräulein _____, wo das nächste Café ist!

Sentence Challenge

Use each of the following words in a sentence of four or more words.

1. schuldig 2. oben 3. Traum 4. Kanal 5. lauter 6. Überraschung
7. schwänzen 8. Brunnen 9. bestehen 10. durchfallen 11. ausgezeichnet
12. Kasse 13. aufpassen 14. Kurs 15. ahnen 16. außerdem 17. Donau
18. zerstreut 19. Akzent 20. graben

Vocabulary Challenge

Explain in German the meaning of each of the following words.

1. Riesenrad 2. Traum 3. berühmt 4. Prater 5. angenehm 6. vergeßlich

Free Choice Challenge

With the permission of the instructor, you may choose one of several different challenges: original story, retold story, fairy tale, twenty questions, or a special challenge of your own choosing.

Directed Communication Challenge

Sometimes you are either not very smart or you are very forgetful, even absent-minded. You invited Lotte to meet you at the Café Mozart for (**zu**) ice cream about three in the afternoon. You didn't remember until now, however, that you had suggested to Monika several days ago that you meet there at three for (**zu**) *nut cake* (**Nußtorte**). Now what do you do? You explain your problem to a young man at the next table. He is of no help to you; he says that he is waiting for his girl friend. She is supposed to meet him at three o'clock. It's your problem, of course, but what if both girls arrive at the same time? How do you explain everything to them? You like both of them a lot. Perhaps you could wait in the shop across the street to see if both girls come. Too late! You see Lotte and Monika entering the café. Do they know each other? Now what do you do? Why is the young man at the next table standing up? —These are very difficult questions. We wish you luck in answering them.

ACTIVE VOCABULARY

ahnen (*reg.*) suspect
der Akzent, -e accent
die Bedienung service
beißen (*irreg.*) bite
beschreiben (*irreg.*) describe
deshalb therefore
die Donau Danube River
der Fortschritt, -e progress
die Geduld patience
göttlich divine
graben (*irreg.*) dig
irren (*reg.*) err, make a mistake
der Kanal, ⸗e canal
klagen (*reg.*) complain
der Kurs, -e course
lauter nothing but, pure
die Nebenstraße, -n side street

die Nußtorte, -n nut cake (usually with filling and frosting)
oben above, up there, upstairs
(das) **Papierdeutsch** bookish German
der Prater Viennese amusement park
das Riesenrad, ⸗er Ferris wheel
schuldig indebted, guilty
schweigen (*irreg.*) be silent, keep quiet
sogar even, actually
stundenlang for hours, more than an hour
der Traum, ⸗e dream
die Überraschung, -en surprise
der Vergnügungspark, -s amusement park
wahrscheinlich probably
weltbekannt world known
zerstreut absentminded

Idioms and Helpful Expressions

Du hast große Fortschritte gemacht.   You have made great progress.
Was bin ich Ihnen schuldig?   How much do I owe you?
Ist die Bedienung dabei (eingeschlossen)?   Is the service (charge) included?
Auf Wiederschauen! (southern German) = **Auf Wiedersehen!**
Hat er sich in sie verliebt?   Has he fallen in love with her?

„Wien, du Stadt meiner Träume"

Die Kaiserstadt[1] Wien erlebte[2] eine besondere Blüte[3] im 17. und 18. Jahrhundert.
Viele Architekten, Künstler, Sänger und Dichter schufen[4] damals unvergängliche
Kunstwerke[5]. Obwohl Wien heute die Hauptstadt einer nur kleinen Republik von

[1] imperial city   [2] experienced   [3] golden age   [4] created   [5] immortal works of art

A

B

über 7 Millionen Menschen ist, hat es wenig an künstlerischem Glanz[6] verloren,
denn die prächtigen[7] Kirchen, Museen und Schlösser der Habsburger Kaiser sind
noch erhalten[8]. Auch der mittelalterliche gotische Stephansdom wacht heute noch
über der Stadt wie vor Jahrhunderten (**A**).

    Von den herrlichen Barock-Schlössern in Wien sind zwei besonders schön.
Das Schloß Schönbrunn, die ehemalige Sommerresidenz der Habsburger, wurde
von Fischer von Erlach, einem der größten Baumeister der Welt, im siebzehnten
Jahrhundert begonnen. Wie man leicht erraten[9] kann, kommt der Name
Schönbrunn von dem „Schönen Brunnen", der nicht weit vom Schloß im Park liegt
(**B**). Das Schloß Belvedere (**C**) wurde von einem zweiten großen Architekten der
Zeit, Lukas von Hildebrand, gebaut. Es war die Residenz eines berühmten
österreichischen Generals, Prinz Eugen, der die Türken besiegte[10] und der großen
Einfluß auf das kulturelle Leben Wiens hatte.

---

[6] artistic splendor   [7] magnificent   [8] preserved   [9] guess   [10] conquered the Turks

C

Ihre Weltberühmtheit[11] verdankt[12] die Stadt in erster Linie[13] der Musik und allem, was sie auf dem Gebiet[14] der Musik hervorgebracht[15] hat. Auf einem Spaziergang durch Wien kommt man an den Denkmälern vorbei, die die Stadt den größten Komponisten gesetzt hat, die dort gelebt und gewirkt haben:[16] Mozart, Gluck, Haydn, Beethoven, Schubert, Brahms, Johann und Richard Strauß (**D**, Johann-Strauß-Denkmal im Stadtpark).

Die unübertroffene[17] Ensembleleistung[18] der Wiener Oper hat den Ruf[19] Wiens als Hauptstadt der Musik mitbegründet[20]. Dem Ensemble der Wiener Oper anzugehören, ist Wunsch und Ziel[21] aller großen Sänger in den deutschsprachigen Ländern; auch viele ausländische Künstler haben im Wiener Opernensemble mitgewirkt[22]. Am Ende des letzten Weltkriegs war das Wiener Opernhaus eine

[11] word fame   [12] owes   [13] especially   [14] area   [15] contributed   [16] have been creatively active   [17] unexcelled   [18] group accomplishment   [19] reputation   [20] helped to establish   [21] goal   [22] participated

D

E

ausgebrannte Ruine[23]. Trotz der Not[24] der Nachkriegsjahre wandte die
österreichische Regierung 265 Millionen österreichische Schilling auf[25], um den
Wiederaufbau durchzuführen[26] (**E**, Zuschauerraum[27] der Staatsoper).

Um die innere Stadt führt die breite, von Bäumen bepflanzte[28] Ringstraße, an
deren Stelle früher die Stadtmauer stand. An dieser vier Kilometer langen Allee[29]
liegen einige der größten und schönsten Bauten[30] Wiens: die Staatsoper, das
Kunsthistorische und das Naturhistorische Museum, die neue Hofburg[31], das

[23] burned–out ruin   [24] need, distress   [25] (*wandte . . . auf*) appropriated   [26] to carry out
the reconstruction   [27] auditorium, seating area for spectators   [28] planted   [29] avenue
[30] structures, buildings   [31] Hofburg Palace

F

Parlament, das Rathaus, das Universitätsgebäude (1365 gegründet), die Börse[32] und das 1776 von Joseph II. gegründete Burgtheater.

Wer Erholung[33] sucht, geht oft zur Alten Donau. Dort kann man rudern[34], segeln und schwimmen (**F**). Die Alte Donau ist die ursprüngliche[35] Donau und liegt ein paar Kilometer östlich der Stadt Wien. Da die Donau früher im Frühling oft über beide Ufer trat[36] und das umliegende Land überschwemmte[37], wurde ein neues Flußbett mit hohen Ufern gebaut. Dadurch wurde die Alte Donau zu einem schönen, warmen See, der mehrere Kilometer lang ist. Als Vergnügungsort[38]

[32] stock exchange   [33] recreation   [34] row   [35] original   [36] flowed   [37] flooded
[38] place of amusement

G

ziehen aber manche[39] Wiener den Prater (**G**, das Riesenrad) oder den schönen Wienerwald vor, die beide nur ein paar Kilometer von der Stadtmitte entfernt[40] liegen.

[39] some   [40] distant

Aufgabe Vierundzwanzig

„Auf Wiedersehen"

Rudi und Anna treffen sich zum letzten Mal am Brunnen vor der Universität, ehe Rudi mit dem Flugzeug nach den Vereinigten Staaten zurückkehren muß.

1 ANNA: Und morgen fährst du nun ab, Rudi?

2 RUDI: Ja, um fünf Uhr.

3 ANNA: Wie ist es mit deinem Volkswagen? Wann kommt der in New York an?

4 RUDI: In etwa drei Wochen. Die nötigen Papiere habe ich schon vor Wochen ausfüllen müssen. Es wäre schön, wenn du nach Frankfurt mitfahren könntest.

5 ANNA: Ich möchte schon, aber das geht leider nicht. Wirst du drüben in Amerika dein Deutsch wieder vergessen?

6 RUDI: Nein, bestimmt nicht, ich möchte ja in ein oder zwei Jahren wiederkommen. Wie ist es mit dir? Möchtest du nicht ein Semester in Amerika studieren?

7 ANNA: Ja, schon, aber das ist zeitlich und finanziell ein Problem.

8 RUDI: Wenn du kämest, müßtest du mich bestimmt besuchen. Ich würde dir helfen und dir viel Interessantes zeigen.

9 ANNA: Das glaube ich. Schön wäre es schon, aber es wird wohl nichts daraus werden.

10 RUDI: Man kann nie wissen. Ich werde dir ab und zu schreiben und würde mich freuen, wenn du mir antworten würdest.

11 ANNA: Wenn du Glück hast, schreib' ich dir zum Geburtstag ein paar Zeilen.

12 RUDI: Also, dann auf Wiedersehen, Anna, und vielen Dank für alles, besonders für deine Freundschaft und deine Hilfe beim Deutschlernen.

13 ANNA: Nichts zu danken. Ich hab's gern getan. Auf Wiedersehen und alles Gute, Rudi!

Fragen

1. Wo treffen sich Rudi und Anna? 2. Wohin muß er reisen? 3. Reist Anna mit? 4. Wann möchte Rudi wiederkommen? 5. Will Anna ein Semester in Amerika studieren? 6. Wie oft wird sie schreiben? 7. Wofür ist Rudi dankbar?

Lesson Twenty-four

"Until We Meet Again"

Rudi and Anna meet at the fountain in front of the University for the last time before Rudi must return by plane to the United States.

1 ANNA: And you are leaving tomorrow, Rudi?

2 RUDI: Yes, at five o'clock.

3 ANNA: How about your Volkswagen? When does it arrive in New York?

4 RUDI: In about three weeks. I had to fill out the necessary papers weeks ago. It would be nice if you could drive to Frankfurt with me.

5 ANNA: I would certainly like to, but unfortunately that won't work out. Will you forget your German again over there in America?

6 RUDI: No, definitely not! You know, I would like to come again in one or two years. How about you? Wouldn't you like to study for a semester in America?

7 ANNA: Sure, but that's a problem as to time and money.

8 RUDI: If you came, you would definitely have to visit me. I would help you and show you much that is interesting.

9 ANNA: I'm sure you would. It would certainly be nice, but probably nothing will come of it.

10 RUDI: One never knows. I'll write to you now and then, and I would be happy if you would answer.

11 ANNA: If you're lucky, I'll write you a few lines on your birthday.

12 RUDI: Well, then good-bye, Anna, and many thanks for everything, especially for your friendship and your help in learning German.

13 ANNA: Don't mention it. I was glad to do it. Good-bye, and best wishes, Rudi!

REVIEW OF IDIOMS AND
HELPFUL EXPRESSIONS
(Lessons 16–20)

RENATE: Was hörst du am liebsten, Schlager oder Jazz oder Rock?

DIETRICH: Es kommt darauf an, was du damit meinst. Einige moderne Schlager höre ich gern, aber nicht alle.

RENATE: Du spielst Klavier, nicht wahr?

DIETRICH: Nein, nur Mundharmonika.

RENATE: Gehst du heute abend ins Konzert?

DIETRICH: Nein, meine Freundin und ich gehen im Park spazieren. Später wollen wir im Studentenkeller tanzen.

RENATE: Wie schön!

MARIANNE: Besuchst du deinen Freund in Nürnberg zum ersten Mal?

WOLFGANG: Nein, ich habe ihn vor zwei Jahren besucht.

MARIANNE: Wann kommst du zurück?

WOLFGANG: In acht Tagen.

MARIANNE: Gute Reise!

WOLFGANG: Danke. Bis nächste Woche!

INGRID: Was für ein Auto hast du?

RICHARD: Einen Volkswagen.

INGRID: Oh, ein Volkswagen ist sehr praktisch! Tankst du einfaches Benzin oder Super?

RICHARD: Einfaches Benzin.

INGRID: Nun, ich muß jetzt leider gehen.

RICHARD: Warum denn? Du bist doch eben erst gekommen!

INGRID: Ich muß noch meinen Koffer packen; wir reisen morgen ab.

RICHARD: Wohin?

INGRID: Nach Venedig.

RICHARD: Du Glückliche! Viel Vergnügen!

INGRID: Danke bestens.

BENNO: Schau mal, die kleine Brünette! Kein Wunder, daß du hier essen wolltest.

JAKOB: Es wäre nett, wenn sie mit mir ins Kino ginge.

BENNO: Man könnte leicht denken, lieber Bruder, du hättest Lotte schon ganz und gar vergessen.

JAKOB: Nicht doch! Aber es tut mir weh, diese kleine Brünette so einsam zu sehen.

BENNO: Einsam?! Bist du von gestern? Die Kleine versteht das Wort „einsam" nicht einmal!

JAKOB: Nun, vielleicht hast du recht, sie spricht schon mit einem anderen jungen Mann.

LIESE: Wohin reist du diesmal?
THEODOR: Nach Bonn.
LIESE: Du fährst gewöhnlich mit der Bahn, nicht wahr?
THEODOR: Ja, es kostet wirklich sehr wenig, wenn man zweiter Klasse fährt.
LIESE: Wenn du nichts dagegen hast, möchte ich dich begleiten.
THEODOR: Schön! Hast du Freunde oder Verwandte in Bonn?
LIESE: Ja, meine älteste Schwester, die jetzt verheiratet ist, wohnt dort.
THEODOR: Wie schön!
LIESE: Hält der Zug in Frankfurt?
THEODOR: Nicht lange, ungefähr zehn bis fünfzehn Minuten.
LIESE: Fährt der Zug über Karlsruhe?
THEODOR: Nein, über Stuttgart.
LIESE: Danke sehr für die Auskunft und die Einladung. Ich muß sofort meine Koffer packen.
THEODOR: Mach schnell! Wir müssen in einer Stunde am Bahnhof sein.
LIESE: Warte nur auf mich! Ich bin in einer Viertelstunde wieder da.

KLEMENS: Fröhliche Weihnachten!
MELANIE: Wie bitte? Es ist doch erst November!
KLEMENS: Das weiß ich schon. Aber du weißt, daß ich zerstreut bin. Es ist möglich, daß ich nächsten Monat vergessen werde, es dir zu wünschen.
MELANIE: Na, viel Glück zum Neuen Jahr!
KLEMENS: Aber warum sagst du das?
MELANIE: Ich bin ebenso zerstreut und vergeßlich wie du. Also, fröhliche Weihnachten und alles Gute im Neuen Jahr!
KLEMENS: Danke, gleichfalls.

GREGOR: Willst du morgen einen Ausflug in die Berge machen?
HEIDI: Sehr gern. Ich erinnere mich noch an unsere Erlebnisse in Zermatt.
GREGOR: Nächstes Jahr wollen wir auf das Matterhorn steigen.
HEIDI: Ist das nicht gefährlich?
GREGOR: Ja, ziemlich. Hast du Angst?
HEIDI: Nein, gar nicht! Ich freue mich eigentlich darauf.

LOTHAR: Telefoniert dein Freund immer noch?
ROLF: Ja. Er ruft seine Freundin zwei- oder dreimal am Tag an.
LOTHAR: Na, so geht's im Leben, wenn man verliebt ist. Sag es mir bitte, wann das Gespräch zu Ende ist.
ROLF: Und wen möchtest du anrufen?
LOTHAR: Meine Kusine. Sie ist wirklich sehr hübsch.
ROLF: Wirklich? Weißt du was?! Ich bringe dich mit meinem Volkswagen zu ihr.
LOTHAR: Oh, wie freundlich von dir!

CONVERSATIONAL PATTERNS

I. MODAL VERBS AND THE DOUBLE INFINITIVE CONSTRUCTION

The present, narrative past, and present perfect of the modal auxiliaries are as follows:

INFINITIVE	PRESENT	NARR. PAST	PRES. PERF.
dürfen	darf	durfte	gedurft
können	kann	konnte	gekonnt
mögen	mag	mochte	gemocht
müssen	er muß	er mußte	er hat gemußt
sollen	soll	sollte	gesollt
wollen	will	wollte	gewollt

When accompanied by a modifying infinitive, the present perfect and past perfect tenses use the infinitive form of the modal in place of the regular past participle. This is called a *double infinitive construction*. Note, however, that the modal verb still has the force of a past participle and is translated as such. Study carefully the following examples:

No Modifying Infinitive

Wollen Sie dieses Buch?	*Do you want this book?*
Wollten Sie dieses Buch?	*Did you want this book?*
Haben Sie dieses Buch **gewollt**?	***Did** you **want** this book?*
Hatten Sie dieses Buch **gewollt**?	***Had** you **wanted** this book?*
Werden Sie dieses Buch wollen?	*Will you want this book?*

(No modifying infinitive, thus regular past participle)

With Modifying Infinitive

Ich will es nicht lesen.	*I do not want to read it.*
Ich wollte es nicht lesen.	*I did not want to read it.*
Ich **habe** es nicht **lesen wollen**.	*I **have** not **wanted to read** it. (I did not want to read it.)*
Ich **hatte** es nicht **lesen wollen**.	*I **had** not **wanted to read** it.*
Ich werde es nicht lesen wollen.	*I will not want to read it.*

(Double infinitive construction)

1. Repetition

Er **hat** nicht **kommen wollen**.	Sie wird nicht kommen dürfen.
Er wird nicht kommen wollen.	Sie wird zu Hause bleiben müssen.

Er **hat** zu Hause **bleiben müssen**.
Werden Sie kommen können?
Ich **habe arbeiten müssen**.
Haben Sie mitgehen wollen?
Ich **habe** nicht **mitgehen dürfen**.

Sie **hat** ihn nicht **verstehen können**.
Er **hatte** sie nicht **fragen wollen**.
Er hofft, heute kommen zu können.
Ich werde mit dem Lehrer darüber
  sprechen müssen.

2. Restatement with Modals

Er wird kommen. (können)

Er wird kommen können.

Ich werde nicht gehen. (können)
Er hat es gelesen. (wollen).
Er hat das Buch mitgenommen.
  (dürfen)
Er wird zu Hause bleiben. (müssen)
Ich habe mit ihm gesprochen. (wollen)
Sie wird heute zurückgehen. (müssen)
Haben Sie alles verstanden? (können)
Morgen werde ich einen Brief
  schreiben. (müssen)
Als Kind habe ich nie mit Feuer
  gespielt. (dürfen)
Haben Sie gut geschlafen? (können)
Wirst du morgen arbeiten? (müssen)
Wirst du mitkommen? (dürfen)

Ich werde nicht gehen können.
Er hat es lesen wollen.
Er hat das Buch mitnehmen dürfen.

Er wird zu Hause bleiben müssen.
Ich habe mit ihm sprechen wollen.
Sie wird heute zurückgehen müssen.
Haben Sie alles verstehen können?
Morgen werde ich einen Brief
  schreiben müssen.
Als Kind habe ich nie mit Feuer
  spielen dürfen.
Haben Sie gut schafen können?
Wirst du morgen arbeiten müssen?
Wirst du mitkommen dürfen?

3. Future > Present Perfect

Er wird kommen können.

Er hat kommen können

Wirst du zu Hause bleiben müssen?
Paul wird nicht mitkommen wollen.
Sie werden es tun müssen.
Werdet ihr kommen können?
Er wird nicht kommen wollen.
Er wird uns einladen wollen.
Wirst du den Satz **übersetzen**
  (*translate*) können?

Hast du zu Hause bleiben müssen?
Paul hat nicht mitkommen wollen.
Sie haben es tun müssen.
Habt ihr kommen können?
Er hat nicht kommen wollen.
Er hat uns einladen wollen.
Hast du den Satz übersetzen können?

4. Present > Future

Er darf nicht gehen.

Er wird nicht gehen dürfen.

Wir dürfen nicht bleiben.
Wir müssen schwer arbeiten.
Er will uns einladen.
Ich muß zurückgehen.
Sauerkraut mag er nicht essen.
Wir wollen ihn etwas fragen.

Wir werden nicht bleiben dürfen.
Wir werden schwer arbeiten müssen.
Er wird uns einladen wollen.
Ich werde zurückgehen müssen.
Sauerkraut wird er nicht essen mögen.
Wir werden ihn etwas fragen wollen.

5. Present > Present Perfect

Können Sie ihn verstehen?   *Haben Sie ihn verstehen können?*

Wollen Sie mit mir sprechen?	Haben Sie mit mir sprechen wollen?
Dürfen Sie mitgehen?	Haben Sie mitgehen dürfen?
Wollen Sie mich etwas fragen?	Haben Sie mich etwas fragen wollen?
Kannst du mitgehen?	Hast du mitgehen können?
Muß er zu Hause bleiben?	Hat er zu Hause bleiben müssen?
Ich kann alles verstehen.	Ich habe alles verstehen können.

II. OTHER VERBS THAT CAN TAKE A DOUBLE INFINITIVE CONSTRUCTION

Several other verbs generally follow the same pattern as the modals when followed by a dependent infinitive; they do not take **zu** before the following infinitive, and they use the double infinitive construction in the present perfect and past perfect tenses. These verbs are **helfen**, **hören**, **lassen**, and **sehen**.

With Modifying Infinitive

Er läßt den Arzt kommen.	*He sends for the doctor.*
Er ließ den Arzt kommen.	*He sent for the doctor.*
Er **hat** den Arzt **kommen lassen.**	*He **has sent for** the doctor.*
Er **hatte** den Arzt **kommen lassen.**	*He **had sent for** the doctor.*
Er wird den Arzt kommen lassen.	*He will send for the doctor.*

The double infinitive construction *always* stands at the end of the clause, even when the clause is dependent:

Obgleich sie sich ein neues Kleid **hat machen lassen**, trägt sie es nicht.

6. Repetition

Er hat sich die Haare schneiden lassen.	Er half ihm den Ball suchen.
Ich werde mir die Haare schneiden lassen.	Wußten Sie, daß er hatte kommen wollen?
Hören Sie ihn kommen?	Warum hat er den Anzug nicht machen lassen?
Haben Sie ihn kommen sehen?	
Haben Sie ihn singen hören?	

7. Present > Present Perfect

Ich höre ihn kommen.   *Ich habe ihn kommen hören.*

Hören Sie ihn singen?	Haben Sie ihn singen hören?
Wir sehen ihn kommen.	Wir haben ihn kommen sehen.
Sie läßt den Arzt kommen.	Sie hat den Arzt kommen lassen.

8. Present Perfect > Future

Ich habe ihn nicht singen hören.   *Ich werde ihn nicht singen hören.*

Wir haben ihn kommen sehen.   Wir werden ihn kommen sehen.
Haben Sie den Arzt kommen lassen?   Werden Sie den Arzt kommen lassen?
Er hat sich heute die Haare schneiden   Er wird sich heute die Haare schneiden
lassen.   lassen.

III. IDIOMATIC USES OF THE MODAL
AUXILIARIES **KÖNNEN** AND **SOLLEN**

> The English expressions "I should have done it," "I could have done it," and
> all other expressions using "could have" and "should have" plus past participle are
> expressed in German with the subjunctive form of the auxiliary plus a double in-
> finitive construction:
>
> Ich **hätte** es nicht **tun sollen.**   *I should not have done it.*
> Ich **hätte** es **tun können.**   *I could have done it.*
> Er **hätte** zu Hause **bleiben sollen.**   *He should have stayed home.*
> Sie **hätte** nach Hause **gehen können.**   *She could have gone home.*

9. Repetition

Sie hätte fleißiger arbeiten sollen.   Wir hätten mit dem Lehrer sprechen
Ich hätte das Buch lesen können.   sollen.
Er hätte mich abholen sollen.   Sie hätten kommen können, nicht
                                           wahr?

10. Restatement with **hätte . . . sollen**

Ich lese den Roman.   *Ich hätte den Roman lesen sollen.*

Er geht in die Stadt.   Er hätte in die Stadt gehen sollen.
Sie spricht Deutsch.   Sie hätte Deutsch sprechen sollen.
Ich schreibe einen Brief.   Ich hätte einen Brief schreiben sollen.
Er geht in die Bibliothek.   Er hätte in die Bibliothek gehen sollen.

11. Restatement with **hätte . . . können**

Er hilft ihr.   *Er hätte ihr helfen können.*

Er kauft ein deutsches Buch.   Er hätte ein deutsches Buch kaufen
                                           können.
Sie bat ihren Vater um Geld.   Sie hätte ihren Vater um Geld bitten
                                           können.

Sie schrieb alles auf deutsch.	Sie hätte alles auf deutsch schreiben können.

IV. ENGLISH–GERMAN PATTERNS

1. He will be able to come.
2. She will have to stay here.
3. He wanted to help us. (*pres. perf.*)
4. Were you (**Sie**) able to sleep? (*pres. perf.*)
5. Did he want to come along? (*pres. perf.*)
6. I hear her coming.
7. He has had his hair cut.
8. Have you (**du**) heard him sing?
9. She is having a dress made for herself.
10. He has had the doctor come.
11. We should have read the book.
12. He could have read the book.
13. We shouldn't have done it.
14. They could have helped us.
15. We are going walking in the park.
16. Are you (**du**) going to the concert tonight?
17. What kind of car do you (**du**) drive?
18. It would be nice if you (**Sie**) could go to the movies with me.
19. I am just as absentminded as you (**du**).
20. May I make a phone call?

COMMUNICATION CHALLENGES

Personalized Questions

1. Sind Sie je ins Wasser gefallen?   2. Haben Sie Ihren ersten Kuß vergessen können?   3. Glauben einige Leute, daß Sie ganz und gar verrückt sind?
4. **Klagen** (*complain*) Sie manchmal, wenn Sie gute Antworten auf dumme Fragen geben müssen?   5. Erinnern Sie sich an das erste Mal, als Sie mit einem jungen Mann (einer jungen Dame) ausgegangen sind? Bitte, erzählen Sie uns davon!
6. Möchten Sie die **Gelegenheit** (*opportunity*) haben, Ihrem Lehrer einen Gefallen zu tun?   7. Haben Sie immer in jedem Kurs ein „A″ bekommen?   8. Wird Rudi eines Tages nach Deutschland zurückkehren? Warum?   9. Haben Sie je lernen können, Mundharmonika zu spielen?   10. Fährt Ihr Wagen mit Normal oder Super?   11. Wissen Sie, wo der nächste Parkplatz ist?   12. Besteigen Sie gern hohe Berge?   13. Haben Sie häufig Angst davor?   14. Können Sie mir sagen, wann Sie eine Reise nach Europa machen?   15. Warum ist es zeitlich und

finanziell so ein großes Problem? 16. Ist es möglich, daß Sie nach ein paar Jahren Ihr Deutsch vergessen werden? 17. Wie oft schreiben Sie ein paar Zeilen an gute Freunde? 18. Was machen Sie gleich nach der Deutschstunde? 19. Warum klopft Ihr Herz schnell, wenn Sie oben auf dem Gipfel eines hohen Berges stehen? 20. Sprechen Sie Deutsch ebenso fließend wie ein Deutscher? 21. Sind Sie manchmal zerstreut?

Directed Questions

1. Fragen Sie Fräulein _____, ob sie sich fürchtet, wenn jemand an die Tür klopft!
2. Fragen Sie Herrn _____, ob er vor Angst **zittert** (*trembles*), wenn sein Deutschlehrer mit ihm sprechen will!
3. Fragen Sie Herrn _____, ob er glaubt, daß alle Männer sehr klug sind!
4. Fragen Sie Fräulein _____, ob sie alle Gespräche in diesem Lehrbuch auswendig gelernt hat!
5. Fragen Sie Herrn _____, ob er zufrieden nach Hause gehen kann, wenn er weiß, daß er in diesem Kurs ein „C" bekommen wird!
6. Fragen Sie Fräulein _____, ob sie in diesem Kurs immer ihr Bestes getan hat!
7. Fragen Sie Herrn _____, ob er noch mehr Deutsch lernen möchte!
8. Fragen Sie Fräulein _____, warum sie nach Deutschland reisen möchte!

Sentence Challenge

Use each of the following words in a sentence of four or more words.

1. Problem 2. schauen 3. Venedig 4. weltbekannt 5. Zeile 6. fließend
7. Freundschaft 8. Gespräch 9. verlieben (*reflex.*) 10. Hilfe 11. einsam
12. Gelegenheit 13. Kuß 14. klagen 15. Gefallen 16. benutzen 17. Angst
18. praktisch 19. zittern 20. zerstreut

Vocabulary Challenge

Explain in German the meaning of each of the following words.

1. Freundschaft 2. gefährlich 3. zittern 4. Angst 5. einsam 6. praktisch

Free Choice Challenge

With the permission of your instructor, you may choose one of several different challenges: original story, retold story, fairy tale, twenty questions, or a special challenge of your own choosing!

Directed Communication Challenge

You have come through *passport inspection* (**die Paßkontrolle**) at Frankfurt without difficulties and have just taken your seat in the plane for the trip back to New

York. It's a great surprise to find out that the person who is sitting next to you has also spent a year at a German university. You have many questions to ask each other: Where are you from? Which German university did you attend? Where did you live while there? Did you find your courses hard? Were students friendly? Do you feel that you really got to know the people well? Do you understand them and their *culture* (**die Kultur**) much better now? How well did you speak German when you arrived? Did you make good progress? Can you speak German as fluently as English? When do you plan to return to Germany? and so on. As you come nearer to New York, your heart beats a little faster. Your whole family will be at the *airport* (**der Flughafen**) to meet you. Just then the *stewardess* (**die Stewardeß**) tells you that the plane will be unable to *land* (**landen**) right away because of *fog* (**der Nebel**). So near and yet so far from your family! There are at least twenty planes in the air waiting to land. Do you finally land safely? Do you have to land in Boston or Washington, D.C.? Where do you go through *customs* (**der Zoll**)? Do you finally get to see your family again? —Good luck!

ACTIVE VOCABULARY

ausfüllen (*reg., sep.*)   fill out
die **Auskunft, ⁀e**   information
benutzen (*reg.*)   use
das **Deutschlernen**   learning of German
einsam   lonely, alone
finanziell   financial(ly)
der **Flughafen, ⁀**   airport
das **Flugzeug, -e**   airplane
die **Freundschaft, -en**   friendship
die **Gelegenheit, -en**   opportunity
klagen (*reg.*)   complain
die **Kultur, -en**   culture
landen (*reg., h. and s.*)   land
der **Nebel**   fog

die **Paßkontrolle, -n**   passport inspection
praktisch   practical
das **Problem, -e**   problem
schauen (*reg.*)   look, see
die **Stewardeß** (*pl.* **Stewardessen**)   stewardess
übersetzen (*reg.*)   translate
Venedig   Venice
die **Zeile, -n**   line (of writing)
zeitlich (*adv.*)   as to time
zittern (*reg.*)   tremble
der **Zoll**   customs

Idioms and Helpful Expressions

Wie ist es mit dir?   How about you?
Es wird wohl nichts daraus werden.   Nothing will probably come of it.
Schau mal!   Just look!
ganz und gar   entirely, completely
Nicht doch!   Not at all!
Bist du von gestern?   Were you just born yesterday?
So geht's im Leben!   That's life!

Aus der deutschen Geschichte

Nach dem Zerfall[1] des Fränkischen Reiches[2] Karls des Großen[3] wuchsen die germanischen Stämme[4] deutscher Sprache (Franken, Sachsen, Friesen[5], Thüringer, Alemannen und Bayern) zu einem „Reich der Deutschen" zusammen[6] (um das Jahr 900), das sich später zum „Heiligen Römischen Reich[7] Deutscher Nation" erweiterte. Der Kaiser[8], das Oberhaupt[9] des Reiches, verlor jedoch immer mehr an Macht; Fürsten[10] und Städte wurden seine Erben[11]. Als das Reich 1806 unterging[12], umfaßte[13] es mehr als 300 selbständige[14] Staaten; der Name „Deutschland" war kaum mehr als ein geographischer Begriff[15].

Von größter Bedeutung[16] für die kulturelle Entwicklung[17] Deutschlands war die Reformation (nach 1520). Ungefähr die Hälfte[18] der Bevölkerung[19] wurde mit ihren Fürsten lutherisch. Durch seine meisterhafte Bibelübersetzung[20] schuf Martin Luther die Grundlage[21] für das Neuhochdeutsch. Der Dreißigjährige Krieg[22] (1618–1648), der am Anfang ein Religionskrieg war, nach und nach[23] aber zu einem europäischen Krieg auf deutschem Boden[24] wurde, erschöpfte[25] Deutschland so sehr, daß es wirtschaftlich[26] und kulturell hundert Jahre hinter seinem Nachbarn Frankreich zurückblieb und sich bis zum Beginn des 19. Jahrhunderts nicht wieder erholen konnte.

In das 18. Jahrhundert fällt das Heranwachsen[27] Brandenburg-Preußens[28] zur Großmacht[29], die mit Österreich um die Führung[30] der deutschen Staaten zu wetteifern[31] begann. In diesem Jahrhundert, besonders in der zweiten Hälfte, blühte die „klassische" Zeit auf[32], in der unsterblich gewordene Namen wie Kant, Herder, Lessing, Wieland, Goethe und Schiller (**A**, Goethe- und Schiller-Denkmal, Weimar) auftauchten[33] und Deutschland am Ende des Jahrhunderts den Ruf als „Land der Dichter und Denker" verschafften[34].

Von 1815 bis 1866 bildete[35] der Deutsche Bund[36] unter Österreichs Führung einen losen Zusammenschluß[37] der deutschen Staaten. Ein Krieg zwischen Preußen und Österreich machte ihm ein Ende, und Österreich gehörte fortan nicht mehr zu Deutschland. Preußen bildete aus den norddeutschen Staaten den Norddeutschen Bund (1867–1871), der auch mit den süddeutschen Staaten Beziehungen[38] aufnahm[39]. Im Jahre 1871, nach dem Sieg[40] Preußens über Frankreich, schlossen sich die deutschen Staaten unter dem König von Preußen als Deutschem Kaiser wieder zu einem Reich zusammen[41], dessen Hauptstadt Berlin wurde.

---

[1] disintegration   [2] Franconian Empire   [3] of Charles the Great (Charlemagne)
[4] tribes   [5] Frisians   [6] (*wuchsen . . . zusammen*) merged   [7] Holy Roman Empire
[8] emperor   [9] head   [10] princes   [11] heirs   [12] collapsed   [13] embraced
[14] independent   [15] concept   [16] significance   [17] development   [18] half
[19] population   [20] masterful Bible translation   [21] basis   [22] Thirty Years' War
[23] gradually   [24] soil   [25] exhausted   [26] economically   [27] growth
[28] Brandenburg-Prussia   [29] great power   [30] leadership   [31] compete
[32] (*blühte . . . auf*) flourished   [33] appeared   [34] gave   [35] formed   [36] German
Federation   [37] loose confederation   [38] relations   [39] established   [40] victory
[41] (*schlossen sich . . . zusammen*) joined together

A

Kulturell blühte Deutschland während des ganzen 19. Jahrhunderts. Studenten aus fast allen Ländern studierten an seinen Universitäten, die zu Vorbildern[42] für junge amerikanische Hochschulen wurden. Die romantische Bewegung[43] in Kunst, Musik und Literatur faßte[44] tiefe Wurzeln[45], und Dichter wie Tieck, Eichendorff, Brentano, Chamisso, Kleist, Heine (**B**) und Hebbel schrieben Werke, von denen viele im Ausland[46] übersetzt[47] wurden. Die Romantiker interessierten sich für die mittelalterliche Vergangenheit[48]; sie

[42] models   [43] movement   [44] took   [45] deep roots   [46] abroad   [47] translated
[48] past

B   **C**

entdeckten, übersetzten und gaben viele seit Jahrhunderten vergessene literarische Werke des Mittelalters heraus. Die Brüder Grimm sammelten[49] Märchen, studierten alte Handschriften[50] und gründeten die vergleichende Sprachwissenschaft[51]. Unter den Musikern, Philosophen, und Entdeckern waren Beethoven, Wagner, Hegel, Schopenhauer, Schliemann und Humboldt.

Während dieses Jahrhunderts wanderten viele Deutsche nach Amerika aus[52] und ließen sich in Ohio, Wisconsin, Missouri und anderen Staaten nieder. Einer von ihnen, Carl Schurz, wurde Senator, Gesandter[53], Kabinettsminister und Biograph[54] des Präsidenten Lincoln. Am Ende des Jahrhunderts lernte etwa ein Viertel der amerikanischen „high school" Schüler Deutsch als Fremdsprache. Noch heute hat jeder sechste Amerikaner einen deutschen Namen in seinem Stammbaum[55].

Das neue Deutsche Reich, dessen erster Kanzler[56] Otto von Bismarck (**C**) war, erlebte[57] von 1871 bis 1914 großen wirtschaftlichen[58] Aufstieg[59]. In fast keinem anderen Land war der Lebensstandard so hoch. Als erster Staat schuf[60] Deutschland nach 1881 eine vorbildliche[61] Sozialgesetzgebung[62] zu Gunsten der Arbeiter[63].

---

[49] collected   [50] manuscripts '   [51] science of comparative linguistics
[52] (*wanderten . . . aus*) emigrated   [53] ambassador   [54] biographer   [55] family tree
[56] chancellor   [57] experienced   [58] economic   [59] growth   [60] created   [61] model
[62] social legislation   [63] in favor of the workers

D

Im Jahre 1918, nach dem Ersten Weltkrieg, wurde Deutschland zur Republik. Man nannte diese Republik die „Weimarer Republik", weil die erste Nationalversammlung[64] in Weimar abgehalten[65] wurde. In dieser Stadt hatten einst Goethe und Schiller ihre größten Werke geschrieben. Außer dem Ruf[66] seiner Dichter, Denker und Musiker hatte Deutschland am Ende des verlorenen Kriegs nicht viel übrig; seine Wirtschaft[67] lag vollkommen danieder[68].

Die innere Schwäche[69] der Weimarer Republik wurde während der Weltwirtschaftskrise[70] (nach 1929) offenbar[71]. Es gab damals mehr als 30 politische Parteien. Nachdem die Zahl[72] der Arbeitslosen um die Jahreswende[73] 1932/33 auf mehr als sechs Millionen gestiegen war, wurde der Demagoge Adolf Hitler Reichskanzler[74]. Nach sechs Jahren der Vorbereitung[75] löste dieser Diktator den Zweiten Weltkrieg aus[76], der 1945 mit der Niederlage[77] Deutschlands endete.

Heute besteht[78] Deutschland aus der Deutschen Demokratischen Republik im Osten mit etwa 17 Millionen Einwohnern und der

[64] National Assembly   [65] held   [66] reputation   [67] economy   [68] was completely ruined
[69] weakness   [70] world depression   [71] apparent   [72] number   [73] new year
[74] Chancellor of the Reich   [75] preparation   [76] (*löste . . . aus*) started   [77] defeat
[78] consists

Bundesrepublik Deutschland im Westen mit über 62 Millionen Einwohnern. Die Deutsche Demokratische Republik entstand[79] aus der ehemaligen sowjetischen Besatzungszone[80], so wie nach dem Zweiten Weltkrieg (1945) aus den amerikanischen, britischen und französischen Besatzungszonen die Bundesrepublik Deutschland entstand. Unter Führung[81] der Sozialistischen Einheitspartei[82] Deutschlands (SED) entwickelte sich die DDR[83] nach dem Beispiel der Sowjetunion zu einem sozialistischen Staat von Arbeitern und Bauern. Deutsche Städte wie Leipzig, Dresden, Halle, Erfurt, Magdeburg, Frankfurt an der Oder, Jena und Weimar sind seit Jahrhunderten Zentren[84] der deutschen Wissenschaft[85], Industrie und Kultur. Vieles ist seit der Zerstörung des Krieges wiederaufgebaut worden[86], und die heutigen Städte sehen modern aus, vor allem Ostberlin, die Hauptstadt der DDR, mit vielen schönen Gebäuden, Parks, Brunnen, Museen, Hochschulen, Ausstellungszentren, Sportfeldern und einem 365 Meter hohen Fernsehturm (**D**).

Wir wissen nicht, was die Zukunft[87] bringen wird. Ob der sogennante „Eiserne Vorhang"[88] zwischen Ost und West lange existieren wird, ob sich Ostdeutsche und Westdeutsche eines Tages versöhnen[89] und sich wieder als Brüder, als Mitglieder[90] derselben deutschen Familie erkennen? Auf solche Fragen haben wir noch keine guten Antworten, aber Millionen von Deutschen hoffen auf diesen Tag.

---

[79] originated   [80] former Soviet occupation zone   [81] leadership   [82] Socialist Unity Party
[83] the DDR developed   [84] centers   [85] science   [86] has been built up again   [87] future
[88] so-called "Iron Curtain"   [89] will become reconciled   [90] members

Review
Lessons 19–24

I. GRAMMAR REVIEW

A. *The Imaginative Subjunctive of Present Time.* Change the following indicative sentences into the imaginative subjunctive of present time.

Example: Wenn er fleißig **arbeitet, wird** er viel **lernen.**
Wenn er fleißig **arbeitete, würde** er viel **lernen.**

1. Wenn er mich fragt, werde ich ihm antworten.
2. Wenn er Geld hat, wird er heute mitkommen.
3. Wir können Tennis spielen, wenn wir Tennisschläger haben.
4. Wenn heute Sonntag ist, werde ich keine Vorlesungen haben.
5. Wenn sie kommt, sollen wir mit ihr sprechen.
6. Wenn er sein Bestes tut, werden wir ihm helfen.
7. Ich werde ihn freundlich begrüßen, wenn er kommen darf.
8. Wenn wir sie mitbringen, werden Sie mit ihr tanzen?
9. Wenn ich die Antwort weiß, werde ich mich darüber freuen.
10. Wir werden unter einem Baum stehen, wenn es stark regnet.
11. Wenn ich Zeit habe, werde ich auf einen Berg steigen.
12. Wenn er mitfahren muß, wird er unglücklich sein.

B. *The Imaginative Subjunctive of Past Time.* Change the following sentences from present subjunctive to past subjunctive.

Example: Wenn wir früher ins Bett **gingen, würden** wir besser **schlafen.**
Wenn wir früher ins Bett **gegangen wären, hätten** wir bessër **geschlafen.**

1. Wenn sie mehr Zeit hätte, würde sie uns begleiten.
2. Wenn sie hier wären, würden wir die Schwierigkeiten besprechen.
3. Hätte er einen Roman, so würde er den ganzen Tag lesen.
4. Wäre sie hübsch, so würde ich sie um eine Verabredung bitten.
5. Hätte ich eine Wohnung, so würde ich sie heiraten.
6. Wenn er das berichtete, würden wir es irgendwo in der Zeitung finden.

7. Wenn sie heute morgen abreiste, würde sie heute abend ankommen.
8. Wir würden zu Hause bleiben, wenn die Straße gefährlich wäre.
9. Wenn er in den Bergen übernachtete, würde er sich erkälten.
10. Hätte er Geld, so würde er uns zum Mittagessen einladen.
11. Wenn ich nur hungrig wäre!
12. Hätte sie nur mehr Geld!
13. Wenn ich nur mehr wüßte!
14. Sie sahen aus, als ob sie hungrig wären.
15. Sie tat, als ob sie ihn liebte.
16. Sie taten, als wenn sie alle Antworten wüßten.

C. *The Subjunctive of Indirect Discourse.* Change the following sentences from present subjunctive to (1) future subjunctive and (2) past subjunctive.

Example: Er schrieb, daß er sich ein neues Auto **kaufte.**
Future: Er schrieb, daß er sich ein neues Auto **kaufen würde.**
Past: Er schrieb, daß er sich ein neues Auto **gekauft hätte.**

1. Er sagte, daß er viele Sorgen hätte.
2. Er glaubte, sie spielten heute Golf.
3. Sie schrieben, daß die ganze Landschaft herrlich wäre. (*past only*)
4. Man berichtete, daß er sich schämte.
5. Sie sagte, sie läse die neuesten Nachrichten.
6. Er fragte, ob ich den Berg bestiege.
7. Man fragte, ob er viel Geld bekäme.
8. Sie fragten, wieviel Geld er dafür verlangte.
9. Er fragte, wann ich zurückkäme.
10. Man telefonierte, er verließe die Tankstelle.
11. Sie dachte, sie täte ihm einen Gefallen.
12. Man behauptete, daß ich immer darüber klagte.
13. Man fragte, ob sie vor Kälte zitterte.
14. Er fragte, ob ich mit dem einsamen Mädchen spräche.
15. Sie behauptete, sie wüßte nichts davon. (*past only*)
16. Man sagte, sie hielte das Baby in den Armen.

D. *Indirect Commands.* Change direct commands to indirect commands.

Example: Er sagte zu mir: „**Lauf** schnell!"
Er sagte mir, daß ich schnell **laufen sollte.**

1. Der Lehrer sagte zu uns: „Sprechen Sie nur Deutsch!"
2. Die Wirtin sagte zu ihm: „Komm bald zurück!"
3. Der Bergsteiger sagte zu ihr: „Bleiben Sie hier!"
4. Seine Freundin sagte zu ihm: „Verlass mich nicht!"
5. Die Touristen sagten zu dir: „Wähle immer den besten Reiseplan!"
6. Sein Freund sagte zu mir: „Stelle mir deinen Freund vor!"

E. *Comparative and Superlative Forms.* Give both the comparative and superlative forms for the adjectives or adverbs in the following sentences.

Example: Im Sommer ist es **warm**.
Im Sommer ist es **wärmer**.
In Sommer ist es **am wärmsten**.

Der **kluge** Junge hat seine Aufgabe gelernt.
Der **klügere** Junge hat seine Aufgabe gelernt.
Der **klügste** Junge hat seine Aufgabe gelernt.

1. Kennst du den alten Mann?
2. Sie hatte immer fleißig gearbeitet.
3. Wo ist der schwere Handkoffer?
4. Hans ist langsam gelaufen.
5. Diese Frage war leicht.
6. Er kauft sich das billige Hemd.
7. Hilde ist wirklich klug.
8. Ist das Wetter im Winter kalt?
9. Kurt spielte gern Tennis, nicht wahr?
10. Max hat viel Geld.
11. Kannst du hoch springen?
12. Wo ist das gute Schwimmbad?

F. *Passive Voice.* Change each sentence in the active voice to the same tense in the passive voice.

Example: Columbus **entdeckte** Amerika.
Amerika **wurde** von Columbus **entdeckt**.

1. Der Professor schreibt ein Drama.
2. Mein Freund hat uns freundlich begrüßt.
3. Alle Studenten werden das Gedicht lesen.
4. Der Bergsteiger besteigt den Berg.
5. Er hatte die Straßenkarte gefunden.
6. Sie selbst schrieb das Musical.
7. Die Wirtin hat den Tisch gedeckt.
8. Viele Touristen besuchen Salzburg.
9. Alle Studenten hatten die Prüfung gemacht.
10. Hast du die Rechnung bezahlt?

G. *Tense Forms of Modals and Similar Verbs.* Write each of the following sentences in five tenses: 1) present 2) narrative past, 3) present perfect, 4) past perfect, and 5) future.

1. Ich (können) es nicht verstehen.
2. Er (wollen) uns einladen.
3. Sauerkraut (mögen) er nicht essen.
4. (Wollen) du bei uns übernachten?
5. Am Sonntag (müssen) ich einen Brief schreiben.

6. Das (mögen) ich nicht.

7. Sie (müssen) nach Hause.

8. Wo (sollen) wir uns treffen?

9. Er (lassen) den Arzt kommen.

10. Ich (hören) ihn singen.

11. Du (dürfen) nicht mitgehen.

12. Ich (wollen) alle Bücher zurückbringen.

13. Warum (können) Sie nicht gut schlafen?

14. Wann (sehen) ihr ihn kommen?

15. Er (sollen) alles zugeben.

II. VOCABULARY REVIEW

A. *Sentence Challenge.* Use each of the following words in a meaningful sentence of four or more words.

1. verrückt 2. wenigstens 3. bedauern 4. leider 5. Fabrik 6. Gast
7. Vorschlag 8. Gespräch 9. äußerst 10. friedlich 11. Löwe 12. höflich
13. Schach 14. wach 15. Stein 16. töten 17. Überraschung 18. oben
19. fließend 20. zittern

B. *Idiom and Helpful Expression Challenge*

1. (*For this reason*) _____ bleibt er zu Hause.

2. (*Two hours ago*) _____ besuchte er den Weinort.

3. (*Are you homesick?*) _____?

4. Das Gespräch ist (*at an end*) _____.

5. Wenn ich nur (*in your place*) _____ wäre!

6. (*That doesn't matter.*) _____.

7. (*In any case*) _____, gute Besserung!

8. (*Don't worry!*) _____!

9. Ist die Bedienung (*included*) _____?

10. Hat er (*fallen in love*) _____?

11. (*Just look!*) _____!

12. (*That's life!*) _____!

III. SPEAKING CHALLENGE

A. *Statement–Rejoinder.* Give your reaction to each of the following statements.

1. Auf dem Gipfel des Matterhorns zu stehen ist ein einmaliges Erlebnis.

2. Es ist ein großes Vergnügen, durch die Paßkontrolle und den Zoll zu kommen, besonders wenn man etwas bezahlen muß.

3. Man hat große Probleme, wenn man keinen Schatten hat.

4. Deutschlernen macht Spaß! Das müssen alle Studenten zugeben, sonst fallen sie durch.

5. Die meisten Lehrer haben nichts dagegen, wenn Studenten im Klassenzimmer einschlafen, wenn sie nur nicht schnarchen.

6. Sie tun dem Lehrer einen großen Gefallen, wenn Sie fast jeden Tag schwänzen.
7. Wenn Sie von dem Lehrer ein „A" bekommen, fragen Sie manchmal: „Was bin ich Ihnen schuldig?"
8. Es ist aufs strengste verboten, etwas gegen einen Deutschlehrer zu sagen.

B. *Picture Response.* The instructor will select six or more pictures from Lessons 19 through 24 for student response. Say as much as you can about each picture.

German Songs*

(1) Lili Marleen

Vor der Kaserne,[1]
Vor dem großen Tor
Stand 'ne Laterne;[2]
Und steht sie noch davor,
So woll'n wir da uns wiedersehn,
Bei der Laterne woll'n wir stehn,
Wie einst,[3] Lili Marleen,
Wie einst, Lili Marleen.

Unsre beiden Schatten
Sah'n wie einer aus;
Daß wir so lieb uns hatten,[4]
Das sah man gleich daraus.
Und alle Leute soll'n es sehn,
Wenn wir bei der Laterne stehn,
Wie einst, Lili Marleen,
Wie einst, Lili Marleen.

Schon rief der Posten:[5]
„Sie blasen Zapfenstreich,[6]
Es kann drei Tage kosten";
Kam'rad, ich komme gleich.
Da sagten wir „Auf Wiedersehn",
Wie gerne wollt' ich mit dir gehn,
Mit dir, Lili Marleen,
Mit dir, Lili Marleen.

Deine Schritte kennt sie,
Deinen zieren Gang,[7]
Alle Abend brennt sie,
Doch mich vergaß sie lang.
Und sollte mir ein Leid geschehn,[8]
Wer wird bei der Laterne stehn
Mit dir, Lili Marleen,
Mit dir, Lili Marleen?

LILI MARLEEN: [1] barracks [2] lantern [3] as we used to do [4] that we were so much in love [5] sentinel [6] they are blowing the signal to return to the barracks [7] your dainty manner of walking [8] and if anything should happen to me

(2) Wenn die Soldaten

Wenn die Soldaten
Durch die Stadt marschieren,
Öffnen die Mädchen
Fenster und die Türen.

Ei, warum? Ei, darum![1]
Ei, warum? Ei, darum!
Ei bloß weg'n dem Schingderaßa,
Bumderaßasa![2]

Eine Flasche Rotwein
Und ein Stückchen Braten[3]
Schenken[4] die Mädchen
Ihren Soldaten.

Kommen die Soldaten
Wieder in die Heimat,[5]
Sind ihre Mädchen
Alle schon verheirat't.

WENN DIE SOLDATEN: [1] for this reason [2] merely on account of the Schingderaßa, Bumderaßasa [3] roast [4] give [5] home

*Most of these songs are popular German *Volkslieder.*

461

(3) Ein Jäger aus Kurpfalz

Ein Jäger[1] aus Kurpfalz,
Der reitet durch den grünen Wald,
Er schießt das Wild daher,[2]
Gleich wie es ihm gefällt.

Juhu, trara! Gar lustig ist die Jägerei[3]
Allhier auf grüner Heid,[4]
Allhier auf grüner Heid.

Auf, sattelt[5] mir mein Pferd
Und legt darauf den Mantelsack,[6]
So reit ich hin und her
Als Jäger aus Kurpfalz.

Jetzt reit ich nicht mehr heim,
Bis daß der Kuckuck[7] Kuckuck schreit,[8]
Er schreit die ganze Nacht
Allhier auf grüner Heid.

EIN JÄGER AUS KURPFALZ: [1] hunter
[2] he goes about shooting game   [3] boy,
is hunting fun!   [4] right here on the
green heath   [5] saddle   [6] traveling
bag   [7] cuckoo   [8] cries

(4) Du, du, liegst mir im Herzen

Du, du, liegst mir im Herzen,
Du, du, liegst mir im Sinn.[1]
Du, du, machst mir viel Schmerzen,
Weißt nicht, wie gut ich dir bin.[2]

Ja, ja, ja, ja,
Weißt nicht, wie gut ich dir bin.

Doch,[3] doch, darf ich dir trauen,[4]
Dir, dir, mit leichtem Sinn.
Du, du, kannst auf mich bauen,[5]
Weißt ja, wie gut ich dir bin.

Und, und, wenn in der Ferne,[6]
Mir, mir, dein Bild erscheint,
Dann, dann, wünscht ich so gerne,
Daß uns die Liebe vereint.[7]

DU, DU, LIEGST MIR IM HERZEN:
[1] mind   [2] You don't know how fond I
am of you.   [3] yet   [4] trust
[5] You can build (your hopes) on me.
[6] distance   [7] unite

(5) Horch, was kommt von draussen rein

Horch, was kommt von draußen rein,[1]
Hollahi, hollaho!
Wird wohl mein Feinsliebchen sein,[2]
Hollahiaho!
Geht vorbei und schaut nicht rein,
Hollahi, hollaho!
Wird's wohl nicht gewesen sein,
Hollahiaho!

Leute haben's oft gesagt,
Hollahi, hollaho!
Daß ich ein Feinsliebchen hab,
Hollahiaho!
Laß sie reden, schweig fein still,[3]
Hollahi, hollaho!
Kann ja lieben, wen ich will,
Hollahiaho!

Sagt mir, Leute, ganz gewiß,
Hollahi, hollaho!
Was das für ein Lieben ist,
Hollahiaho!
Die ich liebe, krieg ich nicht,[4]
Hollahi, hollaho!
Und ne andre mag ich nicht,
Hollahiaho!

Wenn mein Liebchen Hochzeit[5] hat,
Hollahi, hollaho!
Ist für mich ein Trauertag,[6]
Hollahiaho!
Geh dann in mein Kämmerlein,[7]
Hollahi, hollaho!
Trag den Schmerz für mich allein,
Hollahiaho!

HORCH, WAS KOMMT VON DRAUSSEN REIN:
[1] Listen to what's coming in from
outside.   [2] It's probably my very best
sweetheart.   [3] let them talk, I'll just keep
still   [4] the one I love, I don't get
[5] wedding   [6] dreary day   [7] little
room

(6) Heidenröslein

(Goethe and Schubert)

Sah ein Knab' ein Röslein[1] stehn,
Röslein auf der Heiden,

War so jung und morgenschön,
Lief er schnell, es nah zu sehn,
Sah's mit vielen Freuden.

Röslein, Röslein, Röslein rot,
Röslein auf der Heiden!

Knabe sprach: „Ich breche dich,
Röslein auf der Heiden!"
Röslein sprach: „Ich steche dich,
Daß du ewig[2] denkst an mich,
Und ich will's nicht leiden."

Und der wilde Knabe brach
's Röslein auf der Heiden;
Röslein wehrte sich[3] und stach,[4]
Half ihm doch kein Weh und Ach,[5]
Mußt es eben leiden.

> HEIDENRÖSLEIN: [1] a little rose
> [2] eternally   [3] defended itself
> [4] pricked   [5] lament

(7) Die Lorelei

(Heine)

Ich weiß nicht, was soll es bedeuten,
Daß ich so traurig bin;
Ein Märchen[1] aus alten Zeiten,
Das kommt mir nicht aus dem Sinn.
Die Luft ist kühl und es dunkelt[2]
Und ruhig fließt der Rhein,
Der Gipfel[3] des Berges funkelt[4]
Im Abendsonnenschein.

Die schönste Jungfrau sitzet
Dort oben wunderbar;
Ihr goldnes Geschmeide[5] blitzet,[6]
Sie kämmt ihr goldenes Haar.
Sie kämmt es mit goldenem Kamme
Und singt ein Lied dabei,
Das hat eine wundersame,[7]
Gewalt'ge[8] Melodei.

Den Schiffer im kleinen Schiffe
Ergreift es mit wildem Weh;[9]
Er schaut nicht die Felsenriffe,[10]
Er schaut nur hinauf in die Höh'.
Ich glaube, die Wellen verschlingen[11]
Am Ende Schiffer und Kahn,[12]
Und das hat mit ihrem Singen
Die Lorelei getan.

> DIE LORELEI: [1] fairy tale   [2] is
> growing dark   [3] peak   [4] glitters
> [5] jewelry   [6] sparkles   [7] strange
> [8] powerful   [9] seizes with wild longing
> [10] reefs   [11] swallow up   [12] boat

(8) Guten Abend, gut' Nacht

(Simrock and Brahms)

Guten Abend, gut' Nacht,
Mit Rosen bedacht,[1]
Mit Näglein besteckt,[2]
Schlüpf unter die Deck'.[3]
Morgen früh, wenn Gott will,
Wirst du wieder geweckt,
Morgen früh, wenn Gott will,
Wirst du wieder geweckt.

> GUTEN ABEND, GUT' NACHT:
> [1] covered   [2] studded with carnations
> [3] snuggle under the covers

(9) Lustig ist das Zigeunerleben

Lustig ist das Zigeunerleben,[1]
Faria, faria, ho.
Brauch'n dem Kaiser kein Zins[2] zu geben,
Faria, faria, ho.
Lustig ist es im grünen Wald,
Wo des Zigeuners Aufenthalt.[3]

Faria, faria, faria, faria,
Faria, faria ho!

Sollt uns einmal der Hunger plagen,[4]
Faria, faria, ho.
Tun wir uns ein Hirschlein[5] jagen,
Faria, faria, ho.
Hirschlein, nimm dich wohl in Acht,[6]
Wenn des Zigeuners Büchse kracht.[7]

Sollt uns dann der Durst mal quälen,[8]
Faria, faria, ho.
Gehn wir zu den Wasserquellen,[9]
Faria, faria, ho.
Trinken's Wasser vom moos'gen[10] Stein
Glauben, es wär Champagnerwein.

Mädel, willst du Tabak rauchen,
Faria, faria, ho.

Brauchst dir keine Pfeife kaufen,
Faria, faria, ho.
Dort in meinem Mantelsack[11]
Steckt eine Pfeif und Rauchtabak.

LUSTIG IST DAS ZIGEUNERLEBEN: [1] Gypsy life [2] tribute [3] abode [4] plague [5] little deer [6] watch out [7] rifle cracks [8] thirst torment us [9] springs [10] mossy [11] traveling bag

(10) Muss i denn

Muß i denn,[1] muß i denn
Zum Städtele naus,[2]
Städtele naus und du,
Mein Schatz,[3] bleibst hier.
Wenn i komm, wenn i komm,
Wenn i wiederum komm,
Wiederum komm, kehr i ein,[4]
Mein Schatz, bei dir.

Kann i gleich net allweil bei dir sein,[5]
Hab i doch mei Freud an dir.
Wenn i komm, wenn i komm,
Wenn i wiederum komm,
Wiederum komm,
Kehr i ein, mein Schatz, bei dir.

Wie du weinst, wie du weinst,
Daß i wandere muß,
Wandere muß, wie wenn d' Lieb
Jetzt wär vorbei.[6]
Sind au drauß,[7] sind au drauß,
Der Mädele viel,[8]
Mädele viel, lieber Schatz,
I bleib dir treu.

Denk du net,[9] wenn i en andre seh,
So sei mei Lieb vorbei.
Sind au drauß, sind au drauß
Der Mädele viel,
Mädele viel, lieber Schatz,
I bleib dir treu..

MUSS I DENN: [1] must I then [2] leave the city [3] sweetheart [4] I'll stop in [5] if I can't be with you all the time [6] as if our love were past [7] outside (out in the world) [8] many girls [9] don't think

(11) Am Brunnen vor dem Tore
(W. Müller and Schubert)

Am Brunnen vor dem Tore[1]
Da steht ein Lindenbaum,[2]
Ich träumt'[3] in seinem Schatten
So manchen süßen Traum;
Ich schnitt in seine Rinde[4]
So manches liebe Wort,
Es zog[5] in Freud und Leide
Zu ihm mich immer fort,
Zu ihm mich immer fort.

Ich mußt auch heute wandern
Vorbei in tiefer Nacht,
Da hab ich noch im Dunkeln
Die Augen zugemacht;
Und seine Zweige rauschten[6],
Als riefen sie mir zu:
„Komm her zu mir Geselle,[7]
Hier findst du deine Ruh,
Hier findst du deine Ruh."

Die kalten Winde bliesen[8]
Mir grad ins Angesicht;[9]
Der Hut flog mir vom Kopfe,
Ich wendete[10] mich nicht.
Nun bin ich manche Stunde
Entfernt[11] von jenem Ort,
Und immer hör ich's rauschen:
„Du fändest[12] Ruhe dort,
Du fändest Ruhe dort."

AM BRUNNEN VOR DEM TORE: [1] at the well in front of the gate [2] linden tree [3] dreamed [4] cut in its bark [5] drew [6] its branches rustled [7] fellow [8] blew [9] face [10] turned [11] removed [12] would find

(12) O Tannenbaum

O Tannenbaum,[1] o Tannenbaum,
Wie treu sind deine Blätter![2]
Du grünst[3] nicht nur zur Sommerzeit,
Nein, auch im Winter, wenn es schneit.
O Tannenbaum, o Tannenbaum,
Wie treu sind deine Blätter!

O Tannenbaum, o Tannenbaum,
Du kannst mir sehr gefallen.
Wie oft hat nicht zur Weihnachtszeit
Ein Baum von dir mich hoch erfreut.[4]

O Tannenbaum, o Tannenbaum,
Du kannst mir sehr gefallen.

O Tannenbaum, o Tannenbaum,
Dein Kleid[5] will mich was lehren:
Die Hoffnung und Beständigkeit[6]
Gibt Trost und Kraft[7] zu jeder Zeit.
O Tannenbaum, o Tannenbaum,
Dein Kleid will mich was lehren.

> O TANNENBAUM: [1] Christmas tree
> [2] leaves   [3] become green
> [4] brought me joy   [5] raiment
> [6] steadfastness   [7] comfort and
> strength

(13) Stille Nacht

(Mohr and Gruber)

Stille Nacht, heilige Nacht!
Alles schläft, einsam wacht[1]
Nur das traute, hochheilige Paar.[2]
Holder Knabe im lockigen Haar,[3]
Schlaf in himmlischer Ruh,
Schlaf in himmlischer Ruh!

Stille Nacht, heilige Nacht!
Hirten erst kund gemacht![4]
Durch der Engel[5] Halleluja
Tönt[6] es laut von fern und nah:
Christ der Retter[7] ist da,
Christ der Retter ist da!

Stille Nacht, heilige Nacht!
Gottes Sohn, o wie lacht
Lieb' aus deinem göttlichen Mund,
Da uns schlägt die rettende Stund',
Christ in deiner Geburt,[8]
Christ in deiner Geburt!

> STILLE NACHT: [1] alone, keeping
> watch   [2] beloved, most holy couple
> [3] gracious boy with curly locks   [4] first
> proclaimed to shepherds   [5] angels'
> [6] resounds   [7] savior   [8] birth

(14) Schönster Herr Jesu

Schönster Herr Jesu,
Herrscher aller Dinge,[1]
Gottes und Marien Sohn!
Dich will ich ehren,[2]

Dein Lob vermehren,[3]
Du meiner Seele Freud und Kron.[4]

Schön sind die Wälder,
Schöner sind die Felder
In der schönen Frühlingszeit.
Jesus ist schöner,
Jesus ist reiner,[5]
Der unser traurig Herz erfreut.

> SCHÖNSTER HERR JESU: [1] ruler over
> all things   [2] honor   [3] add to thy
> praise   [4] joy and crown of my soul
> [5] purer

(15) O du fröhliche

O du fröhliche, o du selige,[1]
Gnadenbringende[2] Weihnachtszeit!
Welt ging verloren,
Christ ist geboren,
Freue, freue dich, o Christenheit!

O du fröhliche, o du selige
Gnadenbringende Weihnachtszeit!
Christ ist erschienen,[3]
Uns zu versühnen,[4]
Freue, freue dich, o Christenheit!

O du fröhliche, o du selige,
Gnadenbringende Weihnachtszeit!
Himmlische Heere[5]
Jauchzen dir Ehre,[6]
Freue, freue dich, o Christenheit!

> O DU FRÖHLICHE: [1] Oh you joyful, oh
> you blessed   [2] grace-bringing
> [3] has appeared   [4] atone for
> [5] heavenly hosts   [6] joyfully shout
> honor to you

(16) O wie wohl ist mir am Abend

O wie wohl ist mir am Abend,[1]
Mir am Abend,
Wenn zur Ruh
Die Glocken läuten,[2]
Glocken läuten,
Bim bam, bim, bam, bim bam!

> O WIE WOHL IST MIR AM ABEND:
> [1] how happy I feel in the evening
> [2] the (church) bells ring

(17) In einem kühlen Grunde

(Eichendorff and Gluck)

In einem kühlen Grunde,[1]
Da geht ein Mühlenrad,[2]
Mein Liebchen ist verschwunden,
Das dort gewohnet hat.
Mein Liebchen ist verschwunden,
Das dort gewohnet hat.

Sie hat mir Treu' versprochen,
Gab mir ein' Ring dabei,
Sie hat die Treu' gebrochen,
Das Ringlein sprang entzwei.[3]
Sie hat die Treu' gebrochen,
Das Ringlein sprang entzwei.

Ich möcht' als Spielmann[4] reisen
Weit in die Welt hinaus,
Und singen meine Weisen[5]
Und gehn von Haus zu Haus,
Und singen meine Weisen
Und gehn von Haus zu Haus.

Hör' ich das Mühlrad gehen,
Ich weiß nicht, was ich will,
Ich möcht' am liebsten sterben,
Da wär's auf einmal still!
Ich möcht' am liebsten sterben,
Da wär's auf einmal still!

> IN EINEM KÜHLEN GRUNDE: [1] in a cool dale   [2] mill wheel   [3] broke in two   [4] minstrel   [5] tunes

(18) Freut euch des Lebens

(Ulsteri and Nägeli)

Freut euch des Lebens,[1]
Weil noch das Lämpchen glüht,[2]
Pflücket die Rose,[3]
Eh' sie verblüht![4]

Man schafft so gern sich Sorg und Müh,[5]
Sucht Dornen[6] auf und findet sie
Und läßt das Veilchen[7] unbemerkt,[8]
Das uns am Wege blüht.

> FREUT EUCH DES LEBENS: [1] enjoy life   [2] the little lamp still glows   [3] pluck the rose   [4] stops blooming   [5] people revel in grief and toil   [6] thorns   [7] the violet   [8] unnoticed

(19) Zehntausend Mann

Zehntausend Mann, die zogen[1] ins
    Manöver,
Zehntausend Mann, die zogen ins Manöver.
Warum, dideldum,
Warum, dideldum,
Die zogen ins Manöver,
Rum, dideldum.

Da kamen sie beim Bauer ins Quartiere,
Da kamen sie beim Bauer ins Quartiere.
Warum, dideldum,
Warum, dideldum,
Beim Bauer ins Quartiere,
Rum, dideldum.

Der Bauer hat 'ne wunderschöne
    Tochter, . . .
Bauer, Bauer, Bauer, die möcht ich gerne
    haben, . . .
Reiter, Reiter, Reiter, wie groß ist dein
    Vermögen? . . .[2]
Bauer, Bauer, Bauer, zwei Stiefel[3] ohne
    Sohlen, . . .
Reiter, Reiter, Reiter, so kannst du sie
    nicht haben, . . .
Bauer, Bauer, Bauer, im Schwarzwald gibt's
    noch schönre, . . .

> ZEHNTAUSEN MANN: [1] marched   [2] fortune   [3] boots

(20) Das Wandern ist des Müllers Lust

(W. Müller and Schubert)

Das Wandern ist des Müllers Lust,
Das Wandern ist des Müllers Lust,
Das Wandern!
Das muß ein schlechter Müller sein,
Dem niemals fiel das Wandern ein,[1]
Dem niemals fiel das Wandern ein,
Das Wandern!

Vom Wasser haben wir's gelernt,
Vom Wasser haben wir's gelernt,
Vom Wasser!
Das hat nicht Ruh' bei Tag und Nacht,
Ist stets auf Wanderschaft bedacht,[2]

Ist stets auf Wanderschaft bedacht,
Das Wasser!

Das sehn wir auch den Rädern ab,[3]
Das sehn wir auch den Rädern ab,
Den Rädern!
Die gar nicht gerne stille stehn
Und sich bei Tag nicht müde drehn,[4]
Und sich bei Tag nicht müde drehn,
Die Räder!

O Wandern, Wandern meine Lust,
O Wandern, Wandern meine Lust,
O Wandern!
Herr Meister und Frau Meisterin,
Laßt mich in Frieden weiterziehn,[5]
Laßt mich in Frieden weiterziehn
Und wandern!

DAS WANDERN IST DES MÜLLERS LUST:
[1] to whom it never occurred to wander about [2] is always intent on wandering about [3] We see that in the wheels [4] that do not tire of turning [5] continue on in peace

(21) Gold und Silber

Gold und Silber lieb ich sehr,
Könnt es auch gebrauchen,
Hätt ich nur ein ganzes Meer,[1]
Mich hineinzutauchen.[2]
's braucht ja nicht geprägt[3] zu sein,
Hab es sonst auch gerne,
Gleich des Mondes Silberschein
Und der goldnen Sterne,
Gleich des Mondes Silberschein
Und der goldnen Sterne.

Seht, wie blinkt[4] der goldne Wein
Hier in meinem Becher,[5]
Hört, wie klingen silberhell,[6]
Lieder froher Zecher.[7]
Daß die Zeit einst golden war,
Möcht ich nicht bestreiten,[8]
Denkt man doch im Silberhaar
Gern vergangner Zeiten,
Denkt man doch im Silberhaar
Gern vergangner Zeiten.

Doch viel schöner ist das Gold,
Das vom Lockenköpfchen[9]

Meines trauten[10] Liebchens rollt
In zwei blonden Zöpfchen.[11]
Darum fröhlich, liebes Kind,
Laß uns herzen,[12] küssen,
Bis die Locken silbern sind,
Und wir scheiden[13] müssen,
Bis die Locken silbern sind,
Und wir scheiden müssen.

GOLD UND SILBER: [1] sea [2] submerge myself in [3] minted [4] sparkles [5] cup [6] sound silvery clear [7] of gay revelers [8] dispute [9] pretty curly head [10] beloved [11] braids [12] embrace [13] part

(22) Mein Hut, der hat drei Ecken

Mein Hut, der hat drei Ecken,
Drei Ecken hat mein Hut,
Und hat er nicht drei Ecken,
Dann ist es nicht mein Hut!

(23) In München steht ein Hofbraühaus

Da, wo die grüne Isar[1] fließt,
Wo man mit „Grüß Gott" dich grüßt,
Liegt meine schöne Münch'ner Stadt,
Die ihresgleichen[2] nicht hat.
Wasser ist billig, rein und gut,
Nur verdünnt[3] es unser Blut,
Schöner sind Tropfen[4] gold'nen Weins
Aber am schönsten ist eins:

In München steht ein Hofbräuhaus,
Eins, zwei, g'suffa![5]
Da läuft so manches Fäßchen aus,[6]
Eins, zwei, g'suffa!
Da hat schon mancher brave Mann,
Eins, zwei, g'suffa!
Gezeigt, was er so vertragen kann,[7]
Schon früh am Morgen fing er an,
Und spät am Abend kam er heraus.
So schön ist's im Hofbräuhaus!

IN MÜNCHEN STEHT EIN HOFBRÄUHAUS:
[1] river that flows through Munich [2] its equal [3] thins [4] drops [5] down the hatch [6] many a keg runs dry [7] shown how much he can hold

(24) Böhmische Polka

Rosamunde, schenk[1] mir dein Herz und
   dein Ja.
Rosamunde, frag' doch nicht erst die Mama!
Rosamunde, glaub' mir, auch ich bin dir
   treu,
Denn zur Stunde, Rosamunde,
Ist mein Herz grade noch frei.

BÖHMISCHE POLKA: [1] give

(25) Du kannst nich treu sein

Du kannst nicht treu sein,
Nein, nein, das kannst du nicht,
Wenn auch dein Mund mir
Wahre Liebe verspricht.[1]
In deinem Herzen
Hast du für viele Platz;
Darum bist du auch nicht
Für mich der richt'ge Schatz.[2]

DU KANNST NICHT TREU SEIN:
[1] promises   [2] sweetheart

(26) Ich hab' mein Herz in Heidelberg verloren

Ich hab' mein Herz in Heidelberg verloren,
In einer lauen[1] Sommernacht.
Ich war verliebt bis über beide Ohren
Und wie ein Röslein hat ihr Mund gelacht!
Und als wir Abschied nahmen[2] vor den
   Toren,
Beim letzten Kuß, da hab ich's klar erkannt,
Daß ich mein Herz in Heidelberg verloren,
Mein Herz, es schlägt am Neckarstrand![3]

ICH HAB' MEIN HERZ IN HEIDELBERG
VERLOREN: [1] mild   [2] took leave
[3] bank of the Neckar River

(27) Auf Wiederseh'n

Auf Wiederseh'n, auf Wiederseh'n,
Bleib' nicht so lange fort,
Denn ohne dich ist's halb so schön,
Darauf hast du mein Wort.

Auf Wiederseh'n, auf Wiederseh'n,
Das eine glaube mir:
Nachher[1] wird es noch mal so schön,
Das Wiederseh'n mit dir!

AUF WIEDERSEH'N: [1] afterwards

(28) Wien, Wien, nur du allein

Wien, Wien, nur du allein
Sollst stets[1] die Stadt meiner Träume sein.
Dort wo die alten Häuser stehn,
Dort wo die lieblichen Mädchen gehn.
Wien, Wien, nur du allein
Sollst stets die Stadt meiner Träume sein.
Dort wo ich glücklich und selig[2] bin
Ist Wien, mein Wien, mein Wien.

WIEN, WIEN, NUR DU ALLEIN: [1] always
   [2] blissful

(29) Trink, trink, Brüderlein trink

Trink, trink, Brüderlein, trink,
Laß doch die Sorgen[1] zu Haus!
Trink, trink, Brüderlein, trink,
Zieh doch die Stirn nicht so kraus![2]
Meide den Kummer und meide den
   Schmerz,[3]
Dann ist das Leben ein Scherz![4]

(Repeat last two lines)

TRINK, TRINK, BRÜDERLEIN, TRINK:
[1] worries   [2] don't frown so   [3] avoid
grief and pain   [4] jest (fun)

(30) Doktor Eisenbart

Ich bin der Doktor Eisenbart,
Zwilliwilliwick, bum, bum!
Kurier' die Leut' nach meiner Art,[1]
Zwilliwilliwick, bum, bum!
Kann machen, daß die Blinden gehn,[2]
Und daß die Lahmen[3] wieder sehn,
Zwilliwilliwick, bum,
Zwilliwilliwick, bum,
Zwilliwilliwick, bum, bum!

Ein alter Bau'r mich zu sich rief,[4]
Zwilliwilliwick, bum, bum!
Der seit zwölf Jahren nicht mehr schlief,
Zwilliwilliwick, bum, bum!
Ich hab' ihn gleich zur Ruh' gebracht,
Er ist bis heute nicht erwacht,[5]
Zwilliwilliwick, bum,
Zwilliwilliwick, bum,
Zwilliwilliwick, bum, bum!

DOKTOR EISENBART: [1] I cure people
in my way   [2] cause the blind to walk
[3] lame   [4] called   [5] awakened

(31) O du lieber Augustin

O du lieber Augustin,
Augustin, Augustin,
O du lieber Augustin,
Alles ist hin![1]

Geld ist weg, Mäd'l ist weg,[2]
Alles weg, alles weg!
O du lieber Augustin,
Alles ist hin!

O DU LIEBER AUGUSTIN: [1] gone
[2] girl is gone

(32) Hoch soll er leben

Hoch soll er leben![1]
Hoch soll er leben!
Dreimal hoch!

Er lebe hoch![1] Er lebe hoch!
Er lebe hoch! Er lebe hoch!
Er lebe dreimal hoch!

HOCH SOLL ER LEBEN: [1] Long (high)
may he live! (toast)

(33) Der fröhliche Wanderer

Mein Vater war ein Wandersmann
Und mir steckt's auch im Blut;[1]
Drum wand're ich froh, so lang ich kann
Und schwenke[2] meinen Hut.
Valderi, Valdera, Valdera,

Valdera ha ha ha ha ha
Valderi, Valdera,
Und schwenke meinen Hut.

Das Wandern schafft stets frische Lust,[3]
Erhält[4] das Herz gesund;
Frei atmet[5] draußen meine Brust,
Froh singet stets mein Mund.
Valderi, Valdera . . .

Warum singt dir das Vögelein[6]
So freudevoll sein Lied?
Weil's nimmer hockt landaus landein,[7]
Durch and're Fluren zieht.[8]
Valderi, Valdera, . . .

Was murmelt's Bächlein dort und rauscht,[9]
So lustig hin durch's Rohr?[10]
Weil's frei sich regt,[11] mit Wonne lauscht
Ihm dein empfänglich Ohr.[12]
Valderi, Valdera, . . .

Drum trag' ich's Ränzlein und den Stab[13]
Weit in die Welt hinein,
Und werde bis ans kühle Grab[14]
Ein Wanderbursche[15] sein.
Valderi, Valdera . . .

DER FRÖHLICHE WANDERER: [1] sticks
in my blood, too   [2] swing
[3] always creates fresh desire   [4] keeps
[5] breathes   [6] little bird   [7] never stops
from country to country   [8] it flies
across different fields   [9] why does the
little brook murmur there and rustle
[10] so happily through the reeds
[11] moves freely   [12] your eager ear
listens to it joyfully   [13] therefore I
carry a knapsack and a hiking stick
[14] grave   [15] wandering lad

(34) Du, du, du

Du, du, du,
Laß mein kleines Herz in Ruh',
Denn es fühlt genau wie du,
Ich gehör' nur dir allein.

Ja, ja, ja,
Plötzlich war die Liebe da,
Niemand weiß wie es geschah,
Nur wir beide ganz allein.

Einmal wirst du mich küssen,
Einmal eh' ich's gedacht,
Und dann werde ich wissen,
Dich hat das Schicksal[1] gebracht.

Du, du, du,
Laß mein kleines Herz in Ruh',
Denn es fühlt genau wie du,
Ich gehör' nur dir allein.

DU, DU, DU: [1] fate

(35) Droben auf dem Berge

Droben[1] auf dem Berge,
Da steht ein Soldat,[2]
Der schimpft wie ein Rohrspatz,[3]
Weil er kein Liebchen[4] hat!
Holadria, holadrio!   (*Repeat last line*)

Grün ist die Hoffnung,[5]
Und grün der Spinat,[6]
Und grün ist der Jüngling,[7]
Der kein' Schnurrbart[8] hat!
Holadria, holadrio!

Rot ist die Liebe,
Und rot die Tomat',
Und rot ist der echte[9]
Sozialdemokrat!
Holadria, holadrio!

Mein Bruder in der Schweiz,
Der hat es gar fein,
Der macht in den Käse
Die Löcher hinein![10]
Holadria, holadrio!

DROBEN AUF DEM BERGE: [1] up there
[2] soldier   [3] scolds like a fishwife
[4] sweetheart   [5] hope   [6] spinach
[7] young man   [8] moustache
[9] genuine   [10] makes the holes in the
cheese

Appendix

IRREGULAR AND SEMI-IRREGULAR VERBS

Compound forms are not given if the simple form occurs. For **besprechen**, **versprechen**, etc., look under **sprechen**. All tense forms are third person singular.

INFINITIVE	PRESENT	NARR. PAST	PRES. PERFECT
anfangen (*begin*)	fängt . . . an	fing . . . an	hat angefangen
backen (*bake*)	bäckt	buk (*or* backte)	hat gebacken
beginnen (*begin*)	beginnt	begann	hat begonnen
beißen (*bite*)	beißt	biß	hat gebissen
beweisen (*prove*)	beweist	bewies	hat bewiesen
biegen (*turn*)	biegt	bog	hat gebogen
bitten (*ask, request*)	bittet	bat	hat gebeten
bleiben (*stay, remain*)	bleibt	blieb	**ist** geblieben
braten (*roast*)	brät	briet	hat gebraten
brechen (*break*)	bricht	brach	hat gebrochen
brennen (*burn*)	brennt	brannte	hat gebrannt
bringen (*bring*)	bringt	brachte	hat gebracht
denken (*think*)	denkt	dachte	hat gedacht
dürfen (*be permitted*)	darf	durfte	hat gedurft
einladen (*invite*)	lädt . . . ein (*or* ladet . . . ein)	lud . . . ein (*or* ladete . . . ein)	hat eingeladen
empfehlen (*recommend*)	empfiehlt	empfahl	hat empfohlen
erschrecken (*become frightened*)	erschrickt	erschrak	**ist** erschrocken
essen (*eat*)	ißt	aß	hat gegessen
fahren (*travel, drive*)	fährt	fuhr	**ist** (hat) gefahren
fallen (*fall*)	fällt	fiel	**ist** gefallen
finden (*find*)	findet	fand	hat gefunden
fliegen (*fly*)	fliegt	flog	**ist** geflogen
fliehen (*flee*)	flieht	floh	**ist** geflohen

INFINITIVE	PRESENT	NARR. PAST	PRES. PERFECT
fließen (*flow*)	fließt	floß	**ist** geflossen
geben (*give*)	gibt	gab	hat gegeben
gedeihen (*thrive*)	gedeiht	gedieh	**ist** gediehen
gefallen (*please*)	gefällt	gefiel	hat gefallen
gehen (*go*)	geht	ging	**ist** gegangen
gelingen (*succeed*)	gelingt	gelang	**ist** gelungen
gelten (*mean, be worth*)	gilt	galt	hat gegolten
genießen (*enjoy*)	genießt	genoß	hat genossen
geschehen (*happen*)	geschieht	geschah	**ist** geschehen
gewinnen (*win, gain*)	gewinnt	gewann	hat gewonnen
gleichen (*equal, resemble*)	gleicht	glich	hat geglichen
graben (*dig*)	gräbt	grub	hat gegraben
greifen (*grasp*)	greift	griff	hat gegriffen
haben (*have*)	hat	hatte	hat gehabt
halten (*hold, stop*)	hält	hielt	hat gehalten
hängen (*hang, intrans.*)	hängt	hing	hat gehangen
heben (*lift*)	hebt	hob	hat gehoben
heißen (*be named*)	heißt	hieß	hat geheißen
helfen (*help*)	hilft	half	hat geholfen
kennen (*know*)	kennt	kannte	hat gekannt
klingen (*sound*)	klingt	klang	hat geklungen
kommen (*come*)	kommt	kam	**ist** gekommen
können (*be able*)	kann	konnte	hat gekonnt
lassen (*let, leave*)	läßt	ließ	hat gelassen
laufen (*run*)	läuft	lief	**ist** gelaufen
leiden (*suffer*)	leidet	litt	hat gelitten
lesen (*read*)	liest	las	hat gelesen
liegen (*lie*)	liegt	lag	hat gelegen
melken (*milk*)	melkt (*or* milkt)	melkte (*or* molk)	hat gemelkt (*or* gemolken)
mögen (*like*)	mag	mochte	hat gemocht
müssen (*have to*)	muß	mußte	hat gemußt
nehmen (*take*)	nimmt	nahm	hat genommen
nennen (*name*)	nennt	nannte	hat genannt
raten (*advise*)	rät	riet	hat geraten
reiten (*ride*)	reitet	ritt	**ist** (hat) geritten
riechen (*smell*)	riecht	roch	hat gerochen
ringen (*wrestle*)	ringt	rang	hat gerungen
rufen (*call*)	ruft	rief	hat gerufen
schaffen (*create*)	schafft	schuf	hat geschaffen
scheinen (*shine, seem*)	scheint	schien	hat geschienen
schlafen (*sleep*)	schläft	schlief	hat geschlafen
schlagen (*hit, strike*)	schlägt	schlug	hat geschlagen
schließen (*close*)	schließt	schloß	hat geschlossen
schneiden (*cut*)	schneidet	schnitt	hat geschnitten
schreiben (*write*)	schreibt	schrieb	hat geschrieben

INFINITIVE	PRESENT	NARR. PAST	PRES. PERFECT
schweigen (*keep quiet*)	schweigt	schwieg	hat geschwiegen
schwimmen (*swim*)	schwimmt	schwamm	**ist** geschwommen
schwören (*swear*)	schwört	schwor (*or* schwur)	hat geschworen
sehen (*see*)	sieht	sah	hat gesehen
sein (*be*)	ist	war	**ist** gewesen
singen (*sing*)	singt	sang	hat gesungen
sinken (*sink*)	sinkt	sank	**ist** gesunken
sitzen (*sit*)	sitzt	saß	hat gesessen
sollen (*be obligated to*)	soll	sollte	hat gesollt
sprechen (*speak*)	spricht	sprach	hat gesprochen
springen (*jump*)	springt	sprang	**ist** gesprungen
stehen (*stand*)	steht	stand	hat gestanden
steigen (*climb*)	steigt	stieg	**ist** gestiegen
sterben (*die*)	stirbt	starb	**ist** gestorben
stoßen (*push*)	stößt	stieß	hat gestoßen
tragen (*carry, wear*)	trägt	trug	hat getragen
treiben (*drive, be interested in*)	treibt	trieb	hat getrieben
treffen (*hit, meet*)	trifft	traf	hat getroffen
treten (*step*)	tritt	trat	**ist** getreten
trinken (*drink*)	trinkt	trank	hat getrunken
tun (*do*)	tut	tat	hat getan
unterscheiden (*distinguish*)	unterscheidet	unterschied	hat unterschieden
verbinden (*connect*)	verbindet	verband	hat verbunden
vergessen (*forget*)	vergißt	vergaß	hat vergessen
verleihen (*endow, lend*)	verleiht	verlieh	hat verliehen
verlieren (*lose*)	verliert	verlor	hat verloren
verschwinden (*disappear*)	verschwindet	verschwand	**ist** verschwunden
verzeihen (*pardon*)	verzeiht	verzieh	hat verziehen
wachsen (*grow*)	wächst	wuchs	**ist** gewachsen
waschen (*wash*)	wäscht	wusch	hat gewaschen
weisen (*show, direct*)	weist	wies	hat gewiesen
wenden (*turn*)	wendet	wandte (*or* wendete)	hat gewandt (*or* gewendet)
werden (*become*)	wird	wurde	**ist** geworden
werfen (*throw*)	wirft	warf	hat geworfen
wiegen (*weigh*)	wiegt	wog	hat gewogen
wissen (*know*)	weiß	wußte	hat gewußt
wollen (*want*)	will	wollte	hat gewollt
ziehen (*pull, go*)	zieht	zog	hat (**ist**) gezogen
zwingen (*force, compel*)	zwingt	zwang	hat gezwungen

Vocabulary

The principal parts of common irregular and semi-irregular verbs may be found in the list of Irregular and Semi-irregular Verbs that precedes the Vocabulary. Verbs that take **sein** are followed by (**s.**); all others take **haben**.

The plurals of nouns are generally given unless they are rarely used or nonexistent: **der Mann, ⸚er**. A dash following a noun indicates that nothing is added to form the plural: **das Fenster, -**. Irregular genitive forms are placed in parentheses: **der Student, (en), -en**.

The new words introduced in the *German Songs* and in the *Phonetic Drills* are not included in this vocabulary list.

Abbreviations

abbr.	abbreviation	*irreg.*	irregular
acc.	accusative	**h.**	**haben**
adj.	adjective	*nom.*	nominative
adv.	adverb	*pers.*	personal
conj.	conjunction	*pl.*	plural
coord. conj.	coordinating conjunction	*prep.*	preposition
dat.	dative	*pron.*	pronoun
dep. conj.	dependent conjunction	*refl.*	reflexive
fam. pl.	familiar plural	*reg.*	regular
fam. sing.	familiar singular	*sing.*	singular
gen.	genitive	**s.**	**sein**
indef. pron.	indefinite pronoun	*semi-irreg.*	semi-irregular
interrog.	interrogative	*subj.*	subjunctive
intrans.	intransitive	*trans.*	transitive

A

ab und zu   now and then
abbiegen (*irreg.*, **s.**)   turn off
das **Abbild, -er**   image
abbrechen (*irreg.*)   break off, burn one's bridges

der **Abend, -e**   evening
das **Abendbrot, -e**   supper
das **Abendessen, -**   evening meal
das **Abendkleid, -er**   evening dress
abends   in the evening, evenings

aber (*coord. conj.*)   but, however

abfahren (*irreg.*, **s.**)   leave, depart

die **Abfahrt, -en**   departure

abgemacht!   settled! it's a deal!

abhalten (*irreg.*)   hold (meetings, etc.)

abhängen (*irreg.*)   depend; **abhängen von**   depend on

abholen (*reg.*)   pick up, go and get

das **Abitur, -e**   final examination of a secondary school

der **Abiturient, (en)**   one who has passed the *Abitur*

abkochen (*reg.*)   cook (out)

abnehmen (*irreg.*)   take off, remove

abreisen (*reg.*, **s.**)   leave, depart

der **Abschied, -e**   farewell; **Abschied nehmen**   say good-bye, take leave (of someone)

das **Abschlußexamen, -**   final examination

das **Abschlußzeugnis, -se**   final examination grade

abstellen (*reg.*)   switch off

abtragen (*irreg.*)   wear out

abtrennen (*reg.*)   separate

die **Abwendung, -en**   prevention

ach!   oh! alas!

Ach und Weh   lamentation, sorrow

acht   eight

die **Acht**   attention, care

achteckig   octagonal

achten (*reg.*)   respect

achtstündig   eight hours long

der **achtzehnte**   the eighteenth

achtzig   eighty

die **Adresse, -n**   address

(das) **Afrika**   Africa

der **Afrikaner, -**   African

ahnen (*reg.*)   suspect

ähnlich   similar

die **Ähnlichkeit, -en**   similarity

die **Ahnung, -en**   idea

die **Akademie, -n**   academy

das **Akkordeon, -s**   accordion

die **Aktentasche, -n**   briefcase

der **Akzent, -e**   accent

der **Alemanne, (n), -n**   a member of a southwestern Germanic tribe

all   all

alle (*pl.*)   all

die **Allee, -n**   avenue

allein   alone

allerdings   to be sure

allerlei   all kinds of

alles   everything

allgemein   general, universal; **im allgemeinen**   in general

alljährlich   yearly

allmählich   gradual

das **Alltagsdeutsch**   everyday German

die **Alltagssprache**   everyday language

die **Almhütte, -n**   alpine hut

die **Alp, -en**   mountain pasture

die **Alpen** (*pl.*)   Alps

die **Alpenbauerntracht, -en**   costume of a peasant who lives in the Alps

das **Alpenland, ⸚er**   a country in the Alps

die **Alpenluft**   Alpine air

die **Alpenstraße, -n**   road in the Alps

als (*dep. conj.*)   as, like, when, than

als ob = als wenn (*dep. conj.*)   as though

also   so, then, thus, therefore

alt   old

der **Alt**   alto

der **Altar, ⸚e**   altar

das **Alter, -**   age

altmodisch   old-fashioned

das **Aluminium**   aluminum

am = an dem

die **Ameise, -n**   ant

(das) **Amerika**   America

der **Amerikaner, -**   American

amerikanisch   American

amüsieren (*reg.*)   amuse, entertain; (*refl.*)   have a good time

an (*dat. or acc.*)   at, on, by

analysieren (*reg.*)   analyze

die **Anatomie**   anatomy

ander-   other, different

anders   different, otherwise

anderswo elsewhere

der **Anfang, ⁒e** beginning

anfangen (*irreg.*) begin

angehören (*reg.*) belong to

angeln (*reg.*) fish

angenehm pleasant

die **Angst, ⁒e** fear, anxiety, concern;
Angst haben be afraid

anhalten (*irreg.*) stop

ankommen (*irreg.*, **s.**) arrive; **es kommt
darauf an** it depends

die **Ankunft, ⁒e** arrival

anmachen (*reg.*) turn on, light

anmelden (*reg.*) make (a phone call);
announce

die **Anmeldung, -en** reception (desk)

anprobieren (*reg.*) try on

anregend exciting, stimulating

anrufen (*irreg.*) call up, phone

ans = an das

anschauen (*reg.*) look at

der **Anschein** appearance, look; **allem
Anschein nach** from all appearances

anscheinend apparently

ansehen (*irreg.*) look at; (*dat. refl.*)
take a look at, inspect

die **Ansichtskarte, -n** picture postcard

(an)statt (*gen.*) instead of

anstellen (*reg.*) turn on, switch on

anstrengend strenuous

die **Antwort, -en** answer

anwenden (*reg. & semi-irreg.*) use

antworten (*reg.*) answer (a person,
dat.); **antworten auf** (*acc.*) answer (a
question)

anwesend present, in attendance

anziehen (*irreg.*) dress, attract; (*refl.*)
get dressed

der **Anzug, ⁒e** suit

der **Apfel, ⁒** apple

der **Apfelbaum, ⁒e** apple tree

der **Apfelsaft** apple juice

der **Apfelsinensaft** orange juice

der **Apfelstrudel, -** apple strudel

die **Apotheke, -n** pharmacy

der **Appetit** appetite

appetitlich appetizing

applaudieren (*reg.*) applaud

der **April** April

die **Arbeit, -en** work

arbeiten (*reg.*) work; **an die Arbeit
gehen** go to work

der **Arbeiter, -** worker

der **Arbeitgeber, -** employer

der **Arbeitnehmer, -** employee

die **Arbeitskraft, ⁒e** manpower

der **Arbeitslose, (n), -n** one who is
unemployed

das **Arbeitszimmer, -** workroom

der **Architekt, (en), -en** architect

die **Architektin, -nen** architect (*fem.*)

architektonisch architectural

die **Architektur, -en** architecture

ärgern (*reg.*) annoy; (*refl.*) be
annoyed

arm poor, unfortunate

der **Arm, -e** arm

die **Art, -en** type, kind, sort

der **Arzt, ⁒e** physician

der **Aschermittwoch, -e** Ash
Wednesday

das **Aschenputtel** Cinderella

(das) Asien Asia

das **Aspirin** aspirin

astronomisch astronomical

die **Atmosphäre, -n** atmosphere

die **Attraktion, -en** attraction

au! ow! oh! (exclamation of pain)

auch also, too

auf (*dat. or acc.*) on, upon, at, to, up

aufbauen (*reg.*) build up

der **Aufbewahrungsraum, ⁒e** storage
room

aufblühen (*reg.*, **s.**) flourish, come into
bloom

der **Aufenthalt, -e** stay, sojourn

die **Auferstehung, -en** resurrection

aufführen (*reg.*) perform

die **Aufführung, -en** performance

die **Aufgabe, -n** lesson, task

aufgeben (*irreg.*) give up, mail

aufhängen (*reg.*) hang up

auf|hören (*reg.*)   stop, cease
auf|kommen (*irreg.*, **s.**)   come up
auf|laden (*irreg.*)   load
auf|machen(*reg.*)   open
aufmerksam   attentive
die **Aufmerksamkeit, -en**   attentiveness
die **Aufnahme, -n**   photograph, picture
die **Aufnahmeprüfung, -en**   entrance exam
auf|nehmen (*irreg.*)   receive, welcome
auf|passen (*reg.*)   pay attention, watch out
auf|räumen (*reg.*)   clean up
aufregend   exciting, upsetting
aufs = auf das
der **Aufsatz, ⸚e**   essay, theme
auf|setzen (*reg.*)   erect
auf|stehen (*irreg.*, **s.**)   get up, stand up
der **Aufstieg, -e**   rise, growth
auf|tauchen (*reg.*, **s.**)   appear
auf|wachen (*reg.*, **s.**)   wake up, awake
auf|wecken (*reg.*)   waken, rouse
auf|wenden (*semi-irreg.*)   appropriate
der **Augapfel (-äpfel,** *pl.*)   apple of one's eye, eyeball
das **Auge, -n**   eye; **unter vier Augen**   in private
der **Augenarzt, ⸚e**   oculist
der **Augenblick, -e**   moment; **einen Augenblick, bitte!**   just a moment, please
die **Augenbraue, -n**   eyebrow
der **August**   August
aus (*dat.*)   out, out of, from, of; **es ist aus mit ihm**   he's done for; **von mir aus**   as far as I am concerned
der **Ausflug, ⸚e**   excursion, outing
der **Ausflügler, -**   excursionist
das **Ausflugsschiff, -e**   excursion ship
aus|füllen (*reg.*)   fill out
der **Ausgang, ⸚e**   exit
der **Ausgangspunkt, -e**   point of departure
aus|geben (*irreg.*)   spend (money)
ausgebrannt   burned out
aus|gehen (*irreg.*, **s.**)   go out

ausgezeichnet   excellent
aus|graben (*irreg.*)   excavate, dig out
der **Ausguß (Ausgüsse,** *pl.*)   sink
aus|kommen (*irreg.*, **s.**)   get along
die **Auskunft, ⸚e**   information
das **Ausland**   foreign country, abroad
der **Ausländer, -**   foreigner
die **Ausländerin, -nen**   foreigner (*f.*)
ausländisch   foreign
aus|lassen (*irreg.*)   leave out
aus|lösen (*reg.*)   start, release
aus|machen (*reg.*)   turn out, put out (fire, light, etc.)
aus|misten (*reg.*)   clean a stable
die **Ausnahme, -n**   exception
aus|packen (*reg.*)   unpack
aus|ruhen (*reg. refl.*)   rest up
aus|schenken (*reg.*)   sell (beer, wine, and other drinks)
aus|sehen (*irreg.*)   look, appear
außer (*dat.*)   except, in addition to; **sie ist außer sich**   she's beside herself
außerdem   besides, moreover
außerhalb (*gen.*)   outside
außerordentlich   extraordinary
äußerst   extremely
die **Aussicht, -en**   view; **eine Aussicht auf** (*acc.*)   a view of
die **Aussprache, -n**   pronunciation
aus|sprechen (*irreg.*)   pronounce
aus|steigen (*irreg.*, **s.**)   get off
der **Ausstellungsraum, ⸚e**   exhibition room
das **Ausstellungszentrum** (*pl.*) **-zentren**   exhibition center
(das) **Australien**   Australia
der **Ausverkauf, ⸚e**   sale
ausverkauft   sold out
die **Auswahl, -en**   choice
aus|wandern (*reg.*, **s.**)   emigrate
auswärtig   out-of-town, non-resident
der **Ausweg, -e**   way out, escape
auswendig   by heart; **auswendig lernen**   learn by heart
aus|ziehen (*irreg.*)   undress; (*refl.*)   get undressed

das **Auto, -s** auto, car
die **Autobahn, -en** superhighway
das **Autobahnsystem, -e** network of
freeways
der **Autobus, (ses), -se** bus
der **Autofahrer, -** motorist
der **Autor, -en** author

B

das **Baby, -s** baby
das **Bachkonzert, -e** Bach concert
backen (*irreg.*) bake
das **Bad, ⁼er** bath
der **Badeanzug, ⁼e** bathing suit
der **Badegast, ⁼e** spa visitor or patient
die **Badehose, -n** swimming trunks
baden (*reg.*) bathe
das **Badetuch, ⁼er** bath towel
die **Badewanne, -n** bathtub
das **Badezimmer, -** bathroom
die **Bahn, -en** railroad
der **Bahnhof, ⁼e** railroad station
das **Bahnhofskino, -s** movie theater
near or at a railroad station
bald soon
der **Balkon, -e** balcony
der **Ball, ⁼e** ball
das **Ballett** ballet
das **Balletkorps, -** ballet troupe
die **Banane, -n** banana
die **Bank, ⁼e** bench
die **Bank, -en** bank
die **Banknote, -n** banknote
der **Bär, (en), -en** bear
barfuß barefoot
das **Bargeld** cash
der **Bariton** baritone
der **Barockbau (-bauten,** *pl.*) baroque
building
das **Barockschloß, (-schlösser,** *pl.*)
baroque castle
der **Baß** bass
der **Bau (die Bauten,** *pl.*) building,
structure
die **Bauausstellung, -en** architectural
exhibition

bauen (*reg.*) build
der **Bauer, (s** *or* **n), -n** farmer, peasant
die **Bäuerin, -nen** farmer's wife
die **Bauernfamilie, -n** farmer's family
das **Bauernhaus, ⁼er** farmhouse
der **Bauernhof, ⁼e** farm
das **Bauernleben, -** farmer's life
der **Bauernstaat, -en** agricultural state
die **Bauerntochter, ⁼** farmer's daughter
die **Bauerntracht, -en** peasant's
costume
der **Baum, ⁼e** tree
der **Baumeister, -** architect
der **Bayer, (n), -n** Bavarian
(das) **Bayern** Bavaria
bayrisch Bavarian
beantworten (*reg.*) answer
bedauern (*reg.*) regret
bedeuten (*reg.*) mean
bedeutend significant
die **Bedeutung, -en** significance,
meaning
die **Bedienung, -en** service
das **Beefsteak, -s** beefsteak
beeilen (*reg., refl.*) hurry
befinden (*irreg., refl.*) be, find oneself
befreundet friendly, intimate
begabt gifted, talented
begegnen (*reg., dat.,* **s.**) meet
die **Begegnung, -en** meeting, encounter
begeistert inspired, enthusiastic
der **Beginn** start, beginning
beginnen (*irreg.*) begin
begleiten (*reg.*) accompany
der **Begriff, -e** comprehension, concept
begründen (*reg.*) establish
die **Begründung, -en** founding,
establishment
begrüßen (*reg.*) greet
behaart hairy
behandeln (*reg.*) treat, deal with
behaupten (*reg.*) assert, maintain
behilflich helpful
bei (*dat.*) at, by, near, at the place of,
with
beibringen (*semi-irreg.*) give, instruct

beide both, two
beieinander together
beim = bei dem
das **Bein, -e** leg
beinah(e) almost, nearly
beisammen together
das **Beispiel, -e** example; **zum Beispiel**
    for example: *abbr.* **z.B.**
beißen (*irreg.*) bite
der **Beitrag, ⸚e** contribution
beitragen (*irreg.*) contribute to
beiwohnen (*reg.*) attend
bekannt known
der **Bekannte, (n), -n** acquaintance
bekannt machen (*reg.*) make known,
    announce, introduce
die **Bekanntmachung, -en**
    announcement
die **Bekanntschaft, -en** acquaintance
bekommen (*irreg.*) get, receive
beladen (*irreg.*) load
belegen (*reg.*) reserve, occupy, enroll
    for (a course)
beleidigen (*reg.*) offend
beliebt popular
bellen (*reg.*) bark
bemerken (*reg.*) notice
bemühen (*reg., refl.*) strive, try
benennen (*irreg.*) name
benutzen (*reg.*) use
das **Benzin** gasoline
bepflanzen (*reg.*) plant
bequem comfortable
der **Berg, -e** mountain
der **Bergabhang, ⸚e** mountain slope
die **Bergakademie, -n** school of mines
das **Bergdorf, ⸚er** mountain village
das **Berghotel, -s** mountain hotel
die **Berghütte, -n** mountain hut
die **Bergluft, ⸚e** mountain air
der **Bergsee, -n** mountain lake
die **Bergspitze, -n** summit of a
    mountain
das **Bergsteigen, -** mountain climbing
der **Bergsteiger, -** mountain climber

die **Bergtour, -en** hike in the
    mountains
die **Bergwiese, -n** mountain pasture or
    meadow
berichten (*reg.*) report
Berlinisch (*or* **Berlinerisch**) Berlin
    dialect
der **Beruf, -e** profession
beruflich professionally
das **Berufsleben, -** professional life
berufstätig working, employed
berühmt famous
die **Besatzungszone, -n** occupation
    zone
beschädigen (*reg.*) damage
beschäftigt busy
der **Bescheid, -e** information; **Bescheid
    sagen** inform or give information
beschließen (*irreg.*) decide
beschreiben (*irreg.*) describe
der **Besen, -** broom
besetzt occupied
besichtigen (*reg.*) visit, inspect
besiegen (*reg.*) conquer, defeat
besitzen (*irreg.*) own, possess
der **Besitzer, -** owner, possessor
besonder- special, particular
besonders especially
besprechen (*irreg.*) discuss
besser better
die **Besserung, -en** recovery,
    improvement; **gute Besserung!** I
    wish you a speedy recovery!
best- best; **am besten** best
bestehen (*irreg.*) pass (an exam), exist;
    bestehen aus consist of
besteigen (*irreg.*) climb
bestellen (*reg.*) order
bestimmt definite(ly)
der **Besuch, -e** visit; **auf Besuch** on a
    visit
besuchen (*reg.*) visit
betonen (*reg.*) emphasize
der **Betonschmetterling, -e** concrete
    butterfly

betrachten (*reg.*)   regard, consider,
  observe
betreten (*irreg.*)   enter (a room, etc.)
der **Betrieb, -e**   management, activity;
  in Betrieb sein   be in operation
das **Bett, -en**   bed; **ins Bett (zu Bett)
  gehen**   go to bed
das **Bettzeug, -e**   bedding
die **Bevölkerung, -en**   population
bevor (*dep. conj.*)   before
bewachen (*reg.*)   guard
bewegen (*reg.*)   move
die **Bewegung, -en**   movement
beweisen (*irreg.*)   prove
bewohnen (*reg.*)   inhabit
der **Bewohner, -**   inhabitant,
  occupant
bewohnt   inhabited
bewundern (*reg.*)   admire
bezahlen (*reg.*)   pay, pay for
die **Beziehung, -en**   relation, regard
der **Bezirk, -e**   district
die **Bibelübersetzung, -en**   Bible
  translation
die **Bibliothek, -en**   library
biblisch   biblical
biegen (*irreg.*)   bend, turn
das **Bier, -e**   beer
der **Bierkrug, ̈e**   beer mug
das **Bild, -er**   picture
bilden (*reg.*)   form
die **Bildhauerin, -nen**   sculptress
billig   cheap
der **Biograph, (en), -en**   biographer
die **Biologie**   biology
die **Birne, -n**   pear
bis (*acc. prep & dep. conj.*)   until, up to
ein **bißchen**   a little bit
bitte   please, you're welcome; **wie
  bitte?**   how's that? **bitte sehr (bitte
  schön)**   you're quite welcome; **bitte
  schön?**   may I help you?
die **Bitte, -n**   request
bitten (*irreg.*)   ask, request; **bitten um**
  (*acc.*)   ask for

blaß   pale
blau   blue
bleiben (*irreg.*, **s.**)   stay, remain
der **Bleistift, -e**   pencil
der **Blinde, (n), -n**   blind man
der **Blitz, -e**   lightning
blitzen (*reg.*)   lighten, flash
blond   blond
die **Blonde, -n**   blonde
die **Blondine, -n**   blonde
die **Blume, -n**   flower
der **Blumengarten, ̈**   flower garden
der **Blumenmarkt, ̈e**   flower market
die **Bluse, -n**   blouse
das **Blut**   blood
die **Blüte, -n**   blossoming time, golden
  age
die **Blutkrankheit, -en**   blood disease
der **Boden, ̈**   ground
der **Bodensee**   Lake Constance
die **Bohne, -n**   bean
die **Bombe, -n**   bomb
das **Boot, -e**   boat
borgen (*reg.*)   borrow, lend
die **Börse, -n**   stock exchange
böse   angry, bad; **böse auf** (*acc.*)
  angry with
boxen (*reg.*)   box
das **Boxen**   boxing
der **Boxsport**   sport of boxing
braten (*irreg.*)   roast, fry
das **Brathuhn, ̈er**   fried chicken
die **Bratkartoffeln** (*pl.*)   fried potatoes
die **Bratwurst, ̈e**   fried sausage
der **Brauch, ̈e**   custom
brauchen (*reg.*)   need
braun   brown
die **Brause, -n**   shower
das **Brausebad, ̈er**   shower
brav   good, well-behaved
brechen (*irreg.*)   break
breit   broad, wide
brennen (*semi-irreg.*)   burn
das **Brett, -er**   board; das **Schwarze
  Brett**   bulletin board

der **Brief, -e** letter
der **Briefkasten, -** letter box
die **Briefmarke, -n** stamp
die **Brieftasche, -n** purse, pocketbook
der **Briefträger, -** mailman
bringen (*semi-irreg.*) bring
das **Brot, -e** bread
das **Brötchen, -** roll
der **Bruch, ⸚e** break, breach
die **Brücke, -n** bridge
der **Bruder, ⸚** brother
die **Brüderschaft** fellowship
brummen (*reg.*) growl, buzz
die **Brünette, -n** brunette
der **Brunnen, -** fountain, well
das **Buch, ⸚er** book
der **Buchhalter, -** bookkeeper
die **Buchhandlung, -en** bookstore
die **Buchgemeinschaft, -en** book club
büffeln (*reg.*) cram for an exam
die **Bühne, -n** stage
der **Bummel, -** stroll
der **Bund, ⸚e** confederation
die **Bundeshauptstadt** federal capital of
 West Germany
das **Bundeshaus, ⸚er** parliament
 building
das **Bundesland, ⸚er** federal state
der **Bundesliga-Verein, -e** national
 league club
die **Bundesrepublik** the Federal
 Republic
das **Bündnis, -se** alliance
bunt bright, many-colored
die **Burg, -en** castle
der **Bürger, -** citizen
der **Bürgermeister, -** mayor
der **Bürgersteig, -e** sidewalk
die **Burgruine, -n** castle ruin(s)
das **Burgtheater, -** palace theater
das **Büro, -s** office
der **Büroarbeiter, -** office worker
der **Bus, (ses), -se** bus
der **Busch, ⸚e** bush, shrub
die **Bushaltestelle, -n** bus stop
die **Butter** butter

das **Butterbrot, -e** bread and butter
die **Buttermilch** buttermilk

C

das **Café, -s** café
das **Camping** camping
der **Campingplatz, ⸚e** camping site
der **Campus** campus
charakterisieren (*reg.*) characterize
chinesisch Chinese
der **Chor, ⸚e** choir, chorus
die **Chemie** chemistry
die **Chemikalien** (*pl.*) chemicals
das **Christentum** Christianity
das **Christkind** Christ child
Christus (Christi, *gen.*) Christ
der **Clown, -s** clown
die **(Coca)Cola** (Coca)Cola

D

da (*adv.*) here, there, then; (*dep. conj.*)
 since, because
da drüben over there
das **Dach, ⸚er** roof
dafür for it
dagegen against it
daher therefore
dahin there; **er geht dahin** he is going
 there
damals at that time
die **Dame, -n** lady
die **Damenkleidung** women's clothes
damit with it; (*dep. conj.*) so that
der **Damm, ⸚e** dam, embankment
der **Dämon, -en** demon
der **Dampfer, -** steamer
danach afterward, accordingly
daneben beside it, close by
danieder in ruins
dänisch Danish
(das) **Dänisch** Danish
der **Dank** thanks; **besten Dank! vielen
 Dank!** thanks very much
dankbar grateful; **er ist mir dankbar**
 he is grateful to me

danken (*reg. dat.*) thank; **danke!** thanks; **danke sehr! (danke schön! danke bestens!)** thanks a lot! **nichts zu danken** you are welcome

dann then; **dann und wann** now and then

daran about it

darauf on it, thereupon

daraus out of it

darin in it

darstellen (*reg.*) represent, present

darüber about it

darum therefore

darunter under it

das the, that, those, which

daß (*dep. conj.*) that

dasselbe the same

das **Datum (Daten,** *pl.***)** date

die **Dauer** duration

dauern (*reg.*) last, endure

davon about it

davor in front of it

dazu with it, in addition

dazwischen between (them)

die **Decke, -n** ceiling, blanket

decken (*reg.*) cover, set (a table)

dein (*fam. sing.*) your

der **Dekan, -e** dean

dekorieren (*reg.*) decorate

der **Demagoge, (n), -n** demagogue

der **Demokrat, (en), -en** democrat

demokratisch democratic

denken (*semi-irreg.*) think; **denken an** (*acc.*) think of

der **Denker, -** thinker

das **Denkmal, ⁻er** monument

denn (*particle & coord. conj.*) then, for

der the, that, who

dergleichen and so forth

derselbe the same

deshalb therefore, for that reason

desto the; **je mehr, desto besser** the more, the better

deswegen for that reason, therefore

deutlich clear, distinct

deutsch German; **auf deutsch** in German

(das) **Deutsch** German

der **Deutsche, (n), -n** German (man)

die **Deutsche Demokratische Republik** German Democratic Republic

(das) **Deutschland** Germany

der **Deutschlehrer, -** teacher of German

deutsch-österreichisch German-Austrian

deutschsprachig German-speaking

die **Deutschstunde, -n** German class

der **Dezember** December

der **Dialekt, -e** dialect

die **Diät, -en** diet; **Diät halten** be on a diet

dich (*fam. sing., acc.*) you

der **Dichter, -** poet

das **Dichterzimmer, -** poet's room

dick thick, fat

die the, that, who

der **Dieb, -e** thief

diejenigen those

dienen (*reg., dat.*) serve

der **Dienst, -e** service

der **Dienstag, -e** Tuesday

dies this

dieselbe the same

dieser this

diesmal this time

der **Diktator, -en** dictator

diktieren (*reg.*) dictate

der **Diplomat, (en), -en** diplomat

die **Diplomatie** diplomacy

der **Diplomchemiker, -** college graduate with an advanced degree in chemistry

der **Diplomingenieur, -e** college graduate with an advanced degree in engineering

der **Diplomkaufmann (Diplomkaufleute,** *pl.***)** college graduate with an advanced degree in business administration and/or economics

die **Diplomprüfung, -en** examination for certification

dir (*fam. sing.*, *dat.*)   you
direkt   direct
der **Direktor, -en**   director, manager
der **Dirigent, (en), -en**   director,
  conductor (of an orchestra)
das **Dirndl, -**   dirndl, peasant dress
  (southern German & Austrian)
das **Dirndlgeschäft, -e**   dirndl shop
das **Dirndlkleid, -er**   dirndl dress
die **Diskothek, -en**   discotheque
die **Dissertation, -en**   dissertation
die **Disziplin, -en**   discipline
doch (*adv.*, *conj.*, *& particle*)   yet,
  however, nevertheless; **doch!**   yes!
  (contradicting a negative)
der **Doktor, -en**   doctor
die **Doktorarbeit, -en**   dissertation for
  the doctorate
die **Doktorprüfung, -en**   examination
  for the doctorate
der **Dollar, -(s)**   dollar
der **Dom, -e**   cathedral
die **Domstadt, ⸚e**   cathedral city
die **Donau**   Danube River
donnern (*reg.*)   thunder
der **Donnerstag, -e**   Thursday
Donnerwetter!   wow! darn it all!
die **Doppelportion, -en**   double portion
doppelt   double
das **Doppelzimmer, -**   double room
das **Dorf, ⸚er**   village
das **Dörfchen, -**   little village
der **Dorfjunge, (n), -n**   village boy
die **Dorfkirche, -n**   village church
der **Dorfname, (ns), -n**   village name
der **Dorfvater, ⸚**   father of the village
Dornröschen   Sleeping Beauty
dort   there
dort drüben   over there
dorthin   there; **er fährt dorthin**   he is
  driving there
das **Drama (Dramen,** *pl.*)   drama
der **Dramatiker, -**   dramatist
dramatisch   dramatic
die **Dramatisierung, -en**   dramatization
draußen   outside

drehen (*reg.*)   turn
drei   three
dreißig   thirty
der **Dreißigjährige Krieg**   the Thirty
  Years' War
die **Dreschmaschine,-n**   threshing
  machine
drinnen   inside
dritt   third
das **Drittel, -**   third
drittens   in the third place
drittgrößt-   third largest
die **Drogerie, -n**   drugstore
drüben   over there
du (*fam. sing.*)   you
das **Duett, -e**   duet
dumm   stupid
der **Dummkopf, ⸚e**   blockhead,
  dunderhead
düngen (*reg.*)   fertilize, manure
dunkel   dark
die **Dunkelheit**   darkness
dünn   thin
durch (*acc. prep.*)   through
durchfallen (*irreg.*, **s.**)   fail (an
  examination)
durchführen (*reg.*)   bring about, carry
  out
durchschnittlich   average, on an average
dürfen (*semi-irreg.*)   be allowed, be
  permitted, may
die **Dusche, -n**   shower
duschen (*reg.*)   shower
das **Dutzend, -e**   dozen
duzen (*reg.*)   address someone with **du**,
  the familiar form of *you*

E

eben   even, just, precisely
ebenfalls   likewise, too
ebenso   just as, likewise
echt   genuine, true, authentic
die **Ecke, -n**   corner
edel   noble
egal   alike, all the same; **mir ist es egal**
  it's all the same to me

ehe (*dep. conj.*) before
die Ehe, -n marriage
ehemalig former
das Ehepaar, -e married couple
die Ehre, -n honor
ehren (*reg.*) honor
das Ei, -er egg
der Eid, -e oath
eifersüchtig jealous; eifersüchtig auf
 (*acc.*) jealous of
eigen own
eigentlich really, actually
eilen (*reg.*, **s.**) hurry
eilig quick, speedy; es eilig haben be
 in a hurry
ein a, an, one
einander each other
einatmen (*reg.*) inhale
die Einbahnstraße, -n one-way street
einbringen (*semi-irreg.*) bring in
der Eindruck, -e impression
einfach simple
der Einfluß (Einflüsse, *pl.*) influence
der Eingang, -e entrance
eingeschlossen included
der Einheimische, (n), -n native
einige some
der Einkauf, -e purchase
einkaufen (*reg.*) shop
die Einkaufsstraße, -n shopping street
einladen (*irreg.*) invite
die Einladung, -en invitation
einlösen (*reg.*) cash (a check)
einmal one time, once; nicht einmal
 not even
einmalig one time, unique
einnehmen (*irreg.*) take in, receive
eins one
einsam lonely, alone
einschlafen (*irreg.*, **s.**) go to sleep, fall
 asleep
die Einsicht, -en insight
einst once
einsteigen (*irreg.*, **s.**) get in
die Eintrittskarte, -n admission ticket
der Einwanderer, - immigrant

einwerfen (*irreg.*) throw in, mail
der Einwohner, - inhabitant
die Einzelheit, -en detail
einzeln single, individual, separate
das Einzelzimmer, - single room
einzig only, single, unique
einzigartig unique
das Eis ice, ice cream
der Eisbecher, - dish of ice cream
die Eisenbahn, -en railroad
der Eisenbahnwagen, - railroad
 carriage or car
eisern iron
der Eiserne Vorhang the Iron Curtain
eiskalt ice-cold
das Eislaufen ice skating
der Eisläufer, - ice skater
der Eisschrank, -e refrigerator
der Elefant, (en), -en elephant
elegant elegant
elektrisch electric
elf eleven
der Ellbogen, - elbow
die Eltern (*pl.*) parents
die Emanzipation emancipation
empfehlen (*irreg.*) recommend
empfindlich sensitive
empfindsam sensitive
das Ende, -n end; am Ende at the
 end; zu Ende at an end (over)
enden (*reg.*) end
endlich finally
eng narrow, close
der Engel, - angel
der Engländer, - Englishman
englisch English
(das) Englisch English
der Enkel, - grandson
die Enkelin, -nen granddaughter
das Ensemble, -s group of singers,
 musicians, actors, etc.
die Ensembleleistung, -en group
 accomplishment
entdecken (*reg.*) discover
der Entdecker, - discoverer
entfernen (*reg.*) remove

entfernt removed, distant
entgehen (*irreg., s.*) escape
enthüllen (*reg.*) unveil
entkommen (*irreg., s.*) escape
entlassen (*irreg.*) release
entschuldigen (*reg.*) excuse
die **Entschuldigung, -en** excuse
entspannen (*reg., refl.*) relax
entspringen (*irreg., s.*) originate
entstehen (*irreg., s.*) originate
entweder . . . oder either . . . or
entwickeln (*reg.*) develop
die **Entwicklung, -en** development
die **Entwürdigung, -en** degradation
die **Epidemie, -n** epidemic
die **Epoche, -n** epoch, era
er he, it
erbauen (*reg.*) erect, build
der **Erbe, (n), -n** heir
die **Erbsen** (*pl.*) peas
die **Erbsensuppe** pea soup
die **Erdbeere, -n** strawberry
die **Erdbeermarmelade** strawberry jam
die **Erde, -n** earth
das **Erdgeschoß (-geschosse,** *pl.*)
  ground floor
erfahren (*irreg.*) learn, experience
die **Erfahrung, -en** experience
der **Erfolg, -e** success; **viel Erfolg!**
  good luck!
erfreuen (*reg., refl.*) enjoy
erfrischend refreshing
erfüllen (*reg.*) fulfill
erhalten (*irreg.*) preserve, receive
erholen (*reg., refl.*) recover, recuperate
die **Erholung, -en** recovery, rest
erinnern (*reg.*) remind; (*refl.*) remember;
  ich erinnere mich an ihn I remember
  him
die **Erinnerung, -en** memory
erkälten (*reg., refl.*) catch cold
die **Erkältung, -en** common cold
erkennen (*semi-irreg.*) recognize
erklären (*reg.*) declare, explain
die **Erlaubnis, -se** permission
erleben (*reg.*) experience

das **Erlebnis, (ses), -se** experience
erledigen (*reg.*) take care of, settle
erlösen (*reg.*) save, redeem
die **Erlösung, -en** salvation,
  redemption
ermorden (*reg.*) murder
ermüden (*reg., s. intrans.; h. trans.*)
  tire
ernst serious
der **Ernstfall, ⸚e** emergency; **im**
  Ernstfall if worst comes to worst
erraten (*irreg.*) solve, succeed in
  guessing
erretten (*reg.*) save, redeem
errichten (*reg.*) erect, construct
erscheinen (*irreg., s.*) appear
erschöpfen (*reg.*) exhaust
erschrecken (*reg., trans.*) frighten;
  (*irreg., intrans., s.*) to be frightened
ersetzen (*reg.*) replace
erst first, only, not before; **eben erst**
  just now
erstaunt astonished
erstens in the first place
erteilen (*reg.*) give, impart; **Unterricht**
  erteilen give instruction
ertrinken (*irreg., s.*) drown
der **Erwachsene, (n), -n** adult
erwarten (*reg.*) expect, await
erwecken (*reg.*) awaken, rouse
erweitern (*reg., refl.*) expand
erzählen (*reg.*) tell, narrate
der **Erzbischof, ⸚e** archbishop
die **Erzbischofszeit, -en** time of the
  archbishops
das **Erzbistum, ⸚er** archbishopric
die **Erziehung** education
es it
essen (*irreg.*) eat
das **Essen, -** food, meal
das **Eßzimmer, -** dining room
etwa perhaps, nearly
etwas something, somewhat; **so etwas**
  such a thing
euer (*fam. pl.*) your
(das) **Europa** Europe

der **Europäer, -** European

europäisch European

die **Europäische Wirtschaftsgemeinschaft** Common Market

die **Europareise, -n** trip through Europe

das **Examen, -** examination

existieren (*reg.*) exist

experimentieren (*reg.*) experiment

das **Experimentier-Modell, -e** experimental model

exportieren (*reg.*) export

extra extra, additional

F

fabelhaft fabulous

die **Fabrik, -en** factory

der **Fabrikschornstein, -e** factory smokestack

das **Fach, ⸚er** subject, field of study

das **Fachwerkhaus, ⸚er** half-timbered house

fahren (*irreg.*, **s.**) travel; **(h.)** drive (a car)

der **Fahrer, -** driver

der **Fahrdamm, ⸚e** roadway

die **Fahrkarte, -n** ticket

der **Fahrplan, ⸚e** itinerary

das **Fahrrad, ⸚er** bicycle

der **Fahrradweg, -e** bicycle path

der **Fahrstuhl, ⸚e** elevator

die **Fahrt, -en** trip

die **Fakultät, -en** faculty

der **Fall, ⸚e** case, situation; **auf keinen Fall** not at all, by no means; **auf jeden Fall** in any case

fallen (*irreg.*, **s.**) fall; **es fällt mir schwer** it's hard for me

falls (*dep. conj.*) in case

falsch false, wrong

faltig gathered, pleated

die **Familie, -n** family

das **Familienbild, -er** family portrait

der **Familienname, (ns)- -n** family name

die **Farbaufnahme, -n** color picture

das **Farbdia, -s** color slide

die **Farbe, -n** color

der **Farbfilm, -e** color film

das **Farbfoto, -s** color photo

der **Farbkontrast, -e** color contrast

der **Fasching, -e** carnival

die **Fassade, -n** facade

fassen (*reg.*) seize, take

die **Fassung, -en** style, self-control, composure

fast almost

die **Fastenzeit, -en** Lent

(die) **Fastnacht** Shrove Tuesday

faul lazy

der **Februar** February

die **Feder, -n** feather, pen

fehlen (*reg.*) be missing, be lacking, be absent; **was fehlt Ihnen?** what's wrong with you?

der **Fehler, -** mistake

die **Feier, -n** celebration, ceremony

feierlich solemn, festive

feiern (*reg.*) celebrate, solemnize

der **Feiertag, -e** holiday

fein fine

der **Feind, -e** enemy

die **Feinheit, -en** fineness

das **Feld, -er** field

der **Felsen, -** rock, cliff

das **Fenster, -** window

die **Ferien** (*pl.*) vacation

das **Ferienland, ⸚er** vacation land

das **Ferngespräch, -e** long-distance phone call

der **Fernsehapparat, -e** television set

das **Fernsehen** television

der **Fernseher, -** television set

die **Fernsehfabrik, -en** television set factory

der **Fernsehturm, ⸚e** television tower

die **Fernsehübertragung, -en** television broadcast

der **Fernsprecher, -** telephone

das **Fernsprechhäuschen, -** phone booth

die **Fernsprechzelle, -n** phone booth

fertig ready, finished

fertigstellen (*reg.*)   finish, complete
fest   firm, solid, sound
das **Fest, -e**   festival
die **Festbeleuchtung, -en**   festival illumination
das **Festspiel, -e**   festival play
das **Festspielhaus, ⸚er**   festival playhouse
die **Festspielwoche, -n**   festival week
die **Festtracht, -en**   festival costume
die **Festung, -en**   fortress, citadel
der **Festzug, ⸚e**   festive procession
das **Feuer, -**   fire
das **Feuerholz**   firewood
die **Feuerwehr, -en**   fire department
das **Fieber**   fever
die **Figur, -en**   figure, shape
das **Figurenspiel, -e**   a playlet presented by small mechanical actors
der **Film, -e**   film
der **Filmschauspieler, -**   film actor
der **Filmstar, -s**   film star
das **Filmtheater, -**   movie theater
finden (*irreg.*)   find
der **Finger, -**   finger
die **Firma** (**Firmen**, *pl.*)   firm
der **Fisch, -e**   fish
fischen (*reg.*)   fish
das **Fischgericht, -e**   fish dish or course
die **Flasche, -n**   bottle
das **Fleisch**   meat
die **Fleischbrühe, -n**   clear soup, broth
das **Fleischgericht, -e**   meat dish or course
die **Fleischspeise, -n**   meat course
fleißig   industrious, diligent
die **Fliege, -n**   fly
fliegen (*irreg.,* **s.**)   fly
fliehen (*irreg.,* **s.**)   flee
fließen (*irreg.,* **s.**)   flow
das **Fließband, ⸚er**   assembly line
fließend   fluent, flowing, running (water)
die **Flucht**   flight, escape
der **Flughafen, ⸚**   airport
das **Flugzeug, -e**   airplane

der **Fluß** (**Flüsse,** *pl.*)   river
das **Flußbett, -en**   river bed, channel
das **Flüßchen, -**   little river
der **Flußdamm, ⸚e**   embankment
folgen (*reg., dat.,* **s.**)   follow
die **Form, -en**   form
das **Forschungszentrum** (**-zentren**, *pl.*)   research center
die **Forstakademie, -n**   school of forestry
das **Forsthaus, ⸚er**   forester's house
fort   away
fortan   henceforth
der **Fortschritt, -e**   progress; **Fortschritte machen**   make progress
das **Foto** (**Photo**), **-s**   photograph
fotografieren (*reg.*)   photograph
die **Frage, -n**   question; **eine Frage stellen**   ask a question
fragen (*reg.*)   ask; **fragen nach**   ask about
fragmentarisch   fragmentary
der **Franke, (n), -n**   Frank
der **Frankfurter, -**   frankfurter
fränkisch   Frankish
(das) **Frankreich**   France
der **Franzose, (n), -n**   Frenchman
französisch   French
die **Frau, -en**   woman, wife, Mrs.
die **Frauenfeuerwehr**   fire brigade composed of women
die **Frauenkirche**   Church of Our Lady
das **Fräulein, -** *or* **-s**   unmarried woman, young lady
das **Fräuleinwunder, -**   emancipation of the German woman
frei   free, available; **im Freien**   out of doors, in the open (air)
das **Freibad, ⸚er**   open-air swimming pool
die **Freiheit, -en**   freedom
das **Freiheitsdrama** (**-dramen**, *pl.*)   drama of freedom
der **Freiheitskämpfer, -**   fighter for freedom
das **Freiluftkonzert, -e**   open-air concert

der **Freitag, -e** Friday
fremd foreign, unfamiliar
der **Fremdenführer, -** guide
die **Fremdenführung, -en** guide service
    for tourists
der **Fremdenverkehr** tourist traffic
die **Fremdsprache, -n** foreign language
das **Fresko, (Fresken,** *pl.***)** fresco
fressen (*irreg.*) eat (said of animals)
die **Freude, -n** joy, pleasure
freuen (*reg.*) make glad; (*refl.*) be
    glad; **er freut sich auf** (*acc.*) he
    looks forward to; **er freut sich über**
    (*acc.*) he is happy about
der **Freund, -e** friend
die **Freundin, -nen** girl friend
freundlich friendly
die **Freundschaft, -en** friendship
der **Frieden** peace
der **Friedhof, ⸚e** cemetery
friedlich peaceful
der **Friese, (n), -n** Frisian, member of a
    Germanic tribe in northwestern
    Germany
frisch fresh
das **Friseurgeschäft, -e** barbershop
froh glad
fröhlich merry, happy
fromm devout
die **Frucht, ⸚e** fruit
früh early
früher former(ly)
das **Frühjahr, -e** spring
der **Frühling, -e** spring
die **Frühlingsluft, ⸚e** spring air
das **Frühstück, -e** breakfast; **beim**
    Frühstück at breakfast; **zum**
    Frühstück for breakfast
frühstücken (*reg.*) eat breakfast
der **Frühstückstisch, -e** breakfast table
das **Frühstückszimmer, -** breakfast
    room
fühlen (*reg.*) feel
führen (*reg.*) lead, recite, make (phone
    call)
die **Führung** leadership

die **Füllfeder, -n** fountain pen
fünf five
fünfzig fifty
für (*acc.*) for
die **Furchtbarkeit** frightfulness
fürchten (*reg.*) fear; (*refl.*) be afraid;
    sie fürchtet sich vor (*dat.*) she is
    afraid of
füreinander for each other
fürs = für das
der **Fürst, (en), -en** prince
das **Fürstenbistum, ⸚er** diocese
    administered by a prince–bishop
die **Furt, -en** ford, a shallow river
    crossing
der **Fuß, ⸚e** foot; **zu Fuß** on foot
der **Fußball, ⸚e** football
die **Fußballmannschaft, -en** football
    team
der **Fußballspieler, -** football (soccer)
    player
der **Fußboden, ⸚** floor
der **Fußgänger, -** pedestrian
der **Fußweg, -e** footpath
füttern (*reg.*) feed

G

die **Gabel, -n** fork
die **Galerie, -n** gallery
ganz quite, whole, entire; **ganz und gar**
    completely
gar entirely, absolutely; **gar nicht** not
    at all; **gar nichts** nothing at all
der **Garten, ⸚** garden
das **Gartencafé, -s** garden café
das **Gartenhaus, ⸚er** garden house,
    summerhouse
der **Gartensalat** lettuce
die **Gartenseite, -n** garden side
der **Gasherd, -e** gas stove
die **Gasse, -n** alley, lane
der **Gast, ⸚e** guest
der **Gastarbeiter, -** foreign (guest)
    worker
der **Gasthof, ⸚e** inn

das **Gebäude, -** building

geben (*irreg.*) give; **es gibt** there is (are); **was gibt's Neues?** what's new?

das **Gebiet, -e** area, region

geboren born

gebraten roasted, fried

gebrauchen (*reg.*) use

die **Geburt, -en** birth

das **Geburtshaus, ∸er** house where a person is born

die **Geburtsstadt, ∸e** birthplace

der **Geburtstag, -e** birthday

das **Gefängnis, (-ses), -se** prison

die **Gedächtniskapelle, -n** memorial chapel

die **Gedächtniskirche, -n** memorial church

gedeihen (*irreg.*, **s.**) thrive

das **Gedicht, -e** poem

die **Geduld** patience

geduldig patient

die **Gefahr, -en** danger

gefährlich dangerous

gefallen (*irreg.*, *dat.*) please; **es gefällt mir** I like it

der **Gefallen, -** favor; **er tut mir einen Gefallen** he does a favor for me

das **Geflügel** poultry

gegen (*acc.*) against, toward

die **Gegend, -en** region

gegeneinander against each other

der **Gegenstand, ∸e** object, subject

das **Gegenteil, -e** opposite

gegenüber (*dat. prep.*) opposite

gegnerisch opposing

das **Gehäuse, -** case, shell

gehen (*irreg.*, **s.**) go, walk; **wie geht's?** how are you? **es geht** so-so; **das geht nicht** that won't do

gehören (*reg.*, *dat.*) belong to

der **Gehweg, -e** sidewalk

die **Geige, -n** violin, fiddle

der **Geist, -er** spirit, ghost

geisteskrank mentally ill

geistig intellectual

der **Geizhals, ∸e** tightwad, skinflint

geizig stingy, miserly

gelb yellow

das **Geld, -er** money; **ich habe kein Geld bei mir** I have no money with me

die **Geldbörse, -n** wallet

die **Geldnot** financial need or distress

die **Geldstrafe, -n** fine

gelegen situated

die **Gelegenheit, -en** opportunity

gelingen (*irreg.*, *dat.*, **s.**) succeed; **es gelingt mir** I am successful

gelten (*irreg.*) be considered

das **Gelübde, -** solemn promise

das **Gemälde, -** painting

der **Gemeinderat, ∸e** town council

gemeinsam in common; **gemeinsam haben** have in common

gemischt mixed

das **Gemüse, -** vegetables

der **Gemüsegarten, ∸** vegetable garden

der **Gemüserest, -e** remains of vegetables

gemütlich cozy, comfortable, pleasant

genau exact

genauso just as

der **General, -e** *or* **∸e** general (commander)

der **Generalintendant, (en), -en** theater manager

Genf Geneva

der **Genfersee** Lake Geneva

das **Genie, -s** genius

genießen (*irreg.*) enjoy

genug enough

die **Geographie** geography

geographisch geographic

das **Gepäck** baggage, luggage

der **Gepäckträger, -** porter

gerade just, straight

geradeaus straight ahead

gereichen (*reg.*) do credit to

das **Gericht, -e** course, dish (of a meal); court

germanisch Germanic

gern(e) gladly; **sie singt gern** she likes to sing

die **Gesamtschule, -n** comprehensive school

der **Gesandte, (n), -n** ambassador

der **Gesang, ⸚e** singing, song

der **Gesangverein, -e** glee club

das **Geschäft, -e** business, store

der **Geschäftsführer, -** manager

das **Geschäftshaus, ⸚er** business building

der **Geschäftsmann (-leute, *pl.*)** businessman

geschehen (*irreg., s.*) happen; **gern geschehen** you're welcome

gescheit clever, shrewd

das **Geschenk, -e** present, gift

die **Geschichte, -n** story, history

das **Geschirr** dishes, china, utensils

der **Geschmack, ⸚e** taste

die **Geschwister (*pl.*)** brothers and sisters

die **Gesellschaftsschicht, -en** social class, social group

das **Gesicht, -er** face

die **Gesichtscreme, -n** face cream

gespannt excited

das **Gespenst, -er** apparition, evil spirit, ghost

das **Gespräch, -e** conversation

die **Gestalt, -en** form, shape, figure

gestern yesterday; **gestern abend** last evening

gesund healthy

die **Gesundheit** health

das **Getreide** grain

die **Getreidepuppe, -n** bundle of grain resembling a human being

getrennt separated

gewinnen (*irreg.*) win, gain

gewiß certain(ly)

gewissermaßen to a certain extent

gewöhnen (*reg., refl.*) become accustomed; **er gewöhnt sich an (*acc.*)** he becomes accustomed to

gewöhnlich usual(ly)

der **Gipfel, -** peak, summit

die **Gitarre, -n** guitar

der **Glanz** splendor

das **Glas, ⸚er** glass

die **Glatze, -n** bald spot, baldhead

glauben (*reg., dat. of person*) believe; **glauben an (*acc.*)** believe in

der **Gläubige, (n), -n** believer, faithful person

gleich immediately, right away, just, right, same; **mir ist es gleich** it's all the same to me

gleichen (*irreg.*) equal, resemble

gleichfalls likewise, the same to you

gleichnamig of the same name

gleichzeitig at the same time

das **Glück** fortune, luck, happiness; **er hat Glück** he is lucky

glücklich fortunate, happy

der **Glückliche, (n), -n** happy man

der **Glückwunsch, ⸚e** congratulations

das **Gold** gold

das **Golf** golf

gotisch Gothic

der **Gott, ⸚er** God

die **Götterdämmerung** Twilight of the Gods

der **Gottesdienst, -e** divine service, public worship

göttlich divine

das **Grab, ⸚er** grave

graben (*irreg.*) dig

der **Graben, ⸚** ditch, moat

der **Grabstein, -e** gravestone

die **Grammatik, -en** grammar

das **Gras, ⸚er** grass

gratulieren (*reg., dat.*) congratulate

grau gray

die **Grenze, -n** border, boundary

griechisch Greek

die **Grippe** flu

groß large, big, great, tall

großartig magnificent

die **Größe, -n** size

der **Großglockner** highest mountain in Austria

die **Großmacht, ⸚e** great power
die **Großmutter, ⸚** grandmother
die **Großstadt, ⸚e** large city
der **Großvater, ⸚** grandfather
grün green
der **Grund, ⸚e** ground, basis; **aus diesem Grunde** for this reason
gründen (*reg.*) found
die **Grundlage, -n** basis, foundation
die **Gründlichkeit** thoroughness, efficiency
die **Grundregel, -n** basic rule, ground rule
die **Grundschule, -n** elementary school
die **Gruppe, -n** group
gruppieren (*reg.*) group
der **Gruß, ⸚e** greeting
grüßen (*reg.*) greet; **grüße ihn von mir!** give him my regards!; **Grüß Gott!** Hello! (So. Germany and Austria)
gucken (*reg.*) look, peep
die **Gulaschsuppe, -n** goulash soup
das **Gummirad, ⸚er** rubber wheel
die **Gunst, ⸚e** favor; **zu Gunsten** in favor of, on behalf of
der **Gurkensalat** cucumber salad
gut good, well
gutaussehend handsome
das **Gymnasium (Gymnasien, *pl.*)** college preparatory school

H

das **Haar, -e** hair
haben (*reg. or semi-irreg.*) have; **was haben Sie denn?** what's the matter with you?
der **Hafen, ⸚** port, harbor
die **Hafenstadt, ⸚e** seaport
hageln (*reg.*) hail
halb half; **halb neun** eight thirty
die **Halbschürze, -n** half-apron
die **Hälfte, -n** half
das **Hallenschwimmbad, ⸚er** indoor swimming pool
der **Hals, ⸚e** neck
der **Halsausschnitt, -e** low-cut neckline

der **Halsschmerz, -en** sore throat
das **Halsweh** sore throat
halten (*irreg.*) hold, stop; **halten für** consider; **er macht halt** he stops
die **Haltestelle, -n** (bus, streetcar) stop
die **Hand, ⸚e** hand
handeln (*reg.*) act, bargain; **handeln von** treat, have to do with; **es handelt sich um** (*acc.*) it concerns, it has to do with
die **Handelshochschule, -n** business college
der **Handkoffer, -** suitcase
die **Handschrift, -en** handwriting, manuscript
der **Handschuh, -e** glove
die **Handtasche, -n** woman's purse
das **Handtuch, ⸚er** hand towel
der **Handwerker, -** workman
hängen (*reg., trans.; irreg., intrans.*) hang
die **Hansestadt, ⸚e** Hanse town
das **Hanseviertel, -** Hanse quarter
der **Harz** Harz Mountains
hassen (*reg.*) hate
häßlich plain, homely, ugly
hätte (n) (*subj.*) had, would have
der **Haufen, -** heap, pile
häufig frequently, often
der **Hauptanziehungspunkt, -e** center of attraction
das **Hauptauditorium** main auditorium
das **Hauptfach, ⸚er** major field of study
der **Hauptfilm, -e** main feature (film)
das **Hauptgericht, -e** main course
die **Hauptmahlzeit, -en** main meal
der **Hauptmann (-leute, *pl.*)** captain
die **Hauptpost** main post office
die **Hauptrolle, -n** lead role
die **Hauptsache, -n** main point
die **Hauptsehenswürdigkeit, -en** main attraction
die **Hauptstadt, ⸚e** capital city
die **Hauptstraße, -n** main street
das **Hauptvergnügen, -** principal pleasure

das **Haus, ̈-er**   house; **nach Hause
gehen** go home; **zu Hause** at home
die **Hausarbeit, -en** domestic work,
homework (of schoolchildren)
der **Hausbesitzer, -** owner, landlord
die **Hausfrau, -en** housewife
der **Haushalt, -e** household
das **Hausmädchen, -** maid
die **Hausmutter, ̈-** resident director
das **Haustier, -e** domestic animal
die **Haustür, -en** front door of a house
heben (*irreg.*) lift, raise
das **Heft, -e** notebook
die **Heilanstalt, -en** sanatorium
das **Heilbad, ̈-er** mineral bath
heilen (*reg.*) heal, cure
heilig holy
der **Heilige Abend** Christmas Eve
das **Heilmittel, -** remedy
das **Heim, -e** home, dwelling
die **Heimat, -en** home, homeland,
native home
heimatlich native, belonging to one's
home
das **Heimweh** homesickness; **sie hat
Heimweh** she is homesick
heiraten (*reg.*) marry
heiß hot; **mir ist heiß** I'm hot
heißen (*irreg.*) be called, be named;
wie heißen Sie? what's your name?
der **Held, (en), -en** hero
helfen (*irreg., dat.*) help
hell light, bright
das **Hemd, -en** shirt
her here (toward the speaker), hither;
kommen Sie her! come here!
die **Herberge, -n** hostel
das **Heranwachsen** growth,
development
herausgeben (*irreg.*) publish, edit
der **Herbst, -e** atumn, fall
der **Herd, -e** stove, hearth
herein in here (toward the speaker);
herein! come in!
hereinfahren (*irreg.*) bring in; **(s.)**
drive in

hereinkommen (*irreg., s.*) come in
der **Herr, (n), -en** gentleman, Mr.
die **Herrenkleidung** men's wear
herrlich splendid, wonderful
die **Herrschaften** (*pl.*) lady (ladies) and
gentleman (gentlemen)
herstellen (*reg.*) produce, manufacture
herum (*adv.*) around
hervorragend prominent
das **Herz, (ens), -en** heart; **vom
ganzen Herzen** with all one's heart
herzlich hearty, cordial
das **Herzogtum, ̈-er** duchy
das **Heu** hay
die **Heuernte, -n** hay harvest
der **Heuhaufen, -** haystack
die **Heuscheune, -n** barn
der **Heuschlitten, -** hay sled
der **Heuschober, -** haystack
heute today; **heute morgen** this
morning; **heute früh** early this
morning; **heute abend** this evening;
heute mittag at noon today
heutig of today
heutzutage nowadays
der **Heuwagen, -** hay wagon
hier here
hierher to this place; **kommen Sie
hierher!** come right over here!
hierzulande in this country
die **Hilfe, -n** help
der **Himmel, -** heaven, sky
himmelwärts heavenwards
hin away (from the speaker), to the
place; **hin und her** back and forth
hinauffahren (*irreg., s.*) drive up there
hinauseilen (*reg., s.*) hurry out
hinausgehen (*irreg., s.*) go out
hineinrücken (*reg.*) push in
hingehen (*irreg., s.*) go there (to that
place)
hinkommen (*irreg., s.*) get there
hinten (*adv.*) behind, in the back
hinter (*dat. or acc.*) behind
der **Hintergrund, ̈-e** background
hinweisen (*irreg.*) indicate, point to

der **Hirschhornknopf,** ⸚e button made
from a staghorn
die **Hitze** heat
hoch high
die **Hochgarage -n** parking terrace
das **Hochhaus,** ⸚er skyscraper
die **Hochschule, -n** college
der **Hochsprung,** ⸚e high jump
höchst highest, extremely
hocken (*reg.*) crouch, squat
der **Hof,** ⸚e court, yard, farm
die **Hofburg** Hofburg Palace
das **Hofburgtor, -e** gate of the
Hofburg
hoffen (*reg.*) hope
hoffentlich I hope, it is to be hoped
die **Hoffnung, -en** hope
höflich polite, courteous
die **Höhe, -n** height
höher higher
die **Höhere Schule** college preparatory
school
die **Höhle, -n** cave, grotto
hold pleasant, charming
holen (*reg.*) bring, get, fetch
(das) **Holländisch** Dutch
die **Holzbank,** ⸚e wooden bench
der **Holzschnitzer, -** wood-carver
die **Holzstange, -n** wooden pole
der **Honig** honey
hören (*reg.*) hear
der **Hörer, -** listener, telephone
receiver
der **Hörsaal (-säle,** *pl*) auditorium,
lecture hall
die **Hose, -n** trousers
der **Hosenträger, -** suspender
das **Hotel, -s** hotel
der **Hoteldiener, -** bellboy
die **Hoteldirektion, -en** hotel
management
das **Hoteldorf,** ⸚er village which has
many hotels
das **Hotelzimmer, -** hotel room
hübsch pretty
das **Huhn,** ⸚er chicken

die **Hühnersuppe** chicken soup
humanistisch humanistic
der **Hund, -e** dog
das **Hündchen, -** puppy
hundert hundred; **Hunderte** (*pl.*)
hundreds
der **Hunger** hunger; **er hat Hunger** he
is hungry; **vor Hunger sterben** die of
hunger
hungrig hungry
der **Hut,** ⸚e hat
hüten (*reg.*) herd, guard; (*refl.*)
watch out, beware

I

ich I
der **Idealismus** idealism
die **Idee, -n** idea
idyllisch idyllic
ihr her, their, you (*fam. pl., nom.*)
Ihr your (*polite form*)
ihnen them (*dat.*)
Ihnen you (*polite form, dat.*)
illustrieren (*reg.*) illustrate
im = in dem
immer always; **noch immer** still;
immer noch still
imponieren (*reg., dat.*) impress
in (*dat. & acc.*) in, into
indem (*dep. conj.*) in that, while
industrialisieren (*reg.*) industrialize
die **Industrie, -n** industry
die **Industriestadt,** ⸚e industrial city
das **Industriezentrum (-zentren,** *pl.*)
industrial center
infolge (*gen.*) as a result of
informieren (*reg.*) inform
innen (*adv.*) inside
die **Innenstadt,** ⸚e downtown area
inner interior, internal
das **Innere** inside, interior
ins = in das
die **Insel, -n** island
das **Instrument, -e** instrument
intelligent intelligent
interessant interesting

das **Interesse, -n** interest
interessieren (*reg.*) interest; **sich
  interessieren für** be interested in
international international
das **Interview, -s** interview
irgendein any, some
irgendwo somewhere
irgendwo anders somewhere else
irren (*reg.*) err, make a mistake
(das) **Italien** Italy
der **Italiener, -** Italian
italienisch Italian
(das) **Italienisch** Italian

J

ja yes, you know
die **Jacke, -n** coat, jacket
das **Jagdschloß (-schlösser,** *pl.***)** hunting
  castle
der **Jäger, -** hunter
der **Jägerhut, ⁻e** hunting hat
das **Jahr, -e** year
jahrelang (lasting) for years
die **Jahreswende, -n** new year
die **Jahreszeit, -en** season
das **Jahrhundert, -e** century
das **Jahrzehnt, -e** decade
der **Januar** January
japanisch Japanese
die **Jauche** liquid manure
jawohl! yes indeed!
der **Jazz** jazz
die **Jazzband, -s** jazz band
je ever
je . . . desto the . . . the; **je mehr, desto
  besser** the more, the better
jeder each, every
jedermann everyman, everyone
„**Jedermann**" *Everyman* (play by
  Hofmannsthal)
jedoch however, nevertheless
jeglich- each, every
jeher (only in) **von jeher** from time
  immemorial
jemals ever
jemand someone

jener that
jetzt now
der **Jodler, -** yodeler
die **Jodlerin, -nen** yodeler (*fem.*)
der **Johannisbeersaft** currant juice
die **Jugend** youth
die **Jugendherberge, -n** youth hostel
die **Jugendherbergsorganisation, -en**
  youth hostel organization
das **Jugendkonzert, -e** youth concert
der **Jugendliche, (n), -n** young person
der **Juli** July
jung young
der **Junge, (n), -n** boy
die **Jungfrau, -en** name of a Swiss
  mountain; maiden
das **Jungfraujoch** saddle of the
  Jungfrau mountain
der **Juni** June

K

der **Kabinettsminister, -** cabinet
  minister *or* secretary
der **Kaffee** coffee
der **Kaiser, -** emperor
die **Kaiser Wilhelm Gedächtnis Kirche**
  Emperor Wilhelm Memorial Church
das **Kaiserreich, -e** empire
die **Kaiserstadt, ⁻e** imperial city
die **Kaiserzeit, -en** time of the
  emperors
der **Kakao** cocoa
das **Kalb, ⁻er** calf
das **Kalbfleisch** veal
der **Kalender, -** calendar
kalt cold; **mir ist kalt** I'm cold
die **Kälte** cold; **vor Kälte zittern**
  shiver with cold
die **Kamera, -s** camera
der **Kamm, ⁻e** comb
kämmen (*reg.*) comb
die **Kammermusik** chamber music
der **Kampf, ⁻e** fight, combat, struggle
der **Kämpfer, -** warrior, fighter
der **Kanal, ⁻e** canal
die **Kantate, -n** cantata

der **Kanton, -e** canton
der **Kanzler, -** chancellor
die **Kapelle, -n** band, chapel
der **Kapellmeister, -** band or orchestra director
die **Kappe, -n** cap
der **Karneval, -e** *or* **-s** carnival
die **Karnevalsprinzessin, -nen** carnival princess
die **Karnevalszeit, -en** carnival time, Shrovetide
die **Karte, -n** card, ticket, map
das **Kartenspiel, -e** card game
die **Kartoffel, -n** potato
der **Käse, -** cheese
die **Käsetorte, -n** cheese cake
die **Kasse, -n** cashier's booth, box office
die **Kassiererin, -nen** cashier
der **Katholik, (en), -en** Catholic
katholisch Catholic
die **Katze, -n** cat
kaufen (*reg.*) buy
das **Kaufhaus, ⸗er** department store
der **Kaufhof, ⸗e** department store
der **Kaufmann (-leute,** *pl.***)** merchant
kaufmännisch commercial
kaum hardly, scarcely
kein no; **kein Buch** no book
keinesfalls in no case
der **(das) Keks, -** *or* **-e** cooky, biscuit
der **Keller, -** basement, cellar
der **Kellner, -** waiter
die **Kellnerin, -nen** waitress
keltisch Celtic
kennen (*semi-irreg.*) know, be acquainted with
kennenlernen (*reg.*) get to know
der **Kiefer, -** jaw
das **Kilo (Kilogramm)** kilogram (2.2 lbs.)
das (*or* der) **Kilometer, -** kilometer
das **Kind, -er** child
der **Kindergarten, ⸗** kindergarten
kinderreich prolific, having many children

der **Kinderwagen, -** baby buggy
das **Kinn, -e** chin
das **Kino, -s** movie theater; **ins Kino gehen** go to the movies
die **Kirche, -n** church
kirchlich ecclesiastical
der **Kirchturm, ⸗e** church tower
die **Kirschtorte, -n** cherry cake
die **Kiste, -n** box, crate
klagen (*reg.*) complain; **klagen über** (*acc.*) complain about
klar clear
klarblau clear blue
die **Klarinette, -n** clarinet
die **Klasse, -n** class
die **Klassenarbeit, -en** classwork
das **Klassenzimmer, -** classroom
klassisch classical
klassizistisch classicist
das **Klavier, -e** piano
das **Kleid, -er** dress
die **Kleider** (*pl.*) clothes
der **Kleiderschrank, ⸗e** wardrobe
die **Kleidung** clothing
klein small
die **Kleinstadt, ⸗e** small town
das **Klima, -s** *or* **-te** climate
klingeln (*reg.*) ring
klingen (*irreg.*) sound
die **Klinik (Kliniken,** *pl.***)** clinic, clinical hospital
klopfen (*reg.*) knock, beat, pound; **es klopft** someone is knocking
der **Klub, -s** club
klug clever, smart, wise
der **Knabe, (n), -n** boy
der **Knabenchor, ⸗e** boys choir
das **Knie, (e)-** knee
knien (*reg.*) kneel
knipsen (*reg.*) take a snapshot
der **Knopf, ⸗e** button
der **Knopfdruck** pressing of a button
der **Koch, ⸗e** chef, cook
kochen (*reg.*) cook, boil
die **Köchin, -nen** cook (*fem.*)
der **Kochtopf, ⸗e** pot for cooking

das **Ködnitztal** Ködnitz Valley
 (Austria)
die **Koedukation** coeducation
der **Koffer, -** trunk, suitcase
der **Kohl, -e** cabbage
die **Kohle, -n** coal
Köln Cologne
komisch funny, strange
kommen (*irreg.*, **s.**) come
die **Kommode, -n** dresser, chest of
 drawers
kommunistisch communist (*adj.*)
die **Komödie, -n** comedy
komponieren (*reg.*) compose
der **Komponist, (en), -en** composer
die **Komposition, -en** composition
der **Konferenzraum, ⸚e** conference
 room
die **Kongresshalle, -n** convention hall
der **König, -e** king
die **Königin, -nen** queen
das **Königsschloß (-schlösser,** *pl.***)** king's
 castle
konjugieren (*reg.*) conjugate
konkurrieren (*reg.*) compete
können (*semi-irreg.*) be able, can,
 know how to
kontrollieren (*reg.*) check, supervise
das **Konsulat, -e** consulate
das **Konzert, -e** concert; **ins Konzert
 gehen** go to a concert
die **Konzertreise, -n** concert trip
der **Konzertsaal (-säle,** *pl.***)** concert hall
der **Kopf, ⸚e** head
das **Kopfballduell, -e** header duel
der **Kopfsalat** head lettuce
der **Kopfschmerz, -en** headache; **er hat
 Kopfschmerzen** he has a headache
die **Kopfschmerztablette, -n** headache
 tablet
das **Kopfsteinpflaster** cobblestone
 pavement
die **Kopfsteinpflasterstraße, -n**
 cobblestone street
das **Kopfweh** headache
die **Kopie, -n** copy

der **Körper, -** body
korrespondieren (*reg.*) correspond
korrigieren (*reg.*) correct
kosten (*reg.*) cost
köstlich excellent, delicious
das **Kostüm, -e** costume, woman's suit
krank sick
der **Kranke, (n), -n** sick person
das **Krankenhaus, ⸚er** hospital
die **Krankenschwester, -n** nurse
die **Krankheit, -en** sickness, disease
der **Kranz, ⸚e** wreath
die **Krawatte, -n** tie
die **Kreide** chalk
die **Kreuzung, -en** crossroad
der **Krieg, -e** war
das **Kriegsende, -n** end of the war
die **Kriegszeit, -en** time of war
der **Kritiker, -** critic
die **Krönungsstadt, ⸚e** coronation city
die **Küche, -n** kitchen
der **Kuchen, -** cake; (*pl.*) cookies
die **Küchenarbeit** kitchen work
der **Küchenschrank, ⸚e** kitchen
 cupboard
der **Kudamm** see **Kurfürstendamm**
die **Kugel, -n** ball, bullet
der **Kugelschreiber, -** ballpoint pen
die **Kuh, ⸚e** cow
kühl cool
der **Kühlapparat, -e** refrigerator
der **Kühlschrank, ⸚e** refrigerator,
 icebox
der **Kuhstall, ⸚e** cowshed
die **Kultur, -en** culture
kulturell cultural
der **Kulturfilm, -e** educational film
das **Kulturzentrum (-zentren,** *pl.***)**
 center of culture
die **Kunst, ⸚e** art
die **Kunstakademie, -n** art school
die **Kunsterziehung** instruction in the
 arts
kunsthistorisch pertaining to the
 history of art
der **Künstler, -** artist

künstlerisch artistic

das **Kunstmuseum (-museen,** *pl.*) art museum

die **Kunstsammlung, -en** art collection

der **Kunstschatz, ⁼e** art treasure

das **Kunstwerk, -e** work of art

der **Kupferteller, -** copper plate

der **Kurfürst, (en), -en** prince-elector

der **Kurfürstendamm** (*abbr.* **Kudamm**) principal street in West Berlin

der **Kurgast, ⁼e** patient, visitor to a spa

kurieren (*reg.*) cure

der **Kurort, -e** health resort, spa

der **Kurs, -e** course

kurz short; **vor kurzem** recently

die **Kurzschrift** shorthand

die **Kusine, -n** cousin

der **Kuß (Küsse,** *pl.*) kiss

küssen (*reg.*) kiss

die **Kutsche, -n** coach, carriage

L

das **Labor (Laboratorium)** laboratory

lächeln (*reg.*) smile

lachen (*reg.*) laugh; **lachen über** (*acc.*) laugh at; **es ist zum Lachen** it's enough to make one laugh

der **Laden, ⁼** shop

das **Lager** supply, storage; **auf Lager** on hand, in stock

lagern (*reg.*) store

die **Lampe, -n** lamp

das **Land, ⁼er** land, country; **aufs Land gehen** go to the country

das **Landhaus, ⁼er** country house

die **Landluft** country air

die **Landschaft -en** landscape

die **Landschule, -n** village school

die **Landstraße, -n** highway

der **Landvogt, ⁼e** provincial governor

die **Landwirtschaft** agriculture

landwirtschaftlich agricultural

die **Landwohnung, -en** country home

lang long; **lange** for a long time

langsam slow

die **Langspielplatte, -n** long-playing record

längst long ago; **schon längst** for a long time

langweilig dull, boring

der **Lärm** noise

lassen (*irreg.*) let, leave, stop, cause to, make; **laß das!** stop that! **er läßt den Arzt kommen** he sends for the doctor

(das) **Latein** Latin

lateinisch Latin

die **Laterne, -n** lantern

laufen (*irreg.*, **s.**) run, walk

launisch moody

laut loud

lauten (*reg.*) sound, read

läuten (*reg.*) ring

lauter nothing but, pure

leben (*reg.*) live, be alive

das **Leben, -** life; **ums Leben bringen** kill

die **Lebensmittel** (*pl.*) food, groceries, provisions

der **Lebensstandard, -s** living standard

die **Lebensweise, -n** way of life

die **Lederhose, -n** short leather pants

leer empty

legen (*reg.*) lay, place

die **Legende, -n** legend

legendenhaft legendary

lehnen (*reg.*) lean

der **Lehnstuhl, ⁼e** armchair, easy chair

das **Lehrbuch, ⁼er** text

lehren (*reg.*) teach

der **Lehrer, -** teacher

die **Lehrerbildung** teacher training

die **Lehrerin, -nen** teacher (*fem.*)

der **Lehrling, -e** apprentice

die **Lehrlingszeit, -en** apprenticeship

die **Leibesübung, -en** physical education, exercise

leicht easy, light

die **Leichtathletik** track

leid painful; **es tut mir leid** I'm
sorry

leiden (*irreg.*) suffer, tolerate

das **Leiden, -** suffering

leider unfortunately

leise soft, gentle

leisten (*reg.*) accomplish; **ich kann es
mir nicht leisten** I can't afford it

die **Leistung, -en** accomplishment

leiten (*reg.*) direct, conduct

die **Leitung, -en** (telephone) line

lernen (*reg.*) learn

die **Leselampe, -n** reading lamp

lesen (*irreg.*) read

letzt- last

die **Leute** (*pl.*) people

das **Licht, -er** light

lieb dear, pleasant

die **Liebe, -n** love; **aus Liebe zu ihr**
out of love for her

lieben (*reg.*) love

lieber rather, preferably

der **Liebesfilm, -e** love film

das **Liebeslied, -er** love song

liebhaben (*reg. or semi-irreg.*) be
fond of

lieblich lovely

der **Lieblingssport** favorite sport

die **Lieblingsstadt, ⸚e** favorite city

das **Lied, -er** song

liegen (*irreg.*) lie, be situated

der **Lift, -e** elevator

die **Limonade** lemonade

die **Linie, -n** line, shape

links to the left

die **Lippe, -n** lip

das (der) **Liter, -** liter (slightly more
than a quart)

literarisch literary

die **Literatur, -en** literature

die **Literaturgeschichte, -n** history of
literature

die **Litfaßsäule, -n** pillar for posters or
advertisements

loben (*reg.*) praise

der **Löffel, -** spoon

die **Lorelei** name of a legendary
enchantress, title of a poem by
Heinrich Heine

der **Loreleifelsen** Lorelei Rock

los loose, wrong; **was ist denn los?**
what's the matter?; **ich muß jetzt los**
I must be on my may

der **Löwe, (n), -n** lion

die **Luft, ⸚e** air

lüften (*reg.*) air

der **Luftkurort, -e** fresh-air spa

die **Luftmatratze, -n** air mattress

die **Luftpost** airmail

die **Luftpostmarke, -n** airmail stamp

die **Lunge, -n** lung

der **Lungenkranke, (n), -n** consumptive
person

die **Lust, ⸚e** pleasure, desire; **haben Sie
Lust?** do you want to?

lustig gay, merry, amusing; **sie macht
sich lustig über ihn** she makes fun of
him

das **Lustspiel, -e** comedy

lutherisch Lutheran

die **Lyrik** lyric poetry

M

machen (*reg.*) make, do; **machen Sie
schnell!** hurry! **das macht nichts**
that doesn't matter

die **Macht, ⸚e** might, power

das **Mädchen, -** girl

der **Magen, -** *or* ⸚ stomach

mähen (*reg.*) mow

die **Mahlzeit, -en** meal

der **Mai** May

der **Maibaum, ⸚e** maypole

das **Maibaumfest, -e** maypole festival

der **Maikäfer, -** beetle

majestätisch majestic

mal one, just, times (mathematics);
schauen Sie mal! just look! **zweimal**
twice; **(ein) paarmal** several times

das **Mal, -e** time, occasion; **zum ersten Mal** for the first time

die **Malerei, -en** painting

man (*indef. pron.*) one, people in general, they

mancher many a

manchmal sometimes

der **Mangel, ⸚** lack

der **Mann, ⸚er** man

die **Mannschaft, -en** team

der **Mantel, ⸚** coat, overcoat

das **Märchen, -** fairy tale

das **Märchenbild, -er** fairy-tale picture

das **Märchenbuch, ⸚er** book of fairy tales

die **Märchenwelt** world of fairy tales

die **Mark** mark **(DM)**, German unit of currency (approximately 50 cents)

die **Marktfrau, -en** market woman

der **Marktplatz, ⸚e** marketplace

der **Markttag, -e** market day

die **Marmelade, -n** jam, marmalade

der **Marmor** marble

marschieren (*reg.*, **s.**) march

das **Marschieren** marching

der **März** March

die **Maschine, -n** machine

der **Maskenball, ⸚e** costume ball

die **Mathematik** mathematics

der **Matrose, (n), -n** sailor

die **Mauer, -n** wall

die **Maus, ⸚e** mouse

der **Mechaniker, -** mechanic

die **Medaille, -n** medal

die **Medizin** medicine

medizinisch medical

mehr more; **nicht mehr** no longer

mehrere several

mehrstimmig in several parts

mein my

meinen (*reg.*) mean, think; **er meint es gut** he means well

meinerseits for my part; **ganz meinerseits** the pleasure is all mine

meinetwegen for my sake, for all I care

die **Meinung, -en** opinion; **meiner Meinung nach** in my opinion

meist most, generally; **meistens** for the most part

meisterhaft masterly, skillful

die **Meisterschaft, -en** championship

das **Meisterschaftsspiel, -e** championship game

der **Meisterschütze, (n), -n** expert marksman

das **Meisterstück, -e** masterpiece

das **Meisterwerk, -e** masterpiece

melden (*reg.*) announce

melken (*reg. & irreg.*) milk

die **Mensa (Mensen, *pl.*)** student restaurant, cafeteria

der **Mensch, (en), -en** human being

die **Menschheitsentwicklung** development of mankind

menschlich human

merken (*reg.*) notice

die **Messe, -n** fair

das **Messer, -** knife

das (*or* der) **Meter, -** meter

der **Mezzosopran, e** mezzo-soprano

mich (*acc.*) me

das **Mieder, -** bodice, corset

mieten (*reg.*) rent from (someone)

die **Milch** milk

die **Milliarde, -n** billion

die **Million, -en** million

der **Millionär, -e** millionaire

das **Mineralwasser** mineral water

die **Minute, -n** minute

mir (*dat.*) me

mischen (*reg.*) mix, shuffle (cards), toss (salad)

der **Mist** manure

der **Misthaufen, -** manure pile

mit (*dat.*) with

mitbringen (*semi-irreg.*) bring along

miteinander with each other

mitfahren (*irreg.*, **s.**) travel with someone

mitgehen (*irreg.*, **s.**) go with someone

das **Mitglied, -er** member

der **Mitgliedstaat, -en** member state
mitgründen (*reg.*) help establish
mitkommen (*irreg.*, **s.**) come with
someone
mitmachen (*reg.*) participate
mitnehmen (*irreg.*) take along
der **Mittag, -e** noon; **zu Mittag** at
noon
das **Mittagessen, -** noon meal
die **Mittagspause, -n** lunch hour
die **Mitte, -n** middle
das **Mittelalter** Middle Ages
mittelalterlich medieval
(das) **Mitteleuropa** Central Europe
die **Mittelschule, -n** secondary school
with six-year course of study
mitten in the midst, in the middle of
die **Mitternacht, ⁈e** midnight
der **Mittwoch, -e** Wednesday
mitwirken (*reg.*) participate
die **Möbel** (*pl.*) furniture
möchte (*subj. form of* **mögen**) would
like
die **Mode, -n** fashion
das **Modell, -e** model
modern modern
modisch stylish, fashionable
mögen (*semi-irreg.*) like, may
(possibility)
möglich possible
die **Möglichkeit, -en** possibility
der **Moment, -e** moment; **Moment,
bitte!** just a moment, please!
der **Monat, -e** month
der **Mond, -e** moon
der **Monolog, -e** monologue
monoton monotonous
der **Montag, -e** Monday
morgen tomorrow
der **Morgen, -** morning; **heute morgen**
this morning; **morgen abend**
tomorrow evening; **morgen früh**
tomorrow morning
morgens in the morning, mornings
die **Morgenstunde, -n** morning hour
das **Moselgebiet** Moselle River area

das **Moseltal** Moselle Valley
das **Motorboot, -e** motorboat
der **Motorradfahrer, -** motorcyclist
das **Motto, -s** motto
das **Mozartfestspiel, -e** Mozart
Festival
die **Mozartstadt** Salzburg
müde tired
München Munich
der **Mund, ⁈er** mouth; **Mund halten**
keep quiet
die **Mundharmonika, -s** harmonica
mündlich oral
das **Münster, -** cathedral, large church
das **Münstertal** Münster Valley
das **Museum (Museen, *pl.*)** museum
die **Museumstadt, ⁈e** museum city
das **Musical, -s** musical
die **Musik** music
das **Musikdrama (-dramen, *pl.*)**
Wagnerian opera
der **Musiker, -** musician
die **Musikhochschule, -n** conservatory
of music
der **Musikliebhaber, -** music lover
musizieren (*reg.*) make music
müssen (*semi-irreg.*) have to, must, be
compelled
das **Muster, -** pattern, model
der **Mut** courage
die **Mutter, ⁈** mother
die **Muttersprache, -n** mother tongue
die **Mütze, -n** cap, "hat" (informal
attire)

N

na! well!
nach (*dat.*) to, toward, after, according
to, for; **nach und nach** gradually
der **Nachbar, (s *or* n), -n** neighbor
das **Nachbarland, ⁈er** neighboring
country
nachdem (*dep. conj.*) after
nachdenken (*semi-irreg.*) meditate
nachgehen (*irreg.*, **s.**) be slow (watch or
clock)

nachher afterwards

das **Nachkriegsjahr, -e** postwar year

der **Nachmittag, -e** afternoon; **heute nachmittag** this afternoon

die **Nachricht, -en** message, news; **die neuesten Nachrichten** the latest news

nachsehen (*irreg.*) check, look after something

die **Nachspeise, -n** dessert

nächst- next, nearest

die **Nacht, ⸚e** night

der **Nachtisch, -e** dessert

das **Nachtleben** night life

das **Nachtlokal, -e** night club

die **Nachtruhe** night's rest

nachts during the night, at night

der **Nachttisch, -e** night table

der **Nagel, ⸚** nail

nageln (*reg.*) nail

nah(e) near

die **Nähe** nearness, neighborhood, vicinity; **in der Nähe** close by

näher nearer

der **Name, (ns), -n** name

nämlich you know, you see, namely

die **Nase, -n** nose

naß wet

die **Nation, -en** nation

national national

das **Nationaldrama (-dramen, *pl.*)** national drama

die **Nationalversammlung** National Assembly

die **Natur** nature

naturhistorisch pertaining to natural history

natürlich naturally, of course

neben (*dat. or acc.*) next to, beside

nebeneinander next to each other

nebenher by the side of, by the way

die **Nebenstraße, -n** side street

das **Neckarboot, -e** boat on the Neckar River

das **Neckartal** Neckar Valley

necken (*reg.*) tease

der **Neffe, (n), -n** nephew

nehmen (*irreg.*) take

neidisch envious, jealous; **neidisch auf** (*acc.*) jealous of

nein no

nennen (*semi-irreg.*) name, call by name

der **Nerv, -en** nerve

nervös nervous

nett nice

das **Netz, -e** net

neu new

(das) **Neuhochdeutsch** New High German

das **Neujahr** New Year

neun nine

neunzig ninety

nicht not

der **Nichtraucher, -** non-smoker

nichts nothing

nicken (*reg.*) nod

nie never

nieder low, inferior

die **Niederlage, -n** defeat

die **Niederlande** (*pl.*) Netherlands

niederlassen (*irreg., refl.*) settle down

niedrig low

niemand nobody, no one

noch still, yet, in addition; **noch nicht** not yet; **noch immer** still; **immer noch** still

nochmals again

(das) **Nordafrika** North Africa

(das) **Nordamerika** North America

(das) **Norddeutschland** northern Germany

der **Norden** north

(das) **Nordeuropa** northern Europe

nördlich north, northern

nordöstlich northeast, northeastern

die **Nordostschweiz** northeast Switzerland

die **Nordsee** North Sea

das **Nordseeheilbad, ⸚er** North Sea spa

die **Nordseeinsel, -n** North Sea island

(das) **Nordwestdeutschland** northwest Germany

normal normal, regular (gas)
normalerweise normally
norwegisch Norwegian
die **Not, ⸚e** need, distress
nötig necessary
die **Notiz, -en** note, memorandum; **er macht sich Notizen** he takes notes
der **November** November
die **Nudel, -n** noodle
null zero
die **Nummer, -n** number
die **Nummernscheibe, -n** dial (of a phone)
nun now, well
nur only
die **Nußtorte, -n** nut cake

O

ob (*dep. conj.*) whether; **und ob!** I should say so!
oben above, upstairs, up there
der **Ober, -** headwaiter, waiter
das **Oberhaupt, ⸚er** sovereign, chief
das **Oberland** uplands
die **Oberschule, -n** modern secondary school
der **Oberschüler, -** boy who attends a modern secondary school
obgleich (*dep. conj.*) although
das **Obst** fruit
der **Obstgarten, ⸚** orchard
das **Obstgebiet, -e** fruit-growing area
obwohl (*dep. conj.*) although
der **Ochse, (n), -n** ox
das **Ochsengespann, -e** team of oxen
oder (*coord. conj.*) or
offen (*adj.*) open
offenbar apparent, evident
öffentlich public, open
öffnen (*reg.*) open
die **Öffnung, -en** opening
oft often
ohne (*acc.*) without
das **Ohr, -en** ear
der **Oktober** October
das **Oktoberfest** October festival

das **Öl, -e** oil
die **Olympiade, -n** Olympic games
das **Olympiastadion (-stadien,** *pl.*) Olympic stadium
olympisch olympic
das **Omelett, -s** omelet
der **Onkel, -** uncle
die **Oper, -n** opera, opera house
die **Operation, -en** operation
die **Operette, -n** operetta
das **Opernensemble, -s** a group of operatic performers
der **Opernsänger, -** opera singer
optisch optic(al)
die **Orange, -n** orange
der **Orangensaft** orange juice
das **Orchester, -** orchestra
ordentlich orderly
die **Ordnung, -en** order; **in Ordnung** in order, right
der **Ort, -e** place, site
(das) **Ostdeutschland** East Germany
der **Osten** east, the East
das **Ostende** east end
das **Osterei, -er** Easter egg
das **Osterfest** Easter festival
der **Osterhase, (n), -n** Easter rabbit
der **Ostermorgen** Easter morning
(das) **Ostern** Easter
(das) **Österreich** Austria
der **Österreicher, -** Austrian
österreichisch Austrian
der **Ostersonntag** Easter Sunday
östlich east, eastern
die **Ostseite, -n** east side
der **Ostsektor** East Sector

P

das **Paar, -e** pair, couple; **ein Paar Schuhe** a pair of shoes
ein paar a few; **(ein) paarmal** several times
das **Päckchen, -** small package
packen (*reg.*) pack
pädagogisch pedagogic(al)
das **Paket, -e** parcel, package

die **Panne, -n** breakdown (auto)

das **Panorama, -s** panorama

der **Pantoffel, -n** slipper; **unter dem Pantoffel stehen** be henpecked

das **Papier, -e** paper, document

(das) **Papierdeutsch** bookish German

das **Paradies, -e** paradise

der **Park, -s** park

die **Parkanlage, -n** park grounds

parken (*reg.*) park

das **Parkett, -e** orchestra stalls

der **Parkkeller, -** underground parking area

die **Parklandschaft, -en** park scenery

der **Parkplatz, ⁼e** parking place

das **Parlament, -e** parliament

das **Parlamentsgebäude, -** parliament building

die **Partei, -en** party (political)

die **Party, -s** party (social)

der **Paß (Pässe,** *pl.***)** passport

passen (*reg. dat.*) fit, suit, go well with

passieren (*reg.*, **s.**) happen

das **Passionsspiel** Passion Play

die **Passionstragödie** Christ's tragic suffering

der **Patient, (en), -en** patient

die **Pause, -n** pause

das **Pech** bad luck; **Pech haben** have bad luck

die **Pension, -en** small, inexpensive hotel

der **Pergamon-Altar** altar of the ancient Greek city of Pergamon

die **Periode, -n** period

die **Person, -en** person

die **Pest** plague

der **Pfefferminztee** peppermint tea

die **Pfeife, -n** pipe

der **Pfeil, -e** arrow

der **Pfennig, -e** pfennig ($\frac{1}{100}$ mark)

das **Pferd, -e** horse

der **Pferdestall, ⁼e** stable

(das) **Pfingsten** Pentecost

der **Pfirsich, -e** peach

die **Pflanze, -n** plant

pflanzen (*reg.*) plant

die **Pflaume, -n** plum

die **Pflicht, -en** duty, obligation

pflücken (*reg.*) pick, pluck

der **Pflug, ⁼e** plow

pharmazeutisch pharmaceutical

die **Philharmonie, -n** philharmonic orchestra

der **Philharmoniker, -** member of a philharmonic orchestra

philharmonisch philharmonic

der **Philosoph, (en), -en** philosopher

die **Philosophie, -n** philosophy

philosophisch philosophic(al)

der **Photoapparat, -e** camera

photographieren (fotografieren) (*reg.*) photograph

die **Physik** physics

das **Picknick, -s** picnic

picknicken (*reg.*) picnic

der **Picknicker, -** picnicker

der **Pilger, -** pilgrim

die **Pille, -n** pill

die **Pistole, -n** pistol

planen (*reg.*) plan

die **Platte, -n** plate, record

der **Plattenspieler, -** record player

der **Platz, ⁼e** place, space, seat; **nehmen Sie Platz!** take a seat!

der **Platzanweiser, -** usher

die **Platzanweiserin, -nen** usher (*f.*)

plaudern (*reg.*) chat

die **Politesse, -n** meter-maid

die **Politik** politics

der **Politiker, -** politician

die **Polizei** police

der **Polizist, (en), -en** policeman; die **Polizistin** policewoman

die **Pommes frites** (*pl.*) French fries

populär popular

der **Portier, -s** porter, doorman, desk clerk

(das) **Portugiesisch** Portuguese

die **Post** mail, post office

die **Postkarte, -n** postcard

prächtig magnificent, splendid

praktisch practical

das **Präparat, -e** preparation (chemical)

der **Präsident, (en), -en** president

der **Prater** Viennese amusement park

die **Präzision** precision

der **Preis, -e** price, prize

preiswert good value, reasonable in
price

die **Pressekonferenz, -en** press
conference

der **Pressesekretär, -e** press secretary

(das) **Preußen** Prussia

prima first class, excellent

die **Prinzessin, -nen** princess

privat private

pro for, per

die **Probe, -n** rehearsal

probieren (*reg.*) try

das **Problem, -e** problem

das **Produkt, -e** product

die **Produktion, -en** production

der **Professor, -en** professor

die **Professorin, -nen** professor (*f.*)

das **Programm, -e** program

der **Proviant** provisions

das **Prozent, -e** percent, percentage

prüfen (*reg.*) test, examine

die **Prüfung, -en** test, examination

die **Prüfungskleidung, -en** clothes worn
for an examination

die **Psychologie** psychology

der **Pudding, -e** *or* **-s** pudding

der **Puls** pulse

pünktlich punctual

putzen (*reg.*) shine, polish, brush,
clean; **ich putze mir die Schuhe** I'm
polishing my shoes

Q

die **Quittung, -en** receipt

R

das **Rad, ⸗er** bicycle, wheel

radeln (*reg.*, **s.**) ride a bicycle

das **Radio, -s** radio

der **Radioapparat, -e** radio

die **Radtour, -en** bicycle trip

der **Rand, ⸗er** edge

der **Rasierapparat, -e** razor

rasieren (*reg.*) shave

rasten (*reg.*) rest

die **Raststation, -en** resting station

die **Raststätte, -n** rest area

raten (*irreg.*) guess; (*dat.*) advise

der **Ratgeber, -** adviser, counsellor

das **Rathaus, ⸗er** city hall, town hall

rätoromanisch Romansh

der **Ratskeller, -** town hall restaurant

der **Räuber, -** robber

der **Raubritter, -** robber knight

rauchen (*reg.*) smoke

die **Realschule, -n** college preparatory
school

rechnen (*reg.*) calculate, do arithmetic,
figure

das **Rechnen** arithmetic

die **Rechnung, -en** bill

recht right; **recht haben** be right;
es ist mir recht it's all right
with me

das **Recht, -e** right

rechts to the right

rechtswissenschaftlich pertaining to
jurisprudence

die **Rede, -n** talk, speech

reden (*reg.*) talk

die **Redewendung, -en** turn of speech,
idiom

das **Referat, -e** report, book review,
paper

das **Referendarexamen** qualifying
examination for public office

die **Reformation** reformation

das **Regal, -e** shelf

regelmäßig regular

der **Regen** rain

der **Regenmantel, ⸗** raincoat

die **Regierung, -en** government

regnen (*reg.*) rain

regnerisch rainy

reich rich

das **Reich, -e** empire, state, realm

reichen (*reg.*) reach, extend, hand to

der Reichskanzler, - chancellor of the state (Reich or empire)

die Reife ripeness; **zur Reife** for aging

das Reifezeugnis, -se certificate of graduation

die Reihe, -n row, series; **er ist an der Reihe** it's his turn

rein clear, pure

der Reis rice

die Reise, -n trip; **eine Reise machen** take a trip

das Reisebüro, -s travel bureau

der Reiseführer, - guide, guidebook

reisen (*reg.*, **s.**) travel

der Reisende, (n), -n traveler

der Reisepaß (-pässe, *pl.*) passport

der Reiseplan, ⸚e itinerary, travel plan

der Reisescheck, -s traveler's check

reiten (*irreg.*, **s.** *or* **h.**) ride (an animal)

der Reiz, -e charm

reizend charming, attractive

reizvoll attractive, exciting

die Rekonstruktion, -en reconstruction

der Rekord, -e record

der Rektor, -en president of a college or university

die Religion, -en religion

der Religionskrieg, -e religious war

religiös religious

die Religiosität religiosity

die Renaissancefassade, -n Renaissance facade

das Rendezvous, - date

renovieren (*reg.*) renovate

reparieren (*reg.*) repair

repräsentieren (*reg.*) represent

die Republik, -en republic

reservieren (*reg.*) reserve

die Residenzstadt, ⸚e capital

resignieren (*reg.*) give up, be resigned

der Respekt respect

das Restaurant, -s restaurant

der Restaurator, (en), -en restoration expert

das Resultat, -e result

die Retina, -s brand name of a German camera

retten (*reg.*) save, rescue

die Rezenzion, -en critique

das Rezept, -e prescription, recipe

der Rhein Rhine River

der Rheindampfer, - Rhine steamer

die Rheinfahrt, -en Rhine trip

rheinisch Rhenish

das Rheinland Rhineland

das Rheintal Rhine Valley

das Rheinufer, - bank of the Rhine

das Richtfest, -e ceremony at the completion of the framework of a house

richtig right, correct

die Richtung, -en direction

riechen (*irreg.*) smell

das Riesenrad, ⸚er Ferris wheel

riesig gigantic, immense

das Rindfleisch beef

der Ring, -e ring

ringen (*irreg.*) wrestle

das Ringen wrestling

die Ringstraße famous circular boulevard in Vienna

der Ritter, - knight

der Rivale, (n), -n rival

der Rock, ⸚e skirt

der Rock rock music

roh barbarous, cruel, raw

das Rohr, -e pipe

das Rokoko rococo

der Rokokokünstler, - rococo artist

die Rolle, -n role

rollen (*reg.*, **h. & s.**) roll

Rom Rome

der Roman, -e novel

der Romantiker, - romanticist

romantisch romantic

der Römer, - Roman; Frankfurt's former city hall

römisch Roman

die Rose, -n rose

der Rosenbusch, ⸚e rosebush

rot red

der **Rücken, -** back

die **Rückreise, -n** return trip

rückwärts backward

rudern (*reg.*, **s.** *or* **h.**) row

der **Ruf, -e** reputation, call

rufen (*irreg.*) call, shout

die **Ruhe** rest, quiet

ruhen (*reg.*) rest

ruhig peaceful, calm, quiet

der **Ruhm** fame, renown

das **Rührei, -er** scrambled egg

das **Ruhrgebiet** industrial area in
  northwestern Germany

die **Ruine, -n** ruin(s)

rund approximately

der **Rundfunk** radio

der **Russe, (n), -n** Russian

russisch Russian

(das) **Rußland** Russia

S

die **Sache, -n** thing, matter, affair

der **Sachse, (n), -n** Saxon

saftig juicy

die **Sage, -n** legend

sagen (*reg.*) say, tell

die **Sahne** cream

der **Salat, -e** salad, lettuce

die **Salbe, -n** salve

der **Salon, -s** drawing room

das **Salz** salt

Salzkammergut scenic area in central
  Austria

sammeln (*reg.*) collect

der **Samstag, -e** Saturday

das **Sanatorium (Sanatorien,** *pl.***)**
  sanatorium

der **Sand, -e** sand

der **Sänger, -** singer

die **Sängerin, -nen** singer (*fem.*)

Sankt Nikolaus St. Nicholas

satirisch satiric(al)

satt satisfied, full

der **Satz, ⁼e** sentence

sauber clean

das **Sauerkraut** sauerkraut

das **Schach** chess

schade too bad, a shame

schaffen (*irreg.*) create, bring about,
  do, make, accomplish

der **Schalter, -** window (for sale of
  tickets)

schämen (*reg.*, *refl.*) be ashamed

die **Schande** disgrace, shame

die **Schandmauer, -n** wall of shame

scharf sharp

der **Schatten, -** shade, shadow

schätzen (*reg.*) cherish, treasure,
  evaluate

schauen (*reg.*) look, see

das **Schaufenster, -** shop window

der **Schaukelstuhl, ⁼e** rocking chair

das **Schauspiel, -e** play, drama

der **Schauspieler, -** actor

die **Schauspielerin, -nen** actress

der **Scheck, -s** *or* **-e** check

scheinen (*irreg.*) shine, seem

scherzen (*reg.*) joke, jest

die **Scheune, -n** barn

der **Schi, -er** ski (also **Ski**)

schick chic, sharp

schicken (*reg.*) send

schicklich proper, decent

schießen (*irreg.*) shoot

schieben (*irreg.*) shove, push

das **Schiff, -e** ship

der **Schiffer, -** boatman

der **Schiffsverkehr** boat traffic

das **Schigebiet, -e** skiing area

der **Schiläufer, -** skier

das **Schild, -er** sign

schildern (*reg.*) depict

das **Schillerdenkmal, ⁼er** Schiller
  monument

der **Schilling, -e** shilling

der **Schinken, -** ham

das **Schiparadies** skiing paradise

der **Schlaf** sleep

der **Schlafanzug, ⁼e** pajamas

das **Schläfchen, -** nap; **ein Schläfchen
  halten** take a nap

schlafen (*irreg.*) sleep

schläfrig sleepy

das **Schlafzimmer, -** bedroom

schlagen (*irreg.*) hit, strike

der **Schlager, -** popular song

der **Schläger, -** racket, bat

die **Schlagsahne** whipped cream

die **Schlange, -n** snake; **Schlange
stehen** stand in line

schlank slender

schlecht bad

schließen (*irreg.*) close

schlimm bad

die **Schlittenfahrt, -en** sleigh ride

das **Schloß (Schlösser,** *pl.*) castle,
palace, lock

die **Schloßruine, -n** castle ruin(s)

der **Schlüssel, -** key

das **Schlußexamen** final exam

schmackhaft tasty

schmecken (*reg.*) taste

schmeicheln (*reg., dat.*) flatter

das **Schmiedeeisen** wrought iron

schmutzig dirty

schnarchen (*reg.*) snore

der **Schnee** snow

schneebedeckt covered with snow

schneiden (*irreg.*) cut; **er läßt sich die
Haare schneiden** he gets a haircut

schneien (*reg.*) snow

schnell fast; **machen Sie schnell!**
hurry!

schnitzen (*reg.*) carve

das **Schnitzwerk, -e** wood carving

schnuppern (*reg.*) sniff

der **Schnupfen, -** head cold

die **Schokolade, -n** chocolate

schon already, certainly; **schon mal**
ever

schön beautiful, fine, nice

die **Schönheit, -en** beauty

das **Schönmachen** making something
beautiful

der **Schornstein, -e** chimney

schrecklich terrible

schreiben (*irreg.*) write

die **Schreibmaschine, -n** typewriter

der **Schreibtisch, -e** writing table, desk

der **Schritt, -e** step

der **Schuh, -e** shoe

das **Schuhgeschäft, -e** shoe store

der **Schuhladen, ÷** shoe shop

die **Schuhnummer, -n** shoe size

der **Schuhplattler** Bavarian dance

die **Schularbeit, -en** schoolwork

die **Schulaufgabe, -n** homework

der **Schulbesuch, -e** school
attendance

das **Schulbuch, ÷er** school book

der **Schulbus (-busse,** *pl.*) school bus

schuldig indebted, guilty, to blame;
wieviel bin ich Ihnen schuldig? how
much do I owe you?

die **Schule, -n** school

der **Schüler, -** pupil

das **Schulgeld** school fees, tuition

das **Schuljahr, -e** school year

der **Schuljunge, (n), -n** schoolboy

das **Schulkind, -er** schoolchild

die **Schulklasse, -n** school class

die **Schultasche, -n** satchel, schoolbag

die **Schulter, -n** shoulder

die **Schulzeit, -en** schooltime

die **Schürze, -n** apron

der **Schuß (Schüsse,** *pl.*) shot

schütteln (*reg.*) shake

der **Schutz** protection

schützen (*reg.*) protect

das **Schutz-und-Trutzbündnis**
protective and offensive alliance

schwach weak

die **Schwäche, -n** weakness

schwänzen (*reg.*) cut class

schwärmen (für) (*reg.*) be enthusiastic
(about,), rave (about)

schwarz black; das **Schwarze Brett**
bulletin board

der **Schwarzwald** Black Forest

der **Schwarzweißfilm** black-and-white
film

schwedisch Swedish

schweigen (*irreg.*) be silent, keep quiet

das **Schwein, -e** pig
der **Schweinebraten** roast pork
das **Schweinefleisch** pork
die **Schweiz** Switzerland
der **Schweizer, -** Swiss
schweizerisch Swiss
schwer heavy, difficult
die **Schwerindustrie, -n** iron and steel
   industry
die **Schwester, -n** sister
die **Schwiegermutter,** ∺ mother-in-law
schwierig difficult
die **Schwierigkeit, -en** difficulty
schwimmen (*irreg.*, **s.**) swim
das **Schwimmbad,** ∺**er** swimming pool
die **Schwimmhalle, -n** indoor
   swimming pool
schwören (*irreg.*) swear
schwül sultry
sechs six
sechzig sixty
der **See, -n** lake
die **See, -n** sea
die **Seele, -n** soul
die **Seeluft** sea air
die **Seereise, -n** voyage
das **Segelboot, -e** sailboat
segeln (*reg.*, **s.** or **h.**) sail
segnen (*reg.*) bless
sehen (*irreg.*) see
die **Sehenswürdigkeit, -en** object of
   interest
die **Sehnsucht** longing, yearning
sehnsüchtig longing(ly)
sehr very
die **Seife, -n** soap
die **Seilbahn, -en** aerial cableway
sein (*irreg.*, **s.**) be
sein his
seit (*dat.*) since, for; **seit einem Jahr**
   for a year
seitdem (*dep. conj.*) since (ref. to time)
die **Seite, -n** side, page
die **Sekretärin, -nen** secretary (*fem.*)
selb- same; **zur selben Zeit** at the
   same time

selber myself, yourself, etc.
selbst myself, yourself, etc., even
selbständig independent, separate
selbstverständlich of course
selten rare
das **Semester, -** semester
die **Semesterferien** (*pl.*) semester
   vacation
das **Seminar, -e** institute, training
   college, seminar
das **Seminargebäude, -** building where
   seminars are held
die **Semmel, -n** roll (bread)
der **Senator, -en** senator
der **Senf** mustard
separat separate, detached
der **September** September
servieren (*reg.*) serve
die **Serviette, -n** napkin
Servus! (Austria) hi! hello! so long!
der **Sessel, -** armchair
setzen (*reg.*) set
sich (*refl.*) himself, herself, itself,
   themselves, yourself, yourselves
sicher sure, certain
sicherlich surely, certainly
sie she, her, they, them
Sie you (*polite form*)
sieben seven
siebzig seventy
der **Sieg, -e** victory
siezen (*reg.*) address someone with *Sie*
das **Silber** silver
die **Sinfonie, -n** symphony
singen (*irreg.*) sing
sinken (*irreg.*, **s.**) sink
der **Sinn, -e** sense, mind; **von Sinnen**
   out of one's mind
die **Sirene, -n** siren
die **Situation, -en** situation
sitzen (*irreg.*) sit
der **Sitzplatz,** ∺**e** seat
skeptisch skeptical
der **Ski, -er** ski (*pron.* **Schi**; also
   written **Schi**; *pl.* **Schier**)
slawisch Slavic

so so, such; **so etwas** such a thing
sobald (*dep. conj.*) as soon as
die **Socke, -n** sock
das **Sofa, -s** sofa
sofort at once, immediately
sogar even, actually
sogenannt so-called
sogleich immediately
der **Sohn, ⸚e** son
solcher such (a)
der **Soldat, (en), -en** soldier
sollen (*semi-irreg.*) be supposed to, be obligated to, be said to, shall (obligation)
der **Sommer, -** summer
die **Sommerferien** (*pl.*) summer vacation
das **Sommerfest, -e** summer festival
das **Sommerkonzert, -e** summer concert
die **Sommerluft** summer air
die **Sommerresidenz, -en** summer residence
die **Sommerschule, -n** summer school
das **Sommersemester, -** summer semester
die **Sonate, -n** sonata
sondern (*coord. conj.*) but on the contrary
der **Sonnabend, -e** Saturday
die **Sonne, -n** sun
der **Sonnenaufgang, ⸚e** sunrise
das **Sonnenbad, ⸚er** sunbath
der **Sonnenschein** sunshine
sonnig sunny
der **Sonntag, -e** Sunday
der **Sonntagmorgen, -** Sunday morning
der **Sonntagnachmittagsausflug, ⸚e** Sunday afternoon outing
sonst otherwise, formerly
der **Sopran, -e** soprano
die **Sorge, -n** care, worry, anxiety; **machen Sie sich keine Sorgen!** don't worry!
sortieren (*reg.*) sort out
die **Soße, -n** sauce, gravy

souverän sovereign
soviel so much, as far as
sowie as well as
sowieso in any case, anyhow
die **Sowjetunion** Soviet Union
sozial social
sozialistisch socialistic
die **Sozialgesetzgebung, -en** social legislation
sozialistisch socialistic
die **Spaghetti** (*pl.*) spagetti
(das) **Spanien** Spain
der **Spanier, -** Spaniard
spanisch Spanish
(das) **Spanisch** Spanish
sparen (*reg.*) save (money)
der **Spaß, ⸚e** fun, joke; **das macht Spaß** that's fun
spät late
der **Spätherbst** late fall
der **Spaziergang, ⸚e** walk; **einen Spaziergang machen** take a walk
spazierengehen (*irreg.*, **s.**) walk for pleasure, stroll
der **Speck** bacon
das **Speerwerfen** javelin throwing
die **Speise, -n** food
die **Speisekarte, -n** menu
speisen (*reg.*) dine
der **Speisesaal (-säle,** *pl.*) dining room (hall)
der **Speisewagen, -** dining car
das **Speisezimmer, -** dining room
der **Spiegel, -** mirror
das **Spiegelbild, -er** reflection
das **Spiegelei, -er** fried egg
die **Spiegelgalerie** Hall of Mirrors
spiegeln (*reg.*, *refl.*) be mirrored, reflected
das **Spiel, -e** play, game, drama
spielen (*reg.*) play
der **Spieler, -** player
die **Spielsachen** (*pl.*) playthings
das **Spielzeug, -e** toy, plaything
der **Spinat** spinach
die **Spitze, -n** point, summit

der **Sport, -e** sport; **Sport treiben** go in for sports

die **Sportart, -en** kind of sport

das **Sportfeld, -er** sports field

das **Sportfest, -e** sports festival

die **Sportjacke, -n** sport coat

der **Sportplatz, ⸚e** sports field

der **Sport-Star, -s** sports star

die **Sportwelt** world of sports

spotten (*reg.*) ridicule, mock

die **Sprachabteilung, -en** language department

die **Sprache, -n** language

die **Sprachkenntnis, -se** knowledge of a language

die **Sprachwissenschaft, -en** linguistics

sprechen (*irreg.*) speak; **er spricht über dieses und jenes** he talks about this and that

die **Sprechstunde, -n** consultation hour

das **Sprichwort, ⸚er** proverb, saying

springen (*irreg.*, **s.**) spring, jump

spritzen (*reg.*) spray

der **Sprudel, -** soda water, pop

spüren (*reg.*) perceive, feel

der **Staat, -en** state

der **Staatsmann, ⸚er** statesman

die **Staatsoper, -n** state opera

das **Staatstheater, -** state theater

der **Stacheldraht, ⸚e** barbed wire

das **Stadion (Stadien, *pl.*)** stadium

die **Stadt, ⸚e** city

der **Stadtbewohner, -** city inhabitant

der **Stadtbrunnen, -** town well, city fountain

das **Städtchen, -** little town

der **Städter, -** city dweller

der **Stadtgarten, ⸚** public garden

städtisch urban, municipal

die **Stadtleute** (*pl.*) city people

die **Stadtmauer, -n** city wall

die **Stadtmitte, -n** center of a city

das **Stadtorchester, -** city orchestra

der **Stadtpark, -s** city park

der **Stadtplan, ⸚e** map of a city

der **Stadtrat, ⸚e** city councilman

die **Stadtrepublik, -en** city republic

der **Stadtteil, -e** part of a city, ward, district

das **Stadttheater, -** municipal theater

das **Stadttor, -e** city gate

die **Stadtverwaltung, -en** city government

das **Stadtviertel, -** part of a city, ward, district

die **Staffelläuferin, -nen** relay racer (woman)

der **Stall, ⸚e** stall, stable

der **Stamm, ⸚e** tribe, race

der **Stammbaum, ⸚e** family tree, pedigree chart

stammen (*reg.*, **s.**) be derived, originate

der **Stammtisch, -e** table reserved for regular guests

der **Stand, ⸚e** stand

die **Stange, -n** pole

stark strong

die **Station, -en** station

statt = anstatt (*gen. prep.*) instead of

die **Stätte, -n** site, place

stattfinden (*irreg.*) take place

stattlich stately, imposing, majestic

stecken (*reg.*) stick, place, hide; **wer steckt dahinter?** who's behind it?

stehen (*irreg.*) stand; **es steht Ihnen gut** it looks good on you

stehenbleiben (*irreg.*, **s.**) to stop, remain standing

die **Stehlampe, -n** floor lamp

der **Stehplatz, ⸚e** standing room

steif stiff

steigen (*irreg.*, **s.**) climb

steil steep

der **Stein, -e** stone, rock

die **Stelle, -n** place, position, job

stellen (*reg.*) put, place; **eine Frage stellen** ask a question

(der) **Stephansdom** St. Stephen's Cathedral

sterben (*irreg.*, **s.**) die; **vor Hunger sterben** die of hunger; **an Tuberkulose sterben** die of tuberculosis

der **Stern, -e**   star
die **Stickerei, -en**   embroidery
die **Stickerin, -nen**   woman who embroiders
der **Stil, -e**   style
die **Stille**   quiet, tranquility
die **Stimme, -n**   voice
stimmen (*reg.*)   agree, be right, check; **stimmt es?**   is that right?
das **Stipendium (Stipendien,** *pl.***)**   scholarship
der **Stock (Stockwerke,** *pl.***)**   story (of a building)
der **Stoff, -e**   material
stolz   proud; **stolz auf** (*acc.*)   proud of
stören (*reg.*)   disturb
stoßen (*irreg.*)   push, shove
der **Strafzettel, -**   ticket, fine
der **Strand, ⸚e**   beach
das **Strandbad, ⸚er**   beach for swimming
der **Strandkorb, ⸚e**   basket-like beach chair
die **Straße, -n**   street
die **Straßenbahn, -en**   streetcar
die **Straßenbahnlinie, -n**   streetcar line
das **Straßengericht, -e**   street "court of justice"
die **Straßenkarte, -n**   road map
die **Straßenwacht, -en**   road patrol
streben (*reg.*)   strive
die **Strecke, -n**   distance
streng   strict, stern
streuen (*reg.*)   scatter
das **Strohdach, ⸚er**   thatched roof
der **Strohmann, ⸚er**   straw man
der **Strumpf, ⸚e**   stocking
das **Stück, -e**   piece, play
der **Student, (en), -en**   student
die **Studentenbücherei, -en**   student library
die **Studentengruppe, -n**   student group
das **Studentenheim, -e**   student residence hall, dormitory
der **Studentenkeller, -**   student "hangout"

das **Studentenlied, -er**   student song
das **Studentenlokal, -e**   student inn or place to eat
die **Studentenmutter, ⸚**   "mother" of a hostel, housemother
die **Studentensprache**   student language or slang
das **Studententheater, -**   student theater
die **Studentin, -nen**   student, coed
der **Studienberater, -**   curriculum advisor
das **Studiengeld**   tuition and fees
die **Studienreise, -n**   study tour
studieren (*reg.*)   study, be at college
das **Studium, (Studien,** *pl.***)**   study
der **Stuhl, ⸚e**   chair
die **Stunde, -n**   hour
stundenlang   for hours, more than an hour
stürzen (*reg.*, **s.** *or* **h.**)   rush, dash, fall, plunge
suchen (*reg.*)   seek, look for
(das) **Südamerika**   South America
süddeutsch   southern German
der **Süden**   south, the South
(das) **Südeuropa**   southern Europe
die **Südspitze**   southern end (tip)
sumpfig   swampy
Super   ethyl gasoline
der **Superstar, -s**   superstar
der **Supermarkt, ⸚e**   supermarket
die **Suppe, -n**   soup
süß   sweet
der **Sylvesterabend**   New Year's Eve
symbolisieren (*reg.*)   symbolize
das **System, -e**   system
die **Szene, -n**   scene

T

die **Tablette, -n**   tablet
die **Tafel, -n**   blackboard, table
der **Tag, -e**   day; **Tag für Tag**   day after day
das **Tagesgericht, -e**   special meal of the day
täglich   daily

das **Tal, ⸚er** valley
das **Talent, -e** talent
tanken (*reg.*) fill up with gasoline
der **Tank, -s** tank (gas)
die **Tankstelle, -n** service station
der **Tankwart, -e** service station attendant
der **Tannenbaum, ⸚e** fir tree, Christmas tree
die **Tante, -n** aunt
tanzen (*reg.*) dance
das **Tanzfest, -e** dance festival
die **Tanzkapelle, -n** dance band
die **Tanzplatte, -n** dance record
tapfer brave
die **Tasche, -n** pocket
die **Taschenlampe, -n** flashlight
das **Taschentuch, ⸚er** handkerchief
die **Tasse, -n** cup
tausend thousand
das **Taxi, -s** taxi
die **Technik** technical or applied science
technisch technical
der **Tee** tea
der **Teenager, -** teenager
der **Teil, -e** part, share
teilen (*reg.*) divide, share
teilnehmen (*irreg.*) participate
der **Teilnehmer, -** participant
das **Telefon, -e** telephone
das **Telefonbuch, ⸚er** telephone book
das **Telefongespräch, -e** phone call
das **Telefonhäuschen, -** telephone booth
telefonieren (*reg.*) telephone
die **Telefonnummer, -n** telephone number
die **Telefonzelle, -n** telephone booth
telegrafieren (*reg.*) telegraph
der **Teller, -** plate, dish
die **Temperatur, -en** temperature
das **Tennis** tennis
der **Tennisball, ⸚e** tennis ball
der **Tennisplatz, ⸚e** tennis court
der **Tennisschläger, -** tennis racket

das **Tennisspiel, -e** game of tennis
der **Tennisspieler, -** tennis player
der **Tenor, ⸚e** tenor
der **Teppich, -e** carpet
teuer expensive, dear
der **Teufel, -** devil
das **Theater, -** theater; **ins Theater gehen** go to the theater
die **Theaterkasse, -n** box office
das **Theaterprogramm, -e** theater program
das **Theaterstück, -e** drama, stage play
das **Thema (Themen,** *pl.*) theme, topic, subject
theologisch theological
die **Theresienwiese** meadow on the outskirts of Munich
der **Thunersee** Lake of Thun
der **Thüringer, -** Thuringian (member of an old Germanic tribe), native of Thuringia
tief deep
tiefblau deep blue
das **Tier, -e** animal
tierärztlich veterinary
der **Tiergarten, ⸚** zoo
der **Tiger, -** tiger
die **Tinte** ink
der **Tisch, -e** table
das **Tischtuch, ⸚er** tablecloth
der **Titel, -** title
der **Toast, -e** *or* **-s** toasted bread, toast (health)
die **Tochter, ⸚** daughter
der **Tod** death
die **Toilette, -n** lavatory, toilet
die **Tomate, -n** tomato
der **Tomatensalat** tomato salad
die **Tomatensuppe** tomato soup
das **Tor, -e** gate
die **Torte, -n** cake, tart
tot dead
töten (*reg.*) kill
der **Tourist, (en), -en** tourist
der **Touristenort, -e** resort
die **Touristin, -nen** tourist (*f.*)

die **Tracht, -en**   regional costume

der **Trachtenexperte, -n**   expert on regional costumes

das **Trachtenfest, -e**   regional costume festival

das **Trachtengebiet, -e**   area in which native costumes are worn

die **Tradition, -en**   tradition

traditionell   traditional

tragen (*irreg.*)   carry, wear

die **Tragödie, -n**   tragedy

der **Traktor, -en**   tractor

transportieren (*reg.*)   transport

der **Traubensaft**   grape juice

trauen (*reg.*)   trust

das **Trauerspiel, -e**   tragedy

der **Traum, ⸚e**   dream

träumen (*reg.*)   dream

der **Träumer, -**   dreamer

traurig   sad

treffen (*irreg.*)   hit, strike, meet

treiben (*irreg.*)   be interested in (sports or studies), drive (animals)

trennen (*reg.*)   separate

die **Treppe, -n**   stair, stairway; **eine Treppe hoch**   one flight up

treten (*irreg., s.*)   step, walk, flow

treu   true, faithful

trinken (*irreg.*)   drink

das **Trinkgeld**   tip

trocken   dry

die **Trompete, -n**   trumpet

trotz (*gen.*)   despite, in spite of

die **Trümmer** (*pl.*)   rubble

der **Trutz** (*archaic*)   defiance, offensive

die **Tschechoslowakei**   Czechoslovakia

Tschüß!   so long!

die **Tuberkulose**   tuberculosis

das **Tuch, ⸚er**   cloth

tun (*irreg.*)   do, put; **es tut mir leid**   I'm sorry; **es tut mir weh**   it hurts me

die **Tür, -en**   door

der **Türke, -n**   Turk

türkisch   Turkish

das **Turmhaus, ⸚er**   tower house

das **Turmtor, -e**   tower gate

die **Turmuhr, -en**   tower clock

das **Turnfest, -e**   gymnastics festival

die **Turnhalle, -n**   gymnasium

typisch   typical

die **Tyrannei**   tyranny

tyrannisch   tyrannical

U

U-Bahn (*abbr.*) **Untergrundbahn**   subway

üben (*reg.*)   practice

über (*acc. & dat.*)   over, across, above, by way of; (*acc.*)   about, concerning

überall   everywhere

überfliegen (*irreg.*)   fly over

überfüllt   crowded

übergewichtig   overweight

übermorgen   day after tomorrow

übernachten (*reg.*)   spend the night

die **Übernachtung**   lodging for the night

übernehmen (*irreg.*)   take over

überraschen (*reg.*)   surprise

die **Überraschung, -en**   surprise

übers = über das

überschwemmen (*reg.*)   flood

übersehen (*irreg.*)   perceive, survey, see

übersetzen (*reg.*)   translate

üblich   customary

übrig   remaining, left over

übrigens   incidentally, by the way, moreover

die **Übung, -en**   practice, exercise

das **Ufer, -**   bank, shore

die **Uhr, -en**   clock, watch, o'clock; **wieviel Uhr ist es?**   what time is it?

die **Uhrenfabrik, -en**   watch factory

das **Uhrengehäuse, -**   watch casing

um (*acc.*)   around, at, for; (*conj.*)   in order to; **Ihre Zeit ist um**   your time is up

umarmen (*reg.*)   embrace

umbringen (*semi-irreg.*)   kill

umdrehen (*reg.*)   turn, twist; (*refl.*)   turn around

umfassen (*reg.*)   comprise, include

umgeben (*irreg.*)   surround

umkleiden (*reg. refl.*) change clothes
umliegend - surrounding
ums = **um das**
umsteigen (*irreg.*, **s.**) change cars, trains, etc.
der **Umweg, -e** detour
umziehen (*irreg.*, **s.**) move to a new dwelling
die **Unabhängigkeit** independence
unangenehm unpleasant
unbedingt definitely, unconditionally
unbekannt unknown
und (*coord. conj.*) and
und ob! yes, indeed! I should say so!
undenkbar inconceivable
unfreundlich unfriendly
ungarisch Hungarian
ungefähr nearly, about, approximately
die **Ungerechtigkeit, -en** injustice
unglaublich incredible
unglücklich unhappy, unfortunate
die **Uniform, -en** uniform
die **Universität, -en** university
die **Universitätsgebühren** tuition, university fees
das **Universitätsjahr, -e** university academic year
die **Universitätsstadt, ⸚e** university town
der **Universitätswissenschaftler, -** university scientist
die **Universitätszahnklinik, -en** university dental clinic
unmöglich impossible
uns (*dat. & acc.*) us
unser our
unsichtbar invisible
unsterblich immortal
unten below, downstairs; **nach unten gehen** go downstairs
unter (*dat. & acc.*) under, below, among
unterbrechen (*irreg.*) interrupt
unterbringen (*semi-irreg.*) lodge, house
die **Unterdrückung, -en** oppression, suppression

untergehen (*irreg.*, **s.**) decline, fall
die **Untergrundbahn, -en** subway
unterhalten (*irreg.*) entertain; (*refl.*) converse
die **Unterhaltung, -en** entertainment, conversation
unternehmungslustig enterprising
der **Unterricht** instruction, teaching
unterrichten (*reg.*) instruct, teach
unterscheiden (*irreg.*) distinguish
unterwegs on the way, en route
untreu unfaithful
unübertroffen unexcelled
unvergänglich everlasting, immortal
unvergeßlich unforgettable, memorable
unvergleichlich incomparable
der **Urlaub, -e** leave (of absence), furlough, vacation
der **Ursprung, ⸚e** origin
ursprünglich original
usw., *abbr. for* **und so weiter** and so forth

V

der **Vater, ⸚** father
das **Vaterland, ⸚er** fatherland
das **Veilchen, -** violet
Venedig Venice
die **Ventilation** ventilation
die **Verabredung, -en** appointment
verabschieden (*reg., refl.*) say good-by, take leave of
verändern (*reg.*) change, alter
verbinden (*irreg.*) join, connect
verboten forbidden, prohibited
die **Verbreitung, -en** spread
verbringen (*semi-irreg.*) spend (time)
verdienen (*reg.*) earn, merit
die **Vereinigten Staaten** United States
vergangen past
die **Vergangenheit** past
vergeben (*irreg., dat.*) forgive
vergessen (*irreg.*) forget
vergeßlich forgetful
vergleichen (*irreg.*) compare
das **Vergnügen, -** pleasure

der **Vergnügungsort, -e**   place of amusement

der **Vergnügungspark, -s**   amusement park

das **Vergnügungsviertel, -**   amusement quarter

verheiraten (*reg., refl.*)   get married

verheiratet   married

verhindern (*reg.*)   prevent

der **Verkauf, ≃e**   sale; **zum Verkauf** for sale

verkaufen (*reg.*)   sell

der **Verkäufer, -**   salesman

die **Verkäuferin, -nen**   saleswoman

das **Verkehrsmittel, -**   means of transportation

der **Verkehrspolizist, (en), -en**   traffic policeman

der **Verkehrssalat, -e**   traffic jam

das **Verkehrszeichen, -**   traffic sign

verlangen (*reg.*)   demand, require, ask

verlassen (*irreg.*)   leave, forsake; **sich verlassen auf** (*acc.*)   depend on

verlaufen (*irreg., s., refl. with* **h.**)   pass, flow away, get lost

verlegen (*reg.*)   misplace

die **Verlegenheit**   embarrassment; **in Verlegenheit bringen**   embarrass

verleihen (*irreg.*)   endow, bestow

verlieben (*reg., refl.*)   fall in love; **sie verliebt sich in ihn**   she falls in love with him

verliebt   in love

verlieren (*irreg.*)   lose

verloben (*reg., refl.*)   become engaged; **er verlobt sich mit ihr**   he becomes engaged to her

verlobt   engaged

vermieten (*reg.*)   rent (to someone)

vermissen (*reg.*)   miss (someone)

veröffentlichen (*reg.*)   publish

verpassen (*reg.*)   miss (train, bus, etc.)

verrosten (*reg., s.*)   rust

verrückt   crazy, insane

der **Vers, -e**   verse

die **Versammlung, -en**   meeting, assembly

verschaffen (*reg.*)   provide

verschieden   different, various

verschlafen (*irreg., often refl.*)   oversleep

verschmutzt   polluted

verschreiben (*irreg.*)   prescribe

verschwinden (*irreg., s.*)   disappear

versöhnen (*reg., refl.*)   become reconciled

verspäten (*reg., refl.*)   be late

die **Verspätung, -en**   lateness, tardiness, delay

versprechen (*irreg., dat. of person*)   promise

der **Verstand**   understanding, intelligence, judgment

verständnisvoll   understanding

verstecken (*reg.*)   hide

verstehen (*irreg.*)   understand

versuchen (*reg.*)   try, attempt, tempt

vertieft   engrossed

vertraut   familiar

vertreten (*irreg.*)   represent

verwandt   related

der **Verwandte, (n), -n**   relative

verweilen (*reg.*)   remain, stay

verzeihen (*irreg., dat.*)   pardon, forgive

die **Verzeihung, -en**   pardon, forgiveness

verzieren (*reg.*)   decorate, embellish

die **Verzierung, -en**   decoration, adornment

verzweifelt   in despair

der **Vetter, -n**   cousin

das **Vieh**   livestock, cattle

viel   much, a lot ; **das ist ihm zu viel** that's too much for him

viele   many

vielerlei   many kinds of

vieles   a lot of things

vielleicht   perhaps

vielmals   often

vier   four

das **Viertel, -**   one fourth, quarter

die **Viertelstunde** quarter of an hour
der **Vierwaldstätter See** Lake Lucerne
vierzig forty
die **Violine, -n** violin
das **Volk, -̈er** nation, people
das **Volksfest, -e** national festival
der **Volksgarten, -̈** public garden
das **Volkslied, -er** folk song
die **Volksschule, -n** public school
das **Volksschulmädchen, -** (public) schoolgirl
der **Volkssport** national sport
der **Volkstanz, -̈e** folk dance
die **Volkstracht, -en** national costume
der **Volkswagen, -** popular small German car
voll full
vollbesetzt full, packed
vollenden (*reg.*) complete
vollkommen complete, perfect
vom = von dem
von (*dat.*) from, of, by; **von mir aus** as far as I am concerned
voneinander from each other
vor (*dat. or acc.*) before, in front of; **vor einem Jahr** a year ago
vorangehen (*irreg.,* **s.**) precede, walk ahead
voraus in advance, previously; **im voraus** in advance
vorbei over, past
vorbeifahren (*irreg.,* **s.**) drive past
vorbeigehen (*irreg.,* **s.**) go past
vorbeikommen (*irreg.,* **s.**) come past
vorbeispazieren (*reg.,* **s.**) walk past
vorbereiten (*reg.*) prepare
die **Vorbereitung, -en** preparation
vorbereitet prepared
das **Vorbild, -er** model
vorbildlich exemplary
vorchristlich pre-Christian
der **Vordergrund, -̈e** foreground
der **Vorfahr, (en), -en** ancestor
der **Vorfrühling** early spring
vorgehen (*irreg.,* **s.**) go too fast (watch *or* clock)

vorgestern day before yesterday
vorhaben (*reg. or semi-irreg.*) plan, have in mind
der **Vorhang, -̈e** curtain; der **Eiserne Vorhang** Iron Curtain
vorher beforehand, previously
vorig- last, preceding
vorkommen (*irreg.,* **s.**) happen, occur
vorlesen (*irreg.*) read aloud
die **Vorlesung, -en** lecture
der **Vorlesungszwang** compulsory lecture attendance
die **Vorliebe** preference
vorm = vor dem
der **Vormittag, -e** morning, forenoon
der **Vorname, (ns), -n** first name, given name
vorne in front
vors = vor das
der **Vorschlag, -̈e** suggestion, proposal
vorschlagen (*irreg.*) suggest, propose
vorstellen (*reg.*) introduce; (*dat., refl.*) **ich stelle mir vor** I imagine
die **Vorstellung, -en** performance, presentation
vorziehen (*irreg.*) prefer

W

wach awake, alert
die **Wache** guard, sentry, watch; **Wache stehen** be on guard duty
wachen (*reg.*) stand guard, watch over
wachsen (*irreg.,* **s.**) grow
der **Wachtturm, -̈e** watchtower
der **Wagen, -** car, wagon
die **Wahl, -en** election
wählen (*reg.*) choose, dial
wahr true; **nicht wahr?** isn't that so?
während (*dep. conj.*) while; (*gen. prep.*) during
die **Wahrheit, -en** truth
der **Wahrheitssucher, -** one who seeks the truth
wahrscheinlich probably
das **Wahrzeichen, -** landmark, token, sign

das **Waisenkind, -er** orphan
der **Wald, ̈er** forest
die **Waldluft** forest air
der **Waldweg, -e** forest path or road
die **Wand, ̈e** wall
der **Wanderer, -** hiker, wanderer
die **Wanderlust** wanderlust
wandern (*reg.*, **s.**) hike, go on foot, wander
wann (*interrog.*) when
die **Ware, -n** ware
wäre(n) (*subj.*) were, would be
das **Warenhaus, ̈er** department store
warm warm
die **Warnung, -en** warning
warten (*reg.*) wait; **er wartet auf mich** he is waiting for me
warum why
was what, that which; **was für ein Auto?** what kind of car?
das **Waschbecken, -** washbasin
waschen (*irreg.*) wash
die **Waschmaschine, -n** washing machine
das **Wasser, ̈ or -** water
die **Wasserdichtheit** impermeability
die **Wasserdruckmaschine, -n** hydrostatic pressure machine
die **Wasserstraße, -n** waterway
der **Wecker, -** alarm clock; **den Wecker stellen** set the alarm clock
wechseln (*reg.*) change
die **Wechselstube, -n** office for changing money
wecken (*reg.*) wake, rouse
weder . . . noch neither . . . nor
weg gone, away, lost
der **Weg, -e** path, road, way
wegbleiben (*irreg.*, **s.**) stay away
wegen (*gen.*) on account of, because of
wegführen (*reg.*) lead away
das **Wegkruzifix, -e** crucifix found along a road or path
der **Wegweiser, -** signpost
weh woe, pain; **es tut mir weh** it hurts me

weiblich feminine
weich soft
die **Weihnacht** Christmas; **fröhliche Weihnachten!** Merry Christmas! **zu Weihnachten** at Christmas
der **Weihnachtsabend** Christmas Eve
der **Weihnachtsbaum, ̈e** Christmas tree
die **Weihnachtsfeier, -n** Christmas celebration
das **Weihnachtsgeschenk, -e** Christmas present
der **Weihnachtsmann** Santa Claus, St. Nicholas
die **Weihnachtsmesse, -n** Christmas mass
der **Weihnachtstag, -e** Christmas Day
weil (*dep. conj.*) because
der **Wein, -e** wine
der **Weinbauer, (s. *or* n.), -n** winegrower
der **Weinberg, -e** vineyard
das **Weindorf, ̈er** village where wine is made
weinen (*reg.*) cry, weep
das **Weinfest, -e** wine festival
die **Weinlese, -n** vintage, grape harvest
der **Weinort, -e** wine area or village
die **Weinstube, -n** wine restaurant
die **Weintraube, -n** grape
weisen (*irreg.*) show, direct, point out
weiß white
weit far
weiter farther; **und so weiter** and so forth (*abbrev.* **usw.**); **ohne weiteres** without further ado
weiterradeln (*reg.*, **s.**) continue to ride a bicycle, cycle on
der **Weitsprung, ̈e** broad jump
welcher which
die **Welt, -en** world
weltbekannt world-known
die **Weltberühmtheit** world fame
der **Weltkrieg, -e** world war
weltlich worldly
der **Weltrekord, -e** world record

die **Weltsituation**   world situation

der **Weltteil, -e**   continent

weltweit   world wide

die **Weltwirtschaftskrise, -n**   world depression

wem (*dat.*)   whom

wen (*acc.*)   whom

wenig   little

wenige   few

weniger   less

wenigstens   at least

wenn (*dep. conj.*)   when, whenever, if

wer (*interrog.*)   who

werden (*irreg.*, **s.**)   become; (*future*) shall or will

werfen (*irreg.*)   throw

das **Werk, -e**   work

der **Werktag, -e**   weekday

das **Werkzeug, -e**   tool

wertvoll   valuable

wessen (*interrog.*)   whose

westdeutsch   West German

der **Westdeutsche, -n**   West German

(das) **Westdeutschland**   West Germany

die **Weste, -n**   vest

der **Westen**   west, the West

westlich   west, western

wetteifern (*reg.*)   compete

wetten (*reg.*)   bet

das **Wetter**   weather

der **Wettkämpfer, -**   competing athlete

wichtig   important

wie   as, like, how; **wie viele**   how many

wieder   again

der **Wiederaufbau**   reconstruction

wideraufbauen (*reg.*)   rebuild

wiederholen (*reg.*)   repeat, review

wiederholt (*adv.*)   repeatedly

wiedersehen (*irreg.*)   see again

das **Wiedersehen**   seeing or meeting again; **auf Wiedersehen! (auf Wiederschauen!)**   good-by!

wiegen (*irreg.*)   weigh

Wien   Vienna

der **Wiener Sängerknabe, (n), -n**   Vienna Choir Boy

das **Wiener Schnitzel, -**   breaded veal cutlet

der **Wienerwald**   Vienna Woods

die **Wiese, -n**   meadow

wieso (*interrog.*)   why

wieviel   how much; **wieviel Uhr ist es?**   what time is it? **der wievielte ist heute?**   what's the date today?

wild   wild

der **Wind, -e**   wind

windig   windy

winken (*reg.*)   beckon, nod, wave

der **Winter, -**   winter

die **Winterfütterung**   winter fodder

der **Winterkurort, -e**   winter health resort

die **Winterluft**   winter air

das **Winterspiel, -e**   winter game

der **Wintersport (-sportarten, *pl.*)**   winter sport

der **Wintersportplatz, ∸e**   winter sports area

das **Winterwochenende, -n**   winter weekend

wir   we

wirken (*reg.*)   to be creatively active

wirklich   real, actual

der **Wirkungskreis, -e**   realm, domain

der **Wirt, -e**   innkeeper, landlord, host

die **Wirtin, -nen**   landlady, innkeeper's wife, hostess

die **Wirtschaft**   economy

wirtschaftlich   economical

die **Wirtschaftsgemeinschaft**   Common Market

die **Wirtschaftsmacht, ∸e**   economic power

das **Wirtschaftswunder**   post-war economic recovery of modern Germany

das **Wirtshaus, ∸er**   inn

wissen (*semi-irreg.*)   know (a fact)

die **Wissenschaft, -en**   science

wo   where

die **Woche, -n**   week
das **Wochenende**   weekend
die **Wochenschau**   (film) news of the
   week
wofür   for what
woher   where, where from (direction)
wohin   where, where to (direction),
   whither; *also,* **wo . . . hin**
wohl   well, probably
wohlbekannt   well-known
wohltuend   pleasant, beneficial
die **Wohnanlage, -n**   apartment area,
   housing area
wohnen (*reg.*)   live, dwell
der **Wohnraum, ̈e**   living space
der **Wohnteil, -e**   living quarters
die **Wohnung, -en**   dwelling, apartment
das **Wohnzimmer, -**   living room
der **Wolf, ̈e**   wolf
wollen (*semi-irreg.*)   want, intend, be
   determined
wollen (*adj.*)   woolen
der **Wollstrumpf, ̈e**   wool stocking
womit   with what (which)
woran   on what, about which
worauf   on what (which)
das **Wort, -e** *or* **̈er**   word; **Worte**
   connected words; **Wörter**
   individual words
das **Wörterbuch, ̈er**   dictionary
worüber   about what (which)
wovon   about what (which)
wozu   for what, why
das **Wunder, -**   wonder, miracle
wunderbar   wonderful
wundern (*reg.*)   astonish; (*refl.*)   be
   surprised
der **Wunsch, ̈e**   wish
wünschen (*reg.*)   wish
die **Würde**   dignity
würde(n) (*subj.*)   would
die **Wurst, ̈e**   sausage
die **Wurstwaren** (*pl.*)   sausages
die **Wurzel, -n**   root
die **Wut**   rage

Z

die **Zahl, -en**   number
zahlen (*reg.*)   pay, pay for
zählen (*reg.*)   count, number
zahllos   countless
zahlreich   numerous
der **Zahn, ̈e**   tooth
der **Zahnarzt, ̈e**   dentist
die **Zahnbürste, -n**   toothbrush
die **Zahnheilkunde**   dentistry
die **Zahnklinik, -en**   dental clinic
die **Zahnpasta**   toothpaste
die **Zahnradbahn, -en**   cogwheel
   railway
der **Zahnschmerz, -en**   toothache
das **Zahnweh**   toothache
der **Zaun, ̈e**   fence
z.B., *abbr. for* **zum Beispiel**   for
   example
die **Zehe, -n**   toe
zehn   ten
die **Zehntausende** (*pl.*)   tens of
   thousands
zeigen (*reg.*)   show
die **Zeile, -n**   line (of poetry, etc.)
die **Zeit, -en**   time
das **Zeitalter, -**   age, era
der **Zeitglockenturm, ̈e**   clock tower
die **Zeitlang**   while
zeitlich   as to time
der **Zeitschriftenraum, ̈e**   periodical
   room
die **Zeitung, -en**   newspaper
der **Zeitungsbericht, -e**   newspaper
   report
das **Zelt, -e**   tent
zelten (*reg.*)   camp out
das **Zeltlager, -**   camping ground
der **Zeltplatz, ̈e**   camping place
die **Zentralschweiz**   central Switzerland
das **Zentrum (Zentren,** *pl.*)   center
zerbrechen (*irreg.*)   smash, break to
   pieces
der **Zerfall**   disintegration
zerstören (*reg.*)   destroy

die **Zerstörung** destruction

zerstreut absentminded

zeugen (*reg.*) testify

die **Ziege, -n** goat

das **Ziegeldachhaus, ̈er** tile-roofed house

ziehen (*irreg.*) pull, draw; (*with* **sein**) go, move

die **Ziehharmonika, -s** accordion

das **Ziel, -e** goal

ziemlich rather, fairly

die **Zierde, -n** adornment, decoration

die **Zigarette, -n** cigarette

die **Zigarre, -n** cigar

das **Zimmer, -** room

der **Zimmerkollege, (n), -n** roommate (*m.*)

die **Zimmerkollegin, -nen** roommate (*f.*)

das **Zimmermädchen, -** chambermaid

der **Zimmermann (-leute, *pl.*)** carpenter

zittern (*reg.*) tremble, shake

der **Zoll** toll, customs

der **Zoo, -s** zoo

der **Zopf, ̈e** pigtail

zornig angry; **zornig auf** (*acc.*) angry with

zu (*dat.*) to, at; (*adv.*) too; **die Tür ist zu** the door is closed

zubereiten (*reg.*) prepare, cook

der **Zucker** sugar

zuerst at first

der **Zufall, ̈e** chance, accident

zufrieden satisfied

der **Zug, ̈e** train

zugeben (*irreg.*) admit, concede

zugreifen (*irreg.*) seize, help oneself to

das **Zuhause** home

zuhören (*reg.*) listen

zum = zu dem

zumachen (*reg..*) close

die **Zunge, -n** tongue

zur = zu der

zurück back, behind

zurückbleiben (*irreg.*, **s.**) remain behind

zurückgehen (*irreg.*, **s.**) go back

zurückkehren (*reg.*, **s.**) return, go back

zurückkommen (*irreg.*, **s.**) come back, return

zurückreichen (*reg.*) reach back, hand back

zurufen (*irreg.*) call to (someone)

zusammen together

zusammenschließen (*irreg.*, *refl.*) join together

der **Zusammenschluß, (-schlüsse, *pl.*)** alliance, merger

das **Zusammentreffen** meeting, encounter

das **Zusammenwachsen** growing together

zusätzlich additional

zuschauen (*reg.*) look on, watch

der **Zuschauer, -** spectator

der **Zuschauerraum, ̈e** auditorium, room for spectators

zuvor before, previously, beforehand

zwanzig twenty

zwei two

zweimal twice

zweit- second

zweitens in the second place

zweitgrößt- second largest

der **Zwiebelturm, ̈e** onion-shaped tower

zwingen (*irreg.*) force

zwischen (*dat. & acc.*) between, among

zwölf twelve

der **Zylinder, -** top hat

Index